U0626928

中华传世藏书

【图文珍藏版】

孟子

[战国]孟子⊙原著
马博⊙主编

线装书局

卷四　公孙丑下

【题解】

本篇共 14 章。主要内容是记述了孟子在齐国的言论和活动，反映了孟子的思想品德和政治主张。

在第一章中，他论述了对战争胜负起决定作用的因素不是天时、地利，而是人和。他指出，“天时不如地利，地利不如人和”，“得道多助，失道寡助”，行仁政，得人心，就多助；不行仁政，不得人心，就寡助，表现出孟子民本思想的一个侧面。

第二章以下，多记述孟子在进退去就方面的言行，以及待人接物的事迹。孟子到齐国活动，不仅是为了宣传自己的学说和主张，同时也是极力想找一个能够重用自己，施展自己抱负的地方。他说：“五百年必有王者兴，其间必有名世者。由周而来，七百有余岁矣。以其数则过矣，以其时考之则可矣。夫天，未欲平治天下也，如欲平治天下，当今之世舍我其谁也？吾何为不豫哉？”遗憾的是，齐国的统治者不能礼贤下士，对老百姓横征暴敛，且不断地发动战争，施行兼并和征伐。这一切都是和孟子的学说、主张背道而驰的，于是孟子终于离开了齐国，同时他的行为也显示了其独立不羁的傲骨。

第六章所记对王驩的态度，同样可见孟子的耿介作风。第五章、第十二章所记孟子与蚳鼃（蛙）、尹士的对话，则透露出孟子行为处事的灵活性，他的解释说明，既然有平治天下的大抱负，就不能以小节自限。既有原则性，又有灵活性，所以孟子在待人接物时既严于义利之辨，又不屑于气量褊狭、自命清高的“小丈夫”。

一

【原文】

孟子曰："天时不如地利[①]，地利不如人和[②]。三里之城[③]，七里之郭[④]，环而攻之而不胜。夫环而攻之，必有得天时者矣；然而不胜者，是天时不如地利也。城非不高也，池非不深也，兵革非不坚利也[⑤]，米粟非不多也；委而去之[⑥]，是地利不如人和也。故曰：域民不以封疆之界[⑦]，固国不以山谿之险[⑧]，威天下不以兵革之利。得道者多助，失道者寡助。寡助之至，亲戚畔之[⑨]；多助之至，天下顺之。以天下之所顺，攻亲戚之所畔；故君子有不战，战必胜矣。"

【注释】

①天，时：指对于战争发生影响的阴晴寒暑等气候条件。地利：指有利于战争取胜的地理条件。

②人和：指人心的拥护和团结。

③城：内城。

④郭：外城。

⑤兵：兵器。革：皮革，指甲胄。

⑥委：弃。

⑦域：界限。

⑧谿：山间的河沟。

⑨畔：通"叛"。

【译文】

孟子说："天时不如地利，地利不如人和。内城每边只有三里长，外城每边只有七里长，围攻它而不能取胜。既然围攻它，一定有得天时的机会；然而不能取胜，这就是天时不如地利了。城墙不是不够高，护城河不是不够深，兵器甲胄不是不够锐利坚实，粮食不是不够多；却弃城而逃，这就是地利不如人和了。所以说：留住人民不靠国家的疆界，保卫国家不靠山川的险阻，威震天下不靠兵器的锐利。占据道义者帮助他的人就多，失去道义者帮助他的人就少。帮助的人少到极点，连亲戚都背叛他；帮助的人多到极点，全天下都顺从他。凭着全天下都顺从的力量，来攻打连亲戚都背叛他的人；所以君子或者不打仗，如果打仗一定会胜利。"

【评析】

本章论仁者无敌。

本卷各章内容，似均记孟子晚年出仕齐宣王朝的经历，而且这些文字中提到齐宣王时，只称"王"而不称"宣王"，与第一卷第七章，第二卷一至七章称"宣王"的做法不同，齐宣王去世只比孟子晚几年，由此可大体推定：（一）本卷文字是孟子师徒离开齐国以后不久写的，当时齐宣王尚在世，故仅称"王"而不称谥。（二）一二两卷的文字，或许也作于离开齐国不久，文中开始也当称"王"，齐宣王死后，当由孟子弟子万章之徒改而用谥。至于为什么第四卷不改而别卷改，则不得而知了。

【典例阐幽】

得道多助，失道寡助

春秋初年，郑武公去世后，太子寤生即位，就是郑庄公。但他的地位却受到生母和胞弟的威胁。郑庄公的母亲武姜偏爱郑庄公的胞弟共叔段，要求郑庄公把制邑封给共叔段。制邑是军事要塞，郑庄公没有同意，武姜又替共叔段要求易守难攻的京城。郑庄公答应了。

共叔段一到京城，就加高加宽城墙。郑国大臣们对此议论纷纷，对郑庄公说："各种等级都邑城墙的高度，先王都立有规定。如今共叔段不按规定修城墙，您应及时阻止他。以免后果难以收拾。"

郑庄公说："我母亲希望这样，我又有什么办法呢？"

共叔段看哥哥没有对自己采取限制措施，便更加放肆起来，下令让西部、北部的军队听命于自己，并私自接收了周围的城邑来作为自己的封地。公子吕对郑庄公说："应及早下手制止他，否则周围的战略要地都会慢慢被他掌握！"郑庄公还是不紧不慢地说："用不着。得道多助，失道寡助，他对君不义，对兄不亲，这样不仁不义的事做多了，即使占据再多的地方，也会自取灭亡。"

共叔段看到哥哥没有其他动静，更加放手聚集粮草，聚敛钱财，扩充部队，准备攻打郑庄公。共叔段治下的百姓对此都十分不满，纷纷跑到郑庄公的地盘上。

这时，郑庄公说："时机到了！"他派人探听到共叔段起兵的日期后，派公子吕率领两百辆战车攻打共叔段，共叔段只好逃亡。

天时不如地利，地利不如人和

元朝末年，南方各反元势力取得初步胜利后，朱元璋同自立为汉帝的陈友谅的矛盾日益突出。至正二十年（1360 年）闰五月初一，陈友谅率水军十万越过朱元璋占据的池州，攻占太平，夺取采石，并派人和张士诚联系，企图上下夹击，一举吞灭朱元璋。朱元璋闻讯后于七月初六亲率舟师二十万救援洪都，十六日进至鄱阳湖口。陈友谅移师鄱阳湖迎战，两军在康郎山水域相遇。

陈军虽然占据天时地利，但是却连连败退，左、右金吾将军见大势已去，相继投降朱元璋，陈军士气更趋低落。朱元璋趁机致书陈友谅进行劝降。陈为泄愤，杀光俘虏。朱元璋则放还全部俘虏，并医治伤残的、悼念死去的，从而大得人心。

八月二十六日，陈军因粮食奇缺，将士饥疲，遂冒险向湖口方向突围，又陷入朱军的包围。朱军趁机四面猛攻，陈军慌乱溃逃，在泾江口复遭朱军伏兵截击，陈友谅中箭身死。平章陈荣于次日率残部五万余人投降，太尉张定边同陈友谅之子陈理逃回武昌，于次年二月投降。

鄱阳湖之战成为中国水战史上以少胜多的著名战例，为朱元璋统一江南，进而建立明王朝奠定了基础。

二

【原文】

孟子将朝王[①]，王使人来曰："寡人如[②]就见者也，有寒疾，不可以风。朝，将视朝[③]，不识[④]可使寡人得见乎？"

对曰："不幸而有疾，不能造[⑤]朝。"

明日，出吊于东郭氏[⑥]。公孙丑曰："昔者辞以病，今日吊，或者不可乎？"

曰："昔者疾，今日愈，如之何不吊？"

王使人问疾，医来。

孟仲子[⑦]对曰："昔者有王命，有采薪之忧[⑧]，不能造朝。今病小愈，趋造于朝，我不识能至否乎？"

使数人要[⑨]于路，曰："请必无归而造于朝！"

不得已而之景丑氏[⑩]宿焉。

景子曰："内则父子，外则君臣，人之大伦也。父子主恩，君臣主敬。丑见王之敬子也，未见所以敬王也。"

曰："恶！是何言也！齐人无以仁义与王言者，岂以仁义为不美也？其心曰，'是何足与言仁义也'云尔，则不敬莫大乎是。我非尧、舜之道。不敢以陈于王前，故齐人莫如我敬王也。"

景子曰："否，非此之谓也。礼曰：'父召，无诺[11]；君命召，不俟驾[12]。'固将朝也，闻王命而遂不果，宜[13]与夫礼若不相似然。"

曰："岂谓是与？曾子曰：'晋、楚之富，不可及也。彼以其富，我以吾仁；彼以其爵，我以吾义。吾何慊[14]乎哉？'夫岂不义而曾子言之？是或一道也。天下有达尊[15]三：爵一，齿一，德一。朝廷莫如爵，乡党莫如齿，辅世长民莫如德。恶得有其一以慢其二哉？故将大有为之君，必有所不召之臣，欲有谋焉，则就之。其尊德乐道，不如是，不足与有为也。故汤之于伊尹，学焉而后臣之，故不劳而王；桓公之于管仲，学焉而后臣之，故不劳而霸。今天下地丑[16]德齐，莫能相尚，无他，好臣其所教，而不好臣其所受教。汤之于伊尹，桓公之于管仲，则不敢召。管仲且犹不可召，而况不为管仲者乎？"

【注释】

①王：指齐王。

②如：应该，应当。

③朝：第一个"朝"，清晨；第二个"朝"，朝廷，视朝即在朝廷处理政务。

④不识：不知。

⑤造：到，上。

⑥东郭氏：齐国的大夫。

⑦孟仲子：孟子的堂兄弟，跟随孟子学习。

⑧采薪之忧：有病不能去打柴，引申为生病的代词。薪，柴草。

⑨要：拦截。

⑩景丑氏：齐国的大夫。

⑪父召，无诺：《礼记·曲礼》："父命呼，唯而不诺。" 意思是，父亲有招呼，应该以"唯"应答，而不是"诺"。"唯""诺"都是表示应答，但"唯"恭敬些。

⑫君命召，不俟驾：君王召见时，臣子不等到车马备好就立刻动身。

⑬宜：义同"殆"，大概，恐怕。

⑭慊：憾，少。

⑮达尊：公认为尊贵者。达，通。

⑯丑：类似，相同。

【译文】

孟子准备去朝见齐王，王派人转达说："我本应来看您，但是感冒了，不能吹风。明早我将上朝办公，不知道能让我见到您吗？"

孟子回答说："不幸的是我也病了，不能上朝廷去。"

第二天，孟子要到东郭家吊丧。公孙丑说："您昨天托辞生病拒绝了齐王的召见，今天却又去东郭家里吊丧，这或许不太好吧？"

孟子说："昨天生病，今天好了，为什么不可以去吊丧呢？"

齐王派人来问候孟子的病，并且带来了医生。

孟仲子应付说："昨天王有令来时，他正生着病，不能上朝廷去。今天病稍好了一点，已经上朝廷去了，我不知道到了没有？"

孟仲子又立即派人到回家的路上去拦孟子，告孟子说："请您无论如何不要回家，赶快上朝廷去！"

孟子不得已，到景丑的家里去住宿。

景丑说："在家庭里有父子，在家庭外有君臣，这是最重要的伦理关系。父子之间以慈恩为主，君臣之间以恭敬为主。我只看见齐王尊敬您，却没看见您尊敬齐王。"

孟子说："哎！这是什么话！在齐国人中，没有一个与齐王谈论仁义的。难道是他们觉得仁义不好吗？他们心里想的是：'这个人哪里配合他谈论仁义呢？'这才是对齐王最大的不恭敬。至于我，不是尧、舜之道就不敢拿来跟齐王说。所以，齐国人没有谁比我更对齐王恭敬了。"

景丑说："不，我不是说的这个方面。礼经上说过：'父亲召唤，答"唯"而不答"诺"；君王召唤，不等到车马备好就起身。'可您本来就准备朝见齐王，听到齐王的召见却反而不去了，这似乎和礼经上所说的不大相合吧。"

孟子说："是这个道理吗？曾子说过：'晋王和楚王的财富，没有人赶得上。他倚仗他的财富，我倚仗我的仁；他倚仗他的爵位，我倚仗我的义。我有什么不如他的呢？'不义的话，曾子会说吗？应该是有道理的吧。天下公认最尊贵的三样东西：一是爵位，一是年龄，一是德行。在朝廷上最尊贵的是爵位，在乡里是年龄，至于辅助君王治理天下统治人民没有什么比得上德行。他怎么能够凭爵位就来怠慢我的年龄和德行呢？所以，大有作为的君主一定有他不能召唤的大臣，如果他有什么需要，就亲自去臣子那里。他尊重德行喜爱仁道，达不到这个程度，就不足以和他一道有所作为。因此商汤对于伊尹，先向他学习，然后才待他当作臣子，于是不费大力气就统一了天下；桓公对于管仲，也是先向他学习，然后才待他当作臣子，于是不费大力气就称霸于诸侯。现在，天下各国的土地都差不多大小，君主的德行也都不相上下，相互之间谁也不能高出一筹，没有别的原因，就是因为君王们只喜欢用听他们的话的人为臣，而不喜欢用能够教导他们的人为臣。商汤对于伊尹，桓公对于管仲，就不敢召唤。管仲尚且不可以被召唤，更何况连管仲都不愿做的人呢？"

【评析】

在这一章里，孟子提出了“贤才不可招”的主张，意思是很明确的：真正的贤才不是可以招之即来、挥之即去的。相反，国君们应该像商汤对待伊尹、周文王对待姜子牙那样礼贤下士，甚至要主动放低自己的身份延请贤才，贤才才会来辅佐他。

孟子“贤才不可招”的主张是儒家在用人方面的重要思想之一。孔子和孟子一生都在宣扬这种主张，尽管由于所处时代的特殊原因，他们本身没有受到这种待遇，但这一主张对后世却产生了极其深远的影响，最典型的事例就是三国时期蜀汉的开国皇帝刘备三顾茅庐请诸葛亮出山的故事。

回到这一章的具体内容上，可以看到，齐宣王和孟子本来约好了要见面，但齐宣王临时改变了主意，说请孟子明天到朝堂上去见他，这自然惹恼了孟子。其实，齐宣王没有听到在《公孙丑·上》里记载的孟子和公孙丑的谈话，否则他也许就绝不敢这样对待孟子这个连管仲都不放在眼里的人。

孟子是自视很高的，所以，哪怕你是一个泱泱大国的国君，孟子也不愿意被你呼来唤去的，因此，他才躲着不见齐宣王。不仅孟子有这种经历，根据《论语·阳货》的记载，孔子也有这样的经历。然而，在那个年代，没有多少人能理解孔子和孟子的这种做法，他们只会简单地认为这是书生们自以为是的迂腐行径，对孔子和孟子就没有多少好感，而孔子和孟子自己也不肯妥协，因此才有周游列国而不被重用的结果。那么，没有这份清高怎么样呢？在春秋战国时代。纵横家是没有“清高之气”的，比如苏秦和张仪，结果却是能够“身配六国相印”，在事业上不能不算是取得了成就。

这样说来，我们就很难理解了，难道孔子和孟子都错了，难道不愿被国君呼来喊去也错了？其实不然，老子和孟子呼唤和需要的不是自命清高，而是国君们对贤才的尊重，这是没有错的。有句话说："将大有为之君，必将有所不召之臣。"儒家认为，当时孟子在齐国的地位是"亦宾亦师"，既是客人，又是老师，那么自然就不应该"以奉命趋走为恭"了，相反应该"以责难陈善为贵"。所以，当齐宣王拿出国君的架子时，孟子当然就可以不理睬他了。

不理睬国君，并不是在"还以颜色"，也不是在耍清高，而是在维护一种尊严，这种尊严说大了是贤才的尊严，说小了是孟子个人的尊严。

尽管在众人看来，孟子的行为是极其不妥的，但在孟子看来却很妥当，因为每个人的人性都是相同的，人格也是平等的，齐宣王和他是平等的。

尽管有刘备"三顾茅庐"的事例，但这并不意味着在后来的历史中，国君们能够按照孟子的要求对待贤才。事实上，孟子的一些观点，就是在两千多年后的今天来看，也仍然能让人感到就好像"乌托邦"一样。

回到孟子的观点上来，既然对于国君而言，礼贤下士是如此困难，真正的贤才也是如此难遇，那么作为真正的贤才，有一点的清高和傲气应该无妨吧！

和孔子一样，孟子的一生不断地周旋于各诸侯国之间，尽管处处都不被重用，尽管时刻都在争取做人的尊严，但他藐视国君的权威的所言所行，依然为后世树立了楷模，值得后人学习。

综上所述，我们不能简单地认为孟子对齐宣王表示"不能造朝"是"书呆子"式的迂腐和清高，相反应该肯定他的骨气。

【典例阐幽】

采薪之忧

战国时，楚顷襄王病重。楚太子却正在秦国当人质。陪同太子在咸阳的黄歇于是请求范雎代向秦王说情，允许太子返回楚国去。范雎转告了秦王，秦王说："让太子的老师先去看看楚王病的情况，回来再做商议。"黄歇与楚太子想出一条计策，太子换上车夫的衣服，趁着来报信的楚国使者离开咸阳的时机，装扮出城。与此同时，黄歇守在馆舍的门口，告诉所有前来探望太子的人说："太子有采薪之忧，谢绝来访。"

他估计太子已经出了秦境后，才去告诉秦王："楚国太子已经归国，走得很远了。我黄歇情愿领受死罪。"

秦王勃然大怒，准备杀了黄歇。范雎劝道："黄歇作为臣下，献身救他的主子，如果楚太子即位，一定会重用黄歇。我们不如赦黄歇无罪放他回去，以与楚国结好。"

秦王听了劝告，放走黄歇。黄歇回到楚国，三个月后，楚顷襄王去世，太子即位为楚考烈王，任命黄歇为国相，把淮河以北的领地封给他。黄歇就是历史上的春申君。

三

【原文】

陈臻[①]问曰："前日于齐，王馈兼金一百[②]而不受；于宋，馈七十镒而受；于薛，馈五十镒而受。前日之不受是，则今日之受非也；今日之受是，则前日之不受非也。夫子必居一于此矣。"

孟子曰："皆是也。当在宋也，予将有远行，行者必以赆[③]，辞曰：'馈赆。'予何为不受？当在薛也，予有戒心[④]，辞曰：'闻戒，故为兵馈之。'予何为不受？若于齐，则未有处也。无处而馈之，是货[⑤]之也。焉有君子而可以货取乎？"

【注释】

①陈臻：孟子弟子。

②兼金一百：好金一百镒（即两千两，古时一镒二十两，为一金）。兼金，好金，上等金，因其价兼倍于常者，故日兼金。

③赆：临别时赠送的财物。

④戒心：当时有人欲加害于孟子，故孟子有戒备之心。

⑤货：贿赂，收买。

【译文】

陈臻问孟子说："之前在齐国的时候，齐王送给您上等金一百镒，您没有接受；在宋国的时候，送给您七十镒，您却接受了；在薛地的时候，送给您五十镒，您也接受了。如果过去不接受是对的，那么现在的接受就是不对的；如果现在的接受是对的，那么从前的不接受就是错的。这两者之中，总是只有一种做法是对的。"

孟子回答说："都是对的。在宋国的时候，我将要远行，对远行的人一定要赠送盘缠，他们说：'送您一些盘缠。'我为什么不接受呢？在薛地的时候，我有戒备之心，他们说：'听说您需要戒备，送些钱给您做兵费吧。'我为什么不接受呢？至于在齐国的时候，就没有这样的缘由，没有缘由而要送给我财物，这是要收买我。君子怎么可以用钱财来收买呢？"

【评析】

在这一章里，学生陈臻发现，在对待同一件事情上，孟子采取了两种截然不同的做法，于是据此以为，两种做法里必然有一种是对的，有一种是错的，即所谓"二者必居其一"。于是，他得意扬扬地要求孟子"请直接回答是或者不是"，很有孟子雄辩的风范。

作为先生，孟子当然不能被学生问倒，于是做出了跳出陈臻“两难推论”的局限的回答。总体来说，陈臻的“两难推论”虽然看似很有道理，但实际上却局限于形式逻辑之中，缺乏辩证逻辑的灵活性，不能解决具有特殊性的问题。孟子的回答则恰恰相反，能具体问题具体分析，不同情况区别对待。用孟子自己的话说，这就叫“通权达变”。

据《论语·雍也》篇的记载，当公西华被孔子派去出使齐国时，冉有想为公西华多要一些安家的口粮，而孔子则认为，公西华做了使节，就有的是钱财口粮，所以就没有多给。后来，原思做孔子的总管，他觉得自己的俸禄太高了，孔子却劝他不要推辞。从表面看，孔子的这个行为与孟子的行为没有什么区别，都令人不解。但是，孔子和孟子之所以这样做，还是有自己的一番道理的。

那么道理何在呢？孔子说过：“富与贵，人之所欲也，不以其道得之，不处也。”这句复杂的文言文用我们现在常说的一句话解释，就是“君子爱财，取之有道”，从理论上看，这可以理解为“既能坚持原则，又能通权达变”。

在儒家思想里，通权达变是很重要的一个主张，不仅孔子和孟子在解决自己遇到的问题时要懂得通权达变，而且每个人在立身处世时，也应该懂得通权达变。

再回到文章本身，我们可以看出，究竟是否接受别人赠予的钱财，孟子的基本原则是“焉有君子而可以货取乎？”，这句话的意思就是说，君子不拿不明不白的钱。如果这个钱赠予得有充足而合理的理由，就是明明白白的，那么该接受就大胆接受，否则，理由不充分不合理，就是不明不白的，就必须推辞掉。到底接受与否，要根据实际情况权衡，如果把不该接受的接受下来，那就是不对的，不是君子所为。从这一点上，可以看出，孟子又何止只是“富贵不能淫”的一个人呢！

【典例阐幽】

列子不受禄

战国时期，思想家列御寇，人们尊称他为列子。

列子家庭贫困，有一次家中缺粮，已经有好些天没吃过一顿饱饭了。靠着他的妻子挖野菜充饥，夫妻二人饿得面黄肌瘦。

列子挨饿的事被郑国宰相子阳的一个门客知道了。这个门客对郑相子阳说："列御寇是个有道术的贤人，居住在相国您执政的郑国都城里，却穷困不得志，饿得面黄肌瘦，相国您就要落个不重视贤才的名声了！"

列子

当时的社会风气，各国的掌权人都千方百计争取笼络有才能的人士。郑相子阳也不甘落后，他听到门客说了列子挨饿的事，虽然并不了解列子的为人如何，也要博取一个重视贤才的美名。于是，郑相子阳就派官吏给列子家送去一车粮食。

列子听到有车马的声音，出来一看是位官吏带着一车粮食停在门口。列子问明官吏的来意，就拜了两拜，谢绝郑相子阳赠送的粮食。官吏只好把粮车带回去，向郑相子阳报告。

官吏走后，列子回到屋里。他的妻子捶胸顿足地埋怨他说："我听说当了有道术人的妻子，都过得安逸快乐。现在您饿得面黄肌瘦，相国关心您，赠送给您粮食。您却谢绝相国的好意，不接受粮食，难道不是命里注定要受穷挨饿吗？"

列子笑了笑，对妻子说："郑相并不了解我。因为听了别人的话而赠送给我粮食，到他怪罪我的时候，也会因为听信别人的话而整治我。这就是我不接他馈赠的原因啊！"

妻子并不理解列子的意图，又唠唠叨叨地说："看你的穷命样，从来也没有发达过。人想巴结相国还巴结不上呢，你却把相国的一番好意拒绝了！"

列子说："接受人家的馈赠，当人家有难时，你不以死报效，是不义的人；如以死报效他，是为无道义的人而死，这难道是讲道义吗！"

后来，人民果然起来造反，杀死了郑相子阳，列子因为没有受郑相子阳的收买，免掉了一场杀身之祸。

四

【原文】

孟子之平陆[①]，谓其大夫曰[②]："子之持戟之士[③]，一日而三失伍[④]，则去之否乎[⑤]？"

曰："不待三。"

"然则子之失伍也亦多矣。凶年饥岁，子之民，老羸转于沟壑，壮者散而之四方者，几千人矣。"

曰："此非距心之所得为也[⑥]。"

曰："今有受人之牛羊而为之牧之者，则必为之求牧与刍矣。求牧与刍而不得，则反诸其人乎？抑亦立而视其死与？"

曰："此则距心之罪也。"

他日，见于王曰："王之为都者，臣知五人焉。知其罪者惟孔距心。"为王诵之。

王曰："此则寡人之罪也。"

【注释】

①平陆：齐国边境邑名，故城在今山东汶上北。

②大夫：这里指邑宰，即邑的长官。

③持戟之士：指战士。戟，一种兵器。

④失伍：掉队或擅离岗位。

⑤去之：杀之。

⑥距心：即本章对话中平陆邑宰之名。

【译文】

孟子到平陆去，对当地的邑宰说："先生的士卒，如果一天失职三次，你会杀了他吗？"

邑宰说："不必等到三次。"

孟子说："那么，您失职的地方可就多了。饥荒年岁，您的百姓，年老体弱的辗转死于沟壑，年轻力壮的四散逃荒，几乎有一千人啊。"

邑宰说："这不是我距心力所能及的。"

孟子说："假如现在有个接受别人牛羊而替人放牧的人，他一定会替人去找牧场和草料。找不到牧场和草料的话，是把牛羊还给人家呢？还是站着眼看它们死掉呢？"

邑宰说："这么说是我距心的罪过了。"

过些日子，孟子朝见齐王，说："王的都邑长官中，我认识五个人。明白自己的罪过的，只有孔距心一人。"接着为齐王讲述了与孔距心的对话。

王说："这么说是我的罪过了。"

【评析】

齐国平陆的地方长官孔距心，荒年不知救助饥民，致使老弱抛尸于沟壑，青壮年逃散到四方，差不多上千人。经过孟子一番启发，他才认识到这是自己的罪过。而大多数地方官却认识不到自己的罪过。

孟子说服孔距心，用类比论证法：一用战士犯错必受处分，类比论证孔距心当受处分。当孔氏不服时，孟子又以放牧为例，说明孔氏这个"牧人"有责任为"牛羊"找到牧场和牧草，无权力眼睁睁看着"牛羊"死去。

【典例阐幽】

西门豹治邺

战国时，魏王派西门豹去当邺城的县令。西门豹到了邺县，看到那里人烟稀少，人民穷苦。经过调查后得知，当地的巫婆和官绅勾结，以每年给河伯娶亲为借口，每年都要找一个百姓家的女孩投到境内的河里，谁家如不把女儿交出来就要缴纳很多钱，以此欺骗敲诈搜刮老百姓的钱财。很多老百姓被逼得家破人亡，有的走投无路逃到外地去了。

西门豹清楚巫婆和官绅的行为以后，首先惩治了巫婆和几个为首的当地官绅。

西门豹接着就征发老百姓开挖了十二条渠道，把黄河水引来灌溉农田，田地都得到灌溉。

从那以后，邺城的老百姓生活渐渐富裕起来，人口也开始兴旺起来。

西门豹励精图治的治邺故事也千古流传下来，西门豹本人也成为后世地方官员的楷模。

五

【原文】

孟子谓蚳鼃曰[①]："子之辞灵丘而请士师[②]，似也，为其可以言也。今既数月矣，未可以言与?"

蚳鼃谏于王而不用，致为臣而去[③]。

齐人曰："所以为蚳鼃则善矣，所以自为则吾不知也。"

公都子以告。[④]

曰："吾闻之也，有官守者，不得其职则去；有言责者，不得其言则去。我无官守，我无言责也，则吾进退，岂不绰绰然有馀裕[⑤]哉?"

【注释】

①蚳鼃：齐国大夫。鼃，即今"蛙"字。

②灵丘：齐国边境邑名。

③致为臣：交还官职，这里指辞职。致，还。

④公都子：孟子的弟子。

⑤绰绰然有馀裕：绰绰然，宽松的样子。裕，宽裕。

【译文】

孟子对蚳鼃说："你辞去灵丘地方长官的职务而请求担任狱官，似乎是有道理的，因为可以进谏了。现在你做狱官已经几个月了，还不可以进谏吗?"

蚳鼃向齐王进谏而不被采纳，便辞官而去。

齐国有人议论说："孟子替蚳鼃出的主意是很好，怎么为自己考虑，我就不知道了。"

公都子把这话告诉了孟子。

孟子说："我听说过，有固定官职的人，如果不能尽责，就辞职；有进谏责任的，无法尽到进谏的责任就辞职。我既没有固定的官职，又没有进谏的责任，那么，我的行动进退，难道不是宽宽松松，大有回旋余地吗?"

【评析】

蚳鼃做了四个月的治狱官，却没有向齐王进言。在孟子的劝说下，蚳鼃向齐王进谏，齐王不听，他便辞官而去。齐国人对此颇有微词。孟子则认为，有官职、有言责，才需进言；自己没有官职，没有言责，便无需进言。孟子的主张，实际源自孔子的"不在其位，不谋其政"（《论语·泰伯》）。孔、孟虽主张相同，但二人何以一生栖栖惶惶，周游列国，不断试图对君主进言，对政治发表批评、议论呢？盖孔、孟是"谋道"也，而非"谋政"也。"谋道"是无条件的，用孔子的话说，是"笃信好学，守死善道"（《论语·泰伯》）；而"谋政"则是有条件的，不在其位，则不谋其位之政。

六

【原文】

孟子为卿于齐，出吊于滕[①]，王使盖[②]大夫王驩[③]为辅行[④]。王驩朝暮见，反齐滕之路，未尝与之言行事也。

公孙丑曰："齐卿之位，不为小矣；齐滕之路，不为近矣，反之而未尝与言行事，何也？"

曰："夫既或治之，予何言哉？"

【注释】

①出吊于滕：当时滕文公死，故孟子去为其吊丧。

②盖：齐国邑名，在今山东沂水县西北。

③王驩：人名，盖邑大夫。

④辅行：副使。

【译文】

孟子做齐国的卿，到滕国去吊丧，齐王派盖大夫王驩为副使与孟子同行。其间，王驩与孟子经常见面，在往返于齐滕两国的路途中，都未曾和孟子谈过公事。

公孙丑说："齐国卿的爵位，也不算小了；齐、滕两国之间的道路，也不算近了，但往返一回都未尝和您谈过公事，为什么呢？"

孟子说："他既然什么事都独断专行了，我跟他还有什么好说的呢？"

【评析】

这一章主要记述了孟子对小人的态度。

孟子奉命出使，齐宣王的宠臣王驩只是他的副手，而且职位比孟子低，理应事事都请示孟子之后再处理；然而王驩在齐宣王的宠爱下，目无法纪，目中无人，事事都是习惯性地独断专行。

对于孟子来说，处理这种小人的行径似乎有些棘手：一方面，如果跟他理论，禁止他独断专行，就会被别人看成是孟子在和王驩争权。孟子不愿意争权，更不愿意与小人争权，肯定也不愿意让别人在背后这样评价他。另一方面，在常人看来，王驩的行为实在可气，根本就是目中无人，不把孟子当领导，如果不整治一下，面子上实在气不过。

孟子不愧是“亚圣”，处理方式果然与常人不同——或者可以说，孟子在经过权衡以后，“两害相权取其轻”，宁可让这种小人不把他当领导，也不愿与他发生争执，以免降低自己的品行。所以，孟子的态度是听之任之，姑且由之。但孟子并不是不生气，也不是对王驩没有意见，只是他表达生气和意见的方式又与众不同，就是不再与他谈论公务，不再与他说话。

尽管孟子的态度是严厉的，但言语上却很谨慎。这符合孔子所说的“邦无道，危行言逊”的处事态度。但孟子并非一直都采取这样的态度，有时候，孟子抨击时政的言论也很不逊。那么，孟子的言论什么时候“谦逊”，什么时候“不逊”呢？这有一定的规律和界限，即：当他从政为官时，言论是很谦逊的，当他的身份是没有官职的士人时，就变得言语犀利，得理不让人了。这既有身份和地位的因素，也有社会条件的因素。

【典例阐幽】

刘备一意孤行

刘备是东汉末帝汉献帝的族叔，经过群雄逐鹿后与曹操、孙权三分天下。

后来刘备的义弟关羽，大意失荆州后送了性命。刘备为了给关羽报私仇，不从众愿，不听从赵云等多位将士及手下重要谋臣诸葛亮的劝告。诸葛亮劝不住刘备后，唯有慨叹一句：若法孝直不死，定能阻。而后不再劝阻。

于是，刘备一意孤行，兴七十五万人马大举伐吴。结果被吴中陆逊火烧七里连营。最后落得剩下百余名败军逃到了白帝城。此战使蜀国元气大失，国力也大不如前。

七

【原文】

孟子自齐葬于鲁，反于齐，止于嬴[①]。

充虞请曰[②]："前日不知虞之不肖，使虞敦匠事。严[③]，虞不敢请。今愿窃有请也：木若以美然[④]。"

曰："古者棺椁无度，中古[⑤]，棺七寸，椁称之。自天子达于庶人，非直为观美也，然后尽于人心。不得，不可以为悦；无财，不可以为悦。得之为[⑥]，有财，古之人皆用之，吾何为独不然？且比化者无使土亲肤[⑦]，于人心独无恔乎[⑧]？吾闻之，君子不以天下俭其亲。"

【注释】

①嬴：齐国邑名，故城在今山东莱芜西北。

②充虞：孟子弟子。

③严：急。

④以：太。

⑤中古：指周公制礼的时候。

⑥为：用。

⑦比：为。化者：死者。

⑧恔：满意。

【译文】

孟子从齐国到鲁国埋葬母亲，回到齐国，在嬴邑停下来。

充虞请问道："前些日子承您错爱，让我管木匠的事。当时事情急迫，我不敢请教。现在愿有所请教：棺木似乎太好了。"

孟子说："古时候，棺椁没有固定的尺寸，中古，规定棺厚七寸，椁与之相称。从天子到老百姓，讲究棺椁，不只是为了美观，而是因为这样才能尽人的孝心。因礼制限定而不能用，不能算如意；没钱，也不能如意。礼制规定可以用，又有钱，古人都这样用了，为什么就我不行？而且为死者考虑，不使泥土挨着肌肤，对于孝子来说不是可以少点遗憾吗？我听说过，君子不会因为天下的缘故而在父母的身上节俭。"

【评析】

从这一章的内容可以看出，孟子非常重视丧葬之事。这是因为儒家一向提倡以"忠、孝、仁、义、礼、智、信、廉、悌"为核心的伦理道德，而孝又被称为"百善之首"。

然而，虽然孟子很重视丧葬之事，但丧葬之事并不是孝道的全部内容。曾子曾经说过"生，事之以礼；死，葬之以礼，祭之以礼，可谓孝矣"的话，由此可知，完整的孝道包括生前的奉养和死后的安葬两个方面的内容。

如果说到孝道的起源的话，历史就更早了。据有关文献记载，早在孔子之前的两千年，从尧舜时代开始，孝道就已经是社会的一种普遍道德了，而孔子和孟子所做的，只是把实际存在于生活中的孝道提高到了理论的高度，使其更系统化和更具文化性。

不仅在《孟子》里有许多关于孝道的主张和思想，在《论语》里也记载了不少孔子和学生关于孝道问题的主张，其中尤其是孔子在《八佾》篇里的说法与本章所讨论的问题关系最为密切。孔子说道："与其易也，宁戚。"也就是说，与其铺张浪费于丧葬之事，还不如尽情地表达悲伤之情。由此看出，孔子反对在物质方面过分的铺张和厚葬，而是更重视内在的真情流露。孔子的这一主张在后来发生了变化，一时间厚葬之风盛行，原因无非是时代不同了，人们的地位和经济状况都发生了变化，有能力举行铺张浪费的厚葬。

尽管孟子非常重视丧葬之事，但与后来的儒家不同的是，孟子并不提倡厚葬。孟子认为，只要竭尽自己的力量，就是尽到了孝道，没有必要必须追求厚葬，所以，他说："亲丧，固所自尽也。"那么，是不是就可以因此而节俭从事呢？当然也不是，因为孟子虽然不主张厚葬，但更反对薄葬。

从有关的史料记录上，如《列女传》等书籍上，人们还可以看到很多关于孟子的母亲的一些记录，孟子的母亲是一位很懂得教育孩子的母亲，可以这么说，如果没有她的教育，孟子能否成为儒家的"亚圣"还不得而知呢。那么，在孟子的母亲过世以后，孟子是怎样丧葬她的呢？根据这一章的记载，可以看出，孟子是以很厚葬的方式埋葬了他的母亲，就连他的学生都觉得实在是厚葬了。但是，无论从哪一点上看，这都是无可厚非的。

通过这一章，孟子想要表达的观点是：在安葬父母的问题上，只要制度和经济两方面都允许，就应该尽力做到最好，正所谓"君子不以天下俭其亲"，说的就是这个道理。

但是，不管怎么说，有一点是肯定的，那就是丧葬是孝心的重要体现。如果有孝心的话，什么样的丧葬之礼都是符合孝道的要求的，否则，一旦失去了孝心，再丰厚的葬礼也没有任何意义。

【典例阐幽】

李密侍亲

李密是魏晋时代人，以前为蜀汉的大臣，后降魏。他自小父母双亡，经受了无人可亲近的痛苦，而祖母则是唯一照顾他，把他抚养长大的人。因此，在晋武帝一再征召他的情况下，他写下了千古名篇《陈情表》。

李密在《陈情表》中陈述了当祖母韶华不再，只能病卧床榻之时，侍奉祖母也就成了他必尽的责任。他不能尽忠尽孝两全，希望皇帝明白他的处境和拳拳之心。并且表明，“陈尽节于陛下之日长，报刘之日短。”“乌鸟私情，愿乞终养。”既然忠孝不能两全，但是“圣朝以孝治天下”，人皆有父母，李密希望皇帝能够以人之常情揣度，并表达了想先尽孝后尽忠的意思。《陈情表》终于感动了皇帝，李密也成了天下孝子的典范。

李密

八

【原文】

沈同[①]以其私问曰：“燕可伐与？”

孟子曰：“可。子哙不得与人燕，子之不得受燕于子哙[②]。有仕于此[③]，而子悦之，不告于王而私与之吾子之禄爵，夫士也，亦无王命而私受之于子，则可乎？何以异于是?”

齐人伐燕。

或问曰:“劝齐伐燕,有诸?”

曰:“未也。沈同问‘燕可伐与’,吾应之曰,‘可’。彼然而伐之也。彼如曰:‘孰可以伐之?’则将应之曰:‘为天吏,则可以伐之。’今有杀人者,或问之曰:‘人可杀与?’则将应之曰:‘可。’彼如曰:‘孰可以杀之?’则将应之曰:‘为士师,则可以杀之。’今以燕伐燕,何为劝之哉?”

【注释】

①沈同:齐国大臣。

②子哙、子之:子哙,即燕王哙。子之,燕相。

③仕:通“士”。

【译文】

沈同以个人名义问道:“燕国可以讨伐吗?”

孟子说:“可以。子哙不可以把燕国给子之,子之也不可以从子哙那里接受燕国。比方说这里有个士人,您喜欢他,就不必禀告君王而私自把自己的俸禄、爵位让给他,那个士人也不经君王同意,私自从您那里接受俸禄和爵位,这样行吗?燕国的事同这又有什么两样呢?”

齐国攻打燕国。

有人问道:“您鼓励齐国攻打燕国,有这回事吗?”

孟子说:“没有。沈同问‘燕国可以征伐吗’,我答复他说‘可以’。他认同这个说法便去征伐燕国。他如果问‘谁能去征伐燕国’,那我将答复他说:‘奉了上天使命的人就可以去征伐。’就好比这里有个杀人犯,如果有人问我:‘这个人可以

杀吗?’我会回答说:‘可以。’他如果再问:‘谁可以去杀这个杀人犯?’那我就会回答他:‘作为狱官的就可以杀他。’如今让一个跟燕国一样无道的国家去征伐燕国,我为什么要鼓励它呢?”

【评析】

读了这一章的很多人都觉得,孟子在这里其实是玩了一个文字游戏,甚至是在为自己“不仁”的言论开脱、搪塞。这都是表面上的。

从深层次来看,孟子的意思很明确:不是说不义的诸侯不能被讨伐,但如果出兵讨伐者也只是一个诸侯,那这种讨伐就是错的,本身也是不义之举,因为它“违法”了。根据分封制的规定,讨伐不义诸侯的人要有一定的资格,必须是周天子才行。孟子怕别人不理解,又举了一个很浅显的例子,如果一个人犯了杀人的罪过,必然是要被杀死的,这是法律规定的,所以说是“可以”杀的,但并不是人人都有资格杀他的,杀他的人必须是法官。

试想一下,如果每个人都有鞭打或者诛杀有罪之人的权力,那么天下是变得更有法制了呢,还是更混乱了?肯定是后者。“人人得而诛之”只是一句号召,只是一个用来形容某个人罪不容恕的形容词,在真正讲法制的社会是不可能这样的。真正的法制社会,应该是即使是讨伐不义,即使是诛杀罪犯,都得有规矩、有秩序。

从整章的论述来看,孟子的上述意思是明白无误的,之所以被人误解为他支持齐国出兵讨伐燕国,一是因为当沈同问及此事的时候,孟子着重阐述了燕国应该被讨伐的原因,并没有明确说明该由谁讨伐;二是因为战国时代已经不是一个法制社会了,连“只有天子才可以讨伐不义诸侯”这样的规定都被齐国君臣忽略了。这不仅是一个王权衰微的时代,更是一个法制混乱的时代。这一切都不能怪罪于孟子。

【典例阐幽】

不以暴伐暴

曹操官渡之战打败袁绍，得到了一份在战前通敌的名册，曹操取出来封条还没有打开，看都没有看就付之一炬。这虽然是笼络人心，其实也巩固了自己的势力。试想，敌人已经攻破，知道这个名单已经没有了作用！如果因为一时愤怒而把所有的通敌的人都抓起来。那人心会惶惶，军士会分崩离析；而曹操这招不以暴制暴的手法，让所有那些提心吊胆的军士，放下心来，踏实起来，他们能不诚心实意的归附曹操，为曹操所用吗？

曹操的这招不但使得魏国一时人才济济，也为日后夺取整个天下打下了基础。

九

【原文】

燕人畔。王曰："吾甚惭[①]于孟子。"

陈贾[②]曰："王无患[③]焉。王自以为与周公孰仁且智？"

王曰："恶！是何言也！"

曰："周公使管叔监殷，管叔以殷畔[④]。知而使之，是不仁也；不知而使之，是不智也。仁智，周公未之尽也，而况于王乎？贾请见而解[⑤]之。"

见孟子，问曰："周公何人也？"

曰："古圣人也。"

曰："使管叔监殷，管叔以殷畔也，有诸？"

曰："然。"

曰："周公知其将畔而使之与？"

曰："不知也。"

"然则圣人且有过与？"

曰："周公，弟也；管叔，兄也。周公之过，不亦宜乎？且古之君子，过则改之；今之君子，过则顺[⑥]之。古之君子，其过也，如日月之食，民皆见之；及其更也，民皆仰之。今之君子，岂徒顺之，又从为之辞[⑦]。"

【注释】

①惭：愧，羞愧，愧对。因孟子曾劝说齐王停止对燕国施暴，齐王不听，终于招致燕国的反抗，因此齐王感到羞愧。

②陈贾：齐国大夫。

③患：担忧。

④周公使管叔监殷，管叔以殷畔：周公曾派管叔、蔡叔、霍叔为三监，监督居于殷商故地的纣子武庚，后来三监联合武庚叛周。

⑤解：解释。

⑥顺：有过而不改。

⑦辞：托词，辩解。

【译文】

燕国人反抗齐国。齐王说："对于孟子，我感到很羞愧。"

陈贾说："大王您不要担心。大王自以为与周公相比，谁更加仁而且智呢？"

齐王说："哎呀！这是什么话啊！"

陈贾说："周公曾经派管叔去监督殷民，但是管叔却联合殷民叛周。周公明知管叔会反叛还要任用他，这是不仁；如果不知道他会反叛而任用他，这就是不智。仁和智，周公都未能完全做到，更何况是大王您呢？请大王允许我去见孟子并向他解释清楚。”

陈贾见到孟子，说道：“周公是什么人呢？”

孟子回答：“周公是古代的圣人。”

陈贾说：“周公派管叔去监督殷人，但是管叔却联合殷人反叛，是这样的吗？”

孟子说：“是这样的。”

陈贾说：“周公明知管叔会反叛还派他去的吗？”

孟子说：“周公不知道。”

陈贾说：“既然这样，那岂不是圣人也会有过错吗？”

孟子说：“周公是弟弟，管叔是兄长，周公的过错，不也是情有可原的吗？况且，古代的君子，犯了过错就改正；现在的君子，犯了过错却照样犯下去。古代的君子，他的过错就像日食月食一样，人民都能看到；等他改正后，人民都仰望着他。现在的君子，岂止是坚持错误，竟还为错误做辩解。”

【评析】

齐国占领燕国时，孟子曾向齐宣王建议，帮助燕国立一个新的国君，然后撤出军队，齐宣王不听。齐国攻占燕国后的第二年，燕国人拥立燕王的庶子太子平为国君。齐军由于没有得到燕国百姓的支持，被迫撤了回来。因为孟子在齐国战胜燕国之初就提醒齐宣王说，如果不在燕国施行仁政，就不能保证可以长久地占领燕国。此时，齐宣王想到孟子的这些话，追悔莫及，觉得有愧于孟子。然而，令人遗憾的是，齐宣王总是个“好了伤疤忘了疼”的人，别看他现在说得这么好听，但最终还是没有重用孟子。

事情的重点不是齐宣王的悔过情绪，而是陈贾与孟子的对话。通观全书，似乎只有陈贾幻想通过“圣人也有过失”的理由说服孟子，这种恶劣的态度理所当然地遭到了孟子的驳斥。

根据文章的记载，陈贾自告奋勇去面见孟子，跟孟子举例说，周公曾经也出现过失误，言下之意是，即使圣贤如周公者，也不能避免犯错，更何况是齐宣王呢？他的目的很明显，就是为齐宣王的一意孤行寻找借口，以求开脱罪责。针对陈贾举的周公的例子，孟子认为，古代如周公等品德高尚的圣贤之所以能成为圣贤，就是因为可以做到有错就改；而现在如齐宣王这样的国君，明知自己错了，不但不改正错误，还要千方百计寻找借口，开脱自己的罪责，企图得到别人的谅解。和圣贤的行为相对比，这显然是应该被唾弃的。陈贾无言以对，只好悻悻而去。

在这一章里，孟子提出了“有过则改”的主张。这个主张包括两个方面的含义：一是正如陈贾所言，人都难免犯错，即使是古代的圣贤、君子也难免犯错，否则孟子也就不说“古之君子，过则改之”了；二是犯了错以后的应对之策。孟子提出两种可能的对策：一是承认错误，然后立即改错；二是将错就错，想方设法寻找借口推脱。很显然，孟子是主张立即改错。如果犯了错，任其继续发展，将会铸成更大的错误；相反，如果能及时承认并改正错误，才能保证以后不再犯错。

关于这一主张，孔子也说过：“过而不改，是谓过矣。”如果有了错误而不改，这本身就是个错误，所以还是改掉为好。

【典例阐幽】

过则改之

有一次，唐太宗下令，想把洛阳破败了的乾元殿修饰一番，以备作为到外地巡视的行宫。

可是，有一个小官张玄素，却上了一道奏折，痛陈此举不妥。他说，修了阿房宫，秦朝倒了；修了章华台，楚国散了；修了乾元殿，隋朝垮了。这都是历史的教训。现在，我们唐朝百废待兴，国力哪里比得上当年的隋朝？陛下在国家的破烂摊子上，继续役使饱受战乱之苦的百姓，耗费亿万钱财，大兴土木。陛下没有继承前代帝王的长处，继承的却是百代帝王的弊端。如果从这一点看，陛下的过失远远超过了隋炀帝。

小小的张玄素，竟敢把英明的君主唐太宗比作昏聩的暴君隋炀帝，冒犯天威。假如不是唐太宗，而是别的皇帝，看到这一大不敬的奏折，当即会雷霆震怒，不仅张玄素人头落地，而且还会株连九族。

但是，唐太宗就是唐太宗。他不仅没有怪罪张玄素，反而下令召见他。此时的唐太宗想进一步地试一试张玄素的胆量，就直问道，卿说我不如隋炀帝，那么，我和夏桀、商纣相比，怎么样呢？要知道，夏朝的桀王和商朝的纣王，都是历史上臭名昭著的暴君。唐太宗这样问，自有深意。不承想，这个张玄素却直截了当地答道，如果陛下真的修了乾元殿，那就和夏桀、商纣一样昏乱。听到这句答语，唐太宗不仅没有发怒，反而被深深地感动了。他想，一个小官，敢于冒死直谏，为了什么，还不是为了他的江山社稷？因此，唐太宗收回了他的谕旨，停止重修乾元殿。并且表扬了张玄素，同时赏给他 500 匹绢。

对此事一直关注的魏征，听到了这个完满的结局，颇为感触地叹道，张公论事，有回天之力。这也充分地说明了唐太宗知错就改，善于虚心纳谏。

十

【原文】

孟子致为臣而归。王就见孟子，曰："前日愿见而不可得，得侍同朝，甚喜。

今又弃寡人而归，不识可以继此而得见乎？”

对曰：“不敢请耳，固所愿也。”

他日，王谓时子[①]曰：“我欲中国[②]而授孟子室，养弟子以万钟[③]，使诸大夫国人皆有所矜式[④]。子盍为我言之!”

时子因陈子[⑤]而以告孟子，陈子以时子之言告孟子。

孟子曰：“然。夫时子恶知其不可也？如使予欲富，辞十万而受万，是为欲富乎？季孙[⑥]曰：‘异哉子叔疑[⑦]！使己为政，不用，则亦已矣，又使其子弟为卿。人亦孰不欲富贵？而独于富贵之中有私龙断[⑧]焉。’古之为市也，以其所有易其所无者，有司者治之耳。有贱丈夫焉，必求龙断而登之，以左右望而罔[⑨]市利。人告以为贱，故从而征之。征商自此贱丈夫始矣。”

【注释】

①时子：齐王的臣子。

②中国：国都之中，指临淄城。

③万钟：指万钟粮食。一钟六石四斗，万钟则为六万四千石，约为今日一万三千石。钟，古代量器。

④矜式：敬重，效法。矜，敬重。式，效法。

⑤陈子：即孟子的学生陈臻。

⑥季孙：孟子的弟子。

⑦子叔疑：人名。

⑧龙断：即“垄断”。原意是指高而不相连的土墩子，后逐渐引申为把持市集、牟取高利。

⑨罔：这里是搜集、罗致的意思。

【译文】

孟子辞官准备回乡。齐王去看孟子，说："从前希望见到您没有机会，后来终于可以在一起共事，我很高兴。现在您又将抛弃我而回乡了，不知我以后还能见到您吗?"

孟子回答说："我不敢请求罢了，这本来就是我的愿望。"

过了几天，齐王对时子说："我想在都城中给孟子一幢房子，再用万钟粮食供养他的学生，使我们的官吏和人民都有学习的楷模。您何不替我向孟子谈谈呢!"

时子便托陈子把这话转告给了孟子。

孟子说："嗯。那时子哪里知道这事做不得呢？如果我是贪图财富的人，辞去十万钟俸禄的官不做却去接受一万钟的赏赐，这是想发财吗？季孙曾经说过：'子叔疑真奇怪！自己要做官，别人不用他，那也就算了，却又让自己的子弟去做卿大夫。谁不想做官发财呢？可他却想在这做官发财中独自垄断。'正如古代的市场交易，本来不过是以有换无，有关的部门进行管理。有一个卑鄙的汉子，一定要找一个独立的高地登上去，左顾右盼来网罗整个市集的利益。人人都觉得这人卑鄙，因此向他抽税。征收商业税也就从这个卑鄙的汉子开始了。"

【评析】

古人认为，决定君子是否愿意做官的因素，不是利益的大小，而是自己的理想能否在当前这个社会上实现。因此，尽管孟子在齐国做到了客卿的高位，但他还是决定离开齐国，原因就在于齐宣王不能理解和采纳他的主张，更别提重用他，让他实现理想了。事实也是如此，根据《孟子》的记载，尽管相比于在魏国的遭遇，孟子在齐国的待遇已经非常不错了，尽管在很多问题上孟子都有机会发表自己的意见，但作为乱世诸侯的齐宣王却始终不肯施行孟子的仁政主张。

尽管齐宣王不打算切实地采纳孟子的建议，但他也不愿意让孟子离开齐国，于是对孟子许以重利，幻想用财富留住孟子。但是，前文已经说过了，决定君子是否愿意做官的因素，不是利益的大小，所以孟子依然拒绝了。不仅如此，孟子还再一次教训了齐宣王，他责备齐宣王虽然垄断了国家财富，却依然不打算施行仁政，纯属贪得无厌。

归纳一下孟子的一番道理，可以看出，孟子主要表达了两层意思：一是他的理想无法在齐国实现。前文也已经说过，决定君子是否愿意做官的因素，是自己的理想能否在当前这个社会上实现。所以，孟子认为，既然在齐国无法实现他的理想，那就应该及早离开，这没有什么多说的，哪怕是拥有富甲天下的财富，也没有留下来的意义。二是孟子鄙弃了官场的垄断行为。所谓的官场垄断，在这里是说，既然已经认为没有必要再当官了，就不必再继续滞留在官场，抢别人的饭碗。所以，孟子拒绝了继续为官的请求。

官场的垄断行为和垄断市场商人的行径没有什么不同，相比之下，孟子的这种大丈夫行为真让历朝历代那些靠阿谀贿赂、买官卖官而混迹官场的人惭愧万分。自古以来，官场便有裙带关系，就像孟子列举的子叔疑，自己做官不算，还要让自己的子弟都做上官。不过，话说回来，世袭制度本身就是一种垄断制度，即便不是世袭的科举制度，垄断现象也是非常严重的。孟子指出的官场垄断现象是意义深远的。尤其具有超前意义的是，在指出官场垄断现象的同时，孟子还指出了市场垄断现象。孟子认为，征收商业税就起源于这种市场垄断行为。

就孟子的本意而言，“贱丈夫”的寓言是为了配合说明官场和市场一样，也存在着垄断，这种垄断也是干扰孟子说服齐宣王施行仁政的因素之一，一心只想称霸于天下的齐宣王体会不到这些，就算他体会到了，能不能真正采纳孟子的建议，能不能施行以道德来统一天下的仁政，这些都还是两说呢。更重要的是，孟子已经对齐宣王不抱希望了。

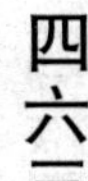

【典例阐幽】

垄断朝纲

公元前74年，汉宣帝刘询即位。因宣帝年幼，一切大权实际上都操纵在大将军霍光手中。霍光凭着迎立宣帝之功，把自己的亲朋一一安置在朝廷担任要职。任意发号施令。几乎垄断了朝纲。

霍光家此时已是一门三侯，显贵至极。但霍光的妻子霍显仍然不满足，她为了使小女儿成为皇后，巩固霍家地位，竟然勾结御医淳于衍毒死了许皇后。身为大将军的霍光不但没有揭发，反而利用权势袒护了淳于衍。

不久，霍光病死，御史大夫魏相建议汉宣帝逐渐削弱霍氏的权力。宣帝采纳了他的建议。这时，霍显毒杀许皇后的事情败露，宣帝断然采取措施，免去了霍氏的爵位，拜魏相为丞相。霍氏一家对魏相恨之入骨，暗地密谋先杀魏相再废掉许后所生的太子。这事不久又被宣帝知道了，于是宣帝大怒，下令诛灭了霍家。

十一

【原文】

孟子去齐，宿于昼[①]。有欲为王留行者，坐而言。不应，隐几[②]而卧。

客不悦曰："弟子齐宿[③]而后敢言，夫子卧而不听，请勿复敢见矣。"

曰："坐！我明语子。昔者鲁缪公[④]无人乎子思[⑤]之侧，则不能安子思；泄柳、申详[⑥]无人乎缪公之侧，则不能安其身。子为长者[⑦]虑，而不及子思；子绝长者乎？长者绝子乎？"

【注释】

①昼：齐国邑名，在临淄西南。

②隐几：靠在小桌上。隐，靠，凭。几，小桌。

③齐宿：先一日斋戒。齐，通“斋”。

④鲁缪公：鲁国国君，名显，前409年至前377年在位。

⑤子思：孔子之孙，名伋。鲁缪公尊敬子思，常派人在子思身边伺候致意，使子思安心留下。

⑥泄柳、申详：同为鲁缪公时贤人。泄柳亦称子柳；申详，孔子弟子子张之子，他们二人认为，如果没有贤者在君主身边，自身就感到不安。

⑦长者：指孟子自己。

【译文】

孟子离开齐国，在昼地过夜休息。有人想要为齐王挽留孟子，端庄地坐着跟孟子说话。但是孟子却不回应，靠在小桌边休息。

那个人不高兴地说：“我斋戒了一天才敢来跟您说话，但是先生您却不听我说，我以后再也不敢和您相见了。”

孟子说：“坐下！我明白地告诉你。从前鲁缪公如果没有人在子思身边传达尊贤之意，就不能使子思安心留下；泄柳、申详，如果没有贤人在鲁缪公身边，也不能使自己安心。你替我着想，但是却连子思怎么被鲁缪公对待都不知道。那么是你和我诀别呢，还是我和你诀别？”

【评析】

孟子辞去齐卿之位后，离开齐国，回老家去，中途在昼县过夜。这时有一说客为齐宣王挽留孟子，孟子不搭理他，靠在几上打瞌睡。说客不满，说，听说您要来，我昨天就斋戒，您这样无礼，以后不敢见您了。说罢，起身要走。

孟子说，我明白告诉你吧，当年鲁穆公十分敬重子思，也比较敬重泄柳、申详。你为我老头子想想，齐王说是敬重贤人，但我得到的敬重还赶不上子思！是你与我老头子决绝呢？还是我老头子与你决绝呢？

看来，孟子对齐宣王是真有意见。

十二

【原文】

孟子去齐。尹士语人曰[①]：“不识王之不可以为汤武，则是不明也；识其不可，然且至，则是干泽也[②]。千里而见王，不遇故去，三宿而后出昼，是何濡滞也[③]？士则兹不悦。”

高子以告[④]。

曰：“夫尹士恶知予哉？千里而见王，是予所欲也。不遇故去，岂予所欲哉？予不得已也。予三宿而出昼，于予心犹以为速，王庶几改之！王如改诸，则必反予。夫出昼，而王不予追也，予然后浩然有归志[⑤]。予虽然，岂舍王哉！王由足用为善[⑥]，王如用予，则岂徒齐民安？天下之民举安。王庶几改之！予日望之！予岂若是小丈夫然哉？谏于其君而不受，则怒，悻悻然见于其面[⑦]，去则穷日之力而后宿哉？”

尹士闻之，曰：“士诚小人也。”

【注释】

①尹士：齐国人。

②干：求。泽：恩泽，指俸禄。

③濡滞：久留。

④高子：齐国人，孟子弟子。

⑤浩然：水流不止的样子。

⑥由：通“犹”。足用：足以。

⑦悻悻然：形容气量狭小的样子。

【译文】

孟子离开齐国。尹士对人说：“不知道齐王不能够做商汤、武王，那是不明智；知道他不能，但还是来了，那是来求富贵。千里迢迢来见王。不能投合而离开，歇了三宿才出昼邑，怎么这样慢腾腾的？我对这种情况不高兴。”

高子把这些话告诉了孟子。

孟子说：“那尹士哪能了解我呢？千里迢迢来见王，是我所希望的。不能投合而离开，难道是我所希望的？我不得已啊。我歇了三宿才出昼邑，在我心里还认为太快了，我心想，王也许会改变态度的！王如果改变了态度，就一定会让我回去。出了昼邑呢，王还不追我回去，我这才有了断然回乡的念头。我尽管这样，难道舍得王吗！王还是足以做正事的，王假如用我，那何止是齐国的百姓得到太平？天下的百姓都能得到太平。王也许会改变态度的！我天天盼望！我难道像那种小气的汉子吗？向君王进谏而不被采纳，就发怒，气呼呼地表现在脸上，一旦离开，就走上一整天，没力气了才歇下？”

尹士听到这些话，说：“我真是个小人呀！”

【评析】

孟子纵观历史，由“从尧舜至商汤、从商汤至周文王，其间皆相隔约五百年”

的依据，得出了“五百年必有王者兴，其间必有名世者”的结论。接着，他又认为，从周文王到现在已经相隔了有七百年，已经超过了相隔五百年的规律，再结合当前的社会态势看，应该是到了“必有名世者”的时代了。

那么，即使到了“必有名世者”的时代，与孟子又有何干呢？原来，孟子强烈希望在这一历史进程中，成为一位“名世者”，能辅助明君成就大业——孟子所谓的大业，自然是以仁政治天下。有幸生活在这样一个历史时期，就能有机会施展自己的才能，这是一件令孟子十分兴奋的事。对于自己的前景，孟子充满了自信，甚至认为，能担任这一历史重担的人只有他孟子，所以他霸气十足地说道：“当今之世，舍我其谁?”谁说孟子不动心？此时孟子的心已经是蠢蠢欲动了。

然而，令人遗憾的是，尽管中国的历史确实是在一治一乱中不断交替着演绎的，但此后的规律根本就没有听孟子的话按照“五百年必有王者兴”的间隔周期重演。孟子等待的“伟大的时刻”一直没有来临，孟子的希望落空了，心情极其复杂，据说甚至流露出了告老还乡和解甲归田的意图。幸亏他的学生充虞深知先生的心情，于是就用先生说过的“不怨天，不尤人”的话来安慰先生。听了学生的安慰，孟子的心情还是不能释怀，于是只好表示，时代不同了，老师也动心了。由此可见，离开齐国对孟子是个不小的打击，毕竟当时的齐国是诸侯国中数一数二的强国，是孟子实现人生理想的最好平台。

在承认自己也“情绪化”了之后，孟子向学生解释了自己不愉快的原因，他再次拿出了“五百年必有王者兴，其间必有名世者”的说法。跟前文所述一样，按照孟子总结的这个规律推算，这个时候是应该有“王者”兴起了，可孟子走遍天下，却没有遇到像商汤、周文王这样的王者。既然没有遇到王者，孟子也就做不成“名世者”了。虽然做不成“名世者”了，但孟子却分明觉得自己就是“名世者”。梦想的美好和现实的残酷让孟子如此惆怅和失落，孟子又怎能“不怨天、不尤人”呢？

即使如此，孟子也得再次找个理由让自己的心情能再次平衡吧，于是，他又说“夫天未欲平治天下也”，老天不想让天下归于太平，这就是孟子找到的理由。找到了安慰自己的理由，孟子还是觉得不甘心，于是又继续自我安慰道：“如欲平治天下，当今之世，舍我其谁也?”这样一想，也就没有什么不快乐了。于是，孟子算是迈过了这道坎。

孟子的“当今之世，舍我其谁也”这句话是以天下为己任的社会责任感和使命感作为底蕴的。然而，孟子之后的千百年来，有人欣赏他的这句话和这种精神，也有人以此为借口批判孟子，认为他狂妄到了极点。想要揭示其真正的思想含义，只有结合当时特定的历史环境和文化背景才行。

【典例阐幽】

萧何月夜追韩信

秦末，淮阴有位父母双亡的穷青年，他就是后来大名鼎鼎的韩信。

起初韩信只知读书练武，连自己的生活也无法维持。经常穿着破烂，带着一把剑，四处流浪。

实在没办法，他只得到一位当亭长的亲戚家去找饭吃。只住了几个月，就被亲戚指桑骂槐气走了。出来后，有一次竟几天没吃一口饭，饿晕倒在路边，幸得一位洗衣妇女把自己带来充饥的饭，给他吃了，才得救了。

后来，韩信投奔项梁，当了个军士，有了衣食的基本保证。项梁死后，项羽也只是让他当了个执戟郎中。韩信几次向项羽献计，都没有被采纳。

韩信在项羽那里待了些时间，知道项羽不可能是成大气候的人，于是他又投奔到刘邦的部下。结果，刘邦也只是给了他一个小官做。

一天，韩信与几位伙伴喝了酒，大发牢骚，消息传给刘邦，刘邦以为他们要叛逃，就命令将他们斩首。韩信说："你刘邦要夺天下，怎能斩壮士呢?"刘邦知道后，将他放了，并与他谈了一次话，还升了他一级官，但还是没有重用他。

萧何深知韩信是位帅才，这时刘邦正想找人担当大将的职位，萧何向刘邦建议由韩信担任，刘邦根本不听。萧何推荐韩信的次数多了，刘邦才答应要重用韩信，但却没有一点实际表示。

韩信见刘邦无重用之心，决定离开刘邦，于是一个人离开了部队。萧何知道后，急忙带了几个随从追去，直追到月亮高悬半空，才将韩信追上。后人根据这段材料，专门编了"萧何月下追韩信"的戏剧，十分受欢迎。

萧何追上韩信，东劝西劝，才将他劝回汉营。回来后，萧何又向刘邦推荐韩信，说："你要夺天下，非用韩信不可!"

刘邦终于听信了萧何的劝告，决定拜韩信为大将。拜将那天，跟随刘邦多年、战功显赫的将军，都以为自己会被拜大将，结果拜的是毫无名声、一点战功也没有的韩信，大家都愣住了。

后来，韩信因战功卓著，被封为齐王，刘邦还将齐地作为封地授给他。饱受饥寒交迫的韩信，得到封王的优厚待遇，便死心为刘邦打天下，立下了巨大功劳。

萧何"萧何月下追韩信"的重视人才之举，也成为美谈。

十三

【原文】

孟子去齐，充虞路问曰："夫子若有不豫[①]色然。前日虞闻诸夫子曰：'君子不怨天，不尤人。[②]'"

曰："彼一时，此一时也。五百年必有王者兴，其间必有名世者[3]。由周而来，七百有馀岁矣。以其数，则过矣；以其时考之，则可矣。夫天未欲平治天下也，如欲平治天下，当今之世，舍我其谁也？吾何为不豫哉？"

【注释】

①豫：快乐，愉快。

②不怨天，不尤人：引用自孔子，见《论语·宪问》。孟子曾引此语教导弟子。尤，责怪，抱怨。

③名世者：闻名于世的人。这里指有名望可辅佐君王实现王道的人。

【译文】

孟子离开齐国，充虞在路上问道："老师似乎不高兴。以前我曾听老师您讲过：'君子不抱怨上天，不责怪别人。'"

孟子说："那是一个时候，现在又是一个时候。每五百年一定会出现一位圣君，其中必定还有名望很高的贤人。从周武王以来，到现在七百多年了。从年数来看，已经超过了五百年；从时势来考察，也该出现了。大概老天不想天下太平吧，如果想使天下太平，在当今这世界上，除了我还有谁呢？我为什么不高兴呢？"

【评析】

读这段文字，我们才可以真正知道孟子的抱负，和他所认定的"仁政"的伟力。

"五百年必有王者兴"，这是殷纣王灭亡时，殷遗民的一个预言，认为五百年后，殷族当出"王者"。到孔子那时，殷人认为孔子是应运而生的"王者"，后来孟子、司马迁、韩愈都认为自己是拯救天下的"王者"或贤臣（"名世者"）。

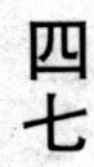

孟子认为，从周武王以来有七百多年了，论年数超过了五百，论时势则是出圣君贤臣的时候。孟子认为："天未欲平治天下也，如欲平治天下，当今之世，舍我其谁也?"这是何等的伟大抱负，何等的英雄气概！

此章当与十四卷三十三、三十四、三十八章合读。

【典例阐幽】

此一时，彼一时

秦朝末年，带领农民起事的陈胜攻占了一些城邑以后，就在陈县自称为王，国号"张楚"。

陈胜做了楚王，过去曾经和他在一起种田的朋友纷纷前往投靠，想沾点故友的光。他们结伴到王宫拜访陈胜，谈论起以前的一些往事。

但是，此一时，彼一时，陈胜已经不是那个与他们亲密无间的朋友了。陈胜身边的侍臣看到大王的脸色越来越难看，于是就趁机对他说："这几个乡巴佬在这里胡说八道，有损大王您的威严，一定是秦朝派来的奸细。"陈胜也认为他们丢了自己脸面，下令把他们全部用酷刑处死。陈胜又任命朱防为中正，胡武为司过，专门督察群臣的过失。众将领攻城略地到达目的地，凡有不听从陈胜命令的，即被抓起来治罪。陈胜的愚蠢与残暴不下于胡亥。

陈胜的岳父也来拜访，可是陈胜见了自己的岳父，也只是拱一拱手作见面礼，并不下拜。老人生气地说："你依仗着叛乱，逾越本分自封为王，而且对长辈傲慢无礼，必然不能长久！"说完拂袖而去，再也没有找过陈胜。

从此以后，陈胜昔日的亲友都远远地离开他，从此再也没有亲近他的人了。

十四

【原文】

孟子去齐，居休[①]。公孙丑问曰："仕而不受禄，古之道乎？"

曰："非也。于崇[②]，吾得见王，退而有去志，不欲变，故不受也。继而有师命[③]，不可以请。久于齐，非我志也。"

【注释】

①休：地名，在今山东滕州北，距孟子家百里。

②崇：齐国地名，不详。

③师命：战事，师旅之命。

【译文】

孟子离开齐国，停住在休地。公孙丑问道："做了官却不接受俸禄，这是古时的规矩吗？"

孟子回答道："不是的。在崇地，我见到了齐王，回来后就有了离开齐国的想法，我不想改变这个想法，所以不接受俸禄。接着齐国有战事，不便请求离开。长时间待在齐国，并不是我的意愿。"

【评析】

孟子多次劝说齐王不果，早有去齐之意，但因齐燕战事起，不便离去，又拖了一些时日。但这时孟子不再接受俸禄，因为他内心已不承认出仕齐国。此章反映了孟子的出仕观，需细加体会。

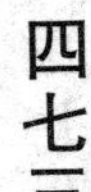

【本篇总结】

这一卷的重点在于记述孟子离开齐国的缘由和心路历程。在开篇的一章中，孟子以短短十四字提出一个震撼人心的道理："天时不如地利，地利不如人和。"在战国时期，利兵坚甲不是使国家长治久安的筹码，如果失却人心，照样难免覆亡。因为"得道者多助，失道者寡助"。在战国的诸侯中，齐宣王与孟子论道最多，但他不仅无法在礼节上尊奉孟子，更不能真正地奉行孟子的大道。孟子怏怏地离开齐国，在齐国的不愉快并没有打击孟子的信心，反而使他更为坚定地涵养"当今之世，舍我其谁"的豪迈之气。因此，商界人士读此篇，当知人和、尊士和自信。

【古代事例】

失却民心的变法

对诸侯来说，坚固的城墙，深险的城壕，锋利的戈矛，丰足的粮草，都不是对抗敌人的制胜法宝，真正的力量在于团结的人心，诸侯若能获取民心，得到百姓的支持，则会征无不克，战无不胜。"得道多助，失道寡助"的道理在历史上一次次地被印证。王安石变法的失败，最主要的原因在于它一开始就失却人心。

宋代方勺的《泊宅编》中有这样一个有趣的故事：欧阳修（1007—1072 年）在翰苑任职期间曾宴请宾客，待席散客去之后，特意留下来的苏洵（1009—1066 年）向他询问席上蓬头垢面的人是谁，欧阳修很惊异地说："他就是当今有才能、有品行的王安石（1021—1086 年），难道您没有听说过吗?"苏洵回答说："依我来看，他若能得志，日后必将惑乱天下，即使聪慧明睿的君主也难免被迷惑，您又何必与他交游呢?"也许我们能从苏洵的《辨奸论》中找到此话的缘由：脸脏不忘洗，衣脏不忘涤，这本是人之常情，而有的人却穿着俘虏般的衣服，吃着猪狗般的粝食，蓬头垢面，终日哭丧着脸却口诵诗书，这哪是人真实的一面呢？

熙宁元年（1068 年），雄姿英发的宋神宗（1048—1085 年）力排众议，任用王安石变法，全面推行新政。王安石的新政出发点是恢复上古三代（夏、商、周）之治，富国、富民、强兵，从而一统天下。但由于用人不当，许多官吏从中谋取暴利，使得民不聊生，众议沸腾，神宗皇帝的书案上每天都堆满朝廷内外反对新法者的奏疏。

王安石

有一次。王安石和群臣议事，因与群臣意见不合气得面色通红，刚想发作，就被站在一旁的程颢（1032—1085 年）徐言劝道："天下事并非是足下自家的私事，愿足下平心静气地听取众人意见。"此后八九个月，程颢又劝王安石说："明睿的智者应当像大禹治理水患，引导水往低下平坦的地方流，如果把水向高峻滞阻的地方疏导，则算不上明智。古今多少事，没有臣民都说行不通而能办成的，况且时下虽倡议新政，足下却排斥忠良，阻塞言论，以邪犯正，这哪有成功之理呢？"王安石听后虽未深怒，却为此事把程颢赶出朝廷到地方任职。类似的事情还有很多，如欧阳修、苏轼、司马光等耿介之臣也被纷纷逐出朝堂。

熙宁六年（1073 年），天下久旱，田地龟裂，禾苗枯死。忧心忡忡的神宗收到小官郑侠（1041—1119 年）所绘的一幅《流民图》和一道奏疏。郑侠以这样的方式向神宗讲述在城门上所看到的情形：灾民填满大道，贩卖妻、子，变卖家财者无数，疾苦的情境，数不胜数。神宗为之心动，一夜辗转未眠，开始认真反思新政流弊，第二天便下诏暂停青苗、保甲等八项新政。谁知诏书刚刚下达就甘霖普降，持续十个月的旱情得到缓解。

新政就这样在巨大的阻力和压力之下艰难地进行着。此前，王安石曾向神宗进言“天变不足畏，人言不足恤，祖宗之法不可守”，新法依旧艰难地维持数年。神宗死后，九岁的哲宗皇帝赵煦（1076—1100 年）继位，宣仁太皇太后（1032—1093 年）专国，所有的新政也就此被废除。

从现代的视角来看，王安石虽是权臣，却非是奸佞。苏洵的言辞在很大程度上失于偏激，但也向我们呈现出一位真实的王安石。这种特立独行的性格虽使他得君行道，同时也使他所宣导的变法因失却人心而最终被罢止。

【评述】

孟子说，得道者多助，失道者寡助。寡助之人，众叛亲离；多助之人，天下归顺。王安石想要改弦更张，变易古法，推行新政，举动很大，却摒弃众议，以致朝臣反对，天下百姓因新法所累，苦不堪言，最终只能以失败收场。商业活动的开展亦应吸聚人心，群策群力，才会尽量避免不必要的损失和失败。

祢衡击鼓骂曹

孟子在齐国时一直都在期待得到尊敬和重用，而齐宣王无法如古代圣王那样优礼贤者，屡屡以借口推辞不亲自就教，因为齐宣王只喜欢训导臣子，却不喜欢接受臣子的训导。这使得孟子非常失望，遂有离开齐国之心。东汉末年的曹操虽历来有纳贤之名，若从他对待祢衡的态度来看，傲慢之情，溢于言表，气愤不过的祢衡，最终演绎出一场“击鼓骂曹”的千古传奇。

祢衡（公元 173—198 年），字正平，平原般（今山东临邑）人，少有才辩，素有嘉名。汉献帝建安（196—220 年）初年，曹操挟天子以令诸侯，大力营建许都（今河南许昌），一时间贤士大夫，四方来集。祢衡怀揣一份写好的名片来到许都，想通过投奔名流走入仕途，但很长时间都没有遇到满意的人，以致名片上的字迹被身上的汗水浸渍得模糊难辨。

祢衡不把朝中的重臣和天下的名士放在眼里，唯心仪孔融（公元 153—208 年）和杨修（公元 175—209 年），他常对人说："我的大儿子是孔文举（孔融的字），小儿子是杨德祖（杨修的字）。其他人碌碌无为，毫不值得称数。"其实，当时的祢衡也不过二十出头，孔融则已逾不惑之年。孔融听说这件事后，不仅没有生气，反而胸怀雅量，深爱其才，并不认为祢衡狂放无礼，而与他结为挚友。

后来，孔融向汉献帝推荐祢衡，并多次在曹操（公元 155—220 年）面前称述祢衡的才德。曹操也早就听说过祢衡的声名，经孔融一推荐，更想见一见。谁知，祢衡素来轻鄙曹操的为人，自称狂病，不愿前往，还在公开场合多次贬抑曹操。后来，在孔融的反复敦促下，祢衡才迫不得已去见曹操。曹操心中怀忿，不以礼数相待，祢衡的不悦之色当即形于脸上，当面称数曹操托名汉相，实为汉贼的本实。曹操因祢衡素有嘉名，不好拖出去就地正法。正无计可施的时候，曹操忽然想到祢衡善于击鼓，于是让他充任击鼓吏，以趁此羞辱他一番。祢衡没有推辞。

第二天，曹操大会宾客，令众人逐一单独击鼓助兴。所有击鼓的人都要脱去自己的衣服，换上统一的制服。轮到祢衡击鼓的时候，他身着破衣，毫不顾念更换制服的规定，径直走到鼓前，从容地击一曲《渔阳三挝》，声节悲壮，铿锵有金石之声。在座的人无不慷慨悲壮。一曲击毕，皂吏呵斥祢衡说："你身为鼓吏为何不改换制服?"祢衡毫不畏惧，不紧不慢地脱去身上的破衣，裸身而立，取来制服一一穿上，又击一通《渔阳三挝》。曹操心中怀着十分的怒气，痛骂祢衡的无理取闹。好不容易熬到击鼓结束，曹操脸上露出惨然一笑，向近臣说道："我本想侮辱祢衡，谁知反遭他侮辱。"

孔融恐怕曹操有加害之意，多次从中斡旋劝解，辩说祢衡对曹操的崇敬之意，只是因为精神恍惚才会如此反常，祢衡对自己的行为非常后悔，愿亲自到曹营负荆请罪。曹操听孔融这么一说，心中的不快顿时涣然冰释，露出喜悦之色，传令看门人，只要祢衡一来就立即通禀。曹操在营帐内等到很晚都未见祢衡的影子，正要生气的时候，看门人火速地跑来禀报说，祢衡衣衫不整地坐在曹营前，手里拿着一根三尺长的木杖，一边不停地用木杖捶地，一边大骂曹贼飞扬跋扈。曹操大怒，对孔融说："祢衡竖子，我杀他就像杀死燕雀老鼠一样容易。不过此人素有虚名，若杀他，远近诸臣会说我不能容忍别人的缺点，阻断天下士人归心的念想。今将祢衡打发到荆州（今属湖北）刘表那里，看他做如何区处。"

祢衡到荆州不久，遂遭到刘表（公元 142—208 年）部将黄祖借故杀害，享年才二十六岁。曹操借刀杀人的企图也因此而实现。

【评述】

孟子说，国君尚贤不仅应以礼相待，而且还要吸纳他人的意见。祢衡的狂放自不待言，曹操不能折节相待，一味地想着如何羞辱他，非是待士之礼，因此也得不到他的敬重，以致祢衡徒有满腔报国热情，却无从施展，最终死于非命。商界管理者对有才之士当有宽厚之心，尤其是其中的狂放者，更要懂得交往的艺术，才能使其最终为你的诚心所动而愿意为你发挥自己的聪明才智。

【现代事例】

路易·威登（LV）白领的象征

孟子认为人的力量是无穷的，得人心者能得天下。商业活动更是如此，一件商品或一项服务，若能赢得用户的信赖，然后口耳相传，形成美妙的口碑，无疑会为企业带来巨大的无形资产。法国的路易·威登，经过一百多年的发展历程，就具备这样的好名声。

路易·威登（Louis Vuitton，以下简称LV）系列箱包以其完美过硬的品质一直享有很好的口碑。LV一直是很多社会名流首选品牌，他们往往都会指着身上的皮夹或皮包得意地说，用来用去还是LV最好。据说，从泰坦尼克（Titanic）号沉船中打捞上来的一只LV硬型皮箱在海水的长期浸泡下竟未渗进半滴海水。

一八五四年，专为名流贵族出游收拾行装的捆工路易·威登（LouisVuitton，1821年—1892年），在巴黎创办一家以自己名字命名的箱包店铺，经销一种由圆顶皮箱改良而成的平顶皮箱。路易·威登创造的这种新样式一时间风靡整个欧洲。在一八六七年的巴黎万国博览会上，法国社会名流对LV品质形成一致的高度认同，使LV设计者及其品牌广为人知。一八九六年，路易·威登的儿子乔治·威登（Georges Vuitton）用父亲姓名的简写L和V配合花朵图案设计出一款沿用至今的标志，并将行李箱多样化，推出可挂衣服的皮箱、鞋箱和帽具箱等多种款式。一战以后，LV获得世人的青睐，跻身高级奢侈品的行列。

一百五十多年来，世界经历沧海桑田，在无数的变化中走到今天，人们的审美观念和品位追求也随着时代的巨潮而此起彼伏，但LV依旧声誉卓然，始终保持着无与伦比的魅力，这其中的原因就在于LV通过保持与时俱进的独特设计理念，在高端箱包行业中建立起强大的竞争优势。在庆祝交织字母标志诞生一百周年之际，路易·威登的总裁圣·卡斯利（Yves Carcelle）经过三年的慎重考虑，决定邀请阿泽蒂纳·阿莱亚（Azzedine Alaia）、莫罗·伯拉尼克（Manolo Blahnik）等七位闻名世界的杰出设计师设计多款新型箱包款式。这些设计者具有敏锐的流行时尚感知力，凭着对LV品牌历史和品位的理解，发挥各自的想象力和创造力，设计出七款可用于旅游、休闲或高雅社交、工作场合的箱包新品。

除经久耐用和款式新颖外，LV 屹立不倒的另一重要原因还在于它一开始就将产品定位在皇室及贵族市场，并以此来保持其传奇、经典、高贵的价值观念。使用 LV 的人常常借此显示自己的品位不凡。

在行销策略上，LV 皮具从不在任何百货公司采用降价打折的促销方式来提高销量。这种策略虽显死板，却能坚定顾客购买 LV 产品的决心。LV 还控制顾客数量并提倡排队购物，使每一位顾客都能有受到尊重和平等对待的感觉。LV 还限制每位顾客只能购买某一款式的一件货品，以避免该款产品被同样的人搜括一空。

【评述】

孟子劝说诸侯得到人心的办法是施行仁政，推行王道，来吸引民众，积聚国力。LV 则是以完美的品质征服用户，形成美好口碑的方法。商界人士当借鉴这一智慧，让用户以使用你的商品或享受你的服务是一种荣誉，企业的生命必会蒸蒸日上。

箭牌融入生活每一天

孟子在离开齐国的路上，弟子问他为何面露忧色。孟子答道，五百年必有王者兴，其间必有以德业闻望名于世者，如果有王者能平治天下，则当今之世，舍我其谁？可见，孟子豪气英迈，从容自信，从不放弃自己的理想。商界人士更当有这种成就大业的霸气。箭牌公司的创始人小威廉·瑞格理所一手创建的企业，有着辉煌的过去，如今更有着“箭牌融入生活每一天”的愿景。

箭牌公司（Wrigley）有个愿景：“箭牌融入生活每一天。”而一百多年前的箭牌公司只是一家毫不起眼的小企业。

一八九一年春，二十九岁的小威廉·瑞格理（WilliamWrigley Jr.）携妻带子，怀揣三十二美元来到芝加哥，以经销父亲生产的"瑞格理"牌香皂为生。小威廉·瑞格理以苏打粉作为赠品来提高肥皂的销量。小威廉·瑞格理没有想到的是，苏打粉竟比香皂更为紧俏。他立即改行做起苏打粉生意，并以口香糖作为商家的赠品。尽管当时的口香糖行业刚刚兴起不久，但独具慧眼的小威廉·瑞格理又发现这个行业比苏打粉则更具市场潜力。

小威廉·瑞格理遂以自己的名字作为品牌，开始经销口香糖，在一八九三年推出黄箭和白箭两款口香糖。但黄箭和白箭并没有给小威廉·瑞格理的公司带来多大起色，这两款口香糖始终无人问津。一八九九年，六家口香糖生产企业组成名为"口香糖联盟"的垄断组织，将小威廉·瑞格理推向生死存亡边缘。但他并未因此放弃自己的事业，决心以智慧在夹缝中求得生存。

小威廉·瑞格理继续采用赠品作为促销战略，赠品的范围也随之扩大，因为每个人都有不用付钱就可获得一些小东西的心理期望。他还在车站、广场、公路等公共场所以广告的方式向路人推销箭牌口香糖，即使在一九〇七年经济大萧条的情况下，他都没有放弃这一想法，因为这时很多公司为节省开支，大幅削减广告投入，很多品牌从人们的视野中消失，箭牌公司刚好可以利用这个机会吸引人们的目光。在这两种方式的结合下，箭牌公司取得巨大成功，其产品也一跃成为美国人最为钟爱的品牌。

箭牌公司一直抱着这样一种理念，口香糖虽小，品质却不可忽略。二战期间生产口香糖的优质原料供不应求，箭牌公司不但没有采用替代原料维持生产规模，反而将白箭、绿箭和黄箭撤出市场，全部用来供应美国的海外驻军。箭牌公司依旧一如既往地开展品牌宣传。战争结束后，这种做法不但没有使箭牌公司的产品失去市场，反而比战前更受欢迎。

箭牌公司的创始人小威廉·瑞格理提起自己成功的秘诀时说，要有不轻易放弃的坚决心态，对人要有礼貌，有耐心，不要与人做无谓的争论，并且不要忘记对客户表达真诚的谢忱。小威廉·瑞格理的这些经营法宝是永远都不会过时的。

【评述】

尽管孟子在齐国四处碰壁，但他始终没有放弃自己的理想和信念，继续寻找时机将自己继承的大道用于平治天下的伟大功业上。小威廉·瑞格理从送口香糖的销售中，看到巨大商机，最后认准这一行当，创业路途十分艰难。就在“口香糖联盟”这一垄断组织成立之后，小威廉·瑞格理并未因此而放弃对事业的追求，而是以优异的品质和巧妙的战术最终赢得市场。因此，商界人士遇到事业的波折时，应保持着这种自信和霸气，以坚强的毅力克服困难，运用智慧寻求出路，万不可轻易放弃。

【名言录】

名言：得道者多助，失道者寡助。寡助之至，亲戚畔之，多助之至，天下顺之。——《公孙丑（下）》

古译：得道者多助，失道者少助。少助之至，亲戚叛之，多助之至，天下顺之。

今译：行仁政的人会有很多人帮助，不行仁政的人很少有人帮助。帮助的人少到极致，则亲戚都会背叛他，帮助他的人多到极致，天下人都会归顺他。

现代使用场合：得道多助，失道寡助。官场、商场上的兴衰成败，关键在于民心向背。一个有仁有义的负责人，他的周围自然会聚集很多贤德之士，帮助他渡过重重难关；倘若他为人不仁不义，则有才之士都会离他远去，失败自然离他不远。要想在激烈的竞争中有所突破，“得道”才是根本的原则。

名言：天时不如地利，地利不如人和。——《公孙丑（下）》

古译：天时不如地利，地利不如人和。

今译：天时不如地利，地利不如人和。

现代使用场合：相比于天时、地利，人和才是事关成败的最重要因素。有和谐的人际关系，才能在事业中如鱼得水，随心所欲。不过，最优质的环境当然是集天时、地利、人和与一身，有这三者的辅助，成功近在咫尺。

名言：君子不怨天，不尤人。——《公孙丑（下）》

古译：君子不怨天，不尤人。

今译：君子不会抱怨上天，不会责怪他人。

现代使用场合：人难免会犯错，而在犯错的同时还能做到不怨天尤人，这实在是难能可贵。《论语》中“不迁怒，不二过”也是强调人在受挫折时不应该迁怒于人，不要再犯同样错误。君子以此来修身养性，自然不会怨天尤人。

卷五　滕文公上

【题解】

本卷共五章。前三章记录了孟子对滕文公的开导。其中第一章勉励滕文公学习圣人之道，第二章就丧礼之事要求滕文公以身作则。这两章或坐而论道，或就事论事，无不体现了“行仁由己”的原则，强调个人蹈行礼义的自觉性和主动性。第三章所记是在滕文公准备实施仁政的时候，孟子提出来的一系列主张，特别是实行田井制、兴办学校。接下来的最后两章，分别记录了与农家和墨家的学派交锋，在《孟子》一书中有特殊的价值。

一

【原文】

滕文公为世子[1]，将之楚，过宋而见孟子。孟子道性善，言必称尧、舜。

世子自楚反，复见孟子。孟子曰："世子疑吾言乎？夫道一而已矣。成覸[2]谓齐景公曰：'彼，丈夫也；我，丈夫也；吾何畏彼哉？'颜渊曰：'舜，何人也？予，何人也？有为者亦若是。'公明仪[3]曰：'文王，我师也；周公岂欺我哉？'今滕，绝长补短，将五十里也，犹可以为善国。《书》曰：'若药不瞑眩[4]，厥疾不瘳[5]。'"

【注释】

①世子：即太子。"世"和"太"古音相同，古书常通用。

②成覸：齐国的勇士。

③公明仪：曾子学生，鲁国贤人，

④瞑眩：眼睛昏花看不清楚。

⑤瘳：病愈。此句引自《尚书·说命上》。这里是为呼应上文"世子疑吾言乎"，比喻真理总是先使人产生疑惑，然后才能成为安身立命的依据。

【译文】

滕文公做太子时，要到楚国去，经过宋国时拜访了孟子。孟子给他讲人性本善的道理，言语间不离尧、舜。

太子从楚国回来，又来拜访孟子。孟子说："太子不相信我的话吗？道理只有一个而已。成瞷对齐景公说：‘他是个男子汉，我也是个男子汉，我为什么怕他呢？’颜渊说：‘舜是什么人，我是什么人，有作为的人也会像他那样。’公明仪说：‘文王是我的老师，周公难道会欺骗我吗？’现在的滕国，假如把疆土截长补短也有将近方圆五十里吧，还可以治理成一个好国家。《尚书》说：‘如果药不能吃得人头昏眼花，那病是治不好的。’”

【评析】

公元前 327 年（宋君偃后元二年），因为听说宋君偃欲推行仁政，孟子来到宋国。孟子在宋国时，还是太子的滕文公出使楚国，往返两次经过宋国国都，均与孟子相会。孟子“道性善，言必称尧舜”，深深打动了年轻的滕文公。后滕文公即位，派人将孟子接到滕国，开始了孟子在滕国的一段经历。

孟子在本章提到性善的主张，但还没有展开充分的论述。性善论是孟子思想的核心，是王道、仁政的哲学基础，内含较为丰富。从本章的内容看，孟子主要强调的是人格的尊严与平等，这是孟子性善论的一个重要内容。

【典例阐幽】

取长补短

清代书法家钱泳著的书《履园丛话》中，讲述了一个成衣工匠的故事。当时北京城里有个成衣匠。是浙江宁波人，裁缝手艺十分高明，官员富户多愿意请他缝制衣服。他替人裁衣、量尺寸时不但注意穿衣者的身材，而且对于其性格、年龄、相貌特征等，也都注意观察，甚至连何时中举也都要细细打听。

有人觉得奇怪。就问他：“你打听这些做什么，难道这些跟衣服的尺寸有什么关系吗?”他说：“当然有关！光从衣服的长短来说：少年中举的，难免骄傲一些，走路一定挺胸凸肚，衣服因此要前长后短，穿起来才合身；至于老年中举的，大多意气消沉。弯腰曲背，他们的衣服就要前短后长。胖子的衣服，腰部应宽些，瘦的就不妨窄些。性子急的人，衣服宜短，性子慢的就可以长些……”

这个高明的成衣匠，他不仅能按照身材尺寸来裁制衣服，而且善于掌握穿衣者不同的身份和性格特点，据此对衣服进行取长或者是补短。

二

【原文】

滕定公薨[1]。世子谓然友曰[2]：“昔者孟子尝与我言于宋，于心终不忘。今也不幸至于大故[3]，吾欲使子问于孟子，然后行事。”

然友之邹，问于孟子。

孟子曰：“不亦善乎！亲丧，固所自尽也[4]。曾子曰：‘生，事之以礼；死，葬之以礼，祭之以礼，可谓孝矣。’[5]诸侯之礼，吾未之学也。虽然，吾尝闻之矣。三年之丧，齐疏之服[6]，饣亶粥之食[7]，自天子达于庶人，三代共之。”

然友反命，定为三年之丧。父兄百官皆不欲[8]，曰：“吾宗国鲁先君莫之行[9]，吾先君亦莫之行也，至于子之身而反之，不可。且《志》曰：‘丧祭从先祖。’”曰：“吾有所受之也。”

谓然友曰：“吾他日未尝学问，好驰马试剑。今也父兄百官不我足也，恐其不能尽于大事[10]，子为我问孟子。”然友复之邹问孟子。

孟子曰：“然。不可以他求者也。孔子曰：‘君薨，听于冢宰[11]。歠粥[12]，面深墨，即位而哭，百官有司莫敢不哀，先之也。’上有好者，下必有甚焉者矣。君子

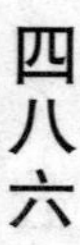

之德，风也；小人之德，草也。草尚之风[13]，必偃。是在世子。”

然友反命。世子曰：“然。是诚在我。”

五月居庐[14]，未有命戒。百官族人可，谓曰知。及至葬，四方来观之，颜色之戚，哭泣之哀，吊者大悦。

【注释】

①滕定公：滕文公的父亲。薨：侯王之死称“薨”。

②然友：滕文公做太子时的师傅。

③大故：大事。这里指父丧。

④自尽：指主动地尽孝心。

⑤“曾子曰”数语：见《论语·为政》，本来是孔子对弟子樊迟说的话，这里引为曾子所说，大概曾子曾经以此教导弟子。

⑥齐疏之服：粗布所制，缝了衣边的丧服。齐，缝衣边。疏，粗，指粗布。

⑦饦：同“饘”，稠粥。粥：稀粥。

⑧父兄：指与滕文公同姓的老臣。百官：指与滕文公不同姓的百官。

⑨宗国：宗主国。滕国和鲁国的始封祖分别是叔绣、周公，都是文王之子，而周公为长，所以滕国称鲁国为宗国。

⑩其：指自己。

⑪冢宰：百官之长。

⑫歠：饮。

⑬尚：加。

⑭庐：专供居丧时所住的房子，形制简陋。

【译文】

滕定公死了。太子对然友说：“从前，孟子曾在宋国和我交谈过，我心里始终没有忘记。现在不幸得很，父亲逝世了，我想请先生去问问孟子，然后才办丧事。”

然友到邹国，去问孟子。

孟子说：“不错呀。父亲的丧事是该主动尽孝的。曾子说：‘父母生前，按照礼来服侍他们；死后，按照礼来埋葬他们，按照礼来祭祀他们，这样可以称得上孝了。’诸侯的礼，我没学过；尽管如此，我还是听说过的。守孝三年，穿着粗布缝边的丧服，喝着粥，从天子到平民百姓，夏、商、周三代都是一样的。”

然友回去复命，太子决定实行守孝三年的丧礼。父老百官都不愿意，说：“我们的宗国鲁国的历代君主都没这么办，我国历代的君主也没这么办，到了您这里却违反规矩，不行的。况且《志》上说：‘丧礼、祭礼遵循祖宗的成例。’”他们又说：“我们是有所根据的。”

太子对然友说：“我以前没做过学问，喜欢跑马舞剑。现在父老百官对我不满意，担心我不能办好丧事。先生再替我去问问孟子！”

然友又到邹国去问孟子。

孟子说：“是啊。但这是不能要求别人的。孔子说：‘君主死了，政务听命于冢宰，太子只得喝粥，面色深黑，就临孝子之位便哭，大小官吏没有人敢不悲哀，这是因为太子带了头。’上面爱好什么，下面一定爱好得更厉害。尊贵者的德行，像风；卑微者的德行，像草。草上有风吹过，一定随之扑倒。这事全在太子怎么做。”

然友回去报告。

太子说：“是。这事确实全在我怎么做。”

太子在丧庐住了五个月，没有发布任何政令。百官和族人都赞成，称道太子懂礼。到了举行葬礼的时候，四方宾客都来观礼，太子容色的凄惨，哭泣的悲哀，使吊丧的人大为满意。

【评析】

古代的礼制为什么要规定父母过世以后，儿女要守丧三年呢？针对“守丧三年”的礼制，孟子认为是没有必要的，因此他说：“亲丧，固所自尽也。”也就是说，在办丧事期间，子女要尽力表达哀思就够了。守丧三年确实很长，人生能有几个三年能被浪费在为死人守丧的事情上呢？因此，严格说来，这是陈规陋习。

既然是陈规陋习，那古人为什么还要这样规定，为什么还有人这样照做呢？宋朝的理学大师朱熹认为：“子生三年，然后免于父母之怀；故父母之丧，必以三年也。”也就是说，一个人从出生之日算起，有整整三年的时间是不能离开父母的怀抱的，因此父母死后，子女要守丧三年，以便报答父母为他付出的三年。很多人都认可这个解释，认为是合理的。

那么，“守丧三年”这一制度是怎样发展和演变的呢？按照孟子“守三年之丧，自天子达于庶人，三代共之”的说法，可见这种制度的起源非常早。由时间推断，大概是早期氏族部落时代流传下来的风俗，春秋战国时期又被孔孟加以宣扬；汉代以后，由于儒家思想居于统治地位，因此守丧三年的风俗也一直传延了下来，一直到清末才销声匿迹。

自朱熹所在的宋代以后，“守丧三年”古制变得更加严格。据说，当时的朝廷官员一旦得知父母过世，就要立即放下手头工作，回家乡“丁忧”三年，三年之后才能复职。哪怕这个官员手头的事有多么重要和紧急，都得如此照办，否则就会因此丢掉官职。到了后来，这一制度的形式主义味道更加浓重，但还是得严格遵守。

【典例阐幽】

上有所好，下必甚焉

从前，楚灵王喜欢在上朝时看到臣子们如杨柳般婀娜多姿的细腰身，他认为只有这样才叫赏心悦目，能使满堂生辉。有些生得苗条柔弱的大臣还因此受到了楚灵

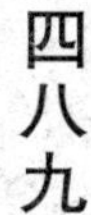

王的赞美、提拔和重用。所谓上有所好，下必甚焉。满朝的文武大臣们为了赢得楚灵王的欢心和宠幸，便千方百计地减肥，拼命使自己的腰围变小。

他们不约而同地注意节制饮食。有的不沾油腥，有的节食，强迫自己一天只吃一餐饭，为此经常饿得头昏眼花也在所不惜；有的大臣更是摸索出了一套快速减肥的绝招，那就是在每天早晨起床穿衣时，首先做几次深呼吸，挺胸收腹，然后将气憋住，再用宽带将腰部束紧。

经过这样一番折腾之后，许多人渐渐失去了独立支撑身体的能力，往往需要扶住墙壁才能勉强站立。如此这般，经过整整一年的减肥运动以后，楚国的满朝文武官员们全都变得形容枯槁、弱不禁风，这又怎么能担当得起治理国家、保卫疆土的重任呢？因此朝政也变得一片混乱。

三

【原文】

滕文公问为国[①]。孟子曰："民事[②]不可缓也。《诗》云：'昼尔于茅，宵尔索绹；亟其乘屋，其始播百谷[③]。'民之为道也，有恒产者有恒心，无恒产者无恒心。苟无恒心，放辟邪侈[④]，无不为已。及陷乎罪，然后从而刑之，是罔[⑤]民也。焉有仁人在位罔民而可为也？是故贤君必恭俭礼下，取于民有制[⑥]。阳虎曰：'为富不仁矣，为仁不富矣。'

"夏后氏五十而贡[⑦]，殷人七十而助，周人百亩而彻，其实皆什一[⑧]也。彻者，彻[⑨]也；助者，藉也[⑩]。龙子[⑪]曰：'治地莫善于助，莫不善于贡。'贡者，挍[⑫]数岁之中以为常。乐岁，粒米狼戾[⑬]，多取之而不为虐，则寡取之；凶年，粪[⑭]其田而不足，则必取盈焉。为民父母，使民盻盻然[⑮]，将终岁勤动[⑯]，不得以养其父母，又称贷而益之[17]，使老稚转乎沟壑，恶在其为民父母也？夫世禄[18]，滕固行之矣。《诗》云：‘雨我公田，遂及我私[19]。惟助为有公田。由此观之，虽周亦助也。

“设为庠序学校以教之。庠者，养也；校者，教也；序者，射[20]也。夏曰校，殷曰序，周曰庠；学则三代共之，皆所以明人伦也。人伦明于上，小民亲于下。有王者起，必来取法，是为王者师也。

“《诗》云：‘周虽旧邦，其命惟新。’[21]文王之谓也。子力行之，亦以新子之国!”

使毕战问井地[22]。

孟子曰：“子之君将行仁政，选择而使子，子必勉之！夫仁政，必自经界[23]始。经界不正，井地不钧[24]，谷禄[25]不平，是故暴君污吏必慢[26]其经界。经界既正，分田制禄可坐而定也。

夫滕，壤地褊小[27]，将为君子[28]焉，将为野人[29]焉。无君子，莫治野人；无野人，莫养君子。请野九一而助[30]，国中什一使自赋[31]。卿以下必有圭田[32]，圭田五十亩；余夫[33]二十五亩，死徙[34]无出乡。乡田同井，出入相友，守望相助，疾病相扶持，则百姓亲睦。方里而井，井九百亩，其中为公田。八家皆私百亩，同养公田；公事毕，然后敢治私事，所以别野人也。此其大略也；若夫润泽[35]之，则在君与子矣。”

【注释】

①为国：治理国家。

②民事：治理百姓的事。

③“昼尔于茅”诸句：诗出《诗经·豳风·七月》。尔，助词。于，取。茅，茅草。宵，晚上。索，把几股绳子搓在一起，使更加结实。绹，绳子。亟，急忙。乘屋，修缮房屋。乘，整，治；也有人理解为“升”，指登上房屋。

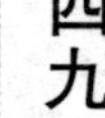

④放辟邪侈：肆意作恶。放、侈，放纵。辟、邪，不正派，不正当。

⑤罔：通“网”，网罗，陷害。

⑥制：节制。

⑦贡：与下文“助”“彻”皆为古代赋税制度。

⑧什一：即“十一”，十分之一的意思，指夏商周三代都是实行十分之一的税率。

⑨彻：通，通行。“彻者，彻也”是说这种税制在周朝是天下通行的。

⑩藉：借，借助。借助民力来耕种公田。

⑪龙子：古代贤者。

⑫校：同“校”，比较。

⑬粒米狼戾：稻米撒得满地都是，形容粮食收成好。狼戾，即“狼藉”。

⑭粪：为田地施肥。还有一种观点把“粪”理解为“扫除、清除”。全句意思是“即使把落在田里的粮粒扫起来凑数，也不够交税”。

⑮盻盻然：勤苦不休息的样子。

⑯将终岁勤动：将，而，却。动，作。

⑰称贷而益之：称，举。贷，借贷。益，补充，补益。

⑱世禄：指古代实行的世禄制度，贵族世代享有前代的爵位和俸禄。

⑲雨我公田，遂及我私：语出《诗经·小雅·大田》。雨，降雨。公田，指西周井田制中的公田。遂，遍，遍及。私，指井田制中的私田。

⑳射：通“绎”，陈列。引申为陈列人伦关系的教导。

㉑周虽旧邦，其命惟新：语出《诗经·大雅·文王》。命，天命。

㉒毕战：当时滕国的大臣。井地：井田。

㉓经界：指田界。经，也是界限的意思。

㉔钧：通“均”。

㉕谷禄：古代官员的俸禄都是谷米，所以叫谷禄。

㉖慢：通“漫”，意思是打乱原来的田界。

㉗褊小：狭小。

㉘将为君子：将，且。为，有。君子，指统治者，在高位者。

㉙野人：庶民，百姓。

㉚野九一而助：野，郊外。九一，九分之一。助，劳役租赋制度，以私田助耕公田。

㉛国中什一使自赋：国中，指郊野之内，靠近都城的地方。对于这些地方抽税十分之一。

㉜圭田：古代卿、大夫、士供祭祀用的田地。圭，洁，洁净。

㉝余夫：指古代法定的受田人口之外的人。

㉞死徙：死，死者埋葬。徙，迁徙，搬家。

㉟润泽：指对制度的调节、修饰。

【译文】

滕文公向孟子请教治理国家的问题。孟子说：“百姓的事情是不可怠慢的。《诗经》上说：‘白天去割茅草，晚上把绳搓好；赶紧上房修屋，就要播种百谷。’老百姓都适用这样一条准则：有稳定财产的人才能有恒定的道德行为准则，而没有稳定财产的人就不能形成一定的道德行为准则。如果没有恒定道德行为准则的话，那么那些放纵违法、为非作歹的事，就没有不去干的了。等到了他们犯罪的时候，然后再施以刑罚，这就是陷害百姓。哪里有仁人在位而去陷害百姓的呢？所以贤明的君主必定要恭敬、节俭，以礼对待臣下，向百姓征收赋税一定要有所节制。阳虎曾说：‘要发财就顾不上仁爱，要仁爱就不能发财。’

“夏朝每家五十亩地而实行贡法，殷代每家七十亩地而实行助法，周代每家一

百亩地而实行彻法，但是他们的实质都是十分之一的税率。‘彻’是‘通’的意思，‘助’是‘借’的意思。龙子说过：‘管理土地的这些税法，没有比助法更好的，没有比贡法更差的。’贡法就是比较若干年的收成，取平均数作为常数，按常数征收赋税。丰年，粮食多得满地狼藉，多征些粮也不算暴虐，而相对来说贡法却征收得少；荒年，即使把落在田里的粮粒扫起来凑数，也不够交税，而贡法却非要足数征收。国君作为民之父母，却使百姓一年到头劳累不堪，结果还不能养活父母，还得靠借贷来补足赋税，使得老幼辗转死于沟壑，这样的国君哪能算是百姓的父母呢？做官的世代享受俸禄，滕国早已实行了。《诗经》上说：‘雨下到我们的公田里，于是也下到我们的私田里。’只有助法才有公田。由此看来，就是周朝也要实行助法的。

“在此基础上，设立学校、庠序来教化他们。‘庠’是教养的意思；‘校’是教导的意思；‘序’是陈列的意思。夏代称‘校’，商代称‘序’，周代称‘庠’；至于中央的学校，三代共用一个名称，都是用来教人懂得人伦道德的。在上位者懂得人伦道德，在下位者就会亲近他们。如果有圣王出现，必然会来效法，这样就成为圣王的老师了。

“《诗经》上说：‘周代虽然是一个古老的邦国，但是它继承的天命却是新的。’说的就是文王。国君你应该尽力而行，这也是为了使自己的国家气象常新。”

滕文公派毕战来问井田的问题。

孟子说：“你的国君想要施行仁政，派你到我这里来，你一定要勉励行之啊。施行仁政，一定要从划分确定田界开始。如果田界不能确定，田地分配得不均匀，那么用来做俸禄的田租的征收就不合理，于是那些暴虐的君主和贪官污吏就会肆意打乱田界。田界一旦确定，分配井田和俸禄的工作就可以轻而易举地办妥了。

“滕国土地狭小，但也要有官员，也要有老百姓。没有官员，就不能治理百姓；没有百姓，就不能供养那些官员。我建议在郊野实行九分抽一的助法，在国中实行十分抽一的税赋。卿以下的官吏一定要有可供祭祀用的五十亩田地，对家中未成年的男子，另给二十五亩田地。百姓丧葬迁居都不离乡。乡里土地在同一井田的各家，出入相互结伴，守卫防盗相互帮助，有病相互照顾，那么百姓之间就亲近和睦。一里见方的土地定为一方井田，每一井田九百亩地，中间一块是公田。八家都有一百亩私田，共同耕作公田；公田农事完毕，才敢忙私田上的农活，这就是使君子和农夫有所区别的办法。这是井田制的大概情况；至于如何改进完善，那就在于国君和你的努力了。”

【评析】

在这一章里，滕文公派大臣毕战来请教孟子关于井田制的问题。那么，什么是井田制，井田制究竟是什么性质的制度呢？

根据史料记载可知，井田制从商朝就开始实行了。所谓井田制，就是“平均授田制”，跟孙中山提出的“平均地权”的主张没有什么差别。之所以会出现井田制，是因为从尧、舜时期开始，中国就进入了农业社会，因此，在几千年来，农业和农民的问题始终是被关注的重点，即使没有井田制，也会有其他的土地制度。井田制之所以如此受关注，是因为它能够解决“平均地权”的问题。

前文已经说过，“平均地权”是由孙中山提出来的，而孟子也很关心井田制的问题。虽然孟子和孙中山在世的时间相隔两千多年，所处的时代不同、历史条件不同，但他们都在设法解决一个社会不公的问题，这个问题就是由于土地兼并严重，出现了严重的贫富分化，占有大量田地的人，即使不耕种也能过上锦衣玉食的生活，而田地不多或者干脆没有田地的人的生活极其悲惨。为消除这种不公平，为了实现“耕者有其田”，孟子和孙中山提出了井田制或“平均地权”的主张。

孟子所处的时代，所谓“普天之下，莫非王土”，全国的土地都归国君所有，国君只是把对土地的居住权、经营权等授予大臣或者百姓。正是因为土地归国君所有，因此诸侯们才不断发动战争以争夺更多的土地。因此，在土地已经高度集中的战国时代，重新实行井田制这一平均授田的制度，相当于是重新分配土地，这必然遭到以拥有大量土地的大贵族、大官僚和大地主为代表的权势集团的激烈反对。如果国家没有雄厚的经济实力，或者国君没有足够的能力控制政治局势，这种是很难成功的。

此外，在滕文公亲自向孟子请教治国之道时，孟子提到发展教育的主张。孟子说道："设为庠序学校以教之。"其中，庠、序、校都是古代乡学的名称，学是国学的名称。"庠"有养老的意思，"序"有习射的意思，"校"有教民的意思。这表明，古代学校的教育对象比较广泛，教学内容也比较丰富，教育的重点是要教育学生明白为人处世的道理，因为这才能让学生用学成的知识正确地服务社会。

孟子关于"设学相教，以明人伦"的思想在《孟子》一书中曾多次出现。这表明，孟子的教育思想继承和发展了孔子"培养笃信好学、守死善道的君子"的教育思想。孟子第一次明确提出办教育的目的在于"明人伦"，这是很有意义的。不仅如此，孟子本人也十分热爱教育事业，在《尽心·上》中，他把"得天下英才而教育之"列为"君子三乐"之一，由此可见他是一个"以教为乐"和"好为人师"的人。

尽管孟子提出的"设学相教，以明人伦"的育人谋略的直接目的是为统治制度服务的，但也蕴涵着重视教育的思想，值得肯定和提倡。

【典例阐幽】

无恒产者无恒心

东汉灵帝时，有位见识超常、深得民心的官员刘陶。

157年，即汉桓帝永寿三年，有人上书说：“人民所以贫困，原因在于钱币的重量太轻，厚度太薄，应该改铸大钱。”奏章交付给大将军、太尉、司徒、司空等四府的官吏，以及太学中有见解的人共同讨论。当时还是太学生的刘陶上书说：“现在的问题不在于货而在于饥，老百姓们在饿肚子。连年以来，茂盛的庄稼，都被蝗虫和螟虫吃光了；民间所织的布匹，都被朝廷和官吏搜刮一空。民无恒产则无恒心，即令当前能把沙砾化作南方出产的黄金，把瓦片变成卞和发现的白玉，而让百姓渴了没有水喝，饿了没有饭吃，也无法阻止祸患的产生。如果现在有个人登高远呼，愁怨之民纷纷响应，方寸之钱，怎么能救?”

汉灵帝

此份奏章一上，刘陶的意见即被采纳，结果没有铸钱。

后来刘陶曾任县令、侍御史、尚书令，转任侍中，又任京兆尹、谏议大夫。

当他从顺阳县令任上因病辞官时，当地的官吏百姓都很思念他，大家就编了几句歌词传唱起来：“恺然不乐，思我刘君。何时复来，安此下民。”

四

【原文】

有为神农之言者许行[①]，自楚之滕，踵门而告文公曰[②]：“远方之人闻君行仁政，愿受一廛而为氓[③]。”

文公与之处。

其徒数十人，皆衣褐[4]，捆屦、织席以为食[5]。

陈良之徒陈相与其弟辛负耒耜而自宋之滕[6]，曰："闻君行圣人之政，是亦圣人也，愿为圣人氓。"

陈相见许行而大悦，尽弃其学而学焉。

陈相见孟子，道许行之言曰："滕君则诚贤君也。虽然，未闻道也。贤者与民并耕而食，饔飧而治[7]。今也滕有仓廪府库，则是厉民而以自养也[8]，恶得贤？"

孟子曰："许子必种粟而后食乎？"

曰："然。"

"许子必织布而后衣乎？"

曰："否。许子衣褐。"

"许子冠乎？"

曰："冠。"

曰："奚冠？"

曰："冠素。"

曰："自织之与？"

曰："否。以粟易之。"

曰："许子奚为不自织？"

曰："害于耕。"

曰："许子以釜甑爨[9]，以铁耕乎？"

曰："然。"

"自为之与？"

曰："否。以粟易之。"

"以粟易械器者，不为厉陶冶；陶冶亦以其械器易粟者，岂为厉农夫哉？且许子何不为陶冶，舍皆取诸其宫中而用之[10]？何为纷纷然与百工交易？何许子之不惮烦？”

曰：“百工之事固不可耕且为也。”

“然则治天下独可耕且为与？有大人之事，有小人之事。且一人之身，而百工之所为备，如必自为而后用之，是率天下而路也。故曰或劳心，或劳力；劳心者治人，劳力者治于人；治于人者食人，治人者食于人，天下之通义也。

“当尧之时，天下犹未平，洪水横流，泛滥于天下，草木畅茂，禽兽繁殖，五谷不登[11]，禽兽偪人[12]，兽蹄鸟迹之道交于中国。尧独忧之，举舜而敷治焉[13]。舜使益掌火，益烈山泽而焚之，禽兽逃匿。禹疏九河，瀹济、漯而注诸海[14]，决汝、汉，排淮、泗而注之江[15]，然后中国可得而食也。当是时也，禹八年于外，三过其门而不人，虽欲耕，得乎？

“后稷教民稼穑[16]，树艺五谷[17]。五谷熟而民人育。人之有道也，饱食、暖衣、逸居而无教，则近于禽兽。圣人有忧之，使契为司徒[18]，教以人伦：父子有亲，君臣有义，夫妇有别，长幼有叙，朋友有信。放勋曰[19]：‘劳之来之[20]，匡之直之，辅之翼之，使自得之，又从而振德之。’圣人之忧民如此，而暇耕乎？

“尧以不得舜为己忧，舜以不得禹、皋陶为己忧[21]。夫以百亩之不易为己忧者[22]，农夫也。分人以财谓之惠，教人以善谓之忠，为天下得人者谓之仁。是故以天下与人易，为天下得人难。孔子曰：‘大哉尧之为君！惟天为大，惟尧则之，荡荡乎民无能名焉[23]！君哉舜也！巍巍乎有天下而不与焉[24]！’尧、舜之治天下，岂无所用其心哉？亦不用于耕耳。

“吾闻用夏变夷者，未闻变于夷者也。陈良，楚产也，悦周公、仲尼之道，北学于中国。北方之学者，未能或之先也。彼所谓豪杰之士也。子之兄弟事之数十年，师死而遂倍之[25]！昔者孔子没，三年之外，门人治任将归[26]，入揖于子贡，相向而哭，皆失声，然后归。子贡反，筑室于场，独居三年，然后归。他日，子夏、子张、子游以有若似圣人，欲以所事孔子事之，强曾子。曾子曰：‘不可，江汉以濯之，秋阳以暴之[27]，皜皜乎不可尚已[28]。’今也南蛮鴃舌之人[29]，非先王之道，子倍子之师而学之，亦异于曾子矣。吾闻出于幽谷迁于乔木者[30]，未闻下乔木而入于幽谷者。《鲁颂》曰：‘戎狄是膺[31]，荆舒是惩[32]。’周公方且膺之，子是之学，亦为不善变矣。”

“从许子之道，则市贾不贰，国中无伪。虽使五尺之童适市[33]，莫之或欺。布帛长短同，则贾相若；麻缕丝絮轻重同，则贾相若；五谷多寡同，则贾相若；屦大小同，则贾相若。”

曰：“夫物之不齐，物之情也。或相倍蓰[34]，或相什百，或相千万。子比而同之，是乱天下也。巨屦小屦同贾[35]，人岂为之哉？从许子之道，相率而为伪者也，恶能治国家？”

【注释】

①神农之言：指农家学说。神农，上古传说中发明耒耜，教民稼穑的人物，农家托为宗师。

②踵：至，到。

③廛：民居。氓：从别处迁来的人。

④褐：麻制的短衣。

⑤屦：草鞋。

⑥陈良：楚国的儒家人物。耒耜：翻土的农具。耜是起土的部分，耒为其柄。

⑦饔飧：熟食。这里指做饭。饔，早餐。飧，晚餐。

⑧厉：病，残害。

⑨釜：无脚的锅。甑：陶制烹饪器。爨：做饭。

⑩舍：止，不肯。宫：室，房。

⑪五谷：指稻、黍、稷、麦、菽。稻即水稻，黍即黄米，稷即小米，麦即小

麦，菽是豆类的总名。登：成熟。

⑫偪：即逼。

⑬敷：遍，全部。

⑭瀹：疏导。济、漯：二水名。

⑮决、排：都是去除障碍使水畅通的意思。

⑯后稷：名弃，周人的始祖，尧时为农师。

⑰艺：种植

⑱契：殷人的始祖。司徒：官名。

⑲放勋：尧的名。

⑳劳之来之：使他们勤劳。劳、来，都是勤劳的意思，这里用作动词。

㉑皋陶：舜时的司法官。

㉒易：治。

㉓荡荡：广大的样子。

㉔巍巍：高大的样子。引孔子语见《论语·泰伯》。

㉕倍：通“背”。

㉖任：担、负，指行李。

㉗秋：指周历七、八月，相当于夏历五、六月，正当盛暑。暴：晒。

㉘皜皜：洁白的样子。

㉙鴃舌：形容说话怪腔怪调像鸟叫一样。鴃，伯劳鸟。“南蛮鴃舌之人”，指许行。

㉚出于幽谷迁于乔木：语出《诗经·小雅·伐木》：“伐木丁丁，鸟鸣嘤嘤。出自幽谷，迁于乔木。”

㉛膺：抵挡，防范。

㉜荆：楚国的别名。舒：楚的属国。引诗出自《诗经·鲁颂·閟宫》。

㉝五尺：大约相当于今天的三尺半。

㉞蓰：五倍。

㉟巨屦：粗糙的鞋。小屦：精细的鞋。

【译文】

有个做农家学问的人叫许行，从楚国来到滕国，上门对文公说："我这个大老远来的人听说您正在实行仁政，希望得到一个住所，成为侨民。"

文公给了他房屋。

他的门徒有几十个，都穿着麻衣，以编草鞋、织席子为生。

陈良的门徒陈相和他的弟弟陈辛，背着耒耜从宋国来到滕国，对文公说："听说您正在实行圣人的政治，这也是圣人了，我希望做圣人的侨民。"

陈相见了许行，十分高兴，完全抛弃以前的学问而向许行学习。

陈相见了孟子，引述许行的话说："滕君确实是个贤明的君主；尽管如此，他却不真懂得道理。贤人是和老百姓一同耕作，才吃饭，自己做饭，又治国理政。现在滕国有粮仓，有库房，这是残害人民来养活自己，这又怎能称得上贤明？"

孟子说："许子一定自己种庄稼才吃饭吗？"

陈相说："对。"

"许子一定自己织布才穿衣吗？"

陈相说："不。许子穿麻衣。"

"许子戴帽子吗？"

陈相说："戴。"

孟子说："戴什么帽子？"

陈相说："戴白帽子。"

孟子说："是自己织的吗？"

陈相说："不。是用粮食换来的。"

孟子说："许子为什么不自己织呢?"

陈相说："那会耽误耕种。"

孟子说："许子用釜甑做饭，用铁器耕田吗?"

陈相说："对。"

"是自己造的吗?"

陈相说："不。是用粮食换来的。"

"农夫用粮食交换农具和器皿，不算残害了陶匠和铁匠。陶匠和铁匠也用他们的农具和器皿交换粮食，难道这是残害了农夫吗？而且许子为什么不自己烧陶、打铁？不肯做到所有东西都是从自己家里取用？为什么忙忙叨叨地与各种工匠交换？为什么许子这么不怕麻烦?"

陈相说："各种工匠，本来就不能一边耕种一边又干他们的事情。"

"那么，难道治理天下可以一边耕种一边又干他们的事情吗？有官吏的事情，有平民的事情。而且一个人，就需要各行各业的产品。如果一定要自己造出来的才用，这是让天下人疲于奔命。所以说：有人劳动脑力，有人劳动体力；劳动脑力的管理人，劳动体力的被人管理；被人管理的养活人，管理人的被人养活。这是天下通行的道理。

"在尧的时候，天下还不太平，洪水不循水道地乱流，到处泛滥。草木长得又快又茂密，禽兽成群地繁殖，五谷不熟，禽兽害人。野兽的蹄印和飞鸟的踪迹，在中国纵横交错。尧一个人为此忧虑，选拔舜处理全部事务。舜命令伯益掌管火政，益在山野沼泽放火，烧掉草木，禽兽或逃跑或隐藏。禹又疏浚九条河道，疏导济水和漯水，使之入海；导引汝水和汉水，疏通淮水和泗水，使之流入长江，这样中国才可以种庄稼了。在那时候，禹在外八年，三次从家门口路过都没进门，即使他想耕种，可能吗?

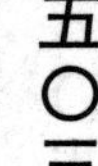

“后稷教老百姓种庄稼，栽培五谷，五谷成熟而人民得到养育。人是有善良天性的，但吃饱了、穿暖了、住安逸了却不加教育，就和禽兽差不多。圣人又为此忧虑，让契做司徒，用伦理道德来教育人民：父子之间有慈爱，君臣之间有礼义，夫妇之间有区别，老少之间有等级，朋友之间有诚信。尧说：‘敦促他们，纠正他们，帮助他们，使他们获得自己的本性，又加以栽培和引导。’圣人为老百姓忧虑，到了这种地步，还有闲工夫来种庄稼吗？

“尧把得不到舜作为自己的忧虑，舜把得不到禹和皋陶作为自己的忧虑。把百亩田地耕种得不好作为自己的忧虑，那是农夫。把钱财送给别人叫做惠，把善良教给别人叫作忠，为天下找到人才叫作仁。所以把天下让给别人是容易的，为天下找到人才是困难的。孔子说：‘伟大啊，尧做君主！只有天最伟大，只有尧效法天，那宽广的气象，老百姓没办法用言语来形容！了不起的君主啊，舜呀！光明正大地统治天下而毫不利己！’尧、舜治理天下，难道无所用心吗？只不过不用于种庄稼罢了。

“我听说过中原改变落后的蛮夷，没听说过中原被蛮夷改变的。陈良，是楚国人，喜爱周公、孔子的学说，北上到中原来学习。北方的学者，没有人能超过他。他真是所谓豪杰之士啊。你们兄弟向他学习了几十年，老师死后就背叛他。从前，孔子去世，弟子们守丧三年以后，收拾行李准备回家，进门向子贡作揖告别，大家相对而哭，泣不成声，然后才各自回去。子贡回到墓地，在墓边的灵场盖了间房，又独自住了三年，然后才回去。过些时候，子夏、子张、子游认为有若像孔子，就想要像服侍孔子那样服侍他，强求曾子同意。曾子说：‘不行的。老师就像在长江、汉水洗涤过，就像在夏天的烈日下暴晒过，光辉洁白得无以复加。’如今南方蛮族里讲鸟语的人，也来非难我们祖先圣王的学说，你竟背叛你的老师而向他学习，和曾子真不一样啊。我听说过飞出幽暗山谷而迁到高大树木的，没听说过飞下高大树木而进到幽暗山谷里去的。《诗经·鲁颂》里说：‘戎狄是要防范的，荆舒是要严惩的。’周公尚且要防范他们，你却向他们学，真是不懂得用中国来改变蛮夷的道理啊。”

陈相说：“如果听从许子的主张，就能做到市场上物价一致，国内没有欺诈行为。即使打发五尺高的小孩到市场去，也没人欺骗他。布帛的长短如果一样，价格就相同；麻线丝绵的轻重如果一样，价格就相同；谷物的多少如果一样，价格就相同；鞋的大小如果一样，价格就相同。”

孟子说：“货物的品相质量各不相同，这是自然的；有的相差一倍五倍，有的相差十倍百倍，有的相差千倍万倍。你要只以大小轻重相比而使它们价格相同，这是扰乱天下。粗糙的鞋和精细的鞋价格一样，人难道肯干吗？听从许子的主张，就是带着大家做假，怎么能够治理好国家？”

【评析】

本章批驳农家许行、陈相等人否定社会分工的主张，阐述劳心与劳力的社会分工论。滕文公在孟子的帮助下推行仁政，一时在社会上产生很大反响，不少人闻风而至。农家学派的许行从楚国来到滕国后，属于儒家学派的陈相也从宋国来到这里。陈相见到许行后，被许行的学说所吸引，于是放弃了以前的主张，成为许行的门徒。陈相站在农家的立场与孟子进行了一场辩论，辩论的核心是如何看待社会分工，尤其是劳心与劳力也就是脑力与体力劳动的社会分工问题。

许行、陈相主张，贤明的君主应当同人民共同耕作，其本意是反对权力异化，反对统治者脱离民众，但其观点却存在着否定社会分工的不足。对于许行的观点，孟子没有从正面直接反驳，而是通过列举生活中大量存在的社会分工的事实，层层设问，步步紧逼，巧设机关，引人入彀。当陈相最后不得不承认，百工之事与耕田种地不能由一人同时承担，必须实行分工时，孟子马上反问，难道治理天下与耕田种地可以由一人同时承担吗？进而指出，社会分工不同，有劳心者，有劳力者，劳心者从事管理的工作，被人养活；劳力者从事耕作，被人管理，这是“天下之通义”，没有什么不合理的。孟子还用铺陈的文字描写了尧舜禹治理天下，公而忘私的事迹，进一步说明许行主张君主与人民共同耕作，否定社会分工，是根本行不通的。孟子从社会分工的角度对许行的观点进行批驳，有合理的地方。但需要注意的是，“劳心”与“劳力”又不完全是一个社会分工的问题，它还涉及“治人”与“治于人”这样一个政治问题。对于后一个问题，孟子在本章没有展开讨论，没有回答什么样的人才有资格成为“治人者”，以及“治人者”应以什么样的方式来“治人”等问题。对于这些问题，孟子是在其他地方通过“选贤与能”“民本”“仁政”做出讨论和说明的。所以，虽然孟子的社会分工理论较之许行的主张更为合理，代表了社会的进步。但我们却不能简单地将社会分工与统治关系混同起来，不能认为“治人”与“治于人”的差别，仅仅是一种社会分工关系。相反，只有结合了孟子的其他论述，才有可能更全面地认识、理解后一问题。

本章的最后，孟子又以用夏变夷论批评了陈相背弃师门，以产品交换论论证了自己的社会分工的主张。

【典例阐幽】

劳心者治人，劳力者治于人

宋朝初年，宋太宗赵光义命文臣李防等人编写一部分类百科全书。

这部书是在宋太平兴国年间编成的，故名为《太平总类》，它收集摘录了一千六百多种古籍的重要内容，分类归成五十五门，全书共一千卷。对于这么一部巨著，宋太宗规定自己每天至少要看两三卷，一年内全部看完，于是就把书更名为《太平御览》。宋太宗下定决心花精力翻阅这部巨著时，曾有臣子觉得不理解，如果说普通士人是出于“劳心者治人”的信念，希望通过读书获得一官半职，可是皇帝每天要处理那么多国家大事，为什么还要去读这么部大书呢？

于是，他们就去劝告宋太宗少看些，也不一定每天都要看，以免过度劳神。但宋太宗却回答说：“我很喜欢读书，从书中常常能得到乐趣，多看些书总会有益处，况且我并不觉得劳神。”于是，他仍然坚持每天阅读三卷，有时因国事忙耽搁了，他也要抽空补上，并常对左右的人说：“只要打开书本，总会有好处的。”

宋太宗由于勤于读书，学问十分渊博，处理国家大事也就得心应手。大臣们见皇帝如此勤奋读书，也纷纷效仿，所以当时读书的风气很盛，连平常不读书的宰相赵普，也孜孜不倦地阅读《论语》，有“半部论语治天下”之称。

五

【原文】

墨者[①]夷之因徐辟[②]而求见孟子。孟子曰：“吾固愿见，今吾尚病，病愈，我且往见，夷子不来！”

他日，又求见孟子。孟子曰：“吾今则可以见矣。不直，则道不见[③]，我且直之。吾闻夷子墨者，墨之治丧也，以薄为其道也。夷子思以易天下，岂以为非是而不贵也。然而夷子葬其亲厚，则是以所贱事亲也。”

徐子以告夷子。

夷子曰：“儒者之道，古之人若保赤子[④]，此言何谓也？之则以为爱无差等，施由亲始。”

徐子以告孟子。

孟子曰：“夫夷子信以为人之亲其兄之子为若亲其邻之赤子乎？彼有取[⑤]尔也。

赤子匍匐将入井，非赤子之罪也。且天之生物也，使之一本，而夷子二本故也[6]。盖上世尝有不葬其亲者，其亲死，则举而委之于壑。他日过之，狐狸食之，蝇蚋[7]姑嘬之。其颡有泚[8]，睨[9]而不视。夫泚也，非为人泚，中心达于面目，盖归反虆梩[10]而掩之。掩之诚是也，则孝子仁人之掩其亲，亦必有道矣。"

徐子以告夷子。夷子怃然为间[11]，曰："命之矣。"

【注释】

①墨者：墨家学派的人。

②徐辟：孟子的弟子。

③见：通"现"。

④若保赤子：语出于《尚书·康诰》。

⑤取：取譬，打比方。

⑥一本、两本：孟子的意思是人都是父母所生，这是上天所指定的唯一的根源；而墨家所主张的爱无等差，却将父母和路人等同起来，所以说是二本。

⑦蚋：蚊子。

⑧其颡有泚：颡，额头。泚，出汗的样子。

⑨睨：斜视。视，正视。

⑩虆梩：虆，盛土的笼。梩，锹、锸一类挖土的工具。

⑪怃然：惆怅迷惘的样子。

【译文】

墨家的夷子通过徐辟求见孟子。孟子说："我本来打算见他，可现在我还病着，等病好了，我将去见他，夷子不必来。"

过些时候，夷子又要求见孟子。孟子说："我现在可以见他了。如果不直言，真理就显现不出来；我就直截了当地说吧。我听说夷子是墨家信徒，墨家办丧事是以薄葬作为原则的。夷子想拿这个来改变天下的习俗，岂不是认为不薄葬就不值得称道吗？然而夷子却厚葬自己的父母，那么他是以自己所鄙薄的方式来对待双亲了。”

徐辟把孟子的话告诉了夷子。

夷子说：“儒家认为，古代的圣人爱护百姓就像爱护新生的婴儿，这话什么意思呢？我认为，对人的爱是没有亲疏厚薄之别的，只是施行起来是从父母开始的。”

徐辟又把这话转告给孟子。

孟子说：“夷子真认为爱自己的侄子就像爱邻居的婴儿一样吗？那句话只是打个比方而已。婴儿在地上爬，就要掉进井里了，这不是婴儿的错。而且天生万物，它们只有一个本源。然而夷子却认为有两个本源。大概上古曾有个不安葬父母的人，父母死了，就把尸体抛弃在山沟里。之后路过那里，看见狐狸在啃他父母的尸体，苍蝇、蚊虫叮吮着尸体。那人额头上出汗，只敢斜视不敢正视了。那汗，不是流给人看的，而是内心的悲痛表露在脸上，大概他就回家拿来簸箕和锹把尸体掩埋了。掩埋尸体是对的，那么孝子、仁人掩埋他们亡故的父母，也就必然有他的道理了。”

徐子把这番话转告给夷子。夷子怅然若失，过了一会儿，说：“我受到教诲了。”

【评析】

本章记载孟子与墨家学者夷之的辩论，批驳了墨家的薄葬和“爱无差等”的爱人观。由于本章个别地方用语过于简略，甚至有跳跃、脱漏的地方，致使一些文句及概念不好理解，如“一本”“二本”等。后世学者对此有不少解释，使本章内容大致可以读懂。墨家主张薄葬，而孟子认为“君子不以天下俭其亲”（4.7），二者的观点是对立的。但孟子在这里并没有就孰是孰非展开辩论，而是以子之矛攻子之盾，指出夷之曾厚葬自己的父母，与自己的主张并不一致，使其陷入矛盾之中。夷之于是引《尚书·康诰》“若保赤子”，以证明墨家“爱无差等”之说不误，因为儒家经典中也有认可。夷之这里所论，实际涉及儒家仁爱的一个重要特点，就是儒家既强调亲亲之爱，也突出普遍之爱，如孔子讲“入则孝，出则弟，谨而信，泛爱众，而亲仁”（《论语·学而》），孟子讲“亲亲而仁民，仁民而爱物”（13. 45）等。但在儒家那里，由亲亲之爱到普遍之爱，是一个逐渐的扩充过程，亲亲与爱民是仁爱的两个方面。夷之只看到爱民的一面，而无视亲亲的一面，显然是以偏概全。至于他讲“爱无差等，施由亲始”，主张将无差等的爱由父母到他人普遍地推广开来，更是远离了儒家的思想。于是孟子提出，假如我们看到婴儿要掉到井里，每个人都会有怵惕恻隐之心，这是一种普遍的情感，孟子在别处也是以此来论证人有善性的。但孟子认为，“赤子将入于井”是一种极端的情景，它能使我们反省到善性的存在，但不能据此认为人与人之间是没有亲疏远近的，不能认为人们爱自己的侄儿与爱邻人之子是没有差别的。只有既尊重亲亲之爱，也肯定普遍之爱，才是最为合理的。天降生万物，使它们都有一个本源，人的本源就是父母，所以“爱”要由这个源头开始，然后推己及人，由近及远，“老吾老以及人之老，幼吾幼以及人之幼”，这比墨家没有亲疏远近之分的“兼爱”思想，显然更为合理；如果按墨家所说的“爱无差等”，那就是把别人的父母当作自己的父母看待，这就泯灭了人与人之间的亲疏之别，不就成了“二本”吗？最后，孟子讲了古代丧葬之礼的起源，说明古代的孝子掩埋父母的尸体，是根源于父母与子女之间的深厚血缘情感，这种深厚情感必定要有一定的表达形式，而这种形式是薄葬所不能承担的。

【典例阐幽】

我国历史上第一位提出“薄葬”的君王

我国自古以来厚葬是主流。汉朝更是达到了一个鼎盛的时期。当时的文化，以儒家为主，而儒家是重孝道的，所以，“孝莫重乎丧”，“以孝治天下”的统治者重视丧葬，也不全是为了满足自己的物质占有欲望。

东汉末年魏王曹操（死后谥封魏武帝）一反厚葬的传统，推崇薄葬，是我国的君王丧葬历史上的一个重要的转折点，后来他的儿子曹丕也跟随他简葬。这样，从魏晋以后，薄葬的君王逐渐多了起来。

【本篇总结】

这一篇主要记载孟子指导滕国如何推行仁政的言论。孟子认为滕国推行仁政，应在礼制上推行三年之丧，在经济上推行井田制，在社会上推行社会分工。孟子对许行、陈相等人主张的“贤者与民并耕而食，饔飧而治”理念进行批驳，提出社会应该有劳心者，有劳力者，他们各尽其职才能使百姓安居乐业，天下秩序井然。如果不考虑到人事、物类本身存在着差别，一味地讲究一刀切，将会导致天下大乱。

【古代事例】

汉高祖论功行赏

孟子说，有的人劳心，有的人劳力，劳心的人治人，劳力的人被人治理，这是天下的通义。这种分工的理念在战场上最明显不过。一个军队必须有发号施令的统帅，有披荆斩棘的将士，才能在你死我活的厮杀当中求得胜利。汉高祖刘邦初定天下的时候，将帅各司其职，齐心协力，最终打败楚霸王项羽而一统天下。

汉高祖五年（公元前 202 年），刘邦经过几年的征战终于打败项羽（公元前 232—前 202 年），天下动荡的局面复归于一统。到论功行封的时候，群臣争功，一年下来都没有得到结果。

高祖认为萧何的功劳最大，就封他为赞阜侯，赏赐的食邑非常多。功臣知道以后，都非常生气地说："陛下，我们披坚执锐，在军前卖命，多的也经历百余战，少的也有数十回合，攻城略地，开疆拓土，立下无数汗马功劳。可是萧何止是手持文书笔墨，口出议论，从来没有参加过战斗，而功劳却在我们之上，这是为什么呢？"高祖语重心长地说："诸君都知道打猎吧？"争功的功臣们面露难色，疑惑地答道："知道。"高祖趁势说道："那你们知道猎狗在打猎时发挥的是什么样的作用吧？"功臣们又勉强答道："知道。"这时，高祖才具体地解释道："打猎的时候，追杀野兽的是猎狗，而发现野兽踪迹，并将其位置指示给猎狗的是猎人。如今，诸君就像是打猎时的猎狗一样只能捕获野兽，是猎狗般的功劳。而萧何呢，则如一位经验丰富的猎人，能发现野兽的踪迹并指示给你们，是猎人般的功劳。况且诸君大多只是单身一人追随我，多的也不过一家之内有两三人而已，而萧何的全宗全族数十人都在追随我，从未考虑到自家的得失。因此，萧何的功劳比诸将要大。"听到高祖的解释之后，群臣都不敢再对萧何的封赏提出任何异议。

列侯都受封之后，高祖又要群臣上奏臣子的位次。群臣都曰："平阳侯曹参身上有七十多处创伤，攻城略地，功劳最多，应居第一。"高祖听后未置一言，心中依然想把萧何放在首位。正在无计可施的时候，关内侯鄂君进言说："群臣的议论都有错误。曹参虽然有攻城略地的功劳，这只不过是一时的丰功伟绩罢了。当初陛下与楚霸王项羽对抗五年，常被项羽击败，军队离散，士卒逃亡，以致陛下多次逃身隐遁，萧何却常在陛下死生存亡的时刻从关中派遣军队弥补前线损失。再如，汉与楚在荥阳（今属河南）展开多年的拉锯战，军队中粮草匮乏，萧何通过车船从关中运往前线，连续供应，自此便无短缺。再如，陛下虽多次失去崤山以东的土地，萧何则能保全关中的地盘待陛下归来。这些都是万世不灭的功劳。当今即使没有百位曹参之类的人，对汉朝又有什么亏缺呢？汉朝即使得到也不一定能够保全至今日。怎么能够以一时的丰功伟绩加于万世不灭的勋劳之上呢？望陛下以萧何为第一，曹参次之。”

高祖很高兴地说：“我听说能够向国家进贤者受上等封赏。萧何的功劳虽高，经鄂君的荐言后才能光大于天下。”于是高祖令萧何位居第一，赐他可带剑穿鞋上殿，入朝时不必小步疾跑，又封萧何父兄十余人，并赐予食邑。鄂君也由此晋封为安平侯。

【评述】

刘邦借用打猎的比喻非常巧妙地揭示出军事战争中分工的必要性及其必然性。萧何虽未参与战斗，却有着如猎人一般的智慧，驱遣诸将寻找“猎物”。不难想象，如果没有萧何，诸将豕突犬奔，如乌合之众，不堪一击。孟子所说的，尧、舜虽然不亲自躬耕，却非是无所用心，他们的职责在于发现人才，教化百姓，忧虑天下怎样才能治理好。

正德皇帝的荒唐自封

孟子说，有大人之事，有小人之事，若要把所有生存的技能完聚在一人身上，每一件生活用品都要自己来做，将会引导国家走向衰败贫穷的道路。历史上就有一位这样的皇帝，位达至尊，富有四海，却一心固执地想做威风凛凛的大将军驰骋疆场，荒唐自封，引出一折折荒唐可笑的闹剧。他就是明代的正德皇帝。

与历史上很多通过弑君杀父而篡夺皇位的君王相比，明武宗正德皇帝朱厚照（1491—1521 年，1506—1521 年在位）也许算得上是其中的另类，他不仅不以手握皇权为乐，反而多次乐此不疲地自封为大将军。这样的事情不管于古于今，都非常滑稽可笑。

由于生母张皇后深得明孝宗宠爱，朱厚照两岁时就被立为太子，加上他明慧好学，自小便被百般珍视。然而令人痛惜的是，以刘瑾为首的太监们诱导太子逐日沉迷于骄奢淫逸的享乐之中，把东宫弄成花花世界，人称“百戏场”。即位后的正德皇帝，生活作风不但没有收敛，反而越来越离谱。在正德皇帝的别宫“豹房”里，他与喇嘛、江湖术士、宦官等人嬉戏作乐，通宵达旦，欢笑之声传于宫外。

朝中刚正廉洁的臣子，联名上书惩处以刘瑾为首的八个太监——“八虎”，但刚下决心除掉“八虎”的正德皇帝，在哭泣哀求故作可怜状的刘瑾等人面前心又软下来，下旨严惩率先进言的大臣，内阁大臣谢迁（1449—1531 年）、刘健（1433—1526 年）也被迫告老还乡离开朝堂，朝中冒死直谏之风沉寂。

正德十二年（公元 1517 年）鞑靼小王子拍彦蒙可统兵扰犯边境，正德皇帝不顾朝臣的坚决反对御驾亲征，并封自己为“威武大将军”。在塞北横刀立马，经历大小百余战之后，正德皇帝最终以六百多名士卒的代价取得杀死十六名鞑靼兵的“辉煌业绩”。翌年秋，正德皇帝再次不顾朝臣反对，命词臣草诏命令“威武大将军朱厚照”率兵巡视西北边境。在路上，正德又下旨封自己为“镇国公”，每年俸米五千石。到达西北之后，正德皇帝又下旨封自己为太师，居内阁大学士之首。

正德皇帝内不理朝政，外不修国事，使得宦官专权，天下政局危殆。正德十四年（1519 年），早就蓄谋造反的宁王朱宸濠（1479—1521 年），妄图效仿永乐皇帝夺取皇权，趁机在江西造反，先后攻陷南康、九江、安庆，直逼南京，势如破竹，大有挥戈北上之势，朝野震动。正德皇帝遂以威武大将军的身份御驾亲征。谁知行到半路，提督南赣军务右副都御史王守仁（1472—1529 年）早以三十五天的时间平定叛乱，生擒朱宸濠，一场叛乱在谈笑间灰飞烟灭。这个消息颇使正德皇帝沮丧，他始终认为平叛之举应由皇帝来施行才能显示天威，遂命令王守仁将朱宸濠释放，由他自己亲自将他擒获。无奈之下，王守仁只好赶往钱塘，将朱宸濠交给太监，重新报捷，将平叛之功归于正德皇帝。至此，正德皇帝才宣告平叛大捷。

不过他并不急于还朝，而是逗留江南，恣意玩乐，直至落水惊风后才匆匆返京，自此便一病不起。

【评述】

孟子认为个人不可能自己生产所有的生存必需品，所以天下才会有各种各样的职业，百工各尽其职，社会物资才不会缺乏。同样的道理，天子的职责在于治理天下，提纲挈领，要而不繁；大将军的职责在于捍卫国土，平叛治乱，使金瓯无缺，天下太平。正德皇帝放弃天子的职责，将国之利器，授之于人，八虎趁机为非作歹，开启祸端而不知检省，可谓荒唐之极。后世治人者当深思，不可一味追求身兼数职，只要恪尽自己的职责即可。

【现代事例】

美国运通的分工

尧治理天下时，洪水横流。辅佐尧治理天下的舜，使益掌火，焚山泽，驱野兽；使禹疏导九河，治理洪水，天下大治；使后稷教百姓种植五谷，百姓生活，其乐融融；又使契为司徒，教化百姓，从此父子有亲，君臣有义，夫妇有别，长幼有序，朋友有信。这就是孟子向我们展现的古圣先王的职责分工。职责分工在现代企业制度下已经取得理性的发展，这种方式能优化资源配置，将效益做到最大化。美国运通在亚太区的部门分工就充分体现这一点。

尧帝

美国运通公司（American Express）是一家开展旅游业务、金融服务、资讯处理等业务的巨型跨国公司，至今已有近一百六十年的历史。美国运通在亚太区、欧洲区、南美区和美国本土都设有运作中心。运作中心在地理空间上的分散设置，可以优化资源配置，降低成本，提高服务效率和服务品质，便于客户以当地语言进行沟通，劳动力价格也相对便宜。

比如，亚太区运作中心的分工体现出这样的优势。

亚太区的客户电话服务中心设在悉尼，覆盖整个亚太区的电话客服业务，但具体位置并不完全集中于一个地区。悉尼电话服务中心直接负责澳洲和新西兰的业务，香港、印度、新加坡、台湾等地的客服部门则设在当地。日本的客服部门则专门为当地的白金卡客户提供服务。如果悉尼的客服中心繁忙时，客户依然可致电给其他地点的客服部门，不至于让客户长时间地等待，既可以提高服务效率，还能最大化地利用现有资源。

客服及后台支持部门为客户电话服务中心提供强有力的支持和保证，同时还接收和处理持卡人以邮寄或传真来的各种服务申请，对客户的书面资料进行前期的影像化处理，上传到以互联网为基础的公共影像化平台上，使来自不同地区的问题自动归入相应地区的争议解决小组中，如问题来自日本，则自动归入日本的争议解决小组的工作队列中。

在账单印制和卡片制作部门里，制卡中心为澳大利亚、新西兰、日本、马来西亚、印度尼、新加坡及香港等地制作卡片，对账单制作中心则采用条码技术为这些国家和地区制作对账单。除此之外，美国运通还制定一套十分严格的质量管理制度和检验程式确保高质量的服务。

美国运通就是在全球透过这样精细的分工和紧密的协作，及时、高效地处理世界性业务，可谓公司职能部门设置的良好典范。

【评述】

孟子极其称赞尧舜时代的社会分工，因为分工带来的是井然有序的社会环境。美国运通公司在亚太区的这种部门精密分工，具有多重优势，既能优化资源配置，又能及时地解决客户问题。因此，一个企业若要运转良好，就必须科学、具体地确定职能分工，将现有的资源充分利用，达到效益最大化。

美国梅西百货薪酬制度带来效益

孟子在与陈相辩论到最后，说到物类不齐，品质不一，其间的差别或相差一倍，或相差十百，或相差千万，如果毫不考虑这些差别，就会导致天下大乱。同样的道理，在一家企业内部，从事不同工作的员工，在薪酬上也应体现出一定的差别。美国梅西公司的薪酬制度就很有特色。

一八四八年，南森·施特劳斯（Nathan Strarus，1848—1931 年）出生在德国巴伐利亚的一个犹太家庭，后随家移居美国。由于家境窘迫，南森·施特劳斯在十四岁时就不得不辍学到纽约的一家杂货店谋生。聪明好学的南森·施特劳斯决心做一番大事业，白天谋生，夜间自学，以坚强的意志克服渡过各种难关。南森·施特劳斯的聪明伶俐得到老板的赏识和器重，经过在商店各部门的锻炼，他对零售工作谙熟于心，对市场的变化和规律也了如指掌。

一八九六年，南森·施特劳斯和哥哥开设一家小百货店，取名为“梅西”（Mays），并决心把它办成世界一流的百货公司。南森·施特劳斯认为市场的发展

趋势是一种买方市场，美国经济发达，市场上商品种类繁多，供过于求，买者有广阔的选购余地，卖家必须在激烈的竞争中将产品尽可能多地卖出去才能从中谋利，因此，梅西百货应集中精力在市场推销商品，但单靠物美价廉的策略还远远不够，必须结合各种推销战略才能在竞争中脱颖而出。为此，南森·施特劳斯归纳出很多销售战略，要求员工多从顾客的立场和利益出发，向顾客介绍购买自己的商品会为其带来怎样的好处和方便。

根据这些分析，梅西公司施行一种独特的薪酬制度：对家具、男士服装、鞋类等与员工努力程度密切相关的商品部门，实行销售额提成制度，而对其他与员工努力程度关系不大的普通商品部门，则实行小时固定工资制度。因为采用销售额提成制度，员工的收入与产品的销售额密切相关，有利于调动家具、男士服装等部门的员工积极性，但不利于管理，容易造成员工收入悬殊，成本不稳定的情况。在普通商品部门采用固定工资制，虽不利于发挥员工的积极性，员工的收入却不与销售额挂钩，支出透明，便于管理。

梅西公司对员工实行不同薪酬制度的做法可以为我们提供很多可行性的示范，这样既能保证推销日常生活用品的员工能有稳定的收益，又能使推销时尚用品的员工最大限度地发挥自己的聪明才智，两者相互搭配，可以在很大程度上降低劳动力成本，实现公司利益的最大化。

【评述】

孟子认为一双草鞋应该根据大小确定价值，如果不考虑大小的差异而标上统一价格，就不会有人愿意做大鞋子。同样的道理，梅西公司根据不同的工作性质而制定灵活薪酬制度的做法，既能发挥从事不同工作者的积极性，也能使员工充分开发自己的智慧，将销量提高。可以想象，如果梅西公司采用一刀切的薪酬制度，也许它会难以在激烈的竞争环境中脱颖而出。

【名言录】

名言：有恒产者有恒心，无恒产者无恒心。苟无恒心，放辟邪侈，无不为已。——《滕文公（上）》

古译：有定产者有恒心，无定产者无恒心。若无恒心，则放辟邪侈，为事无不为已。

今译：有稳定的财产收入的人才会有坚定的道德观念和行为准则，没有稳定财产收入的人就不会有坚定的道德观念和行为准则。如果没有坚定的道德观念和行为准则，就会胡作非为，违法乱纪，做的事情没有一样是不为自己的。

现代使用场合：要想使社会安定，就要使百姓各有所得，并保证这些收入是稳定的，以财产的稳定换取人心的稳定。现代企业中，稳定员工心态的一个重要途径就是给他们以稳定的收入，收入有保障，人心才不慌乱。

名言：民事不可缓也。——《滕文公（上）》

古译：关系民生之事不可迟缓。

今译：关系民生之事是不可延缓的。

现代使用场合：关心民情，体察民情，在古代是刻不容缓的，在现代同样也是不容延误的。认真把百姓问题解决后，才会得到百姓的拥护，认真把员工的问题解决后，才能得到员工的支持。

卷六　滕文公下

【题解】

本篇共十章，主要是孟子与弟子以及他人的一些对话。其中第一、三、四、七章主要讨论士人拜见诸侯的原则，出仕之道以及士人的待遇及社会作用等。第二章讨论“大丈夫”。第五、六、八章记载了孟子在宋国的活动，内容涉及小国可行“王政”、任用善士以及对宋国拖延施行仁政的批评。第九章记载孟子论“予岂好辩”以及对杨朱、墨翟的批判。第十章记载孟子在齐国时与匡章的对话，内容为对陈仲子的评价。

一

【原文】

陈代曰①：“不见诸侯，宜若小然。今一见之，大则以王，小则以霸。且《志》曰：‘枉尺而直寻，’宜若可为也。”

孟子曰：“昔齐景公田，招虞人以旌②，不至，将杀之。志士不忘在沟壑，勇士不忘丧其元。孔子奚取焉？取非其招不往也。如不待其招而往，何哉？且夫枉尺而直寻者，以利言也。如以利，则枉寻直尺而利，亦可为与？昔者赵简子使王良与嬖奚乘③，终日而不获一禽。嬖奚反命曰：‘天下之贱工也。’或以告王良。良曰：‘请复之。’强而后可，一朝而获十禽。嬖奚反命曰：‘天下之良工也。’简子曰：‘我使掌与女乘。’谓王良。良不可，曰：‘吾为之范我驰驱，终日不获一；为之诡遇④，一朝而获十。《诗》云：“不失其驰，舍矢如破⑤。”我不贯与小人乘，请辞。’御者且羞与射者比，比而得禽兽，虽若丘陵，弗为也。如枉道而从彼，何也？且子过矣！枉己者，未有能直人者也。”

【注释】

①陈代：孟子弟子。

②招虞人以旌：古代君王有所召唤，视所召唤者的身份地位出示相应的信物，旌是召唤大夫所用，召唤虞人该用皮冠。虞人，守苑囿的吏。

③赵简子：晋国正卿赵鞅。王良：春秋末年善于驾车的人。奚：人名。

④诡遇：指不依法度驾驭。

⑤舍矢：发箭。如：而。破：破的，指射中猎物。引诗见《诗经·小雅·车攻》。

【译文】

陈代说："不去谒见诸侯，似乎太小气了吧；如今去见一见，大可以行仁政使天下归服，小可以凭武力称霸中国。况且《志》说：'委曲一尺而伸张八尺'，好像是可行的。"

孟子说："从前齐景公打猎，用旌旗召唤管猎场的人，那人不来，齐景公要杀他。有志之士不怕弃尸沟壑，勇敢的人不怕丢掉脑袋。孔子赞同他什么？就是赞同这点：违背礼的召唤，他不去。假如不等待人家的召唤就去，那算什么？况且所谓委曲一尺而伸张八尺，这是根据功利来说的。如果以功利为根据，那么，委曲八尺伸张一尺而有利，也可以做吗？从前赵简子命令王良为他的宠幸小臣奚驾车，一整天都没有猎获一只禽兽。小臣奚回去禀告说：'王良是个拙劣的驾车人。'有人把这话告诉王良。王良说：'请让我再来一次。'奚勉强同意了，一个上午就猎获了十只禽兽。小臣奚回去禀告说：'王良是个了不起的驾车人。'赵简子说：'我让他专门为你驾车。'就跟王良说。王良不同意，说：'我为他规规矩矩驾车，一整天打不着一只；为他不守规矩驾车，一个上午就打着了十只。《诗经》说："跑起车来中规矩，发出箭去必破的。"我不习惯为小人驾车，请允许我推辞。'驾车人尚且羞于跟坏射手合作；合作而猎获禽兽，即使是堆积如山，也不干。假如委曲真理而跟从诸侯，那又算什么？况且你错了！自己不正直的，从来没有能使别人正直的。"

【评析】

也许是由于自己的仁政思想迟迟不能在社会上实行，孟子又有些急躁了。于是，陈代给孟子出主意说“枉尺而直寻”，也就是说，先弯曲自己，哪怕显得只有一尺长，等有朝一日有了机会再实现抱负，那时候再全部伸开，就有八尺长了。

古人常说“大丈夫能屈能伸”，更何况按照陈代的说法，弯曲是为了更好地伸开，似乎这个主意也不错。那么孟子是什么态度呢？当然是坚决不同意。不仅不同意，孟子还提出了“志士不忘在沟壑，勇士不忘丧其元”的主张。

在文章里，孟子列举了齐景公和赵简子的事例，用以说明在安身立命这个问题上。君子绝对不能苟且求全，也不能搞投机主义。孟子为什么要这么说呢？因为孟子认为，投机主义是走不通的，原因是“枉己者，未有能直人者也”。这个道理很简单，自己都已经被扭曲了人格，不能正直了，怎么可能要求别人正直呢？

我们可以做个大胆的猜测，即孟子和孟子的思想主张之所以不能为世所用，或许就是因为孟子不肯委曲求全和太坚持原则了。如果真是这样的话，也许后人在敬佩他的这种精神的同时，也要替他感叹一番了。从另一方面来说，也许正是因为孟子不愿意委曲求全和放弃原则，才使得他的学说流传了一代又一代，使得他本人被后人称为“亚圣”。

孟子的很多观点和主张即使不是继承于孔子，也是来源于孔子，这一章的主张也是如此。根据《论语·子路》篇的记载，孔子说过“不能正其身，如正人何”这样的话，这与孟子所说的“枉己者，未有能直人者也”的意思大同小异，区别只在于两者的出发点不同。孟子的出发点前文已经说过了，就是反对投机取巧的投机主义思想。

虽然孔子和孟子都主张和提倡通权达变的思想，但在立身处世和对待必须要坚持的原则方面，他们却是不愿意“通权达变”的，因为这将意味着苟且求生和投机倒把。的确，原则问题本来就不容讨论。

【典例阐幽】

曹操断发正己

一次麦熟时节，曹操率领大军去打仗，沿途的老百姓因为害怕士兵，都躲到村外，没有一个敢回家收割小麦的。曹操得知后，立即派人挨家挨户告诉老百姓和各处看守边境的官吏：现在正是麦熟的时候，士兵如有践踏麦田的，立即斩首示众。曹操的官兵在经过麦田时，都下马用手扶着麦秆，小心地过，没一个敢践踏麦子的。老百姓看见了没有不称颂的。可这时，飞起一只鸟惊吓了曹操的马，马一下子踏入麦田，踏坏了一大片麦子。曹操要求治自己践踏麦田的罪行，官员说："我怎么能给丞相治罪呢？"曹操说："我亲口说的话都不遵守，还会有谁心甘情愿地遵守呢？一个不守信用的人，怎么能统领成千上万的士兵呢？"随即拔剑要自刎，众人连忙拦住。后来曹操传令三军：丞相践踏麦田，本该斩首示众。因为肩负重任，所以割掉自己的头发替罪。曹操断发守军纪的故事一时传为美谈。

二

【原文】

景春[1]曰："公孙衍[2]、张仪[3]岂不诚大丈夫哉？一怒而诸侯惧，安居而天下熄。"

孟子曰："是焉得为大丈夫乎？子未学礼乎？丈夫之冠[4]也，父命之；女子之嫁也，母命之，往送之门，戒之曰：'往之女家[5]，必敬必戒，无违夫子[6]！'以顺为正者，妾妇之道也。居天下之广居，立天下之正位，行天下之大道⑦；得志，与民由之；不得志，独行其道。富贵不能淫⑧，贫贱不能移，威武不能屈，此之谓大丈夫。”

【注释】

①景春：战国时纵横家。

②公孙衍：魏国人，号犀首，当时著名的说客。

③张仪：战国时纵横家的代表人物，主张连横，为秦扩张势力。

④冠：古时男子二十岁行加冠礼，表示已成人。

⑤女家：通“汝家”，指夫家。

⑥夫子：指丈夫。

⑦广居、正位、大道：广居，指“仁”。正位，指“礼”。大道，指“义”。

⑧淫：过分，指态度骄蛮狂躁。

【译文】

景春说：“公孙衍、张仪难道不是真正的大丈夫吗？他们一发怒，诸侯就害怕，他们安居家中，天下就安然无战。”

孟子说：“这哪里称得上是大丈夫呢？你没有学过礼吗？男子行加冠礼时，父亲训导他；女子出嫁时，母亲训导她，送她到门口，告诫她说：‘到了你夫家，一定要恭敬，一定要谨慎，不要违背丈夫！’把顺从当作正理，是妇人家的原则。居住在天下最宽广的住宅‘仁’里，站立在天下最正确的位置‘礼’上，行走在天下最宽广的道路‘义’上。得志之时，就同百姓一起走；不得志时，就独自行走。富贵不能使他骄狂，贫贱不能改变他的志向，威武不能使他屈服，这才叫作作大丈夫。”

【评析】

这一章是围绕着“什么人才算是大丈夫”这个概念展开的。那么什么人才是大丈夫呢？纵横家的代表人物景春认为，“一怒而天下惧，安居而天下熄”的公孙衍、张仪算是大丈夫。这种观点看重一时的权威和气势。很显然，景春的这种观点是错的。如果参照景春的观点衡量的话，那么古往今来的所有暴君和战争狂人就可以算作是大丈夫了。这是极其荒谬的一个结论。

孟子很反对景春的观点，并对景春的观点一一做出批驳。比方说，景春认为，公孙衍、张仪能够左右诸侯，挑起国家之间的战争，算是了不起的大丈夫。孟子则认为，公孙衍、张仪靠摇唇鼓舌、曲意顺从诸侯的意思，奉行的是“妾妇之道”，没有仁义道德和个人原则，因此根本谈不上是大丈夫，只不过是小人和女人罢了。

孟子的语言含蓄而幽默，通过言“礼”来说明女子出嫁时母亲的嘱咐，得出“以顺为正者，妾妇之道也”的结论。值得注意的是，古人认为，妻道如臣道，因此人臣对于国君应该和小妾对于丈夫一样顺从，但顺从的原则是以正义为标准，如果国君违背了原则，做人臣的就应该劝谏。妻子对丈夫也是这样，如果犯了错误，妻子就要劝他改正。这样看来，“妾妇之道”和“为妇之道”还是有很大的差别的。“妾妇之道”是实实在在的“小老婆之道”。

在批驳了景春的观点后，孟子又提出了自己对于大丈夫的观点。根据孟子的观点，要想被称为大丈夫，就要满足两个方面的要求，这两个方面分别是个人志向和个人操守。孟子认为，作为大丈夫，一是要有“行天下之大道”和“与民由之”的伟大志向，二是要有坚持这一伟大志向的“富贵不能淫，贫贱不能移，威武不能屈”的操守。如果能满足这两个方面的要求，才能被称为大丈夫。

自从孟子提出以个人志向和个人操守两方面为标准界定大丈夫以后，两千多年来，已经获得了广泛的认同。不仅如此，这一标准还成了优秀知识分子的一种人生

价值取向。

怎样才能做到孟子所谓的大丈夫呢？按孟子的话说，首先要“居天下之广居，立天下之正位，行天下之大道”，也就是要回到儒家一贯倡导的仁义礼智上；然后再树立“得志与民由之，不得志独行其道”的处世态度，就能成为真正的大丈夫了。

三

【原文】

周霄[①]问曰：“古之君子仕乎？”孟子曰：“仕。《传》曰：‘孔子三月无君，则皇皇如也，出疆必载质。’[②]公明仪[③]曰：‘古之人三月无君，则吊[④]。’”

“三月无君则吊，不以[⑤]急乎？”

曰：“士之失位也，犹诸侯之失国家也。《礼》曰：‘诸侯耕助[⑥]，以供粢盛[⑦]；夫人蚕缫，以为衣服。牺牲不成，粢盛不洁，衣服不备，不敢以祭。惟士无田，则亦不祭。’牲杀、器皿、衣服不备，不敢以祭，则不敢以宴，亦不足吊乎？”

“出疆必载质，何也？”

曰：“士之仕也，犹农夫之耕也；农夫岂为出疆舍其耒耜哉？”

曰：“晋国亦仕国也，未尝闻仕如此其急。仕如此其急也，君子之难[⑧]仕，何也？”

曰：“丈夫生而愿为之有室[⑨]，女子生而愿为之有家[⑩]。父母之心，人皆有之。不待父母之命、媒妁[⑪]之言，钻穴隙相窥，逾墙相从，则父母国人皆贱之。古之人未尝不欲仕也，又恶不由其道。不由其道而往者，与钻穴隙之类也。”

【注释】

①周霄：人名，战国时魏人。

②“《传》曰”诸句：《传》，书名，已不可考。皇皇，惊恐，彷徨不安。疆，疆界，边界。出疆，越过边界，离开一个国家。质，同“贽”“挚”。古人初次相见，均以一定的礼物表示敬意，这种礼品被称作“质”。士人一般用雉（野鸡）来做礼物。

③公明仪：人名，鲁国贤人。

④吊：安慰，抚慰。

⑤以：通“已”，太，也。

⑥耕助：即“耕籍”。籍，籍田，天子、诸侯亲耕之田，一般天子千亩，诸侯百亩。古代每到开春时节，都有耕籍礼，以示重视农业。其礼先由天子亲耕，然后三公九卿诸侯大夫等依次亲耕。耕时，天子三推，三公五推，九卿诸侯大夫九推，都是象征性地推几下犁头。

⑦粢盛：指盛在祭器中供祭祀用的谷物。六种谷物（黍、稷、稻、粱、麦、菰）中，可以盛于器皿中的称“粢”，已经盛在器皿中的称“盛”。

⑧难：不轻易。

⑨室：家室，妻室。

⑩家：夫家，婆家。

⑪媒妁：说合婚姻的入。历来对媒、妁的理解有所不同，一种认为媒是谋合二姓的人，妁是斟酌二姓的人；另一种认为男方称媒，女方称妁。

【译文】

周霄问孟子：“古代的君子也做官吗?”

孟子回答："做官。《传》上记载：'孔子三个月没有被君主任用，就惶惶不安；离开这个国家时，必定要带上谒见另一个国家君主的见面礼。公明仪说过：'古代的人如果三个月不被君主任用，那就要去安慰他。'"

周霄问："三个月不被君主任用，就要去安慰，不是有点太急切了吗?"

孟子说："士失掉了官位，就像诸侯失掉了国家一样。《礼》上说：'诸侯亲自耕种，用来供给祭品；夫人养蚕缫丝，用来供给祭服。祭祀的牛羊不肥壮，谷米不洁净，礼服不齐备，就不能用来祭祀。士失掉了官位就没有田地俸禄，也就不能祭祀。'祭祀用的牲畜、祭器、祭服都不齐备，不敢用来祭祀，也就不敢宴请，这还不该去安慰他吗?"

周霄问道："离开一国时，一定要带上谒见别的国君的见面礼，为什么呢?"

孟子说："士做官，就像农夫种田；农夫难道会因为离开一个国家就丢弃他的农具吗?"

周霄说："我们魏国也是个有官可做的国家，却不曾听说想做官这样急切的。君子如此急切地想得到官位，却又不轻易去做官，为什么呢?"

孟子说："男孩一出生，就愿给他找妻室；女孩一出生，就愿给她找婆家；父母的这种心情，人人都是有的。但如果不等父母同意、媒人说合，就钻洞扒缝互相偷看，翻过墙头与人相会，那么父母和社会上的人都会认为这种人下贱。古代的君子不是不想做官，但又厌恶不以正道求官。不以正道求官，是同钻洞扒缝之类的行径一样。"

【评析】

在这一章里，孟子表达了这样的观点：士人想通过做官实现自己的政治抱负和理想，这是很正当和合理的事情。

在魏国人周霄问道古代的读书人想不想当官的问题时，孟子回答得很干脆：当然想，而且想当官的心情非常迫切。接着，他列举了圣人孔子三个月不当官就惶惶不安的事例。还引用另一位贤人公明义的话，说明对士人而言，失去官职是很严重的事情，犹如一个国君做了亡国奴一样。

那么，古代的士人为什么很急切地想做官呢？俗话说士、农、工、商，在古代，士人是一个地位很高的阶层，离上一级阶层很近，只要迈出出仕的这一步，就到达国家干部的阶层了。

尽管孟子认为士人想当官，甚至心情很迫切地求官是正常的和合理的，但是孟子同时也认为，君子想做官也要走正道，如果不走正道，利用下三滥的手段求官，是可耻的行为，真正的君子是不屑为之的。孟子把利用下三滥的手段求官同男女偷情看作是同样遭人唾弃的行为。有研究孟子的学者认为，孟子的这一观点实际上是在谴责依靠游说国君起家的纵横家们，认为他们就是不走正道和不择手段争取做官的人。这样理解也许太过片面了，毕竟在学说交流方面，儒家一向是主张“恕道”的。其实，孟子所说的“又恶不由其道”讲的道理跟“枉己者，未有能直人者”是相同的，是在劝诫士人不能以扭曲自己的人格为代价求取官职。

【典例阐幽】

父母之命，媒妁之言

苏东坡的第一任妻子王弗是他生活中很出色的助手。1054 年，就在进京赶考之前，十八岁的青年才子苏东坡娶了十五岁的王弗。

虽然这是一桩典型的“父母之命，媒妁之言”的婚姻，但是王弗却很快成为苏东坡生活中的好帮手。少年夫妻情深义重自不必说。更难得的是王弗慧质兰心。明事理。她知道苏东坡勤读苦学，就陪伴他读书，“终日不去”；对于书中记事，东坡偶有遗忘，她都能从旁提醒，东坡问她其他书籍，她也都能记得。

东坡往往把与之交往的每个人都当成好人，自称“眼前见天下无一个不好人”，于是王弗总是躲在屏风的后面屏息静听。有一天，一位客人走后，她问丈夫：“这个人说话首鼠两端，他只是留心听你要说什么，你还费那么多工夫跟他说话干什么？”

苏东坡与王弗共同生活了十一年。1065 年 5 月 8 日，二十六岁的王弗不幸病逝。王弗去世后，东坡对她一直对她念念不忘。

四

【原文】

彭更问曰[①]：“后车数十乘，从者数百人，以传食于诸侯[②]，不以泰乎？”

孟子曰：“非其道，则一箪食不可受于人；如其道，则舜受尧之天下，不以为泰——子以为泰乎？”

曰：“否！士无事而食，不可也。”

曰：“子不通功易事，以羡补不足[③]，则农有馀粟，女有馀布；子如通之，则梓匠轮舆皆得食于子[④]。于此有人焉，入则孝，出则悌，守先王之道，以待后之学者，而不得食于子。子何尊梓匠轮舆而轻为仁义者哉？”

曰：“梓匠轮舆，其志将以求食也；君子之为道也，其志亦将以求食与？”

曰：“子何以其志为哉？其有功于子，可食而食之矣。且子食志乎？食功乎？”

曰：“食志。”

曰：“有人于此，毁瓦画墁[⑤]，其志将以求食也，则子食之乎？”

曰：“否。”

曰："然则子非食志也，食功也。"

【注释】

①彭更：孟子弟子。

②传食：转食。

③羡：多余。

④梓、匠：即梓人、匠人，指木工。轮：轮人，制车轮的人。舆：舆人，制车厢的人。

⑤墁：墙壁上的涂饰。

【译文】

彭更问道："跟随其后的车有几十辆，跟从其后的人有几百人，在诸侯之间转来转去找饭吃，这不是太过分了吗？"

孟子说："如果不符合原则，那就一筐饭也不从别人那里接受；如果符合原则，那么，舜接受尧的天下，也不以为过分——你认为过分吗？"

彭更说："不对的；士人不干活就吃饭，是不可以的。"

孟子说："你如果不让各种行当互通有无，交换成果，用多余的来补充不足的，农民就有多余的粮食，妇女就有多余的布帛；你如果让他们互通有无，那么，木匠和车工就都可以从你那里得到吃的。这里有个人，在家就孝敬父母，在外就尊敬长辈，严守着古代圣王的道义，等待将来的读书人发扬光大，却不能从你那里得到吃的；你为什么尊重工匠和车工而轻视实行仁义的人呢？"

彭更说："工匠和车工，他们的动机就是谋饭吃；君子实行道义，他们的动机也是谋饭吃吗？"

孟子说："你为什么要论动机呢？如果他们对你有功劳，可以给吃的就给他们吃的好了。而且你是为了报答动机给饭吃？还是为了报答功劳给饭吃？”

彭更说：“报答动机。”

孟子说：“有人在这里，毁坏屋瓦，在新刷的墙上乱画，他的动机是谋饭吃，那你给他饭吃吗？”

彭更说：“不。”

孟子说：“那么，你不是为了报答动机给饭吃，而是为了报答功劳给饭吃。”

【评析】

这一章讲的仍然是社会分工的问题。值得一提的是，在这一章里，孟子所说的“小人”不再是个贬义词，而是对“农夫”和“百工之人”这一群体的称呼。

众所周知，一个健全的社会包括物质和精神两个层面，从事这两个层面的工作的人不仅是有一定的专长的人，而且还有着明确的分工。例如，从事精神层面的工作的是道德高尚、学问渊博的君子，他们的工作是看不见摸不着的；从事物质层面的工作的是农夫和百工之人，相比精神层面的工作，他们的工作是看得见摸得着的。应该说，这两个层面的工作是有很大的区别的，因此，这两个群体的人也是不能互相取代、缺一不可的。正如农夫不懂孟子懂得的大道理一样，孟子做农活也不如农夫专业。不过，不管他们在哪一个层面做什么工作，都是为促进社会的进步和文明的发展。

但是话虽这样说，实际上有人却认为，这两个群体的人，总有一个群体是重要的，一个群体是次要的。彭更就认为，农夫和百工之人应该得到报酬，而君子却不应该得到报酬。提倡社会分工的孟子当然反对彭更的说法，于是对他进行了一番教育。

孟子教育彭更的观点主要有两条：一是君子应不应该接受报酬的问题。其实，这是一个很难解决的问题，难度就在于怎样界定和区分该还是不该。君子该不该接受报酬？其实，只要是正当的，不论多少都可以接受；同样，如果是不正当，不论多少都不应该接受。由谁来认定是该接受，还是不该接受呢？也许没有人能说得清楚，只能借助自己的良心判断了。

在这一章里，孟子还谈到了动机与效果的关系问题。在这个问题上，孟子和彭更谈论得并不复杂。彭更认为，应该从动机上来分析问题和解决问题，实际上他也是这样做的。孟子则认为，应该从实际功绩和效果上来分析问题和解决问题，也就是说，不重视过程只重视结果，不听取汇报只考察成绩。然而，面对具体的情况时，我们不可能完全兼顾动机和效果两方面，因此大多数情况下还是看效果的。

有人说，如果把动机与效果的问题上升到理论高度，这就进入了哲学范畴。这时候，就不能把二者分别看待了，而是应该坚持二者的统一，也就是动机与效果的统一。也就是说，不论是什么动机，从效果上来看，错误的就是错误的，正确的就是正确的；同样，无论是什么结果，从动机上来看，动机不正确的就是错的，动机正确的就是对的。

【典例阐幽】

谁的功劳大

汉初，天下已定，刘邦准备论功封赏有功之臣。结果功劳簿出来以后，萧何功劳第一，很多跟随刘邦出生入死的将军就非常不满，他们的嚷嚷声惊动了刘邦。

刘邦就问："怎么回事啊？"

众将军说："我们跟随大王，辗转南北，大小仗无数，是我们冲锋陷阵，攻城略地，为大王打的天下。为什么身上没有一处伤，没有上过战场的萧何的功劳是第一呢？我们不服，请大王给个说法。"

刘邦笑着说："萧何是运筹帷幄之中，决胜千里之外，他虽然没有上过战场，就像打猎，追杀兽兔的的确是猎狗，但发命令、做决断的是人，你们的功劳如猎狗，萧何的功劳如猎人。况且，你们都是一个人跟着我打仗，萧何家中数十人都跟着我打仗。"众人不敢再说什么。

这时有人大臣出来说话，你们怎么能忘了萧何的功劳，皇上跟西楚霸王打了整整五年，在这五年中，多少次战败离散，是谁给你们增援后备军？是谁让你们吃穿无忧？是萧何！

这位大臣进一步质问："没有曹参，汉朝还会赢，没有萧何，情况会变怎样？"

五

【原文】

万章[①]问曰："宋，小国也，今将行王政，齐楚恶而伐之，则如之何？"

孟子曰："汤居亳[②]，与葛[③]为邻。葛伯放[④]而不祀。汤使人问之曰：'何为不祀？'曰：'无以供牺牲也。'汤使遗之牛羊。葛伯食之，又不以祀。汤又使人问之曰：'何为不祀？'曰：'无以供粢盛也。'汤使亳众往为之耕，老弱馈食。葛伯率其民，要其有酒食黍稻者夺之，不授者杀之。有童子以黍肉饷，杀而夺之。《书》曰：'葛伯仇饷。'此之谓也。为其杀是童子而征之，四海之内皆曰：'非富天下也，为匹夫匹妇复仇也。'汤始征，自葛载[⑤]，十一征而无敌于天下。东面而征，西夷怨；南面而征，北狄怨，曰：'奚为后我？'民之望之，若大旱之望雨也。归市者弗止，芸者不变，诛其君，吊其民，如时雨降。民大悦。《书》曰：'徯我后，后来其无罚！''有攸不惟臣，东征，绥厥士女，篚厥玄黄，绍我周王见休，惟臣附于大邑周。[⑥]'其君子实玄黄于篚以迎其君子，其小人箪食壶浆以迎其小人。救民于水火之中，取其残而已矣。《太誓》曰：‘我武惟扬，侵于[7]之疆，则取于残，杀伐用张，于汤有光。’不行王政云尔。苟行王政，四海之内皆举首而望之，欲以为君，齐、楚虽大，何畏焉？”

【注释】

①万章：孟子弟子。

②亳：邑名，在今河南商丘市境内。

③葛：古国名，在今河南宁陵北。

④放：放纵。

⑤载：开始。

⑥有攸不惟臣，……惟臣附于大邑周：攸，古国名。惟，为。篚，盛放物品的竹制器具，这里指把物品装在篚内。玄黄，这里指代布匹。休，美。此句引自《尚书·武成》。

⑦于：古国名，即“邘”。

【译文】

万章问道：“宋是个小国，如今打算施行仁政，齐楚两国憎恨它而出兵讨伐，怎么办？”

孟子说：“汤居亳地，同葛国是邻国。葛伯放纵无道，不举行祭祀。汤派人问他：‘为什么不祭祀？’（葛伯）说：‘没有供祭祀用的牲畜。’汤派人送他牛羊。葛伯吃了牛羊，却不用来祭祀。汤又派人问他：‘为什么不祭祀？’葛伯说：‘没有供祭祀用的谷物。’汤派亳地的百姓去替他耕种，年老体弱的为他们送饭。葛伯带领自己的百姓拦截带有酒食的送饭者，进行抢夺，不给的就杀掉。有个孩子去送饭和肉，葛伯竟杀了孩子，抢走饭和肉。《尚书》上说：‘葛伯仇视送饭的人。’就是说

的这件事。汤因为葛伯杀了这个孩子而征讨他，普天下的人都说：‘他不是为了天下财富，是为了给平民百姓报仇。’汤王征讨，从葛国开始。出征十一次而天下无敌。向东征讨，西面民族的百姓就埋怨；向南征讨，北面民族的百姓就埋怨，他们说：‘为什么把我们放在后面？’百姓盼望他来，就像大旱之年盼望下雨一样。生意之人从未停止过，种田之人照常干活。汤杀掉当地的暴君，安抚百姓，就像及时雨从天而降，百姓很高兴。《尚书》上又说：‘等待我们君王，君王来了我们不再受折磨。’又说：‘攸国不肯臣服，武王向东征讨，安抚那里的男男女女，他们把黑色、黄色的布匹装在竹筐里，求见周王，得到光荣，称臣归附于周国。’当地官员用筐装满黑色、黄色的布匹迎接周王的官员，百姓抬着饭筐提着酒壶迎接士卒。周王解救百姓于水火，除掉他们的暴君。《太誓》说：‘我军威武大发扬，攻入邘国疆土，除掉暴君，于是有伸张正义的杀伐，伟绩辉煌更胜成汤。’不行仁政便罢了，如果行仁政，四海之内的人都将仰起头来盼望他，想要让他做自己的君主，齐、楚两国纵然强大，有什么可怕的呢？”

【评析】

孟子在这一章里讲述“一傅众咻”的寓言，本意不是讨论教育和学习的关系，而是讽刺宋国国君行仁政的事。也就是说，虽然孟子在这里提出了一个与教育有关的寓言，但他的本意还是在政治方面。

通过说明周围环境对人的影响的重要性，孟子说明了国君应该注意对自己身边亲信和近臣的考察、选拔问题。孟子为什么要强调这个道理呢？原因很简单，如果国君身边的亲信和近臣都是道德高尚的君子，那么国君在他们的影响下，也会变得道德高尚，一个道德高尚的国君不就是百姓们所希望的吗？反过来也是一样的。其实，关于周围环境对人的影响的重要性问题，没有人比孟子更有发言权了。早在孟子小的时候，他的母亲为了让他受到好环境的熏陶，就流传下了“孟母三迁”的故事。所以说，孟子对此早就有了切身体会。

上面说的这个问题放在教育方面也同样适用。众所周知，儒家的教育思想历来强调客观的学习环境对人的教育影响作用。孟子指出，楚国人学习齐国话涉及的不单单是选择老师的问题，还有学习环境的问题。这其中的道理也很简单，如果有了齐国人做老师，可是学习环境却在楚国，这样，即使老师费尽心思教学生学齐国话，可是由于周围的人说的都是楚国话，学生受大环境的影响，也根本无法学好齐国话。相反，如果把上课的教室设在齐国人口稠密的地方，让学生置身于人人都说齐国话的环境中，那么，老师不用多么费劲，学生也能很快学会齐国话了。这个道理在今天的外语教学中尤其适用，这就是为什么中国人在中国的教室里学了好几年外语，却不如在外国留过一年学的人。在教育和学习的过程中，选择和创造有利于学习成长的客观环境是必要的。

六

【原文】

孟子谓戴不胜曰[1]："子欲子之王之善与？我明告子。有楚大夫于此，欲其子之齐语也，则使齐人傅诸？使楚人傅诸？"

曰："使齐人傅之。"

曰："一齐人傅之，众楚人咻之[2]，虽日挞而求其齐也，不可得矣；引而置之庄岳之间数年[3]，虽日挞而求其楚，亦不可得矣。子谓薛居州，善士也，使之居于王所。在于王所者，长幼卑尊皆薛居州也，王谁与为不善？在王所者，长幼卑尊皆非薛居州也，王谁与为善？一薛居州，独如宋王何？"

【注释】

①戴不胜：宋国的臣。

②咻：喧嚷。

③庄：齐都临淄的街名。岳：齐都临淄的里名。

【译文】

孟子对戴不胜说："你要你的王学好吗？我明白告诉你。假如有个楚国的大夫在这里，要他的儿子学会齐国话，那么，让齐国人教他？还是让楚国人教他？"

戴不胜说："让齐国人教他。"

孟子说："一个齐国人教他，许多楚国人向他嚷嚷，即使天天鞭打他，逼他说齐国话，他也办不到；带着他到庄街岳里住上几年，即使天天鞭打他，逼他说楚国话，他同样也是办不到的。你说薛居州是个好人，让他住在王宫里。如果住在王宫里的人，不论老少尊卑都是薛居州，王和谁去做坏事？如果住在王宫里的人，不论老少尊卑都不是薛居州，王和谁去做好事？一个薛居州，能把宋王怎么样呢？"

【评析】

有研究《孟子》的学者指出，在这一章里，孟子引用的曾子和子路的话，都反映的是同一种行径，这就是虚伪。

从古至今，关于"虚伪"的话题都很复杂。一方面，不论是谁都对它深恶痛绝，把它当作最大的恶行口诛笔伐。这样看来，它似乎也不存在复杂了。另一方面，人们又觉得自己随时随地都生活在虚伪之中，无论是什么地方，不论是什么人，都没有不虚伪的。这样看来，它似乎确实复杂得需要研究一番。

正是因为如此，虚伪不仅令凡夫俗子们困惑不解，而且圣贤们也对他反复论

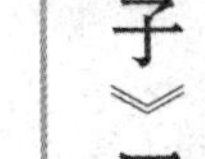

述。孔子在《论语》中就反复三次说到虚伪的问题，而孟子在这里也说起了这个问题。

那么，孟子为什么也说这个问题了呢？原来，公孙丑问孟子为什么不主动拜见诸侯国国君，在回答的时候，孟子就说了两种情况：一是过于清高和孤芳自赏。为了说明这个情况，孟子列举了段干木和泄柳的事迹，得出结论说，过于清高和孤芳自赏似乎没有必要。二是一心谄媚和阿谀奉承。为了说明这个情况，孟子引用了曾子和子路的话。有学者指出，孟子在这里暗指和批判的人，就是“纵横”于各国的纵横家们，孟子认为他们是最虚伪的人。由此也可见，孟子是痛恨纵横家的。

可以看出，在见不见诸侯这个问题上，不论是清高的段干木和泄柳，还是谄媚的纵横家，他们的表现不是太清高，就是太谄媚，走的是两个极端。但是，儒家一向都是反对走极端而主张恰如其分的中庸之道的。

虽然说“虚伪乃罪恶之源”，但孟子教我们认清了这些，却没有告诉我们，我们该用什么来清除这罪恶之源，这是令人遗憾的。

【典例阐幽】

一傅众咻

司马遹是晋武帝司马炎的孙子，他五岁时。有一天皇宫失火，司马炎登上高楼远望，司马遹赶紧拉着司马炎的衣服，躲到昏暗的角落，说道：“夜里突然出事，敌暗我明，您不可以站在明亮的地方，让人看见您。万一有人意图不轨，岂不是将自己暴露于危险之中吗?”

司马炎从此对司马遹刮目相看。在群臣面前多次称赞他有司马懿之风。望孙成龙的司马炎还亲自挑选贤能的人担任司马遹的老师以及身边的臣属。但是小时聪颖的司马遹，长大后竟然只知和亲近的人嬉游玩乐。大臣江统看得忧心忡忡，上书给司马遹，劝他应经常面见师傅，请教为善之道。另一位臣属杜锡也时常规劝太子。

司马炎

但是一傅众咻。司马遹的身边围绕着的都是一些宦官，在他们的引诱纵容下，司马遹在沉迷玩乐之余，性格日趋傲慢，连每天早上问候父皇的活动，都忽略了。由于生母出身屠户，司马遹居然对买卖猪肉很感兴趣，在宫廷里扮作卖猪肉的老板，叫手下的人买卖酒肉，而他亲手掂分量，功力好到斤两无误。

大臣们的逆耳忠言，司马遹非但不听还当成耳边风，而且十分讨厌他们。有一次因为嫌杜锡啰嗦，把针预先放在他常坐的毯子里，把他的屁股都扎出血来了。司马遹自毁前途，最后被废黜。

七

【原文】

公孙丑问曰："不见诸侯何义?"孟子曰："古者不为臣不见。段干木[1]裔垣而辟[2]之，泄柳[3]闭门而不纳，是皆已甚；迫[4]，斯可以见矣。阳货欲见孔子，而恶无礼。大夫有赐于士，不得受于其家，则往拜其门。阳货瞰[5]孔子之亡[6]也，而馈孔子蒸豚[7]；孔子亦瞰其亡也，而往拜之。当是时，阳货先，岂得不见？曾子曰：'胁肩谄笑[8]，病于夏畦[9]。'子路曰：'未同而言，观其色赧赧然[10]，非由之所知也。'由是观之，则君子之所养，可知已矣。"

【注释】

①段干木：人名，魏国贤者，孔子之徒子夏的弟子，曾经做过魏文侯的老师，但是不愿意出仕。

②辟：同“避”，躲避。

③泄柳：人名，鲁缪公时的贤者。

④迫：指诸侯迫切想要见面。

⑤瞰：窥伺。

⑥亡：外出，不在家。

⑦豚：小猪。

⑧胁肩谄笑：耸起肩膀，露出笑脸。形容极其谄媚的样子。

⑨病于夏畦：病，疲惫，劳累。于，比。夏，夏天。畦，田地，此处代指田间劳作。

⑩赧赧然：因羞愧而脸红的样子。

【译文】

公孙丑问孟子说：“不主动去谒见诸侯是什么意思?”孟子说：“古时候的惯例，不是诸侯的臣子不去谒见诸侯。因此，段干木为了躲避诸侯越墙躲避，泄柳关上门不让诸侯进来，这些行为都已经很过分了；如果诸侯非常急迫地想见自己，这才可以去谒见。阳货想要孔子来见他，又怕别人说自己不懂礼数。大夫馈赠礼物给士，士因故没能在家接受礼物，之后应该去大夫家答谢。于是阳货趁孔子不在家的时候，给孔子送了一只蒸猪。孔子也趁他不在的时候，前去他家里答谢。当时，阳货先送来礼物，孔子怎能不去见他呢？曾子曾经说过：‘耸起肩膀，装出笑脸，去行谄媚之事，真比夏天在地里干活还难受。’子路说：‘明明合不来还要交谈，看他脸色羞惭得通红的样子，这是我所不赞成的。'由此看来，君子所要培养的道德操守，就可以知道了。"

【评析】

在这一章里，孟子的学生问孟子道："人们都说先生喜欢辩论，先生为什么喜欢辩论呢?"孟子听了，有些恼火地回了一句"予岂好辩也哉！予不得已也"，哪里是我喜欢辩论啊？我是迫不得已，不辩不行啊！

不辩不行，真有这样的事吗？孟子生活的战国时代，既是诸侯割据争霸的时代，又是各种学说和思想"百家争鸣"的时代，作为儒家学派在战国时期的代表人物，如果孟子在辩论之风盛行的当时，保持沉默和退避，那么也许儒家的发展和影响就要大打折扣了。也的确不是孟子好辩，但为了捍卫儒学，他又被迫不得不通过辩论为儒家在社会思潮中赢得一席之地，所以他才说"予岂好辩也哉！予不得已也"。

然而，也正是由于孟子在"不得已"间被迫站出来，参与到"思想大辩论"之中，并凭借他的才华和能力，赢得了"外人皆称夫子好辩"的名声，儒家的声威才因此日渐大振。不仅如此，甚至有人认为，即使在遥远的汉代以后，儒家依然能在"百家争鸣"的局面中登上"独尊"的位置，都是因为孟子"好辩"的功劳。也有人认为，孔子和孟子虽然并列为儒家"二圣"，但却又各有所长：孔子是"述而不作"，而孟子则流传下许多鸿篇巨制，为儒家创造了许多珍贵的文字资料。在汉代以后的两千多年的时间里，儒家思想一直是中国的主导思想和主流文化，还在相当长的时间里影响了周边国家的文化和思想。

回到本章的内容，我们可以发现，在孟子说"予岂好辩也哉！予不得已也"这句话时，儒家学派也是到了进一步发展的关键时期。当时，杨朱学派和墨翟学派已经是影响力特别巨大的两大学派，不论是从系统上还是从理论上，都远远超过了儒家学派在社会上的影响。而反观儒家，除了孟子以外，再没有合适的人选能够抵挡住杨朱学派和墨翟学派的进攻。

那么，孟子和其他的儒家人物相比，有什么过人之处呢？孟子还真有三个过人之处：其一，孟子继承了孔子流传下来的儒家正统思想，这使他超越了几乎同一时代的儒家另一位代表人物荀子；其二，孟子学问根基深厚，能够代表儒家学派的最高水平；其三，孟子善于辩论，他的辩论技巧丰富多样，气势磅礴大气，不仅儒家少有对手，就是整个战国时代都鲜遇敌手。因此，抵挡其他学派的攻讦的任务便非孟子莫属了。事实证明，孟子也确实扛起了“闲先圣之道，距杨墨，放淫辞”和“正人心，息邪说，距诐行”的重任。

【典例阐幽】

不为五斗米折腰

陶渊明又名陶潜，是我国最早的田园诗人。

公元405年秋，他为了养家糊口，来到离家不远的彭泽当了县令。这年冬天，郡的太守派出一名督邮，到彭泽县来督察。督邮权位虽低，却喜欢仗势欺人。这次派来的督邮刘云，是个粗俗而又傲慢的人，以凶狠贪婪闻名远近，每年两次以巡视为名向辖县索要贿赂，每次都是满载而归，否则栽赃陷害，他一到彭泽，就差县吏去叫县令来见他。陶渊明平时蔑视功名富贵，不肯趋炎附势，对这种假借上司名义发号施令的人很瞧不起，但也不得不去见一见，于是他马上动身。

不料县吏拦住陶渊明说：“大人，督邮说了，‘参见督邮要穿官服’，束大带，不然有失体统。”

陶渊明本来就不愿去见督邮，这下终于忍不住了，于是，长叹一声，道：“我不能为五斗米向乡里小人折腰！”折身返回，挂冠而去，辞职归乡。

八

【原文】

戴盈之①曰：“什一，去关市之征，今兹②未能，请轻之，以待来年，然后已，何如？”

孟子曰：“今有人日攘③其邻之鸡者，或告之曰：‘是非君子之道。’曰：‘请损之，月攘一鸡，以待来年，然后已。’如知其非义，斯速已矣，何待来年？”

【注释】

①戴盈之：宋国大夫。

②兹：年。

③攘：盗窃。

【译文】

戴盈之说：“地租实行十分抽一的税率，免去关卡和市场上的赋税，今年还办不到，就先减轻一些，等到明年再废止，怎么样？”

孟子说：“现在如果有个人天天偷邻居的鸡，有人告诉他说：‘这不是君子的行为。’那人却说：‘请允许少偷一些，每月偷一只鸡，等到明年再完全改正。’如果知道那种做法是不好的，就该赶快停止，为什么要等到明年？”

【评析】

由于宋王对仁政缺乏诚意，孟子的许多主张并没有得到执行，特别是对孟子提出的实行什一税和免除关卡、市场征税，千方百计找借口拖延。孟子气愤至极，以偷鸡贼相喻，不久离开宋国。

【典例阐幽】

月攘一鸡

宋朝文学家苏辙，十九岁时和哥哥苏轼同登进士。

神宗时，王安石执政三司条例司，命苏辙为下属。王安石行青苗法，在条款的制订中，苏辙与吕惠卿因意见相左而发生争执，上诉于王安石，王安石赞同苏辙的意见，决定暂缓《青苗法》的出台，以俟准备工作更臻完善。就在这个当口，有人向王安石陈述了京东路黎庶渴望《青苗法》早日推行之状，并主动要求在京东路试行，使得王安石于一夜之间改变了态度，决定尽早推行《青苗法》。苏辙力陈不可，结果被贬为河南推官。

王安石下台后，苏辙又被召入朝，先后担任右司谏，累迁御史中丞、尚书右丞、门下侍郎。1093 年，宋哲宗亲政后，任用主张变法的大臣，对守旧派、中间派进行打击，恢复免役法、保甲法、青苗法等，苏辙上表大力反对说："自从熙宁年推行青苗和免役二法，至今已经二十余年，法例日益严苛，刑罚日益峻刻，但是盗贼却日益增加，国家收上来的谷帛日益减少。细数其害处，可谓不可胜言。现在免役之法已经取消。可是青苗法却因循旧例，稍加损益，难道是要慢慢地推行月攘一鸡之道吗?"

但是宋哲宗根本听不进去，把苏辙等人流放到岭南。此后十年间，苏辙终日默坐，不与外人相见，直至故去。

九

【原文】

公都子曰[①]："外人皆称夫子好辩，敢问何也？"

孟子曰："予岂好辩哉？予不得已也。天下之生久矣，一治一乱。当尧之时，水逆行，泛滥于中国，蛇龙居之，民无所定。下者为巢，上者为营窟。《书》曰：'洚水警余。'[②]洚水者，洪水也。使禹治之。禹掘地而注之海，驱蛇龙而放之菹[③]。水由地中行，江、淮、河、汉是也。险阻既远，鸟兽之害人者消，然后人得平土而居之。

"尧、舜既没，圣人之道衰，暴君代作。坏宫室以为污池，民无所安息；弃田以为园囿，使民不得衣食。邪说暴行又作，园囿、污池、沛泽多而禽兽至。及纣之身，天下又大乱。周公相武王诛纣，伐奄三年讨其君[④]，驱飞廉于海隅而戮之[⑤]，灭国者五十，驱虎、豹、犀、象而远之，天下大悦。《书》曰[⑥]：'丕显哉[⑦]，文王谟！丕承哉，武王烈！佑启我后人，咸以正无缺。'

"世衰道微，邪说暴行有作[⑧]，臣弑其君者有之，子弑其父者有之。孔子惧，作《春秋》。《春秋》，天子之事也。是故孔子曰：'知我者其惟《春秋》乎！罪我者其惟《春秋》乎！'

"圣王不作，诸侯放恣，处士横议[⑨]，杨朱、墨翟之言盈天下[⑩]。天下之言不归杨，则归墨。杨氏为我，是无君也；墨氏兼爱，是无父也。无父无君，是禽兽也。公明仪曰：'庖有肥肉，厩有肥马；民有饥色，野有饿莩[⑪]，此率兽而食人也。'杨墨之道不息，孔子之道不著，是邪说诬民，充塞仁义也。仁义充塞，则率兽食人，人将相食。吾为此惧，闲先圣之道[⑫]，距杨墨，放淫辞，邪说者不得作。作于其心，害于其事；作于其事，害于其政。圣人复起，不易吾言矣。

“昔者禹抑洪水而天下平，周公兼夷狄，驱猛兽而百姓宁，孔子成《春秋》而乱臣贼子惧。《诗》云：‘戎狄是膺，荆舒是惩，则莫我敢承⑬。’无父无君，是周公所膺也。我亦欲正人心，息邪说，距诐行，放淫辞，以承三圣者，岂好辩哉？予不得已也。能言距杨、墨者，圣人之徒也。”

【注释】

①公都子：孟子弟子。

②泽水警余：《尚书》逸篇里的话。

③菹：水草多的沼泽地。

④伐奄三年讨其君：这是周成王时的事。

⑤飞廉：传说中善跑的人，为纣王所用。

⑥《书》曰：以下所引，见今本《尚书·君牙》。

⑦丕：大。

⑧有：通“又”。

⑨处士：不做官而居家的士人。

⑩杨朱：战国时魏人，晚于墨翟，早于孟子。墨翟：战国时鲁人，或说宋人，学说具见《墨子》。

⑪莩：通“殍”，饿死。

⑫闲：防御，捍卫。

⑬承：抵抗。引诗出自《诗经·鲁颂·閟宫》。

【译文】

公都子说：“别人都说先生喜欢辩论，请问这是为什么呢？”

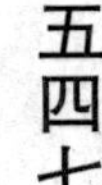

孟子说："我难道喜欢辩论吗？我是不得已啊。天下有人类以来很久了，太平一时，动乱一时。在尧的时候，水倒流，在中国泛滥，陆地成为蛇和龙的居所，使老百姓无处安身；低地的人在树上做巢，高地的人挖洞穴而居。《尚书》说：'洚水警告我们。'洚水就是洪水。尧让禹来治水。禹挖地而把水导流入海，把蛇和龙赶到多草的沼泽；水从大地上穿行而过，这就是长江、淮河、黄河、汉水。险阻远离了人类，害人的鸟兽消灭了，从此以后人才能在平地上居住。

"尧、舜死后，圣人之道衰落，暴君一代又一代地出现，他们毁坏房屋来造深池，老百姓无处安身；荒废农田来建园林，使老百姓得不到吃穿。这时又出现荒谬的学说、残暴的行为。园林、深池、沼泽一多，禽兽也跟着来了。到了纣的时候，天下又大乱。周公辅佐武王杀掉纣，又讨伐奄国三年，杀掉奄国的国君，把飞廉赶到海边杀掉了他。灭了五十个国家，把老虎、豹子、犀牛、大象赶到远方。天下人很高兴。《尚书》说：'伟大而显赫啊，文王的谋略！伟大的继承者啊，武王的功烈！庇佑我们，启发我们，直到后代，使大家都正确而没有错误。'

"时世衰落，道义微茫，荒谬的学说和残暴的行为又出现了，有臣子杀掉他的君主的，有儿子杀掉他的父亲的。孔子为此忧虑，写了《春秋》。《春秋》说的是天子的事情。所以孔子说：'了解我的可以只凭《春秋》这部书了！怪罪我的也可以只凭《春秋》这部书了！'

"从此圣王不曾出现过，诸侯放肆纵恣，一般读书人也乱发议论，杨朱、墨翟的学说充满了天下。天下种种议论，不是归附杨朱，就是归附墨翟。杨氏讲的是'为我'的道理，这叫不把君主当回事；墨氏讲的是'兼爱'的道理，这叫不把父亲当回事。目中无父，目中无君，这是禽兽啊。公明仪说：'厨房里有肥肉，马厩里有肥马，但是老百姓面有饥色，田野上有饿死的尸体，这是带领野兽吃人。'杨、墨的学说不消灭，孔子的学说就不能发扬，这就是荒谬的学说在欺骗百姓，堵塞了仁义的道路。仁义的道路被堵塞，就等同带领禽兽吃人，人们之间互相残杀。我为此忧虑，因而捍卫古代圣人的学说，抵制杨、墨，驳斥夸诞的言论，使发布谬论的人起不来。种种谬论从心里产生，就会妨害行动；妨害了行动，也就妨害了政治。如果圣人再起，也不会抛弃我的这番话。

“从前禹平息了洪水而天下太平，周公兼并了夷狄，赶跑了猛兽而百姓安宁，孔子作成了《春秋》而叛乱的臣子、作逆的儿子感到害怕。《诗经》说：‘戎狄是要防范的，荆舒是要严惩的，那就没有人能抵御我。’目中无父、目中无君，是周公所防范的。我也要端正人心，抑制谬论，反对偏激的行为，驳斥夸诞的言论，来继承这三位圣人。我难道喜欢辩论吗？我是不得已啊。”能够用言论来反对杨、墨的，也就是圣人的门徒了。

【评析】

孟子有“好辩”之名，从逻辑推论、语言技巧、判断能力、应变策略诸方面看，孟子都称得上是辩论高手。孟子自称“我知言”，认为能做到“诐辞知其所蔽，淫辞知其所陷，邪辞知其所离，遁辞知其所穷”。相信读过孟子书的人，都可以领略到孟子滔滔的辩才。不过孟子认为自己“好辩”，乃是不得已，是出于批判杨朱、墨翟错误思想的需要。并将自己“距杨、墨”，与大禹平治洪水、周公兼并夷狄、孔子作《春秋》相提并论，看作是关涉历史发展的大事。

孟子为何如此看重对杨、墨的批判呢？这就涉及他的历史观。在孟子看来，人类历史的发展是“一治一乱”，每一次乱世出现时，都会有圣人挺身而出，兴利除弊，带领人民从乱世走向治世。孟子认为，自己的时代正是这样一种乱世，诸侯的暴虐无道、攻伐掠夺造成政治的混乱和无序，而杨朱、墨翟异端邪说的流行堵塞仁义，扰乱人心，给社会造成极大的危害。故孟子是抱着“五百年必有王者兴”的信念，欲效法古代圣人，一方面在政治上倡王道，行仁政，另一方面在思想上则“距杨、墨”，批异端。

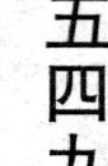

从今天的眼光看，孟子斥杨、墨为异端，视其为社会动乱的根源，有不尽合情理之处，存在思想独断、不宽容的嫌疑。但从当时的情况看，儒家要为社会确立一种指导思想，就不得不对影响甚大且与自己存在尖锐分歧的杨、墨思想展开批判。杨朱属于道家，主张“贵生”“重己”“为我”，是一位个人主义者。杨朱讲“为我”，反对别人侵夺自己，也反对侵夺别人，反映了“明哲保身”、维护个人权益的思想，有其合理因素。但杨朱的“我”只有“小我”，而没有“大我”，只讲“全性葆真”，而不讲社会责任，从这种“我”无法发展出社会关系、人伦秩序，尤其使“君”的地位受到冲击，所以孟子说这是“无君”。墨翟是墨家的创始人，主张“兼爱”“非攻”，“摩顶放踵利天下为之”，是一位集团主义者。墨子讲“兼爱”，要求人们“兼相爱，交相利”，反映了下层民众团结互助的思想，有其积极意义。但墨子的“爱”是“无差等”之爱，爱没有亲疏远近之分。这样就泯灭了人与人之间的亲疏之别，将人父等同于已父，就等于没有已父，所以孟子说这是“无父”。儒家主张人应生活在社会中，一个人既否定了父子关系，又否定了君臣关系，故在孟子看来，就等于“禽兽”了。

【典例阐幽】

率兽食人

明朝崇祯三年，农民起义军四起，张献忠的部队占据了四川大部分的州、县，以成都为西京建立大西国。

张献忠在四川，进行空前的破坏。以开科取士为名杀读书人于青羊宫，又杀老百姓，杀各卫军九十八万，还遣四将分屠各县，将亿万宝物投入锦江，任其流失，崇祯十七年，张献忠在大西国的首都成都，竖起了那块恶名昭彰的“七杀碑”，其碑作文：天生万物以养人，人无一物以报天。杀、杀、杀、杀、杀、杀、杀！

张献忠的率兽食人的滥杀政策给四川百姓带来了巨大的灾难，在他退出成都的时候，这个早在唐朝的时候就是全国五大繁华都市之一的“温柔富贵乡”已是千疮百孔，人口锐减。

清顺治三年十月，张献忠在西充县与盐亭县交界处的凤凰山坡，中箭身亡。

十

【原文】

匡章[①]曰：“陈仲子岂不诚廉士哉？居於陵[②]，三日不食，耳无闻，目无见也。井上有李，螬[③]食实者过半矣，匍匐往，将[④]食之，三咽，然后耳有闻，目有见。”

孟子曰：“于齐国之士，吾必以仲子为巨擘焉。虽然，仲子恶能廉？充仲子之操，则蚓而后可者也。夫蚓，上食槁壤，下饮黄泉[⑤]。仲子所居之室，伯夷之所筑与？抑亦盗跖[⑥]之所筑与？所食之粟，伯夷之所树与？抑亦盗跖之所树与？是未可知也。”

曰：“是何伤哉？彼身织屦，妻辟纑[⑦]，以易之也。”

曰：“仲子，齐之世家也。兄戴，盖[⑧]禄万钟。以兄之禄为不义之禄而不食也，以兄之室为不义之室而不居也，辟[⑨]兄离母，处于於陵。他日归，则有馈其兄生鹅者，已频顣[⑩]曰：‘恶用是鶃鶃者为哉？’[⑪]他日，其母杀是鹅也，与之食之。其兄自外至，曰：‘是鶃鶃之肉也。’出而哇之。以母则不食，以妻则食之；以兄之室则弗居，以於陵则居之，是尚为能充其类也乎？若仲子者，蚓而后充其操者也。”

【注释】

①匡章：齐国将军。

②於陵：齐国地名，在今山东长山南。

③螬：蛴螬，金龟子。

④将：取。

⑤黄泉：指地下泉水。

⑥盗跖：春秋末年有名的大盗。

⑦辟纑：辟，绩麻。纑，练麻。

⑧盖：齐国地名，是陈戴的采邑：

⑨辟：避。

⑩频顣：频：皱眉。顣：皱额。

⑪鶃鶃：鹅的叫声。

【译文】

匡章说："陈仲子难道不是个廉洁之士吗？住在於陵，三天没吃东西，饿得耳朵听不见，眼睛看不见。井台上有个李子，已被金龟子吃掉大半个了，他爬过去，拿起来就吃，咽了三口，耳朵才听得见，眼睛才看得见。"

孟子说："在齐国的士人中，我肯定认为陈仲子是首屈一指的。虽然这样，陈仲子哪能称作廉洁？要想将他的操守扩展到一切方面，那只有变成蚯蚓才能做到。蚯蚓，在地上吃干土，在地下喝泉水。仲子住的房子，是伯夷那样廉洁之人造的呢，还是盗跖那样的强盗造的呢？他吃的粮食，是伯夷那样廉洁之人种的呢，还是盗跖那样的强盗种的呢？这些都不知道。"

匡章说："这有什么关系呢？他自己编草鞋，妻子绩麻搓线，用这些来换生活用品。"

孟子说："仲子是齐国的大家族。他的哥哥陈戴，在盖邑享受禄米几万石。仲子认为哥哥的禄米是不义之禄而不吃，认为哥哥的房屋也是不义之屋而不住，避开哥哥，离开母亲，住在於陵。有一天回家，见有人送给他哥哥一只活鹅，他紧皱着眉头说：‘哪用得着这呃呃叫的东西？’后来，他母亲杀了这只鹅，给仲子吃。他哥哥从外面回来，告诉仲子：‘这就是那呃呃叫的东西的肉呀。’仲子便跑出去把吃的肉呕吐出来。母亲的食物就不吃，妻子的食物就吃；哥哥的房屋就不住，於陵就住了。这还能称扩展贞操吗？像仲子那样的人，只有变成了蚯蚓才能扩展他的贞操。”

【评析】

孟子在齐国时，与大将军匡章结为好友，本章即为二人对于陈仲子的评论。

陈仲子出生于战国齐国贵族世家，他视社会为浊世，视政治为污流，一味地标榜个人廉洁，较之伯夷、叔齐表现得更为愤世嫉俗。孟子虽推崇仲子为齐国的巨擘，但认为他的做法并不可取。因为人总是要生活在社会中，社会的不完满，需要人们去改造、完善它，而不是逃避它。孔子曾批评隐者“欲洁其身，而乱大伦”（《论语·微子》），这个评价同样适用于陈仲子。陈仲子为追求个人精神的纯洁，而逃避社会责任，其行为只能独善其身，而不能兼济天下。故孟子认为，陈仲子的操守不仅难以实现，也完全不必提倡。

【典例阐幽】

真正的廉洁

东汉时期，有位官员名叫杨震，弘农华阴（今陕西省华阴市）人。曾历任荆州刺史、涿郡太守、司徒、太尉等多种职务。杨震在关西这个地方做官的时候，廉洁奉公、执法严厉，为当地的老百姓所敬仰，大家都称他“关西孔子”。

有一次，一位富商和一位穷人打官司，杨震正好办理此案。在这场官司中，富商根本不占理，他欺负这位忠厚老实的农民，反过来还想诬陷对方。杨震将此事调查清楚后。准备第二天正式治这位富商的罪。

这位富商自知理亏，再加上知道杨震办案公正，心里非常着急，他担心自己会输掉这场官司。这不，他正在屋里发愁呢。正在这时，他的一位朋友来看他，得知此事后，说："杨震一向很廉洁，从不收别人的礼。我觉得他是怕别人知道后，坏了他的名声。但是，如果你晚上在别人都睡着了的时候去送礼，杨震会不会接受呢？"

富商一想，自信地说："我想看看他杨震到底是真廉洁还是假廉洁。"

于是，这天晚上，富商在夜深人静的时候，带着金子，蹑手蹑脚地来到杨震家里。杨震一看富商深更半夜来找自己，并且带来了很多的金子，便生气地说："你快带着你的金子回去吧！我杨震一向秉公执法，谁是谁非，我心里清楚得很。"

富商马上赔着笑脸说："杨大人尽管放心收下，现在已经这么晚了，我来的时候，没有一个人看见，谁也不会知道的。"

"谁说的？现在就有四个人知道。"杨震义正词严地说。

"四个人？怎么可能呢？"富商惊奇地问道，边问边向周围看了看，并未发现有其他人在场。

杨震笑了笑说："天知！地知！你知！我知！这不是四个人吗？你身为一名富商。不按照正当方式办事，只会做一些歪门邪道的事！今天，你还想贿赂本官，以为夜深人静，没人看到，就可以达到目的了。你可知道，做任何事情，不管别人知道不知道，都要对得起自己的良心。你做了错事，不要妄想本官会饶了你。今天你贿赂本官，罪加一等！"

"大人，小的再也不敢了，小的知错。"富商赶紧跪地求饶。

第二天，杨震依法办案，治了富商的罪。这件事传开了，老百姓都拍手称快，说杨震是个诚实、廉洁的好官，并给杨震的衙门大堂挂上了一块万民匾，上面写着

"四知堂"。后来，皇上知道了这件事，又赐名"关西堂"，以示嘉奖。

【本篇总结】

孟子不肯屈节拜见诸侯，认为这关系到是否坚持原则的问题，因为曲折自己的正道则无疑匡正他人。士大夫的出处，不以富贵荡其心，不以贫贱移其志，不以威武屈其节，这才是真正的大丈夫。因此，士人出仕，当遵循正道而不为贪图俸禄，若不合正道，则一瓢食不可受于人。对商界人士而言，这些原则从大的方面来说包括正理和常道，从小的方面来说包括为人处世的准则。只有在原则下做事，遵循做人的准则，才能得到别人的尊敬，事业也才能长盛不衰。

【古代事例】

郭开受贿亡赵

王良善于驾车，如只在大道上驱驰，终日都不能射到一只鸟；而若只图猎物而不按法则来驾车，一早上的工夫就能得到十只鸟。但这样的做法并不符合规则，所以，王良深以为耻。综观古史，不坚持原则而导致败亡的事情屡见不鲜。赵国的佞臣郭开因贪图小利，最终酿成赵国覆亡的大祸。

赵孝成王七年（公元前 259 年），秦、赵两国军队相距长平（今山西高平）。当时，马服君赵奢已死，蔺相如病笃，赵孝成王派遣廉颇（公元前 327—前 243 年）率兵攻秦，却连遭败战。此后，秦军多次挑战，廉颇都按兵不出。秦军遂用反间计，在赵国散布流言说："秦军只怕马服君赵奢之子赵括。"赵王不假思索，以只会纸上谈兵的赵括代替廉颇对抗秦军。

赵括从很小的时候就跟随父亲学习兵法，喜言兵事，常常以为自己天下无敌，锐不可当。秦将白起听说赵国换将的消息，假装败走，半路出奇兵，阻断赵军的粮道，把赵军断为两截，赵军顿时人心涣散。四十多天后，赵军粮草匮乏，赵括无奈，只好率领精锐部队与白起交战，匆忙之中被秦军射死。赵括军败，数十万之众降秦，秦国把降兵悉数活埋。至此一役，赵国前后共损失四十五万众。第二年，秦兵围攻赵国都城邯郸（今属河北），酣战一年多都没能破城。后来，赵国在楚、魏等诸侯发兵救援之后才解得以解围。赵国的元气大伤，从此一蹶不振。

赵孝成王死后，子悼襄王立。赵悼襄王听信宠臣郭开的谗言，再次解除廉颇的军权，令乐乘代替廉颇。廉颇不服，心中大怒，率兵攻击乐乘。乐乘败走，廉颇出奔魏都大梁（今河南开封）避难。

赵国内忧外患之际。赵悼襄王很想廉颇能不计前嫌，回国匡扶，遂派遣使者唐玖到大梁探视廉颇是否还能被委以重任。谁知，郭开和廉颇素来就有积怨，郭开悄悄地贿赂唐玖，令他向赵王诋毁廉颇。唐玖到大梁后，廉颇在他面前一餐吃进斗米，肉十斤，饭后，披甲上马，矫健轻便，英勇不减当年，以示自己尚可重用。唐玖回国，还报赵悼襄王说："廉将军虽老，饭量不浅，然而与臣座谈时，不多时便拉三次大便。"赵王非常遗憾，以为廉颇年老，遂不再召还。廉颇含恨而死。

赵王迁七年（公元前231年），秦使王翦率领重兵继续攻打赵国。赵王派遣李牧、司马尚率兵抵御强敌。当年，李牧率兵北抗匈奴、南拒韩魏，又多次打退秦军的攻势，攻城略地，骁勇如虎。王翦见李牧领兵迎战，便派人向郭开行贿，使郭开为反间计，散布李牧、司马尚想叛国造反的流言。赵王大恐，毫不深思熟虑就派赵葱和齐将颜聚取代李牧。李牧拒不受命，却被设计斩杀。三个月后，王翦乘势击赵，大破赵葱，俘虏赵王迁及齐将颜聚，赵国灭亡。

【评述】

孟子说，不行正道的人尚且不能匡正别人，何况一个大国呢？郭开为一己私利，不守正道，全然不顾国家利益，赵国的社稷轰然崩塌。因此，商界人士当思以直道处事，即便是有利可图，应考虑是否合乎正理，以自己的嘉言懿行矫世风之弊。

“强项令”董宣

景春认为公孙衍、张仪这样的人一怒就挑起诸侯之间的争端，令诸侯畏惧，不敢妄动，诚大丈夫也。但是孟子非常不屑地说，他们哪里算得上大丈夫，真正的大丈夫以仁义作为自己的居所，立天下之正位，行天下之正道，不为富贵心旌摇荡，不为贫贱变易志气，不为威武屈曲信仰。这种大丈夫气概在史上陶冶出不知多少仁人志士，东汉的强项令董宣就是这样的人。

在南朝宋范晔（398—446年）所著的《后汉书·酷吏列传》中有一位历来备受争议的人物——“强项令”董宣。董宣在职期间，廉洁自律，依法治民，不畏强权，严惩豪族。范晔把董宣列入《酷吏列传》而非《循吏列传》，这一失误历来遭到史家的讥讽。

董宣，字少平，陈留圉（今河南杞县南）人，凭借司徒侯霸的推荐进入仕途，不久就迁任北海（东汉郡国名，治所在今山东昌乐西，属青州）相。当地大族公孙丹新造居宅，占卜的人说风水不好，家中将会有人死于屋下。公孙丹让儿子把一过路人杀死，将其尸体置于屋内以嫁祸于这个过路人。董宣听说后，立即逮捕公孙丹父子，将他们处死。公孙丹的亲族聚众三十余人，手持兵器找到董宣，称冤叫号不已。董宣并未被突如其来的强大阵势吓住，镇定下来，以公孙丹家族有依附王莽的罪行和勾结海贼的嫌疑，将来者全部逮捕入狱，派水丘岑将他们悉数处死。青州牧以为董宣滥杀无辜，向朝廷奏表参劾董宣和水丘岑。董宣身陷牢狱，被判死刑。不过，他依旧晨夜讽诵，面无忧色。行刑即将轮到董宣时，光武帝刘秀（公元前

25—57 年在位）派使者飞奔而至，宣谕暂时宽有董宣，询问他为何多杀无辜。董宣以实情相对，并称说水丘岑无罪，愿一人赴死。光武帝下诏转迁董宣为怀县（今河南武涉西南）令，水丘岑亦得免罪。

董宣任洛阳令期间，光武帝的姐姐湖阳公主的奴仆在大白天就肆无忌惮地杀人，然后藏匿在公主家中，办事的吏员束手无策。后来湖阳公主出行时，驾车人正是杀人的奴仆。董宣在路上拦住公主的车马，用刀指画地面，大声数落湖阳公主的过错，然后把那个奴仆呵斥下车，就地正法。湖阳公主气得立即还宫，向光武帝哭诉。光武帝雷霆大发，召来董宣，想把他鞭死。董宣毫不畏惧，向光武帝说道："陛下圣德中兴，却纵使奴仆妄杀无辜，若长此以往，不知陛下将何以治理天下？我不需鞭死，愿自杀。"说毕，即以头击柱，血流满面。光武帝见状，心生怜爱之心，令人持住董宣的臂腋，让他向湖阳公主叩头谢罪。董宣不从，被人强按住脖颈顿地磕头，董宣则两手据地强撑，始终不肯低头，湖阳公主生气地说："陛下为百姓时，藏匿犯有死罪的人，搜求的吏员从不敢上门搜索。如今陛下贵为天子，怎么威风反倒不如一介小小的县令？"光武帝笑道："天子的状况与百姓不同。"于是敕封董宣"强项令"的美誉，表彰他的忠直勇敢。自此，洛阳豪强无不震栗，把董宣称为"卧虎"，谁也不敢贸然为非作歹。

董宣死后，光武帝遣人去看丧事，见董宣身上只盖着粗布薄被，妻子儿女相对而哭，家徒四壁，仅有数斛大麦和一乘破车。光武帝听说后很感伤地说："董宣的廉洁，到他死时我才知道！"遂下令以大夫之礼厚葬董宣，厚赐董宣之子。

【评述】

其实，孟子说的大丈夫就是不管面对强暴还是诱惑，都要敢于伸张正义，维持自己的尊严。董宣在光武帝面前都不肯低头认错，不屈于强权势利而只服从于真理，这不但没有给他带来杀身之祸，反而使光武帝恍然大悟，转而支持他的正义之举，光武帝也算得上是明理的君主。商界人士读此篇当思坚持自己的原则，知难而进，才能有所成。

【现代事例】

劳力士的精确无比

男士思女，少女怀春乃是人之常情，男女的婚嫁需父母之命，媒妁之言。如果互相爱慕的男男女女在私下里挖洞相窥或逾墙相见，无不遭到人们的鄙视。因此，士人出仕当如男女婚嫁一般，遵循正道才有威严和气节。企业赚取利润无可厚非，若没有利润，企业则难以维持下去，但若想赚取利润则需走正道才能持久获利。劳力士就是通过自身的精确来赢得声望的。

腕表的灵魂在于精确，世界名表劳力士（ROLEX）就具有难与比拟的精确。

一九〇五年，德裔钟表代理商汉斯·威尔斯多夫（Hans Wilsdorf）与英国人大卫（Davis）在瑞士拉夏德芬（La Chaux-de-Fonds）联合创办一家销售腕表的公司——威尔斯多夫及大卫公司（W&D，Wilsdorfand Davis）。汉斯·威尔斯多夫从小就对钟表产生浓厚的兴趣，在销售腕表的同时，他也亲自尝试研究和设计高品质腕表。功夫不负有心人，一九〇八年七月二日，汉斯·威尔斯多夫为自己的产品正式注册劳力士（Rolex）商标，第一批劳力士腕表立即引起轰动。

一九一四年，劳力士一款几近完美精确的腕表受到英国丘天文台（Kew Observatory）的表彰，并获得丘天文台颁发的A级证书。劳力士的身价顿时在欧美市场倍增。从此，劳力士的品质就象征着精确。劳力士最初的标志是一个五指张开的手掌，寓意手工精制，以其精确实用，庄重而不浮华的豪华气质而备受世人推崇，这一标志逐渐演变为寓意帝王之气的皇冠。

第一次大战后，劳力士迁到日内瓦，并先后发明世界上第一只防水、防尘的“蠔”（Oyster）式表和第一只自动“恒动”（Perpetual）型表。这两项发明都给钟表业带来一场前所未有的革命。一九四五年，劳力士又设计出带有日期的表和能用二十六种语言指示日期和星期的表。

劳力士还有一段具有传奇色彩的历史，生于拉夏德芬的瑞士人安德烈·海尼格（AndreJ. Heiniger）就是这个传奇中的主角。汉斯·威尔斯多夫与安德烈·海尼格第一次相见时，都在追求完善和完美的两个陌生人一见如故，激动之中饱含真诚的尊敬和坚定的信任。

一九四八年，安德烈·海尼格加入劳力士，到南美阿根廷（Argentina）首都布宜诺斯艾利斯（Buenos Aires）开辟商路，扩大市场，这一待就是六年。一九七三年，安德烈·海尼格出任劳力士的总经理，在世界各大洲设立分行，使劳力士走上国际化道路。安德烈·海尼格还设立三年一评的劳力士企业精神奖，奖励那些在应用科学、创造发明、环保等领域做出杰出贡献的人士。

一百多年后的今天，作为腕表的顶级品牌，劳力士以绝佳的性能和品质傲视群伦，甚至成为精确和品位的代名词，深得世界各地成功人士的厚爱。

【评述】

正如孟子所说，自身坚持正道才能赢得威严和好名声。劳力士的正道就在于以近乎完美的精确征服世人，甚至成为精确的象征。因此，企业是否盈利，很大程度上取决于自身产品或服务的品质。商界人士，当在此下功夫，而不需也不必过多地求之于产品和服务之外。

嘉士伯的金科玉律

孟子排拒杨朱，将其学说视为“邪说”的理由，就在于杨朱不肯拔一毛而利天下，把利益看得太重，如果杨朱学说流溢天下，将会导致目无君长，天下混乱。商业活动更是应该把眼光放长远一点，不要为眼前的利益冲昏头脑。源自丹麦的嘉士伯就不把短期利益作为目标，有着使其长盛不衰的“金科玉律”。

在丹麦首都哥本哈根（Copenhagen）长堤海滨有一座恬静娴雅的美人鱼铜像，她神情忧郁，若有所思。不过，很少有人知道，这座闻名世界的铜像就是由嘉士伯啤酒公司的创始人卡尔·雅可布森（Carl Jacobsen）出资建造的。

一八四七年，J. C. 雅可布森（J. C. Jacobsen）在丹麦首都哥本哈根郊区开设一家啤酒酿造厂，并以其子卡尔·雅可布森的名字为酒厂取名“嘉士伯”（Carlsberg）。一九〇四年，丹麦皇室把嘉士伯作为宫廷指定供应啤酒，也正因为这个原因，嘉士伯在其商标上增加一个皇冠标志，象征着品位尊贵和价值超群。

J. C. 雅可布森并不满足于嘉士伯已经取得的成就，他为嘉士伯制定过一个为人津津乐道的金科玉律：“嘉士伯啤酒厂酿制啤酒的长远目标，不在于赚取短期的利润，而是将啤酒酿制艺术发展到十全十美的境界，务使嘉士伯啤酒厂及其产品，能树立一个优良的规范，把嘉士伯啤酒的酿制技术，保持在一个永远受人推崇的高超水平。”

嘉士伯一向重视原料选择和加工工艺，以保证一流的品质，因此它一向被誉为“可能是世界上最好的啤酒”（Probaly the best beer in the world）。为提高啤酒品质，继续改进工艺，研发新产品，一八七六年，酒厂成立著名的嘉士伯实验室。嘉士伯实验室的汉逊博士（E. C. Hansen）培养出的汉逊酵母依然在世界各国沿用至今。有雄厚的科研实力做后盾，嘉士伯很快就成为啤酒酿造业中的一匹黑骏马。

嘉士伯还热衷于在足球、音乐领域提供巨额赞助，在铁杆球迷和音乐爱好者中间扩大品牌影响。如今，有足球和音乐地方的就有嘉士伯，人们总是愿意在欢快的时刻与嘉士伯一同分享一点一滴的喜悦。

一家成功的企业必定有经过历史积淀下来的企业精神。嘉士伯的“金科玉律”

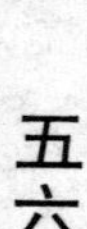

造就出一家具有一百五十多年煌煌历史的酿酒企业，在世界历史上也实属罕见。

【评述】

孟子认为杨朱拔一毛而利天下的事情都不肯去做，这显然是违背人伦之情的。嘉士伯的“金科玉律”不是没有考虑自身的利润，而是不把短期的利润作为长远目标，它赚取利润的途径则是酿酒技术的完美极致，通过利他来利己。因此，商界人士当总结自己事业的“金科玉律”，将其发扬光大，以合理的途径实现盈利的目的。

【名言录】

名言：富贵不能淫，贫贱不能移，威武不能屈，此之谓大丈夫。——《滕文公（下）》

古译：富贵不能淫，贫贱不能移，威武不能屈，此乃谓大丈夫。

今译：富贵不能使心变乱，贫贱不能使志向改变，威武不能使气节屈服，这样的人才叫作大丈夫。

现代使用场合：古时的大丈夫是无论在富贵、贫贱中都不移本色，在威武下也不会屈服之人。现在的人们也要讲究一种气节，做一位有志气之人，不但无愧于心，亦以德服于人。

卷七　离娄上

【题解】

本篇28章，多数是格言式的短章，谈论较多的是仁义的功利性价值。孟子指出，不管是个人的荣辱安危，还是国家的兴废存亡，都取决于是否行仁义之道。因此，对个人而言，道德修养的关键在于“反求诸已”，即通过自我反省和修养，获得信任，最后达到治民的目标。第十二章所提出的“诚”，是孟子思想中一个重要的概念，它表浅的含义是待人诚实无伪，由此出发，就可以“悦亲”“信于友”“获于上”“治民”，这就是儒家所标举的由“内圣”而“外王”的道路。关于仁政，本篇第九章重申了得民心者得天下的主张，而得民心的根本，则在于为民兴利除害；第六和第十三章，具体说明统治者应礼遇贤明的公卿巨室和德高望重的老者，也是从得民心的角度考虑的。在论及孝养父母的问题时，本篇第十九章提出了“养口体”和“养志”的区别，意谓侍奉父母，要顺承其意。

一

【原文】

孟子曰：“离娄[①]之明，公输子[②]之巧，不以规矩，不能成方圆；师旷[③]之聪，不以六律[④]，不能正五音[⑤]；尧舜之道，不以仁政，不能平治天下。今有仁心仁闻[⑥]而民不被其泽，不可法于后世者，不行先王之道也。故曰，徒善不足以为政，徒法不能以自行。《诗》云：‘不愆不忘，率由旧章[⑦]。’遵先王之法而过者，未之有也。圣人既竭目力焉，继之以规矩准绳，以为方员[⑧]平直，不可胜用也；既竭耳力焉，继之以六律正五音，不可胜用也；既竭心思焉，继之以不忍人之政，而仁覆天下矣。故曰，为高必因丘陵，为下必因川泽；为政不因先王之道，可谓智乎？是以惟仁者宜在高位。不仁而在高位，是播其恶于众也。上无道揆[⑨]也，下无法守也，朝[⑩]不信道，工不信度[⑪]，君子犯义，小人犯刑，国之所存者幸也。故曰，城郭不完，兵甲不多，非国之灾也；田野不辟，货财不聚，非国之害也。上无礼，下无学，贼民兴，丧无日矣。《诗》曰：‘天之方蹶，无然泄泄[⑫]。’泄泄犹沓沓也。事君无义，进退无礼，言则非先王之道者，犹沓沓也。故曰，责难于君谓之恭，陈善闭邪谓之敬，吾君不能谓之贼。”

【注释】

①离娄：又作离朱，黄帝时人，目力超常，能于百里之外看到秋毫之末。

②公输子：即公输班，又称鲁班，鲁国人，中国古代最有名的能工巧匠。

③师旷：中国古代乐师，晋国人。

④六律：指十二律中的六个阳律。十二律是古人用十二根律管所定的十二个标准音，分为阴阳两类，阴律又叫六吕，阳律又叫六律。

⑤五音：中国古代音乐所定的五个音阶，具体名称是：宫、商、角、徵、羽。

⑥闻：名声。

⑦不愆不忘，率由旧章：语出《诗经·大雅·假乐》。意思是毫无偏差，毫无遗忘，一切都合于古之典章。愆，过失。

⑧员：即“圆”。

⑨揆：度。

⑩朝：朝廷。

⑪度：尺寸。

⑫天之方蹶，无然泄泄：语出《诗经·大雅·板》。蹶，动。泄泄，多言多语的样子，和“沓沓”同义。

【译文】

孟子说：“即使有离娄那样的眼力，公输子那样的巧技，不靠圆规和曲尺，也画不出准确的方形和圆形；即使有师旷那样的听力，不靠六律，也不能校正五音；即使有尧、舜之道，不行仁政，也不能使天下太平。如果有了仁爱之心和仁爱的名声，百姓却没有受到他的恩泽，不能被后世效法，是因为他没有实行先王之道。所以说，只有善心还不足以做好政教，光有好的法度，它也不会自动施行。《诗经》上说：‘毫无偏差，毫无遗忘，一切都合于古之典章。’遵循先王的法度而犯错误，这是从来没有的事。圣人竭尽了目力，接着用圆规、曲尺、水准器、墨线，来制作方的、圆的、平的、直的东西，这些东西就用不尽了；圣人竭尽了耳力，接着用六律来校正五音，五音就运用无穷了；圣人竭尽了心思，接着又施行仁政，仁德就覆盖天下了。所以说，要到高处去，一定要凭借山陵；要到低处去，一定要凭借川泽；为政而不凭借先王之道，能算是明智吗？因此，只有仁人才应该处在高位。不仁的人处在高位，这会使他把邪恶传播给众人。在上的不依照道德规范，在下的不用法度约束自己，朝廷不信奉道义，官吏不信守法度，君子触犯道义，小人触犯刑律，国家还能生存的，只是由于侥幸罢了。所以说，城墙不坚固，军队不够多，不是国家的灾难；土地没有扩大，财富没有积聚，也不是国家的祸害。在上的不讲礼义，在下的不学礼仪，胡作非为的百姓日益增多，那么离国家的灭亡也就快了。《诗经》上说：‘上天一直在动，不要吵吵闹闹。’吵吵闹闹，就是说话放肆随便。侍奉君主不讲求义，一举一动不合礼法，还张口就诋毁先王之道，这便是放肆随便。所以说，责求君王施行仁政，这叫恭敬；向君王陈述好的意见，堵塞那些邪念，这叫尊敬；认为君王不能为善，这叫残害君王。”

【评析】

这一章的内容和全书大部分的内容一致，谈论的都是孟子要求当政者施行仁政的问题。在这一章里，孟子提出，施行仁政要注意两个方面的问题：一是“法先王”，二是“选贤才”。

在这一章刚开始不久，孟子就论述了规矩和方圆的关系。他认为，规矩是方圆的准则，还认为尧、舜、商汤、周文王、周武王等人的“先王之法”是治国永恒的规矩和准则。虽然孟子的这种说法有利于实现他的施行仁政的人生理想，但这种说法毕竟显得有失偏颇，犯了“形而上学”的错误。

孟子之所以犯了这样的错误，也是有深刻的原因的。随着社会的发展，原本有着继承性的人伦道德和治国方略也处在不断变化发展之中，提出了更新的要求。在这个问题上，孟子的认识不够全面，他只看到了人伦道德和治国方略的继承性和不变性，却没有看到随着社会的发展，它们已经处在了新的变化发展之中。这一片面的认识使孟子把人类社会的准则和自然界的准则做了简单的类比，结果得出了错误的结论。这体现了儒家思想保守的一面。这一“保守”影响深远，不仅波及儒家思想自身，甚至还波及了我国传统文化的发展。由于它的影响，汉代以后，我国的思想和学术发展就遭遇了瓶颈，对我国传统文化的发展产生了极大的负面作用。

但是，如果仅仅是因为上述原因，就断定儒家学说主张“法先王”在思想上是保守的，在政治上是叛逆的，甚至批评他们不顾历史发展的潮流，逆潮流而动，那也是太过草率和武断的。

要分析儒家思想，还要用一分为二的“两分法”。春秋战国时期，我国社会制度急剧变革，儒家提出了“仁政”“爱民”等新的思想，反映了新兴封建制度中人的价值的提高，体现了时代精神，是划时代的伟大贡献。这是儒家思想积极的一面。但是，因为带有针砭现实社会的作用，所以以前原有的与儒家思想相反的思想却很难表述清楚。于是，为了便于实现儒家施行仁政的主张，孟子只好把自己开创的“仁政”思想划在尧、舜的名下，幻想通过尧、舜的影响力，帮助他实现理想。这样说来，孟子口称的“尧舜之道”其实就是儒家的“孔孟之道”。因此，孟子阐述的“法先王”的谋略中，自然也少不了“仁政”“仁心”等儒家思想。

此外，我们还必须承认，从现实角度来看，中国历史文化悠久，典籍浩繁，古代的先王们留下了许多经得起实践考验的治国之道，如果后世的国君能认真钻研，再根据实际国情完善，就会掌握许多最为直接的治国经验。正所谓“前事不忘，后事之师”，这是很有价值的。

在孔子的《论语》里，“法先王”和“选贤才”这两个方面都是老生常谈式的内容了。在这里，作为“法先王”的原因，“不以规矩，不能成方圆”的说法，成了后人们熟知的格言警句，用来强调和说明纪律的重要性。同样，孟子还认为，“不以六律，不能正五音”“不以仁政，不能平治天下”都是“法先王”和施行仁政的原因。为了进一步说明“法先王”的重要性，孟子还从反面入手，论述了“遵先王之法而过者，未之有也”的道理。

那么，施行仁政为什么要“选贤才”呢？众所周知，如果不仁的人窃取了高位，那就势必会奸邪当道，残害忠良，整个社会风气是是非颠倒、黑白混淆，最终可能是天下大乱。

【典例阐幽】

不以规矩，不能成方圆

曾国藩

曾国藩为清末平定太平天国的头号人物，同时也是杰出的理学大师，他从壮年到垂暮之年，始终高度重视个人修养和子女教育。

在子女教育上，曾国藩深知“不以规矩，不能成方圆”的道理，对于子女的读书、写字以及做事做人，曾国藩都谆谆教诲，严格督导。

儿子曾纪泽不到四岁半就进入私塾，师从湘中名士冯树棠习读经史诗文。曾国藩告诉他“读书之法，看、读、写、作，四者每日不可缺一”。他还为曾纪泽选择了除四书五经外必须熟读的若干种书籍，其中尤其要熟读的有《史记》和《汉书》等。关于读书的好处，他教诲曾纪泽“陶写性情，则一生受用不尽”。为了让子女用心读书，曾国藩提出：“我家中断不可积钱，断不可买田。尔兄弟努力读书，决不怕没饭吃，至嘱！”

曾国藩要求曾纪泽做事情必须“有恒”，也就是说要有始有终，只有这样才能有所成就。至于做人，更是严格要求他不能犯世家子弟最易犯的“奢”字和“傲”字，也不希望他将来做大官，只希望他做个“读书明理”的人，而且要“勤俭自持，习劳习苦”，不能奢华懒惰。

因为家规严格，加上曾纪泽本人勤奋好学，所以他诗文书画俱佳，以后又自学英文，后来成为清末著名外交家。

二

【原文】

孟子曰：“规矩，方员之至也；圣人，人伦之至也。欲为君，尽君道；欲为臣，尽臣道。二者皆法尧、舜而已矣。不以舜之所以事尧事君，不敬其君者也；不以尧之所以治民治民，贼其民者也。孔子曰：‘道二，仁与不仁而已矣。’暴其民甚，则身弑国亡；不甚，则身危国削，名之曰‘幽’、‘厉’[①]，虽孝子慈孙，百世不能改也。《诗》云：‘殷鉴不远[②]，在夏后之世[③]’，此之谓也。”

【注释】

①幽、厉：指周幽王、周厉王，都是含贬义的谥号。

②鉴：铜镜。这里指借鉴。

③夏后：夏王，指桀。以上引诗见《诗经·大雅·荡》。

【译文】

孟子说："规和矩，是方与圆的极致；圣人，是处理人际关系的极致。要做君王，便该尽君道；要做臣，便该尽臣道。二者都效法尧、舜就足够了。不用舜服侍尧的态度和方式来服侍君主，就是对君主不恭敬；不用尧统治百姓的态度和方式来统治百姓，就是残害百姓。孔子说：'路只有两条，仁和不仁，如此而已。'暴虐百姓严重的，就会自己被杀，国家灭亡；不严重的，也会自己遭遇危险，国家受到削弱，死后人们给他们'幽'、'厉'这样的谥号，即使有孝子贤孙，经历一百代也改不掉这个坏名声。《诗经》上说：'殷商的借鉴并不遥远，就在夏王桀的时代'，就是这个意思。"

【评析】

在这一章里，孟子提到，圣人是纲常人伦关系中的最高典范。

但是，什么样的人才能被孟子称为"圣"呢？两千多年来，这一概念一直没有定论。但值得注意的是，无论是已经被称为"圣人"的孔子，还是已经被称为"亚圣人"的孟子，都没有把"圣人"神秘化。甚至，在孟子的观念里，"圣人"也还是人，只不过是人类里面最杰出的"人"，是人类的好榜样。最著名的例证就是孟子引用有若的话说"圣人之于民，亦类也；出于其类，拔乎其萃。"

在谈到"圣人"的境界时，孔子表示，圣包含着仁和智两方面的内容，既有仁爱的道德，又有学问的智慧。除此之外，"圣人"不仅表现为内在的道德和学问，还有外在的"济众"表现。孔子在《论语》里提到的"博施于民而能济众"就是"圣人"济众的体现。

众所周知，孔子自己已经达到了"圣"的境界，连尧、舜这样的圣君都没有达到他的程度。这证明了一个真理，即“仁”通“圣”，“圣”是“仁”的最高境界。根据这些论述，再看“圣人”，自然就能有所领悟了。

【典例阐幽】

颜回的仁与不仁

颜回是孔子的得意门生之一，有一次他问孔子，什么叫作仁？

孔子答道：“克制自己的自私自利的念头和言行，使自己的念头和言行符合礼的原理原则，就叫作仁。每一个人都能够做到克制自己的自私自利的念头和言行，则天下就是仁爱的世界了。仁爱的思想完全是来自自己的内心，怎么可以靠别人的帮助呢？”

颜回又问：“请问落实仁爱的具体要求有哪几条？”

孔子说：“不符合礼的人和事物不能看；不符合礼的人和事物不能听；不符合礼的人和事物不能说；不符合礼的人和事物不能做。”

颜回说：“我虽然不聪敏，但是我能够遵照老师的话去做。”

其实，颜回是知道什么是“仁”的，颜回的请教完全是出于引导学习的目的；孔子的回答也完全是为了教育他人的。这种“利乐布情问”体现了颜回乐“仁”和孔子重教的可贵精神。

三

【原文】

孟子曰：“三代之得天下也以仁，其失天下也以不仁。国之所以废兴存亡者亦然。天子不仁，不保四海；诸侯不仁，不保社稷[1]；卿大夫不仁，不保宗庙[2]；士庶人不仁，不保四体。今恶死亡而乐不仁，是犹恶醉而强[3]酒。”

【注释】

①社稷：土神和谷神，指代国家。

②宗庙：祭祀祖先的地方。这里指代卿大夫的采邑。

③强：勉强。

【译文】

孟子说：“夏、商、周三代得天下，是因为仁；失天下，是因为不仁。国家之所以衰败、兴盛、生存、灭亡，也是这样。天子不仁，不能保住天下；诸侯不仁，不能保住国家；卿大夫不仁，不能保住宗庙；士人和百姓不仁，不能保住自身。如果害怕死亡却又乐意干不仁的事，这就像害怕喝醉却要勉强喝酒一样。”

【评析】

夏、商、周三代的得失天下都是由于仁或不仁。从天子到百姓，如不实行仁，就会失去天下、国家、土地，甚至连生命也难以保存。

四

【原文】

孟子曰：“爱人不亲，反其仁；治人不治，反其智；礼人不答，反其敬。行有不得者皆反求诸己，其身正而天下归之。《诗》云：‘永言配命[1]，自求多福[2]。’”

【注释】

①言：语助词。

②引诗见《诗经·大雅·文王》篇。

【译文】

孟子说："爱别人，别人却不亲近自己，那就反过来检讨自己是否够仁爱；管理别人，却管理不好，那就反过来检讨自己是否够明智；对别人有礼，别人却不回应，那就反过来检讨自己是否够恭敬。凡是行为有不能达到预期效果的，都反过来在自己身上找原因，自己端正了，天下的人自然归顺他。《诗经》上说：'永远配合天的命令，自己寻求盛多的福。'"

【评析】

本章体现了儒家的内省功夫。爱别人人家却不亲近我，管别人人家却不服我管，礼遇别人人家却不搭理我，在这种情况下，就得自己反问自己做得好吗？不管做什么事，如果不能达到预期的目的，都要反躬自问。只有自己真正端正了，天下人才会顺服。

以今天的眼光看，这种修养方法有其片面性，一味地内省，并不能解决所有问题。

【典例阐幽】

其身正而天下归之

其身正，天下归之，其身不正，虽令不行。

春秋时期，齐国有位齐灵公，喜欢看妇女穿男人的衣服，于是下令让后宫里的宫女婢娥都女扮男装。

但是时间没有过多久，这种女人穿男人衣服的风气便在全国范围内流传起来。一时间，女扮男装的人成为一种风气，男人和女人混合在一起，让人们分不清男女，全国上下出现了一片混乱。灵公知道后很生气，认为这有伤风化，便命令不准各地女扮男装，并说："凡有女扮男装的，一旦发现，一律撕裂衣服，扯断腰带。"可是，女扮男装的风气仍然不可遏止。

一天，晏子去拜见齐灵公，齐灵公便问道："寡人已经命令各地官吏，采取严厉的措施，可为什么还有那么多人还女扮男装，禁止不了呢?"

晏子说："大王见过有的肉铺，挂着牛头卖马肉吗。大王让内官的女人穿男装，却要阻止宫外的女人穿男装，怎么禁止得了呢？这不等于挂羊头卖狗肉吗？要让下不效，首先得上不行啊。"

齐灵公觉得有道理，就照办了，结果，不到一个月，全国女扮男装的风气便渐渐消失了。

五

【原文】

孟子曰："人有恒言，皆曰'天下国家'。天下之本在国，国之本在家，家之本在身。"

【译文】

孟子说："人们有句老话，都说'天下国家'。天下的基础在国，国的基础在

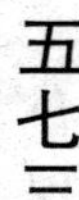

家，家的基础在个人。”

【评析】

天下之本在国，国之本在家，家之本在身。

天下由个人逐层整合而成，因此，应该对个人予以高度关注。

天下的基础在国，国的基础在家，家的基础在个人。因此，个人值得高度关注。每个人的完满发展，实际上就是对天下的重大贡献。

当今社会对个人的关注应该是全方位的，但在传统儒家学者那里，关注更多的还是个人的修身问题。在儒家文献《大学》中，也有类似的表述：“古之欲明明德于天下者，先治其国；欲治其国者，先齐其家；欲齐其家者，先修其身。”倒过来说，就是“身修而后家齐，家齐而后国治，国治而后天下平。”这就是所谓的修、齐、治、平，概括地说，就是“内圣外王”，这正是儒家的生命理想。

这里，“天下”是一个最大的共同体。春秋时代，周室天子仍然存在，与各国公室诸侯尚保持着制度性的君臣关系。到了战国时代，它只是一种理想、一个象征。“国”也不同于现在的国家概念，主要指周天子分封天下以后形成的各个“诸侯国”。“家”的意思也不同于现在的家庭，而是指卿大夫的家，其构成与规模，仅次于诸侯国，是诸侯国的重要组成部分。

明清之际的著名思想家、史学家黄宗羲在其《明夷待访录·原君》中说：“天下之治乱，不在一姓之兴衰，而在万民之忧乐。”孟子就曾说：“民为贵，社稷次之，君为轻。”这些思想都是极有见地的。

六

【原文】

孟子曰："为政不难，不得罪于巨室。巨室之所慕，一国慕之；一国之所慕，天下慕之；故沛然德教溢乎四海。"

【译文】

孟子说："为政并不难，只要不得罪那些贤者大家。贤者大家所倾慕的，一国之人都会倾慕；一国之人倾慕的，天下之人都会倾慕；这样德教就会充分地传播于天下四方。"

【评析】

孟子是理想主义者，也是现实主义者。孟子倡导王道、仁政，反对以力服人，在当时是绝对的理想主义者；但在具体推行王道、仁政时，孟子也不乏现实的考虑。所以，孟子主张"不得罪于巨室"，主要是因为这些"巨室"是客观存在且影响很大的社会力量，国君想要推行德教、仁政，就必须先做好他们的工作，争取得到他们的支持。如果这些"巨室"也能向往仁，天下的风气也会为之一变。

七

【原文】

孟子说："天下有道，小德役大德，小贤役大贤；天下无道，小役大，弱役强。

斯二者，天也。顺天者存，逆天者亡。齐景公曰：‘既不能令，又不受命，是绝物也。’涕出而女[①]于吴。今也小国师大国而耻受命焉，是犹弟子而耻受命于先师也。如耻之，莫若师文王。师文王，大国五年，小国七年，必为政于天下矣。《诗》云：‘商之孙子，其丽不亿。上帝既命，侯于周服。侯服于周，天命靡常。殷士肤敏，祼将于京。’[②]孔子曰：‘仁不可为众也。夫国君好仁，天下无敌。’今也欲无敌于天下而不以仁，是犹执热而不以濯也。《诗》云：‘谁能执热，逝不以濯？’[③]”

【注释】

①女：嫁女儿。史载齐景公惧怕吴王阖闾伐齐，不得已把女儿嫁给阖闾。

②商之孙子，……祼将于京：丽，数目。亿，周代称十万为亿，这里形容众多。侯于周服，乃臣服于周。侯，语气助词，乃。靡常，无常。肤，美。祼，古代宗庙祭祀的一种仪式，把郁鬯酒浇在地上以迎接鬼神。将，助。诗引自《诗经·大雅·文王》。

③谁能执热，逝不以濯：执，救治。濯，洗涤。逝，发语词，无意义。诗引自《诗经·大雅·桑柔》。

【译文】

孟子说：“天下有道时，道德低的受道德高的役使，才智少的受才智多的役使；天下无道时，力量小的受力量大的役使，势力弱的受势力强的役使。这两种情况，都是天意。顺从天意的生存，违背天意的灭亡。齐景公说过：‘既不能发号施令，又不愿服从于人，这就是一条绝路。’于是流着泪把女儿嫁到吴国去。现在，小国效法大国却又以此为耻，这就好比学生耻于服从老师的命令一样。如果以此为耻辱，那就不如效法文王。效法文王，大国不出五年，小国不出七年，一定能统治天下。《诗经》上说：‘殷商的子孙，不下十万余人。上天既已降命，于是归顺周朝。

归顺周朝，因天命没有定论。殷朝的臣子，漂亮的聪明的，都去周王城助祭。’孔子说：‘仁德的力量，不在于人多。国君爱好仁德，就可以天下无敌。’如果想无敌于天下而又不依靠仁德，这就像热得受不了而又不肯洗澡一样。《诗经》说：‘谁想变不了炎热，却不去洗澡？’”

【评析】

此章似论天命，实论仁者无敌。

开头似论天命。政治清明，则“小德”者役于“大德”者，“小贤”者役于“大贤”者。政治黑暗，则不讲“德”和“贤”，只讲暴力，故力小者为力大者所役使，力弱者为力强者所役使。这两种情况，好像都是由天意决定的，所以“顺天者昌，逆天者亡。”在这样的情况下，如既不能命令别人，又不接受别人的命令，就只有绝路一条。

实则论证要以仁者为师。孟子认为，最好要以周文王为师，那么大国只需五年，小国只需七年，就可以“为政于天下”了。如果既想无敌于天下而又不学习周文王的仁政，就像酷热难挡，急需凉爽，却又不洗澡一样。

岐周本是一个小国，由于实行仁政，在周文王时，已经三分天下有其二。武王伐纣的实力，是在周文王时就有的。所以，孔孟常把周文王强大周国的经历作为“仁者无敌”的典型证据。

【典例阐幽】

夫国君好仁，天下无敌

战国时期，魏国大举进攻中山国。魏文侯的弟弟做主帅，仅仅三个月就灭了中

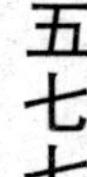

山国。魏文侯于是大摆庆功宴，并且决定让自己的儿子去管理中山国。

众位大臣听说这件事一言不发。因为按照当时魏国的惯例，中山国应该交给魏文侯的弟弟管理。魏文侯的弟弟听到这个决定以后，起身拂袖而去。

魏文侯害怕大臣们议论这件事，就把大臣们召集起来故意问道："我是个什么样的君主呢？请大家但说无妨。"

许多大臣都恭谨地说道："大王功在千秋，百姓爱戴，当然是个仁君了。"

魏文侯听了还不满意，又笑着说："难道我就没有过错了吗？"

大臣们又附和道："大王神武英明。哪里会有什么过错呢？"

大臣仁座说道："国君夺取了中山国之后，不封给有功的弟弟，却封给自己的儿子，这哪里算是个仁君呢？"

魏文侯一听，顿时脸上出现怒色，仁座见触到了魏文侯的痛处，怕恼羞成怒的魏文侯惩罚自己，就起身离座而去。

"你认为我是一个什么样的君主呢？"魏文侯又问他身边的大臣翟璜。

翟璜平静地答道："我认为大王是一个仁君。"

"你为什么这么说呢？"

翟璜知道大王必有这么一问，于是说道："我听说，哪个国家的君主贤明仁厚，哪个国家的大臣就正直不二，从不隐瞒自己的观点。刚才仁座说的话十分坦率，所以我认为大王是个贤明仁厚的君主。"

魏文侯听完，马上悔悟，便立即派人把仁座请回，又亲自下堂迎接，待之为上宾。

此事在魏国打下了广开言路的基础，很多有才能的人也慕名而来。

从此以后，魏国便渐渐地变得强大起来了。

八

【原文】

孟子曰："不仁者可与言哉？安其危而利其菑[①]，乐其所以亡者。不仁而可与言，则何亡国败家之有？有孺子歌曰：'沧浪之水清兮[②]，可以濯我缨；沧浪之水浊兮，可以濯我足。'孔子曰：'小子听之！清斯濯缨，浊斯濯足矣。自取之也。'夫人必自侮，然后人侮之；家必自毁，而后人毁之；国必自伐，而后人伐之。《太甲》曰[③]：'天作孽，犹可违。自作孽，不可活。'此之谓也。"

【注释】

①菑：同"灾"。

②沧浪：水名。

③太甲：《尚书》篇名。

【译文】

孟子说；"不仁的人可以同他谈论吗？别人有危险，他安然不动，别人遭了灾，他却趁火打劫，高兴于别人所遭受的惨祸。不仁的人如果可以同他谈论，那还会有亡国败家的事吗？有个小孩子唱道：'沧浪的水清呀，可以洗我的帽缨；沧浪的水浊呀，可以洗我的双脚。'孔子说：'弟子们听着！清呢，就洗帽缨，浊呢，就洗双脚。这都取决于水本身啊。'人一定先是有自取侮辱的原因，然后别人才侮辱他；家一定先是有自毁的原因，然后别人才毁掉它；国一定先是有自己招来攻伐的原因，然后别人才攻伐它。《太甲》说：'天降的灾难还可以躲避，自找的灾难那可活不了。'说的就是这个意思。"

【评析】

在这一章里，孟子引用了一首儿歌：'沧浪之水清兮，可以濯我缨；沧浪之水浊兮，可以濯我足。'这就是说，水有清和浊两种不同的属性，就决定了它的用途也有贵和贱之分，清水可以被用来"濯缨"，而浊水只能被用来"濯足"。

和水一样，人也有贵有贱，是不是由自己造成的呢？回答应该是肯定的。人因为自尊自爱，别人才尊重他，就是所谓的"贵"；人因为不自尊自爱，别人才轻视他，就是所谓的"贱"。家庭和国家也是这样的道理。

这就又联系到了孟子在这一章里提到的另一个话题：夫人必自侮，然后人侮之；家必自毁，而后人毁之；国必自伐，而后人伐之。古人说的"祸福无门，唯人自招"讲的就是这个道理。任何的存亡之机、祸福之兆并不全是别人的原因，很多时候往往是自己招来的。

九

【原文】

孟子说："桀、纣之失天下也，失其民也；失其民者，失其心也。得天下有道：得其民，斯得天下矣；得其民有道：得其心，斯得民矣；得其心有道：所欲与[①]之聚之，所恶勿施尔也[②]。民之归仁也，犹水之就下、兽之走圹[③]也。故为渊驱鱼者，獭[④]也；为丛驱爵[⑤]者，鹯[⑥]也；为汤、武驱民者，桀与纣也。今天下之君有好仁者，则诸侯皆为之驱矣。虽欲无王，不可得已。今之欲王者，犹七年之病求三年之艾[⑦]也。苟为不畜，终身不得。苟不志于仁，终身忧辱，以陷于死亡。《诗》云：

‘其何能淑，载胥及溺[8]。’此之谓也。”

【注释】

①与：为。

③尔也：而已。

③圹：原野，旷野。

④獭：水獭，爱吃鱼。

⑤爵：通“雀”。

⑥鹯：鸷鸟，似鹞，喜食鸟类。

⑦艾：艾草，可以用来针灸，越是干得久的艾草就越是珍贵。

⑧其何能淑，载胥及溺：语出《诗经·大雅·桑柔》。淑，善。胥，相。及，与。

【译文】

孟子说：“桀、纣之所以失掉天下，就是因为失去了百姓；之所以失去了百姓，是因为失去了民心。取得天下有方法：得到百姓，就能得到天下；得到百姓有方法：得到民心，也就能得到百姓；得到民心也有方法：百姓想要的东西都帮他们得到，他们厌恶的东西都不要施加在他们身上。百姓归附于仁德，就好像水向下流，野兽在旷野中奔跑一样。所以，替深水赶来鱼的是水獭；替树丛赶来鸟雀的是鹞鹰；替汤王、武王赶来百姓的，是夏桀和商纣。如果现在天下的国君有爱好仁德的，那么诸侯们就会替他把百姓赶过来。即使他们不想使天下归附，也不可能了。现在想要使天下归附的君王，就像害了七年的病要找存放多年的艾草来医治一样。如果平时不积存，那就终身得不到。如果不立志于仁德，必将终身忧愁屈辱，以致陷于死亡。《诗经》上说：‘那怎能把事办好，只能一块儿淹死了。’说的就是这种情况。”

【评析】

本章论得民心者得天下，失民心者失天下。

孟子认为，夏桀、殷纣这两个暴君之所以失去天下，是因为失去了民心；而商汤、周武王之所以得到天下，是因为得到了民心。

怎样得到民心呢？人民想要什么，就给他们准备什么；不想要什么，就不要强加给他们什么，这就是“仁”。仁者，人也，就是尊重人，尊重人的需要，尊重人的感情，把人当人看，以人民之是为是，以人民之非为非。

现代民主政治，十分讲民意，认为民意是最高准则，只有暴君恶徒才不把民意当回事。由此看来，孟子的仁政思想至今仍有重要意义。

【典例阐幽】

为渊驱鱼，为丛驱雀

三国时期，王允用连环计杀掉了董卓。当时，董卓部将牛辅、李傕和郭汜等正奉命在陈留颍川等地劫掠，听到如此变故，各自拥兵自保。吕布劝王允把董卓的“遗产”拿出一部分来赏赐给有功的公卿将校，王允却不同意。李傕等人上表请求王允高抬贵手，赦免他们。王充开始曾想赦免他们，但却突然改变主意想让他们缴械。

王允所有的作为似乎都是在为渊驱鱼，为丛驱雀。董卓的很多旧部都聚集到了李傕和郭汜的帐下。王允派了两个在凉州很有名望的人作使者去招安，却丝毫没有抚慰的意思。结果，这两个使者走到半路就反叛投靠了李傕，还顺便拉走了一批人马作为见面礼。

武威人贾诩给李傕等出主意，说："诸位就这么走了，半道上一个小官就可以把你们绳之以法，不如召集军队杀上长安一赌胜负。胜了，就把持朝政；败了，再逃命不迟。"

李傕等本来就是亡命之徒，他们听了贾诩的建议后，立刻收集董卓的旧部共几千人于六月攻破长安。

十

【原文】

孟子曰："自暴者，不可与有言也；自弃者，不可与有为也。言非[1]礼义，谓之自暴也。吾身不能居仁由义，谓之自弃也。仁，人之安宅也；义，人之正路也。旷安宅而弗居，舍正路而不由，哀哉！"

【注释】

①非：诋毁，污蔑。

【译文】

孟子说："自己残害自己的人，不可能同他有什么话说；自己抛弃自己的人，不可能同他有所作为。说出话来破坏礼义，这叫残害自己。自认为不能守仁行义，这叫自己抛弃自己。仁是人们最安稳的住所，义是人们最中正的道路。空着安稳的住所不住，舍弃正当的道路不走，真可悲啊！"

【评析】

本章论仁义为正道，反对自暴自弃。

孟子认为，仁和义是人性中最好的品质，糟蹋这些品质，开口说话就破坏礼义，认为自己不能居仁心、走正路的人，就是自暴自弃的人。这样的人是可悲的！

有一颗博爱之心，为人处世不见利忘义，在今天，也是弥足珍贵的。

【典例阐幽】

自暴自弃

东晋时，陶侃被任命为荆州刺史，都督荆、湘、雍、梁四州军事。

陶侃性情恭敬勤奋，整日盘膝正襟危坐，对军府中众多事务检视督察，没有一刻闲暇。他常常对人说："大禹这样的圣人，尚且珍惜每寸光阴，至于一般人，更应当珍惜每分光阴。怎能只求逸游沉醉，活着对时世毫无贡献，死后默默无闻，这是自暴自弃！"

有一次，他看到众多参佐幕僚因赌博荒废公务，于是命人收取他们的酒具和赌博用器，全都投弃江中，对将吏们则加以鞭责，说："樗这种游戏不过是放猪的奴仆们玩的！君子应当威仪整肃，怎能蓬头、光足，却自以为宏达呢！"因为陶侃出身贫寒，所以特别珍惜粮食，痛恨奢侈浪费。有人向他馈赠礼物，陶侃一定要询问来路，如果是靠自己的劳作所得，即使价值微薄也一定喜欢，慰勉和还赐的物品价值超出三倍。如果不是劳动所得，则严辞厉色呵斥对方，坚决不受。

有一次陶侃出游，看见有一个小官吏手持一把未成熟的稻子。陶侃拦住他问道："你拿着稻谷在干什么？"

那小官吏回答说："走路时看到的，随便摘下来而已。"

陶侃勃然大怒，说："你不亲自劳作，还随便毁坏他人的稻子拿来玩！"随即让从人抓住他，用鞭子狠狠地抽打了一顿。

十一

【原文】

孟子曰："道在迩而求诸远[1]，事在易而求诸难——人人亲其亲，长其长，而天下平。"

【注释】

①迩：近。

【译文】

孟子说："道就在近处，却往远处去找它；事情本来容易，却往难处去做它——其实只要人人爱自己的双亲，尊敬自己的长辈，天下就太平了。"

【评析】

道在迩而求诸远，事在易而求诸难。

道不远人。不要舍近求远、舍易求难，还是从身边的事做起吧。

十二

【原文】

孟子曰："居下位而不获于上，民不可得而治也。获于上有道，不信于友，弗获于上矣。信于友有道，事亲弗悦，弗信于友矣。悦亲有道，反身不诚，不悦于亲矣。诚身有道，不明乎善，不诚其身矣。是故诚者，天之道也。思诚者，人之道也。至诚而不动者，未之有也。不诚，未有能动者也。"

【译文】

孟子说："处于下级的地位而不能得到上级的信任，是不能治理好百姓的。得到上级的信任有办法，首先要得到朋友的信任，假如不能取信于朋友，就不能得到上级的信任。取信于朋友有办法，首先要得到父母的欢心，侍奉双亲而不能让他们高兴，就不能取信于朋友。让双亲高兴有办法，首先要诚心诚意，反躬自问而心意不诚，就不能让双亲高兴。使自己诚心诚意有办法，首先要明白什么是善，不明白善的道理，就不能使自己诚心诚意。因此，诚，是自然的道理。思慕诚，是做人的道理。极端诚心而不能使别人动心的，是从来没有的事；不诚心，则从来没有使人动心的。"

【评析】

本章论"诚"，即取信于人之法。

孟子认为，要得到上级信任，必先得到朋友信任；要得到朋友信任，必先使父母双亲高兴；要使父母双亲高兴，心意必须要诚；而要诚心诚意，首先要明白什么是善，不知什么是善，就不能使自己诚心诚意。因此，诚是自然的规律，想诚心诚意是做人的规律。极端诚心而不能使别人感动的，那是没有的；不诚心，没有能够感动别人的。

由此看来，“诚”的核心是“善”，也就是“仁”。

【典例阐幽】

燕昭王诚心求贤

燕昭王一心想招揽人才，但是更多的人认为燕昭王只是叶公好龙，并不是真的诚心想求贤。于是很多有才能的人跃跃欲试却怕自己得不到重用，所以燕昭王始终寻觅不到治国安邦的英才，整天闷闷不乐。

于是，燕昭王上朝把自己的心事，讲给了他的臣子，有位臣子说有个叫郭隗的老臣比较有办法，可以找他询问良策。

燕昭王下朝后就径直去找郭隗。问郭隗有没有办法招引良才佳士以及贤达之人。

郭隗摸了摸自己的胡子，沉思了一下说：“大王若诚心求贤，请允许我先说个故事吧。”

古时候，有个国君，最爱千里马。他派人到处寻找，找了三年都没找到。有个侍臣打听到远处某个地方有一匹名贵的千里马，就跟国君说，只要给他一千两金子，准能把千里马买回来。那个国君挺高兴，就派侍臣带了一千两金子去买。没料到侍臣到了那里，千里马已经害病死了。侍臣想，空着双手回去不好交代，就把带去的金子拿出一半。把马骨买了回来。

侍臣把马骨献给国君，国君大发雷霆，说：“我要你买的是活马，谁叫你花了钱把没用的马骨买回来?”侍臣不慌不忙地说：“人家听说你肯花钱买死马，还怕没有人把活马送上来？”

国君将信将疑，也不再责备侍臣。这个消息一传开，大家都认为那位国君真爱惜千里马。不出一年，果然从四面八方送来了好几匹千里马。

郭隗说完这个故事，说：“大王一定要征求贤才，就不妨把我当马骨来试一试吧。”

燕昭王听了大受启发，拜郭隗为师，并且为他建造了一座房子，后来没有多久，各国有才能的人纷纷赶到燕国来求见。其中最出名的是赵国人乐毅。燕昭王拜乐毅为亚卿，请他整顿国政，训练兵马，燕国便一天天强大起来。燕国的军队也在乐毅的带领下为燕国报了被齐国攻破城池占领国土的仇。

十三

【原文】

孟子曰：“伯夷辟①纣，居北海之滨②，闻文王作③，兴④曰：‘盍归乎来⑤！吾闻西伯⑥善养老者。’太公⑦辟纣，居东海之滨，闻文王作，兴曰：‘盍归乎来！吾闻西伯善养老者。’二老者，天下之大老也，而归之，是天下之父归之也。天下之父归之，其子焉往？诸侯有行文王之政者，七年之内，必为政于天下矣。”

【注释】

①辟：通“避”，躲避，避开。

②北海之滨：在今濒临渤海的河北昌黎一带。

③作：兴，兴起。

④兴：起来。

⑤来：语助词。

⑥西伯：指文王，尝为西伯侯。

⑦太公：指太公望，即姜尚。

【译文】

孟子说："伯夷为了躲避商纣王，居住在北海之滨，听说文王兴起了，说道：'我何不到西伯那里去呢！听说他善于奉养老者。'太公望为了躲避商纣王，居住在东海之滨，听说文王兴起了，也说道：'我何不到西伯那里去呢！听说他善于奉养老者。'这两位老者，是天下最有声望的老人，而他们归附了文王，这相当于天下人的父亲都归附了文王。天下人的父亲都归附了文王，那么他们的儿子还会到哪里去呢？诸侯如果能够施行文王的政治教化，七年之内，一定能使政令达于天下四方。"

【评析】

只要是人，不论贫富贵贱，圣贤或是恶人，都是喜欢阳光的。一个能够让人感到温暖的君王，百姓一定会想要随他而去的。

十四

【原文】

孟子曰："求也为季氏宰①，无能改于其德，而赋粟倍他日。孔子曰：'求非我徒也，小子鸣鼓而攻之可也。'②由此观之，君不行仁政而富之，皆弃于孔子者也，况于为之强战？争地以战，杀人盈野；争城以战，杀人盈城；此所谓率土地而食人肉，罪不容于死。故善战者服上刑，连诸侯者[3]次之，辟草莱、任土地者次之[4]。”

【注释】

①求也为季氏宰：求，冉求，字子有，孔子弟子。季氏，指季康子，鲁国大夫。宰，家臣。

②“孔子曰”句：见《论语·先进》。

③连诸侯者：指主张合纵或连横的纵横家。

④辟草莱、任土地者：指主张尽地力的李悝、主张开阡陌的商鞅之类。辟草莱，开垦荒地。任土地，分土授民。孟子认为这些政策虽然发展了生产，却不是为百姓着想的，故反对。

【译文】

孟子说：“冉求当了季氏的家臣，不能改变季氏的德行，反而把田租增加了一倍。孔子说：‘冉求不是我的学生，你们可以擂起战鼓声讨他！’由此看来，不帮助君主施行仁政，而去帮他聚敛财富的人，是孔子所鄙弃的，更何况为君主卖命打仗的人呢？为争夺土地而战，杀人遍野；为争夺城池而打仗，杀人满城，这就叫作占人领地食人肉，罪恶致死都不足以惩罚。因此好战的人该受最重的刑罚，唆使合纵连横的人该受次一等的刑罚，开垦荒地、分土授田的人该受再次一等的刑罚。”

【评析】

在这一章里，孟子提出了“善战者服上刑”的观点，理由很简单：因为善战，所以杀的人也很多，所以要接受“上刑”的惩罚。

当然，说这话的时候，必须要分清战争性质，是正义的还是非正义的。孟子所说的“善战者服上刑”显然是针对发动非正义战争的人说的。孟子并不是反对一切战争，例如商汤发动的讨伐夏桀的“十一征”他是赞扬的，周武王发动的讨伐殷纣的三年战争他是支持的。

问题是，二百多年的春秋时期就战乱不已，孟子所处的战国时期战争是更加频繁，战争的灾难落在了百姓的身上。他基于“保民”“爱民”的思想，才这么说的。

但孟子在这里提出的处理战争罪犯的原则，倒是很有价值的。他认为，服最高刑罚的应是前线领兵直接作战的人员，特别是那些“善战者”；服次一等刑罚的应是发动战争的文职官员；服再次一等刑罚的是为战争服务的后方支援人员。总之，这些直接间接负有战争罪行的人都应该受到不同程度的惩处。这一处理战争罪犯的原则，今天看来仍未过时，仍具有指导意义。试看二战后国际法庭审判德、意、日法西斯罪犯之基本原则，莫不与此相吻合。

从周平王东迁至战国中期，诸侯混战已持续了四百多年。孟子揭露战争的实质是诸侯为了争夺土地而杀人不断，他们是背离了孟子所倡导的仁政理想了。因此，孟子痛恨这种残酷的不仁不义的掠夺战争，认为它给人民带来了灾难，给社会带来了混乱，其原因是有一批“善战者”在为背离仁德的暴君服务，所以他提出了“善战者服上刑”的治乱方略。

周平王

孟子对“善战者”的憎恶虽可理解，但却是肤浅的，因为任何“善战者”都不是孤立的军事行为者，还有更深层次的经济与政治的原因在主宰着他们。囿于历史与时代的局限，我们大可不必去苛求孟子了。但孟子谋略的合理性是值得肯定的。其实，孟子也并非是一概否定战争的，他反对的只是背仁弃义的“非正义战争”；而对那些“以至仁伐不至仁”的“正义战争”，他不仅不反对，还满腔热情地加以颂扬，如古时商汤征桀、武王伐纣，当时齐人前期的伐燕等，他都表示了欢迎的态度。他认为正义战争能"拯民于水火"，百姓也必然会"箪食壶浆以迎王师"。这些看法显然是有价值的。正是从此前提出发，孟子主张对那些背离仁德主旨，滥杀无辜的"善战者"——包括决策者和执行者，均处上刑；对那些为战争出谋划策者——纵横家，处次刑；还要对那些"辟草莱，任土地"为支持战争提供粮秣物资保障的人处再次一等的刑。这里已丝毫不见了温文尔雅的孟老夫子的儒者风度，"法"治天下似乎已在此转化成了矛盾的主要方面。但透过现象看本质，孟子此谋略的核心及立足点还是从行仁政而王，以法辅德治天下的角度去考虑的，这也是容易理解的。认识到这点，才能对孟子提出的"背仁善战，该服上刑"的谋略有正确的把握，也才能在实践中反对非正义战争，坚持正义战争。

【典例阐幽】

善战者服上刑

白起，战国时期秦国名将。他一生没有败绩，东破三晋，南摧荆楚，威服燕齐，力震胡夷，终身大小 70 余战，其中尤以长平之战最为出名。长平之战赵国败，白起坑杀 45 万赵国降卒。白起一生共歼灭六国军队约一百万，杀伤之多，冠于中外历史，占秦军百余年斩首总数二分之一。

秦赵在战国中最血性好战，尤其是秦国，因为彻底执行法家军功制度，所以大将都是在战争中诞生。可是后来白起因为不肯带兵攻打楚国，被秦昭王赐剑自刎而死，死时感叹道："我白起何罪于天下，落得如此下场！"

十五

【原文】

孟子曰："存乎人者[①]，莫良于眸子[②]。眸子不能掩其恶。胸中正，则眸子瞭焉[③]；胸中不正，则眸子眊焉[④]。听其言也，观其眸子，人焉廋哉[⑤]！"

【注释】

①存：观察。

②眸子：瞳仁。

③瞭：明亮。

④眊：暗昧不明。

⑤廋：藏匿。

【译文】

孟子说："观察一个人，没有比观察他的眼睛更好的了。眼睛不能掩饰一个人的丑恶。内心正直。眼睛就明亮，心术不正，眼睛就昏暗。听人说话，观察他的眼睛，这人的善恶哪能隐藏得住！"

【评析】

本章论观察人的方法。

孟子认为，观察一个人，没有比观察他的眼睛更好的了，眼睛不能掩盖人的丑恶。一个人，心正那么眼睛就明亮，心不正那么眼睛就昏暗。听他说话时，看着他的眼睛，这人的善恶能藏匿到哪里去呢？

十六

【原文】

孟子曰："恭者不侮人，俭者不夺人。侮夺人之君，惟恐不顺焉，恶得为恭俭？恭俭岂可以声音笑貌为哉？"

【译文】

孟子说："恭敬的人不欺侮别人，节俭的人不掠夺别人。欺侮人、掠夺人的君主，唯恐别人不顺从，这样怎么能做到恭敬和节俭呢？恭敬和节俭难道是可以凭借声音笑貌伪装出来的吗？"

【评析】

本章论诸侯要恭敬他人、生活节俭。

孟子认为，恭敬他人的人不会侮辱别人，生活节俭的人不会掠夺别人。但那些侮辱别人、掠夺别人的君王，既要侮夺他人，又唯恐他人不顺从自己，怎么能做到恭敬和节俭呢？恭敬和节俭岂可仅凭音容笑貌装出来呢？

十七

【原文】

淳于髡曰[①]："男女授受不亲，礼与？"

孟子曰："礼也。"

曰："嫂溺，则援之以手乎？"

曰："嫂溺不援，是豺狼也。男女授受不亲，礼也。嫂溺，援之以手者，权也[②]。"

曰："今天下溺矣，夫子之不援，何也？"

曰："天下溺，援之以道。嫂溺，援之以手。——子欲手援天下乎？"

【注释】

①淳于髡：姓淳于，名髡。曾在齐威王、齐宣王和梁惠王的朝廷做官。

②权：变通。

【译文】

淳于髡说："男女之间不亲手递接东西，这是礼制吗？"

孟子说："是礼制。"

淳于髡说："嫂嫂掉到水里，用手拉她吗？"

孟子说："嫂嫂掉到水里而不拉她。是豺狼。男女之间不亲手递接，是礼制。嫂嫂掉到水里，用手拉她，是变通的办法。"

淳于髡说："当今天下都掉到水里了，先生不拉一把，为什么？"

孟子说："天下掉到水里，要用道来救援。嫂嫂掉到水里，是用手去救援——你难道要用手来救援天下吗？"

【评析】

男女授受不亲，礼也。嫂溺，援之以手者，权也。

通权达变。既保持原则性，又具有灵活性。

"经"和"权"是中国哲学中相对应的一对范畴。"经"是常道，"权"是变

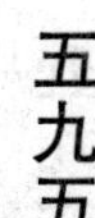

通，是济经之所不及。《礼记·曲礼》中，有“男女不杂坐。……不亲授。”《礼记·坊记》也记载有孔子的话：“男女授受不亲。”男女之间不能直接传递、拿取东西，这是礼制的规定，也是常道。嫂嫂掉到水里用手拉她，是变通的办法，是“权”。否则，见嫂嫂掉到水里而不去拉她，那就是豺狼。

【典例阐幽】

男女授受不亲

一位老和尚带着一个小和尚去听经。来到一条河边，正遇一股山洪下泻，过河的石墩都被水淹没。一年轻女子也站在河边，望着滔滔大水一筹莫展，不敢过河。此时，老和尚上前，表示愿背她过河。

女子迟疑片刻也就默允了。老和尚见此情景，即上前将女子抱起来就蹚水过河。到了河那边，老和尚就将女子放下，告别之后就自顾自带着小和尚赶自己的路了。

一路走，小和尚心里一路犯嘀咕：世俗间尚且男女授受不亲，师父一个出家几十年的人还抱了女人过河。一直走了两里路，小和尚对此还是百思不得其解。实在忍不住了就委婉地问：“男女授受不亲是民间常礼，何况我们出家人要远离女色，您今天为什么抱那个女人过河呢?”老和尚望着小和尚：“出家人慈悲为怀，而且我过了河就已经把她放下了，你却抱着不放走了两里多路。”

十八

【原文】

公孙丑曰："君子之不教子，何也？"

孟子曰："势不行也。教者必以正。以正不行，继之以怒。继之以怒，则反夷[①]矣。'夫子教我以正，夫子未出于正也。'则是父子相夷也。父子相夷，则恶矣。古者易子而教之，父子之间不责善。责善则离，离则不祥莫大焉。"

【注释】

①夷：伤。

【译文】

公孙丑说："君子不亲自教育自己的儿子，这是为什么呢？"

孟子说："因为情理上行不通。教育者一定要用正确的道理。用正确的道理若行不通，便会动怒。一动怒，那反而伤了感情了。'老人家你用正确的道理教育我，而自己的做法就不正确。'这样，父子之间就伤了感情。父子之间伤了感情，就坏了。古时候相互交换儿子进行教育，父子之间不用善的道理来责备对方。如果用善的道理责备了，会使父子之间有隔阂，父子之间有了隔阂，那就没有什么比这更不幸的了。"

【评析】

本章论古代"易子而教"的传统。孟子认为，"易子而教"可以避免父子之间求全责备，伤害感情，是一种值得推广的教育方法。历史上也有不少学者实践这种

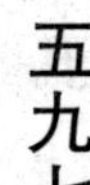

教育观，朱熹就把自己的儿子交给当时另一个学者吕祖谦去教育，朱熹集注：“易子而教，所以全父子之恩，而亦不失其为教。”

十九

【原文】

孟子曰：“事，孰为大？事亲为大；守，孰为大？守身为大。不失其身而能事其亲者，吾闻之矣；失其身而能事其亲者，吾未之闻也。孰不为事？事亲，事之本也；孰不为守？守身，守之本也。曾子养曾皙[①]，必有酒肉。将彻[②]，必请所与；问有余，必曰‘有’。曾皙死，曾元[③]养曾子，必有酒肉。将彻，不请所与；问有余，曰‘亡矣’，将以复进也。此所谓养口体者也。若曾子，则可谓养志也。事亲若曾子者，可也。”

【注释】

①曾皙：曾子之父，名点，也是孔子的学生。

②彻：通“撤”，撤下酒食。

③曾元：曾参的儿子。

【译文】

孟子说：“侍奉谁是最重要的呢？侍奉父母是最重要的了；守护什么是最重要的呢？守护自己是最重要的了。不使自己的品行节操受到损害而又能侍奉自己的父母的，我听说过；损害自己的品行节操而又能侍奉自己的父母的，我没听说过。谁不曾侍奉他人呢？但是侍奉父母是侍奉的根本；谁不曾用心守护呢？但是守护自己是守护的根本。曾子奉养其父曾皙的时候，每顿都有酒有肉。将要撤下酒食的时候，一定要问一下撤下的酒食留着做什么；每次其父问还有剩余的酒食吗，他一定说‘有’。曾皙死后，曾元奉养曾子，每顿也必定是有酒有肉，要将酒食撤下的时候，也不问曾子剩下的酒食将要怎么处理；曾子问还有剩余的酒食吗，都说‘没有’，想要把剩下的酒食留着下顿再给曾子吃。这叫作对父母口体的奉养。像曾子那样，就可以称为对父母心志的奉养了。侍奉父母能像曾子那样就可以了。”

【评析】

本章论孝道，提出“守身”和“养志”两个重要观念。儒家论孝，除“事亲”外还指“守身”，这在曾子及其弟子乐正子春的思想中表现得尤为明显。据《大戴礼记·曾子大孝》《礼记·祭义》及《吕氏春秋·孝行篇》记载，乐正子春下堂伤足，伤好之后，仍有忧郁之色，数月不出门，认为损伤了身体是对父母最大的不孝。《曾子大孝》称：“身者，亲之遗体也。行亲之遗体，敢不敬乎?”认为“父母全而生之，子全而归之，可谓孝矣；不亏其体，可谓全矣。故君子顷步之不敢忘也”。《孝经·开宗明义章》说：“身体发肤，受之父母，不敢毁伤，孝之始也。”据学者考证，《曾子大孝》《孝经》均与乐正子春一派有关，反映了他们的思想。乐正子春一派的“身”有生物学和伦理学两方面的含义。从生物学讲，他们认为“身”不仅仅是个人生命之形躯，同时还是父母之“遗体”，即父母遗留下的身体。所以我们的身体不仅是自己的，也是父母的，是父母生命在我们身体中的延续，故需要恭敬谨慎，毫发不敢损伤；从伦理学讲，他们也认为一个人如果不注意“守身”，不注意自己的行为，使自己陷于不义之中，便会使父母受累乃至受辱，这是极大的不孝。孟子将“事亲”和“守身”并举，认为“守身，守之本也”，可能与下面的第二十七、二十八章一样，都是受到乐正子春一派的影响，是孟子早期思想的反映。（参见梁涛：《郭店竹简与思孟学派》第八章第三节《仁与孝——思孟学派的一个诠释向度》，北京，中国人民大学出版社，2008）

本章还以曾参、曾元为例，说明侍奉父母不能仅仅满足于“口体”之养，更重要的还在于“养志”，尊重父母的意志、意愿。曾参既满足父母的口腹，又尊重父母的意见，这是“养志”；曾元只满足父母的口腹，却不尊重父母的意见，甚至欺骗父母，这只能算是“养口腹”。孔子讲“今之孝者，是谓能养。至于犬马，皆能有养，不敬，何以别乎!”（《论语·为政》）孟子主张侍奉父母应以曾参为榜样，二人的思想是一脉相承的。

【典例阐幽】

守身为大

东汉刘宠，字祖荣，山东牟平县人，官至司徒、太尉。刘宠在任会稽郡太守时，坚持以守身为大，不收取一文钱财。

后来，因为刘宠为官清廉，政绩卓著，朝廷调他往京城任职。在离任前，会稽郡山阴县若耶山谷五六位鬓发斑白的老人，结伴前来，说是要为太守送行。老人们各带了一百个铜板，想送给刘宠，可他不肯受。

老人们流着泪对刘宠说：“我们是山谷小民。前任郡守屡屡扰民，夜晚也不放过。有时狗竟然整夜狂吠不止，民不得安。可自从您上任以来，夜晚狗都不叫了，官吏也不抓捕老百姓了。现在我们听说您要离任了，故奉送这点儿小钱，聊表心意。”

刘宠说：“我的政绩远远不及几位老者说的那样好，倒是辛苦父老了!”老人们一定要他收下。盛情难却的刘宠只好收下几位老人各一文钱。他出了山阴县界，就把钱投到了江里。后人将该江改名为“钱清江”，还建了“一钱亭”。从此，“一钱太守”的美称便在当地传开了。

刘宠前后历宰二郡，屡登卿相位，而待人宽厚，生活俭朴，死时家无余财。

二十

【原文】

孟子曰："人不足与適[①]也，政不足间[②]也。唯大人为能格[③]君心之非。君仁，莫不仁；君义，莫不义；君正，莫不正。一正君而国定矣。"

【注释】

①適：同"谪"，谴责，指责。

②间：诋毁，非议。

③格：纠正。

【译文】

孟子说："人不值得去指责，政事不值得去非议。只有大仁大德的人才能纠正君主思想上的错误。君主仁，没有人不仁；君主义，没有人不义；君主正，没有人不正。一旦使君主端正了，国家就安定了。"

【评析】

本章论君王为人之重要。

孟子认为，君王仁，他周围没有不仁的；君王义，他周围没有不义的；君王正，他周围没有不正的。所以，一旦把君王端正了，国家也就安定了。

至于君王周围的那些小人，当然不值得去谴责，其政治也不值得去非议，因为问题的总根子在君王那里。

此乃“上梁不正下梁歪，中梁不正倒下来”之意。

二十一

【原文】

孟子曰：“有不虞之誉[1]，有求全之毁。”

【注释】

①虞：料想。

【译文】

孟子说：“有料想不到的赞誉，也有求全责备的非议。”

【评析】

赞誉和诋毁不一定完全符合事实，需要正确对待。朱熹集注引吕氏曰：“毁誉之言，未必皆实，修己者不可以是遽为忧喜。观人者不可以是轻为进退。”

【典例阐幽】

蔡瑁、张允求全之毁

东汉末期，曹操挟天子以令诸侯，打败袁绍以后又灭了乌桓等小的割据势力，北方基本上已经被他平定。于是曹操率领大军二十多万，号称百万大军，准备南下平定荆州，收复东吴。这时荆州刘表刚刚去世，蔡瑁、张允是刘表手下的水军都督，他们两个为了保全荣华富贵，不受荆州灭亡以后的巢破之灾，于是劝刘表的儿子刘琮投降。曹操对于蔡瑁、张允依旧委任原职，以表重视。

曹操的手下不明白，就问道："蔡瑁、张允乃谄佞之徒，主公何加以如此显爵，更教都督水军乎？"曹操笑道："吾岂不识人？只因吾所领北地之众，不习水战，故且权用此二人。待成事之后，别有理会。"不过，蔡瑁、张允确实有训练水军的才干，投降曹操之后，尽力操练水军，东吴都督周瑜知二人久居江东，谙习水战，所以要设计先除此二人。

刚好蒋干在曹操面前自告奋勇，前来劝说周瑜投降。周瑜识破蒋干的来意，先是一番软硬兼施，吓得蒋干"招降"两个字，一个都不敢说出来。之后，周瑜又拉住蒋干饮酒，装得好像酩酊大醉，然后与蒋干同榻而睡。周瑜又故意说出与蔡瑁张允串通的梦话来，并将伪造的蔡瑁、张允的来信放于旁边。

蒋干见劝降没有机会，把内奸挖出来也是功劳一件，于是拿着伪造的书信跑回了曹营。将书信献给曹操。将上项事逐一说与曹操。曹操大怒曰："二贼如此无礼耶！"即便唤蔡瑁、张允到账下。操曰："我欲使汝二人进兵。"瑁曰："军尚未曾练熟，不可轻进。"操怒曰："军若练熟，吾首级献于周郎矣！"蔡、张二人不知其意。惊慌不能回答。操喝武士推出斩之。须臾，献头帐下，操方省悟曰："吾中计矣！"后人有诗叹曰："曹操奸雄不可当，一时诡计中周郎。蔡张卖主求生计。谁料今朝剑下亡！"众将见杀了张、蔡二人，入问其故。操虽心知中计，却不肯认错，乃谓众将曰："二人怠慢军法，吾故斩之。"众皆惊诧不已。

二十二

【原文】

孟子曰："人之易其言也，无责耳矣。"

【译文】

孟子说："一个人说话随便，是因为他不必负责任。"

【评析】

不管是意料不到的赞誉，还是过分苛求的诋毁，都是来自别人的评判。俗话说，最了解我的人是自己。那么，别人的评判就不一定是客观、公正的了，既然如此，也许有时还是混淆黑白、颠倒是非呢。那么，又何必因为别人未必客观、公正的评判而扰乱自己的心性呢？

然而现实是，能够超脱于别人的评判之外，不以别人的评判为意的人毕竟是少数，一般人总是听到赞誉就高兴，听到诋毁就生气。这也是可以理解的人之常情。但不管怎么说，既然控制不了别人的评判，那么我们就应该抱有"不必太在意"的态度。

二十三

【原文】

孟子曰："人之患，[①]在好[②]为人师。"

【注释】

①患：缺点、毛病。

②好：喜好。

【译文】

孟子说："人的毛病在于喜欢做别人的老师。"

【评析】

尽管孟子重视教育，并以教育学生为乐，但他对教育者的要求也是很高的，反对那种以教育者自居，实际上不懂装懂的人。他认为，只凭喜欢当别人的老师这条理由就做教育者，是对学生的不负责任。因此，他时常告诫他的学生们，应该自觉克服喜欢充当别人老师的这种毛病。孟子提出的"好为人师则患"的思想，对劝告后世的教育者端正教育态度有极其重要的意义。

【典例阐幽】

人之患在好为人师

从前，有一个小伙子扛着一根长竹竿要进城，可是他无法将竹竿带进城门。

他先将竹竿竖着拿一头顶着城墙进不去；想了想，又将竹竿横着拿，两边又顶着城门，还是进不去。正在着急之时，来了一位长者，见此情况，便出主意说："我看还是找一把锯子来，将竹竿从中间锯断后再拿进城吧。"这个汉子听完后，果然依计行事，将好端端的一根竹竿锯成两截，高高兴兴进城去了。

知之为知之，不知为不知。人之患在好为人师。姑且不说这个愚蠢的小伙，他不知道竹竿还可以直着拿进城。然而后来那位老者，自以为博学多才，却是误人不浅啊。

二十四

【原文】

乐正子从子敖之齐[1]。

乐正子见孟子。孟子曰："子亦来见我乎？"

曰："先生何为出此言也？"

曰："子来几日矣？"

曰："昔者[2]。"

曰："昔者，则我出此言也，不亦宜乎？"

曰："舍馆未定[3]。"

曰："子闻之也，舍馆定，然后求见长者乎？"

曰："克有罪[4]。"

【注释】

①子敖：王驩的字，齐王宠臣。

②昔者：前天。

③舍馆：住宿的馆驿。

④克：乐正子名。

【译文】

乐正子跟随子敖到齐国。

乐正子来见孟子。孟子说："你也来见我吗？"

乐正子说："先生为什么说这个话？"

孟子说："你来了几天了？"

乐正子说："前天来的。"

孟子说："前天！那么我说这个话，不应该吗？"

乐正子说："住处还没安定下来。"

孟子说；"你听说过，住处安定了，然后再求见长辈吗？"

乐正子说："我有错。"

【评析】

鲁国的乐正子是孟子的学生，他跟着齐国的王子敖来到齐国。孟子本来就有些不高兴。因为王子敖是齐王的宠臣，是孟子所不齿之人。乐正子找到馆驿之后才去看望孟子。所以孟子就责怪乐正子看望长者太晚了。而乐正子本好善笃信之人，欣然认错。

这则故事告诉我们，要尊敬长者，还要交往慎重，不乱结交人。

【典例阐幽】

何出此言

晋武帝死后，太子司马衷即位，称晋惠帝。晋惠帝即位后，他的妻子贾后在幕后掌起大权。晋惠帝乐得不管不顾，四处玩乐。一天闲着无事，就由太监们陪着到御花园观赏风景。来到池塘边，听见蛤蟆在咯咯地叫。晋惠帝突然心血来潮，对着太监们说："你们听到有小东西在叫吗？"

太监们说："听到了，这是蛤蟆在池塘里叫。"晋惠帝说："那么我问你们，它是为官家叫呢，还是为私人叫？”太监们一时听不明白他的意思，都不敢回答。后来有个胆子较大点的太监回答说：“皇上，如果蛤蟆在官地里叫，就是为官家。在私地里叫，就是为私家。”

晋惠帝似懂非懂地点点头。

又有一年，全国大旱，庄稼颗粒无收，老百姓饿死了无数。公文报到京城，众官员跑到宫中向晋惠帝汇报：“各地闹灾，没有粮食吃，很多灾民都饿死了。”

晋惠帝想了想有些奇怪地问：“你们何出此言？既然没有粮食。就叫他们煮点肉粥吃，这样不就饿不死了吗？”

大臣们听了，个个目瞪口呆。

西晋出了这样一个白痴皇帝，连这样无知的问题也问得出来，难怪周围的一群野心家会蠢蠢欲动了。

二十五

【原文】

孟子谓乐正子曰：“子之从于子敖来，徒①铺②啜③也。我不意子学古之道而以铺啜也。”

【注释】

①徒：仅仅。

②铺：吃。

③啜：饮。

【译文】

孟子对乐正子说："你跟着子敖来，只是为了混饭吃。我没有想到，你学习古人的道理，竟是用它来混饭吃。"

【评析】

上章，孟子责怪乐正子看望长者太晚，本章批评乐正子到齐国来，不是为了学习古人的大道，竟然是为了饮食。两章当本为一章。

二十六

【原文】

孟子曰："不孝有三，无后为大。舜不告而娶，为无后也，君子以为犹告也。"

【译文】

孟子说："不孝顺的事有三种，其中没有子孙是最严重的。舜不先禀告父母就娶妻，就因为担心没有子孙，因此君子认为他没有禀告也同禀告过了一样。"

【评析】

本章论男子当娶妻生子。

农耕时代，劳动力的繁衍生殖是关系家族繁荣昌盛的大事，所以有"不孝有三，无后为大"的说法。按今日观点，生子生女都是延续祖先生命，因此都是"孝"。

二十七

【原文】

孟子曰："仁之实，事亲是也；义之实，从兄是也；智之实，知斯二者弗去是也；礼之实，节文斯二者是也；乐之实，乐斯二者，乐则生矣；生则恶可已也，恶可已，则不知足之蹈之，手之舞之。"

【译文】

孟子说："仁的实质，是侍奉父母；义的实质，是顺从兄长；智的实质，是明白这两个道理而不背离；礼的实质，是在这两方面加以修饰和调节；乐的实质，是乐于做这两方面的事，于是就产生了快乐；产生了快乐那怎么能抑制得住，抑制不住，就会不知不觉地手舞足蹈起来。"

【评析】

不知足之蹈之手之舞之。

不知不觉手舞足蹈，真是快乐之至。

子曰："知之者不如好之者，好之者不如乐之者。"

孔子说："懂得它的人不如喜欢它的人，喜欢它的人不如以它为乐的人。"不知不觉手舞足蹈，那是一种什么样的境界啊！

二十八

【原文】

孟子曰："天下大悦而将归己，视天下悦而归己，犹草芥也，惟舜为然。不得乎亲，不可以为人；不顺乎亲，不可以为子。舜尽事亲之道而瞽瞍[1]厎豫[2]，瞽瞍厎豫而天下化，瞽瞍厎豫而天下之为父子者定。此之谓大孝。"

【注释】

①瞽瞍：舜的父亲，性情愚顽，多次想谋杀舜。其事可参见9.2、9.4章。

②厎豫：得以快乐。赵岐注："厎，致也；豫，乐也。"

【译文】

孟子说："天下人都十分高兴，想来归附自己；把天下人高兴并归附自己，看得像草芥一样的，只有舜能够做到。不能得到父母的欢心，不可以做人；不能顺从父母的心愿，不可以做儿子。舜尽心竭力侍奉父母，终于使瞽瞍变得高兴了；瞽瞍一高兴，天下的人都受到感化；瞽瞍一高兴，天下做父子的都有了榜样。这叫作大孝。"

【评析】

孟子说孝，常以舜为榜样。舜把孝顺父母、使父母开心看得比平治天下更重要，虽然父亲瞽瞍多次想谋害自己，但舜仍尽心竭力地侍奉父母，最终感动了瞽瞍，为天下人树立了榜样。这就是孝化民成俗的作用，也就是以孝治天下。

【典例阐幽】

亲尝汤药

汉文帝刘恒，汉高祖第三子，为薄太后所生。高后八年（前180）即帝位。他以仁孝之名，闻于天下，侍奉母亲从不懈怠。母亲卧病三年，他常常目不交睫，衣不解带；母亲所服的汤药，他亲口尝过后才放心让母亲服用。他在位24年，重德治，兴礼仪，注意发展农业，使西汉社会稳定，人丁兴旺，经济得到恢复和发展，他与汉景帝的统治时期被誉为“文景之治”。

【本篇总结】

夏、商、周上古三代能得天下是因为仁，其失去天下也恰是因为不仁，诸侯之国的治乱兴废也无不由此。因此，若给予别人仁爱，却得不到别人的亲近，则要反躬自问，检视自己的仁德是否臻至完美，待人是否真诚。商界人士，当以诚待人，常常反躬自问，为自己赢得真诚的伙伴，积聚人脉，为事业的成功创造最大的可能。

【古代事例】

聂政刺侠累

孟子认为，即使是尧、舜这样的圣人，不施行仁政依旧无法平治天下，就像不用圆规和直尺就画不出标准的圆形和方形。同样，士人之间的交往应以“仁义”作为基本的准则，彼此相互激赏，以诚相待才能建立真正的友谊。司马迁的《史记·

刺客列传》也许是全书中最惊心动魄的史传之一，而在这篇令人击节拍案的奇文当中，更有一位名垂千古的奇人——聂政。

聂政本是韩国轵深井里（今河南济源东南）人，因杀人避仇，与母亲、姐姐逃往齐国避难，隐身市井，以屠狗为业。

起初，韩国的严遂（字仲子）与韩烈侯的叔父、时任韩哀侯相的侠累（又名韩傀）廷争结怨。因惧怕被诛杀，出奔避难，暗地里寻求刺客刺杀侠累。后来，严遂听说隐于市井的狗屠聂政乃时下勇猛果敢之士，就多次到聂政家中造访。在酒酣之际，严遂取出黄金百镒（旧时重量单位，合二十两，或曰二十四两）为聂政的母亲祝寿。聂政心中惊奇，一再推辞，说道："我寄居齐国，以屠狗为业，尽管收入菲薄，还是能足够孝养老母的，不敢接受您的厚赐。"严遂避开周围的人，与聂政耳语说："我有深仇，周游列国，都未找到能报仇的人，到齐国后，听说足下很讲义气，愿用这些钱为您的母亲准备粗茶淡饭，岂敢另有他其他的想法！"聂政深为感动，但依旧推辞："我身居市井，只是一介贫贱的狗屠，能得到您的雅重，我深感荣幸。只是我的老母健在，不敢舍命为别人做事。"

聂政的母亲去世之后，他深深地感叹说："我只不过是在市井的狗屠，而严遂以卿相之尊，不远千里，与我深交。眼下老母终以天年，我将舍命为我的知己做些事情。"

于是，聂政西行到卫地濮阳（今属河南）拜见严遂，详细询问仇人的具体情况。严遂说："我的仇人是韩相侠累。他宗族甚多，护卫森严，我派人刺杀，从没成功过。如今侥幸得足下的支持，愿为足下备足车骑、壮士帮你完成这项危险的行动。"聂政推辞说："韩国与卫地相隔并不远，当今要刺杀韩国的国相，这样的情况不适合人多，人多则易失误，有失误则会泄密，泄密则难免再次失败。"于是，聂政带着宝剑只身来到韩国。

在韩国都城新郑（今属河南），手持兵戟保护侠累的侍卫很多。侠累刚在堂上坐好的时刻，早就准备好的聂政突然间长驱直入走到他面前，在侍卫反应过来之前掏出宝剑把侠累刺死。当侍卫明白眼前所发生的一切后为时已晚，慌忙围住聂政。聂政以剑击杀数十人后无力当敌，划破脸皮，挖出双目，剖腹出肠，自杀而死。

韩国将聂政的尸体陈于街市，悬厚赏访求知道刺客情况的人，仍无所获，这依然是个解不开的谜团。聂政的姐姐听说此事之后，心知刺客便是聂政，急忙赶到韩国，伏在聂政尸体哀哭，向围观者说："刺杀侠累的是深井里人聂政。当初聂政之所以蒙羞被辱沉沦市井，是因为老母健在，姐姐未嫁。当老母以天年下世，我又嫁人之后，聂政才得以没有系累地厚报严遂，士固为知己者死。他又怕使我遭受牵连，遂自残而死。我又怎能害怕被诛而埋没弟弟的贤名呢?"大声呼天三声之后，聂政的姐姐也哀死于聂政身旁。

晋、楚、齐、卫四国听说这件事情之后，都称赞聂政与其姐姐的勇烈，又深叹严遂能知人。

【评述】

孟子一直都在苦口婆心地劝说各国诸侯要学习古代的圣王，其实他的核心理念就是仁义之道和以诚待人。严遂欲寻谋杀侠累的刺客，与聂政以诚相待，初时并未有所求于聂政。聂政深为严遂之诚感动，最终演绎出史上惊心动魄的一幕。因此，企业的管理者在与有才华的人交往时，当本于至諴，不可径以功利为心。这样，有才者必会愿为所用。

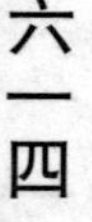

陈询的忠诚

孟子说，天子不仁，则不能保有四海；诸侯不仁，则不能保有社稷；卿大夫不仁，则不能保有宗庙；士庶不仁，则不能保有自身。仁义是言行的准则。在明代的史料笔记《水东日记》中就记载着一名以仁义而垂名至今的人物，他就是明代的陈询。

陈询，字汝同，华亭（今上海松江）人，工草书。

明成祖永乐十六年（1418 年），陈询得中进士，授翰林院庶起士，因生性刚直，不屈从谄媚，因此很久都没有得到升迁。他的同乡沈度劝他不要处处与人立异，这样才能升迁得快。陈询没等他说完，顿时火冒三丈，当场斥骂他不守原则。沈度羞赧而退。

明成祖

明英宗正统年间（1436—1449 年），太监王振把持朝柄，结党营私，但陈询并不阿附阉党，没有多久就被贬出朝廷，出任安陆（今属湖北）知州。正统十四年（1449 年），瓦剌首领也先（1047—1055 年）分兵四路进攻大同（今属山西），朝野震荡。王振怂恿从不知征战之事的明英宗御驾亲征，结果英宗被俘，王振惨死军中，这就是史上著名的“土木之变”。明代宗朱祁钰（1428—1457 年）是年继位，清理阉党，扶持方正。景泰五年（1454 年），陈询被召回朝廷，拜为国子祭酒，曾三次参修国史。

陈询为人宽厚，待人真诚，深得士人的雅重。翰林编修梁禋在弥留之际，留给家人的遗言说：“我虽为官多年，交游甚广，然而相识满天下，相知能几人？在我交游的朋友中，唯有邻居陈汝同心地善良，人品方正，善始善终，治家有法，我的孤女唯有托付给他才能放心。”陈询前往探视梁禋时，梁禋口已不能说话，唯强撑起手，指向在一旁哭泣的女儿，陈询不解，旁边的人把梁禋的话一一转告，陈询垂涕允诺。

后来，陈询果然遵循诺言，把梁禋孤女视如己出，凡是居住、嫁娶等事都竭尽全力安排好，从不顾忌别人的毁谤讥讽和闲言碎语，始终如一，直到把梁禋的孤女嫁给肇庆（今属广东）知府黄瑜后，陈询才觉完成诺言。

在友道凋丧，世风不古的年代，能如陈询一样遵守诺言的人，少之又少啊！

【评述】

孟子说，真诚待人，是上天的准则，以诚待人则能获得朋友的信任。俗话说，人之将死，其言也善。陈询能得病笃的梁禋信任，托以孤女，足以见其人品之高，梁禋可谓委托得人。作为管理者，只有以诚待人，才能获信于人，也才能提升管理的力度。

【现代事例】

企鹅简装书成功的秘诀

孟子认为，人必定先自辱，才会招来他人的侮辱；家必定先自毁，才会招致他人的毁灭；国家必定先有内讧，才会招来别国的讨伐。因此，成败的关键在于自身，祸福无不自取。从英国企鹅出版社的成功来看，它奋发图强，没有自暴自弃，最终成为闻名世界的出版集团。

也许很多人都读过一种印着憨态可掬的企鹅标志的英文简装书，这种书便是英国企鹅出版社（Penguin Books）的杰作。企鹅出版社有辉煌的出版业绩，在《纽约时报》每周的图书排行榜上都会有企鹅出版社的两本书入围前十名。

企鹅出版社的创办，源自亚伦·兰内（Allen Lane）的一次偶然经历。一九三五年的某一天，亚伦·兰内在月台候车时，发现当时的英国还没有简装书，市场上能见到的书籍都是昂贵的精装书，普通读者既买不起，也读不懂。市场上缺少一种便宜、便于携带而又品质优秀的书籍。亚伦·兰内想到，肯定会有很多人想在等车时掏出这样一本便于携带的书籍打发时间。不久，亚伦·兰内就创办起专门出版这种书籍的企鹅出版社，推出爱葛莎·克利斯蒂（Agatha Christie）、欧尼斯特·海明威（Ernest Hemingway）等人的十套名著，以每本六便士的价格卖给读者。在当时的英国，六便士仅是一盒香烟的价格。在版式设计上，文字采用小字体，用不同颜色的封面代表不同的书籍类别，比如以橙色代表小说，以绿色代表犯罪文学，以蓝色代表传记等，由此奠定企鹅书籍的整体风格。

企鹅出版的书籍因为版式简洁，色彩纯正给当时的精装书带来很大的冲击。亚伦·兰内并非简装书的发明者，但他却是最先发现简装书的无限潜力，从此赢得大众阅读市场的人。不过，尽管企鹅出版社的确出版过很多经典书系，但亚伦·兰内的创业之路并不平坦，在企鹅经典系列（Penguin GreatIdeas）问世前的十多年时间里，企鹅出版社一直在生存边缘上苦苦挣扎，一直在寻找更好的发展战略。

二战结束后，文学阅读重新成为生活的一部分。企鹅出版社就根据之前的设想，将《荷马史诗》中的《奥德赛》（Odyssey）重新翻译，译者经过千年的累积，把它翻译成大家都能理解的优雅语言，使普通读者也能读懂这部以前只有专家和学者才能看懂的古老名著。

这次翻译取得巨大的成功，在五年的时间里，《奥德赛》就销售出三百万册，这次成功也给出版行业带来一阵新鲜的改革风气，一同推动文学阅读的平民化和世俗化。此后企鹅出版社又继续鼓励很多著名的英国作家翻译国外名著，通俗易懂的译作，受到读者的普遍欢迎。

如今，企鹅出版社的掌门人亚当·佛罗德汉姆（Adam Freudenheim）认为企鹅书籍这几十年来的成功在于没有在困难面前低头，而是通过不懈的努力，把书籍做得便宜和易读。既在读者的购买能力之内，也在读者的理解能力之内，有利于扩大读者的范围，读者的范围一扩大，企鹅出版社才能从中谋得更多的利润。

【评述】

孟子说："自暴者，很难在交谈中说出有意义的观点；自弃者，很难在事业中有所作为。"亚伦·兰内发现简装书的巨大市场潜力，但企鹅出版社从诞生到二战结束的那段时间。尽管一直苦苦挣扎，却并未放弃事业的理想，而是通过长时间的苦苦思索，终于得出一系列可行的策略。将简装书发挥到完美的极致。任何企业管理者，在面对困难的时候，不可自暴自弃，应结合企业自身的特点，发掘出亮点并为其创造条件才有可能把事业做大。

贝塔斯曼的公益活动

孟子说："天下的根本在国治，国治的根本在于家齐，家齐的根本在于个人修德，修德之人往往都会得到人心的归向。"一家企业若要得到社会的认可，与企业负责人是否修德有着非常重要的关系。德国的贝塔斯曼创始者和后来历任的负责人，都注重在社会公益事业中提升自己的形象，加强对公司的宣传。

德国的贝塔斯曼集团（Bertelsmann AG）创建于一八三五年，至今已有一百六十多年的历史，现已发展成为全球性的传媒集团。目前，在全球五十八个国家，贝塔斯曼集团拥有三百多家下属公司，业务内容涵盖资讯、教育、娱乐等行业。

一八三五年，印刷商卡尔·贝塔斯曼（C. Bertelsmann Verlag，1791—1850年）在德国居特斯洛创建一家以本人命名的印刷工厂。贝塔斯曼的第一本畅销书《圣歌》（Theomele）是一本基督教圣歌和赞美诗集。卡尔·贝塔斯曼还以出版书籍的方式支援新教徒的觉醒运动。从一开始，卡尔·贝塔斯曼就以捐出巨资创建当地高中的方式，关注社会的福利事业。随着公司吸纳其他出版商和出版领域的扩大，贝塔斯曼出版的书籍从单一的神学开始扩展到小说、哲学和教育学。在第三帝国

（Drittes Reich，纳粹德国的别称，通常指一九三三年至一九四五年期间的德国）时期，为迎合广大读者的口味，贝塔斯曼不断扩大古典文学、大众小说和战争经历书籍的范围，商业效益迅速攀升。

二战后，新任掌门人莱恩哈德·默恩（Reinhard Mohn）使贝塔斯曼演变成一家现代国际传媒集团。一九五〇年，贝塔斯曼采用客户直销模式，建立“贝塔斯曼读者圈”，一年后就吸纳十万人。此后，贝塔斯曼的业务开始多样化和国际化，它在音乐、影视、杂志业务方面都取得辉煌的业绩。

一九七七年，莱恩哈德·默恩创建贝塔斯曼基金会，把贝塔斯曼改变为现代化的股份公司，不过公司的盈利主要用于改善员工待遇和贡献于社会福利，对企业的残障人员则采用抚恤金和带薪休假制度。贝塔斯曼还在这一年捐献巨资用于改善日耳曼人和犹太人之间的关系。莱恩哈德·默恩认为尽管贝塔斯曼的盈利和销售额非常重要，但并不能把它作为贝塔斯曼的最高目标，对公共利益的贡献才是企业的使命。金钱不是最终的目的，伦理和道德的标准应该放在经济目标之上。这是莱恩哈德·默恩笃信的理念。

贝塔斯曼经过近三十年的探索实践，认为就现实社会问题立项研究比纯理论研究更有用而且更切合实际，所以贝塔斯曼也常常根据自己的业务范围，为社会提供教育、经济、社会和健康四大领域的社会公益服务。

【评述】

孟子引用孔子的说法，认为诸侯成败的关键在于仁和不仁。人与人之间交往是否进行得顺利则在于诚与不诚。贝塔斯曼很注重企业自身与社会之间的重要关系，以真诚回报社会，对社会的发展做出很多贡献。因此，作为企业的负责人，亦应当抓住孟子所说的根本，真诚地对待员工和社会，企业也会得到员工和社会的真诚回报，因为这个关系是互动的。

【名言录】

名言：不以规矩，不成方圆。——《离娄（上）》

古译：不以规矩，画不出方形与圆形。

今译：不用规矩则画不出标准的方形与圆形。

现代使用场合：凡事都要有规则，没有规则就办不好事情。这就好比只有规矩才能画好方与圆一样。日常生活中我们做事也要处处守规则，无论从政从商，“按规则办事”才是最重要的原则，随心所欲，只会让事情变得越来越糟糕。

名言：唯仁者宜在高位。不仁而在高位，是播其恶于众也。——《离娄（上）》

古译：唯仁者宜处高位，不仁者而处高位，则是播其恶于众也。

今译：只有推己及人的仁者才应该处在统治地位。不仁的人如果处在统治地位，则会将他的罪恶传播给民众。

现代使用场合：处于高位的决策者倘若能用“仁”来规范自己思想的话，那么他的下属也会在一种愉快的环境中工作。现在社会生活中，往往越是处于高职位的负责人对待员工越是宽厚仁德，如果反而以尖酸刻薄的态度对待下属，那么整个企业将会陷入恶性循环之中而不能自拔。

名言：天子不仁，不保四海；诸侯不仁，不保社稷；卿大夫不仁，不保宗庙；士庶人不仁，不保四体。——《离娄（上）》

古译：天子不仁，则不能保四海；诸侯不仁，则不能保社稷；卿大夫不仁，则不能保宗庙；士庶人不仁，则不能保四体。

今译：天子不仁。就不能保其江山；诸侯不仁，就不能安定国家；卿大夫不仁，就不能保全宗庙；士庶人不仁，就不能维护自身。

现代使用场合：上至负责人，下至普通老百姓，都要时刻怀有一颗仁德之心，宽以待人，并能做到各司其职，整个社会才能有一个良好的秩序环境，才能朝正确的方向发展前行。

名言：君仁，莫不仁；君义，莫不义；君正，莫不正。——《离娄（上）》

古译：君仁，则天下莫不仁；君义，则天下莫不义；君正，则天下莫不正。

今译：国君仁，那么天下没有不仁的；国君义，那么天下没有不义的；国君正，那么天下没有不端正的。

现代使用场合：国君除为“仁”之外，还要有“义”，行为还要端正，一个有仁有义又端正的国君统治国家，那么他的天下是没有不仁不义不正的。负责人也要努力完善自己，使自己成为一个有仁有义、有血有肉的人，这样，他所带领的团队，则没有品行不端的人出现，也不会有恶劣的事件发生。

名言：桀纣之失天下也，失其民也；失其民者，失其心也。得天下有道：得其民，斯得天下矣；得其民有道：得其心，斯得民矣；得其心有道：所欲与之聚之，所恶勿施尔也。——《离娄（上）》

古译：桀、纣失天下在于失其民，失其民在于失其心。得天下有道：得其民则得天下；得其民有道：得其心则得其民；得其心有道：聚其所欲之物，勿施其所恶也。

今译：桀和纣丧失天下，是因为他们失去百姓的拥护；失去百姓的拥护，就失去民心。获得天下有方法：得到百姓的支持，就得到天下了；得到百姓的支持有方法：得到民心，就得到百姓的支持了；得到民心有方法：他们所希望得到的，替他们积攒起来，他们所厌恶的，就不要施加在他们身上。

现代使用场合：得天下之关键，在于得其民，得其民之关键，在于得其心，得其心之关键，在于施其所好，勿施其恶也。现代公司企业中，负责人要想公司有所发展，最重要的还是要得到员工的信任，这时负责人要用锐利的目光，察其所好，予其所需，使公司上下团结一心，才能久立于经济浪潮之尖上。

名言：夫人必自侮，然后人侮之；家必自毁，而后人毁之；国必自伐，而后人伐之。——《离娄（上）》

古译：人必有自侮之处，而后才有人侮之；家必有自毁之处，而后才有人毁之；国家必有自讨征伐之处，而后才有人征伐之。

今译：人必然先有自取其辱的行为，而后旁人才会侮辱他；家必然先有自取毁坏的原因，而后旁人才能毁损它；国家必然有自取讨伐的原因，而后别人才能讨伐它。

现代使用场合：事情的发生通常有自己的内部原因和外部原因，而内部原因往往起主导作用。外因则通过内因来影响事情的发展。人必然有自身的弱点，才会受到别人的攻击。苍蝇不叮无缝之蛋，要想不被别人抓住弱点，首先要武装自己，不给别人以可乘之机。

名言：自暴者，不可与有言也；自弃者，不可与有为也。——《离娄（上）》

古译：自暴者，不可与之有言；自弃者。不可与之有为。

今译：自己伤害自己的人，不能和他谈有价值的言语；自己放弃自己的人，不能和他做出有价值的事业。

现代使用场合：自暴自弃者，不可与之谈有为之事，更不可与之共事。生活中，我们要始终保持一种积极向上的态度，不要自己作践自己。殊不知，在自我贬值的同时，别人也会轻视你自己。

名言：恭者不侮人，俭者不夺人。——《离娄（上）》

古译：恭者不侮人，俭者不夺人。

今译：谦恭之人不会侮辱别人，节俭之人不会抢夺别人。

现代使用场合：谦恭之人往往具有仁德之心，他们待人宽厚，不会随便侮辱别人，节俭之人于自己物品中感受其乐，不会产生掠夺他人财物之想。在现代社会中，越具有仁德的负责人越谦恭，越能以宽容的态度待人，不会侮辱别人；节俭的负责人不会有过多的欲望，不会将他人财物占为己有。

卷八　离娄下

【题解】

本篇共三十三章，以孟子的语录为主，还包括一些孟子在齐国的谈话，其中第三章为孟子与齐宣王关于君臣之道的对话，第二十七章记载孟子参加丧礼时与右师王驩发生的矛盾，第三十章为孟子与弟子公都子关于齐国将军匡章的对话，第三十二章则是孟子来到齐国时的一段小插曲。本篇内容涉及面比较广泛，包括了治国之道、君臣关系、道德修养、为学方法、圣贤的行事原则等等。其中，第十四章论“深造自得”，第十九章论人与禽兽的差别，第二十一章论“《诗》亡然后《春秋》作”，第二十六章论“天下之言性也，则故而已矣”，都是了解孟子思想的重要篇章。

一

【原文】

孟子曰：“舜生于诸冯，迁于负夏，卒于鸣条①，东夷之人也。文王生于岐周②，卒于毕郢③，西夷之人也。地之相去也，千有馀里；世之相后也，千有余岁。得志行乎中国，若合符节④，先圣后圣，其揆一也⑤。”

【注释】

①诸冯、负夏、鸣条：皆古地名。

②岐周：岐，即今陕西岐山县东北的岐山；“周”是国名。

③毕郢：地名，在今陕西咸阳市东部。

④符节：古代用作凭证的信物，用金、玉等制作成龙等形状，或上写文字，剖分为二，双方各执一半，使用时将两半相合以验真假。

⑤揆：尺度，准则。

【译文】

孟子说：“舜生在诸冯，迁居到负夏，死在鸣条，是东方人。文王生在岐周，死在毕郢，是西方人。两地相距一千多里。时代相距一千多年，但他们得志后在中国所为，像符节吻合那样相同，古代的圣人和后代的圣人，他们所遵循的准则是一样的。”

【评析】

很多研究《孟子》的人在读到这一章时，大都评论它是“圣人殊世，而合其道”，这当然是对的，但“圣人殊世”而“合其道”，应该指的是拥有同一种语言、同一种文化传统的一个国家而言，而且囊括的时间也仅有一千多年，地点也仅有一千多里。可是，全世界的上百个不同语言、不同文化传统的国家中，哲学家的思想、理论的主旨要义，也是虽“殊世”而“合其道”的，也就是说，是“虽殊途而同归”的。

这就是人类的共通点，也是孟子所说的“先圣后圣，其揆一也”的道理。

【典例阐幽】

圣人无己

庄子提倡彻底地忘掉自我。认为忘掉自己以后就会无所待，就会成为圣人。

庄子在《逍遥游》中提出了两个观点："有待"和"无待"。有待是造成人生不能自由的根本原因，摆脱有待，达到无待，才能实现自由，即获得逍遥游。逍遥游也就是无待的自由境界。怎样才能摆脱有待，达到无待呢？庄子强调，根本的一点是把束缚自己的一切全都忘却，忘却外在的一切差别，也就无所不适、无所对待了。

庄子还说："至人无己，神人无功，圣人无名"。庄子提倡一种忘却自我的精神，认为人只有忘却自我才能成为圣人。这一点也可以在司马迁《史记》中得到论证，"盖文王拘而演《周易》，仲尼厄而作《春秋》；屈原放逐，乃赋《离骚》；左丘失明，厥有《国语》；孙子膑脚，《兵法》修列；不韦迁蜀，世传《吕览》；韩非囚秦，《说难》《孤愤》；诗三百篇，大抵圣贤发愤之所为作也"。此处提到的这些人，都是忘掉自己的不幸而后有大作为的圣贤。"圣人无己"此言不虚。

二

【原文】

子产听郑国之政[①]，以其乘舆济人于溱洧[②]。孟子曰："惠而不知为政。岁十一月[③]，徒杠成[④]；十二月，舆梁成[⑤]，民未病涉也。君子平其政，行辟人可也[⑥]，焉得人人而济之？故为政者，每人而悦之，日亦不足矣。"

【注释】

①子产：春秋时郑国贤相。

②溱洧：都是水名。

③十一月：指周历，相当于夏历九月。下文十二月，相当于夏历十月。夏历

九、十月是农闲时节，所以在这时修桥。

④徒杠：可供徒步行走的独木桥。

⑤舆梁：可供车行的桥。

⑥辟人：指执鞭者开道，让行人回避。

【译文】

子产主持郑国的政治，曾用他所乘坐的车渡人过溱水、洧水。孟子说："这是私恩小惠却不懂得搞政治。如果在十一月修成可供徒步的桥，在十二月修成可供车行的桥，老百姓就不必为渡河发愁了。君子只要把政治搞好，外出时执鞭开道，让行人回避都可以，哪里能人人帮他过河呢？所以，如果搞政治的人，挨个讨人欢心，日子也就不够用了。"

【评析】

子产用自己的车驾帮助百姓过河，在百姓们看来，这是子产爱惜百姓之举，是一种值得称颂的美德，因此在当时传为佳话。但作为思想家的孟子不这样认为，他觉得子产的所作所为都只是一些小恩小惠的行为。用我们今天的话说，就是子产的行为只是"治标"，而非"治本"，不能从根本上解决问题。这种小恩小惠能帮得了百姓一时，却帮不了百姓一世，而过河这种事情不是一辈子只过一次就完了。如果子产只帮一次，百姓很快就会发现子产只是在作秀；如果子产每次都帮，那么他就干不成别的事了。那么，子产该怎么办呢？孟子从政治家的身份出发，给子产支招，说子产应该架设桥梁，以便一劳永逸地解决百姓过河的烦恼。

孟子的意思很明显：政治家治理国家，应该从大局着眼，为所有的人着想，而不是用小恩小惠取悦一部分人。子产就犯了这样的错误。

三国时期的名相诸葛亮也说过"治世以大德，不以小惠"这样的话，表达的意思和孟子的相同。不过，根据《三国演义》里的描述看，虽然诸葛亮懂得这个道理，但他自己却没有做到。《三国演义》里说，诸葛亮日理万机，事无巨细，哪怕是一个士兵犯了杖责二十这样的军法，他都要亲自过问。结果，没过多久，诸葛亮就因操劳过度死在了出征的军营里。

【典例阐幽】

惠而不知为政

秦末项羽和刘邦同争天下，最初项羽勇冠三军，成为各起义军的霸主。

但是，项羽为人有妇人之仁，对将士虽常有小恩小惠，可是，却不能令行即赏，常常赏罚不公，每当将士有战功，他总是将要封赏的印放很长的时间才发下去，这样终于导致一大批有才能的人离去，像韩信、陈平等人，以前都是项王身边的人。他们在项羽的身边默默无闻，但是到了汉营却为刘邦所重用。

最终，项羽楚汉之争败给了刘邦。

三

【原文】

孟子告齐宣王曰："君之视臣如手足，则臣视君如腹心；君之视臣如犬马，则臣视君如国人；君之视臣如土芥，则臣视君如寇仇。"

王曰："礼，为旧君有服[①]，何如斯可为服矣？"

曰："谏行言听，膏泽[②]下于民；有故而去，则君使人导之出疆，又先于其所往；去三年不反，然后收其田里。此之谓三有礼焉。如此，则为之服矣。今也为臣，谏则不行，言则不听，膏泽不下于民；有故而去，则君搏执之，又极[3]之于其所往；去之曰，遂收其田里。此之谓寇仇。寇仇，何服之有？”

【庄释】

①服：服丧。

②膏泽：恩泽。

③极：困，穷，这里是使动词。

【译文】

孟子告诉齐宣王说：“君主看待臣下如同自己的手足，臣下看待君主就会如同自己的腹心；君主看待臣下如同犬马，臣下看待君主就会如同普通人一般；君主看待臣下如同泥土草芥，臣下看待君主就会如同仇人。”

宣王说：“礼制规定，已经离职的臣下要为先前效力过的君主服丧，君主要怎样做，臣下才愿意为他服丧呢？”

孟子说：“臣下有劝谏，君主就听从，有建议，君主就采纳，使君主的恩泽遍及百姓；臣下因故离职而去，君主就派人引导他出境，并且派人先到他要去的地方做好安排；离开三年还不回来，才收回他的封地房屋：这叫三有礼。这样，臣下就愿意为他服丧了。如今做臣下的，有劝谏，君主不接受，有建议，君主不肯听，使恩泽不能遍及百姓；因故离去，君主还要捉拿他，还想法使他在所去的地方陷入困境；离开的当天，就没收了他的封地房屋：这样就叫作仇人。君臣成了仇人，臣下又怎么会为君服丧呢？”

【评析】

在这一章里，孟子着重阐述了君臣关系。

在文章一开始，孟子就说："君之视臣如手足，则臣视君如腹心；君之视臣如犬马，则臣视君如国人；君之视臣如土芥，则臣视君如寇仇。"这几句话以磅礴的大气和雄辩的姿态深深地震撼了齐宣王，使得齐宣王不敢质疑和反驳孟子的话，也不敢胡乱说话，只是小心地问道：礼制规定说……

孟子指出，君臣之间的施予和回报应该是对等的。那么，具体是怎么对等的呢？如孟子所说，最高的恩义是"如视之以手足，则报之以腹心"，其次分别是犬马对等路人、土芥对等寇仇。这样对等下去，君臣之间的关系确实是平等了。不过，正如"民贵君轻"的观点一样，如果"君臣对等"的观点也传到朱元璋的耳朵里，怕是又要惹得这个动辄就处决几万名大臣的皇帝恼火了。至于齐宣王问的为旧君服不服丧的问题，孟子认为，也要视君臣之间是否做到了"三对等"而定。

其实，在孟子生活的战国时期，相比于后世，君臣之间的关系还算是不错的，比较对等。也就是说，早期的儒家思想不是为国君的绝对权力服务的，相反，儒家思想处处制约国君的权力，只是效果并不好罢了。后来，国君的权力大增，后世的儒者们为虎作伥，才提出"君要臣死，臣不得不死"的"愚忠"理论。大臣对国君绝对服从的"愚忠"思想是西汉中期产生的。当时，由于汉武帝设置内廷和外朝，皇帝加紧了对权利的控制，于是，大臣对国君的"愚忠"观念也开始抬头。在中央集权的背景下，汉武帝时期的儒者董仲舒提出了"君为臣纲，父为子纲，夫为妻纲"的"三纲说法"。董仲舒认为："王道之三纲可求于天"。"三纲"的具体内容最早见于《礼纬》。汉代以后，封建统治者都把这一套奉为至宝，用以愚弄百姓，而另外不少开明的国君则将这些话视为积极的劝诫，在实践中尽力运用这一谋略，为自己的统治服务。

孟子"君臣对等"的观点与孔子所说的"君使臣以礼，臣事君以忠"的思想完全一致。由此可以看出，孔子和孟子都没有把国君捧为神和绝对权威，也不提倡对国君的"愚忠"。相反，他们认为，即使君臣是对等的，那么在这对等关系中，也还应该是国君先敬臣，待臣如手足，才会得到臣下相应的视君如“腹心”的回报。这是颇具民主色彩的观点。

总体来说，这些都是孟子阐述君臣关系时的光辉的论点，是基于保持大臣人格尊严的平等思想的反映。

【典例阐幽】

君视臣如土芥，臣视君如寇仇

公元前598年，齐顷公即位，大臣高无咎与国佐联合起来，把崔杼驱赶到卫国。齐顷公死去后，继位的灵公把流亡在外的崔杼召回来任命为大夫，形成了崔杼专权的局面。齐庄公继位后，由于与崔杼的妻子私通而被诱杀于崔府。

庄公被杀的消息传出去以后，群臣纷纷逃走。但是晏子却没有逃走，而是来到崔家的门外。他的随从问：“您要为国君殉职而死吗？”

晏子说：“他只是我一个人的国君吗，我殉什么职？”

随从又说：“那您逃走吗？”

晏子说：“难道他被杀是我的罪过吗？我为什么逃？”

随从又问他说：“那我们回府去等消息吗？”

晏子说：“国君已经死了，我能等到什么？作为百姓的君王，他凭借地位而凌驾于百姓之上，就应当主持国政，保护国家。如果君王为国家而死，我们也就为君王死；如果君王为国家逃亡，臣子也就为国家跟着逃亡。可是反过来，今天主公是为了自己的私欲而死，我不是他所亲近宠爱的人，没有必要承担责任。况且君视臣如土芥，臣视君如寇仇，是与主公有仇的人杀掉了他，我怎么能为他而死，怎么能为他逃亡呢？”

说完，晏子进崔府为庄公收葬完毕，同意另立新君。

四

【原文】

孟子曰："无罪而杀士，则大夫可以去；无罪而戮民，则士可以徙。"

【译文】

孟子说："士人无罪却被杀掉，那么大夫可以离开；百姓无罪却被屠戮，那么士人可以迁走。"

【评析】

君主若残杀无辜，应马上离开这个国家，以避免下一波的危险。这与孔子"无道则隐"（《论语·泰伯》）的主张是一致的。

五

【原文】

孟子曰："君仁，莫不仁；君义，莫不义。"

【译文】

孟子说："君主仁，就没有谁不仁；君主义，就没有谁不义。"

【评析】

又说到了榜样的力量，可见其重要性。

六

【原文】

孟子曰："非礼之礼，非义之义，大人弗为。"

【译文】

孟子说："似是而非的礼，似是而非的义，德行完备的人是不会去施行的。"

【评析】

本章论礼义，认为非礼的所谓礼、非义的所谓义，有德行的人是不会干的。

七

【原文】

孟子曰："中[①]也养不中，才也养不才，故人乐有贤父兄也。如中也弃不中，才也弃不才，则贤不肖之相去，其间不能以寸。"

【注释】

①中：中道。此处指做事合于中道之人。

【译文】

孟子说："符合中道的人要教养那些不合乎中道的人，有才能的人要教养那些没有才能的人，因此人们都希望有贤能的父兄。如果符合中道的人抛弃那些不合中道的人，有才能的人抛弃那些没有才能的人，那么贤者和不贤者的差距就很小很小了。"

【评析】

本章论君子有教养之责。

孟子认为，品德高尚为人正派的君子有义务教育那些品德不好的人，富有才能的人有义务教育那些没有才能的人。这样，贤者为师，团结大家一道进步；能者为师，帮助大家共同提高。否则，有德行的人嫌弃没有德行的人，有才能的人不理会没有才能的人，则"中"也"不中"，"才"也"不才"，所谓贤、所谓不肖，也就没什么差别了。

【典例阐幽】

子质不善培养人才

春秋时期，魏文侯在位时，一位叫子质的大臣因为做官犯了罪，文侯罚他永世不得踏入魏国。

于是他不得不离开魏国，辗转来到了赵国。他进见赵简子："我算是看明白了，从今而后我再也不为别人施恩德了。"

简子说："为什么呢？"

子质说："魏国殿堂上的官员、士卿由我培养的有一半。朝廷里的大夫我提拔的有一半，边境守卫的将士我栽培过的也有一半，谁料到我一落难，殿堂上的官员说我的坏话，朝廷里的大夫用法律恐吓我，边境的守卫用武器阻拦我，我现在心灰意冷，所以不会再对别人施恩德了。”

赵简子说：“咦，你的话错了。打个比方吧，如果春天栽种桃李，夏天就可以在桃李树下乘凉，秋天就可以吃到桃李树的果实。但是如果春天种蒺藜，夏天就不可采摘它的叶子，秋天也只能得到它成长的刺啊。由此看来，你所培养提拔栽培的人不好啊。所以君子应该首先选准对象再提拔培养栽培啊。”

八

【原文】

孟子曰：“人有不为也，而后可以有为。”

【译文】

孟子说：“人要有所不为，然后才能有所为。”

【评析】

人贵在有所希冀，完美的人是寂寞的，因为没有他可以挑战的事情。所以，世上无完人。

九

【原文】

孟子曰：“言人之不善，当如后患何？”

【译文】

孟子说："宣扬别人的不好，该怎么对付后患呢？"

【评析】

人的毛病，在于爱说别人的不好，这很容易损害人际关系。所谓"闲谈莫论人非"，也是这个意思。

十

【原文】

孟子曰："仲尼不为已甚者。"

【译文】

孟子说："仲尼没有过分的言行。"

【评析】

孔子一生坚守中道，"无过不及"，言行恰到好处。这是修养很高的境界，也是人生不断追求的目标。

十一

【原文】

孟子曰："大人者，言不必信，行不必果，惟义所在。"

【译文】

孟子说："有德行的人，说话不一定句句信守，行动不一定事事果敢，只看是否合乎道义。"

【评析】

言不必信，行不必果，惟义所在。

言行要落实，道义是准绳。

"言必信、行必果"，现在通常是称赞人说话信实、行动坚决。但这是后起之义。原意却是指固执已见、盲目相信自己的言行。

"言必信、行必果"语出《论语·子路》。子贡问孔子："怎样才能算个真正的士?"孔子回答说："做事时，要有羞耻之心；出国访问时，不辱使命，可算士了。"子贡又问："请问次一等的士呢?"孔子回答说："同宗族的人称赞他孝顺，同乡的人称赞他尊敬师长。"子贡又问："请问再次一等的士呢?"孔子回答说："言必信，行必果，硁硁然小人哉！抑亦可以为次矣。"说到做到，行事果决，浅薄固执，这些都是小人的秉性啊！或许可以算再次一等的士了。

孔子崇尚言而有信，但也要求有错就改。孔子说："人而无信，不知其可也。"（《论语·为政》）还说："德之不修，学之不讲，闻义不能徙，不善不能改，是吾忧也。"（《论语·述而》）就是说：人如果没有诚信，不知还可以做什么。不培养品德，不讲求学问，听到了正义的道理，却不能去追求和践履，身上的缺点不能改正，这些都是我所担忧的。很显然，人无信不立。但这种"信"是建立在理性的指导下、建立在符合道义的前提下。否则，即使兑现承诺，也只是固执已见的小人行径。

孟子正是继承了孔子的思想，并进一步强调了"过则改之"的重要性，明确了言行要落实、道义是准绳的原则。这也就是通权达变。

【典例阐幽】

神不会理睬的盟誓

孔子居住陈国三年，适逢晋国、楚国争霸，轮番攻伐陈国，还有吴国也侵犯陈国，陈国经常受到劫掠。孔子说："回吧！回吧！我家乡的那些小子志向远大，努力进取而没忘记初衷。"于是孔子离开陈国。

途经蒲邑，遇到卫国大夫公孙氏占据蒲邑反叛，蒲邑人扣留孔子。有个叫公良孺的弟子，带着五辆私车随从孔子。他为人贤能，又有勇气，对孔子说："我昔日跟着您在匡遭遇危难，如今又在这里遭遇危难，这是命啊。再次蒙难，我宁愿为您搏斗而死。"搏斗非常激烈。蒲邑人恐惧，对孔子说："如果你不去卫都，我们就放了你，"孔子就和他们立下盟誓，蒲邑人将孔子放出东门。孔子接着便前往卫都。孔子的弟子子贡问："先生，盟誓难道可以背弃吗？"孔子说："这是要挟订立的盟誓，神是不会理睬的。"

十二

【原文】

孟子曰："大人者，不失其赤子之心者也。"

【译文】

孟子说："有德行的人，就是不丧失婴儿的天真纯朴之心的人。"

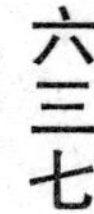

十三

【原文】

孟子曰："养生者不足以当大事，惟送死可以当大事。"

【译文】

孟子说："奉养父母还算不上大事，只有给父母送终才是真正的大事。"

【评析】

所谓"大事"是相比较而言。朱熹集注说："事生固当爱敬，然亦人道之常耳；至于送死，则人道之大变。孝子之事亲，舍是无以用其力矣。故尤以为大事，而必诚必信，不使少有后日之悔也。"

十四

【原文】

孟子曰："君子深造之以道，欲其自得之也。自得之。则居之安；居之安，则资之深[①]；资之深，则取之左右逢其原[②]。故君子欲其自得之也。"

【注释】

①资：凭借。

②左右逢其原：原，同"源"，水源。意思是学问的功夫深，则取之不尽，用

之不竭。比喻处事行文，得心应手。

【译文】

孟子说："君子依循正确的方法获得高深的造诣，就是要能自觉地有所得。自觉地有所得。就能牢固地掌握它而不动摇，就能积蓄深厚；积蓄深厚，就能取之不尽，左右逢源，所以君子希望能自觉地有所得。"

【评析】

本章论治学之法。

孟子认为，君子深造的目的在于自得。自觉地有所得，就掌握得牢固；掌握得牢固，资质学问就深；学问资质深厚，用起来就左右逢源。所以，君子要自觉地学习。孔子说，"古之学者为己，今之学者为人"，"欲其自得之"是内功，是"为己"，反之则是为人。

在孟子看来，"自得"与"他得"（灌输）效果是完全不同的。一个人要有大学问，非"自得"不可。

【典例阐幽】

左右逢源

五代十国时期，冯道，字可道，是河北瀛洲景城（今河北景县）人。少年时以孝顺谨慎闻名，在未成名时，曾赋诗一首以表心志："莫为危时便怆神。前程往往有期因。终因海岳归明主，未省乾坤陷吉人。道德几时曾去世，舟车何处不通津。但教方寸无诸恶，虎狼丛中也立身。"

冯道能言善辩，足智多谋，因而得以在"虎狼丛中"与世沉浮，左右逢源。冯道从后唐庄宗时代开始尊贵显赫。936年，石敬瑭灭了后唐，建立后晋。任命冯道为司空，封鲁国公；后晋灭亡，契丹大军攻入开封，大臣们或死节或出逃，方寸不乱的冯道被耶律德光封为太傅；后来刘知远建立后汉，冯道又归附了后汉，被封为太师；951年，郭威灭了后汉建立后周，冯道又被封为太师兼中书令之职。尽管如此，冯道在生活中始终清静俭朴、宽容大度，从不表现得盛气凌人，保持了一个节俭、刻苦、自励的忠厚长者和谦谦君子的风度，很少有人能够猜测他的喜怒哀乐。

冯道

十五

【原文】

孟子曰："博学而详说之，将以反说约也。"

【译文】

孟子说："广博地学习，详尽地解说，目的在于融会贯通后返归到简约的陈述大义的境界。"

十六

【原文】

孟子曰："以善服人者，未有能服人者也；以善养人，然后能服天下。天下不心服而王者，未之有也。"

【译文】

孟子说："用真善来使人心服，并不能使人心服；用真善来养活人，才能使天下之人真正心服。天下之人不心服而要使天下人归附，这是不可能的。"

十七

【原文】

孟子曰："言无实不祥[①]，不祥之实，蔽贤者当之。"

【注释】

①不祥：不善。

【译文】

孟子说："说话不符合实际，是不会有好结果的。说话符合实际，而得到不好的结果，那些阻碍贤者进用的人应承担责任。"

【评析】

那些妨碍贤士进用的“蔽贤者”，都是小人。他们往往用“无实”即没有真凭实据的谣言，来诽谤贤士，这么做，很不吉利。最终，这些不吉利的后果，要由这些小人自己来承当。

十八

【原文】

徐子①曰：“仲尼亟②称于水，曰：‘水哉，水哉！’何取于水也?”

孟子曰：“源泉混混③，不舍昼夜，盈科④而后进，放乎四海。有本者如是，是之取尔⑤。苟为无本，七八月之间雨集，沟浍⑥皆盈，其涸也，可立而待也。故声闻⑦过情，君子耻之。”

【注释】

①徐子：孟子的弟子徐辟。

②亟：屡次。

③混混：水势很大的样子。

④科：坎地。

⑤取尔：“取是尔”的倒装句，“取这个罢了”。

⑥浍：田间排水渠。

⑦闻：名声，名誉。

【译文】

徐子说：“孔子曾多次赞叹水，说：‘水啊！水啊！’他到底赞同水的什么地方呢？”

孟子说：“水从源头滚滚涌出，日夜不停地流着，填满了低洼之处又继续向前，一直流向大海。有本源的事都像这样，孔子取这一点罢了。如果是没有源头的，就会像那七八月间的雨水汇集，虽然也可以灌满大小沟渠，但也会一下子就干涸。所以，声望名誉超过了实际情形，君子会引以为耻。”

【评析】

属于自己的，再平凡也是真真正正存在的；不属于自己的，即使光辉华丽、万人敬仰也仅仅是皇帝的新装。

【典例阐幽】

`声闻过情

三国时期，西蜀将领马谡才气和抱负超过常人，喜好议论军事谋略，很有一些名气，诸葛亮对他深为器重。

但是刘备在白帝城临终之时对诸葛亮说：“马谡言语浮夸，声闻过情，不可委任大事，您要对他多加考察。”

诸葛亮虽然当时点头称是，但心里并不这样认为，他让马谡做参军，时常与他一起谈论军事直至夜深。等到出兵祁山，诸葛亮不用旧将魏延、吴懿等为先锋，而是让马谡统领各军在前，同张郃在街亭交战。

结果马谡违背诸葛亮的指挥调度，军事行动混乱无章，放弃水源上山驻扎，不在山下据守城邑。张郃断绝马谡取水的道路，发动进攻并大败马谡，结果街亭失守，造成蜀军退守无据的局面。诸葛亮被迫迁移了西县一千多家百姓退回到汉中。

回到汉中以后，诸葛亮悔不听刘备之言，只得挥泪斩马谡，以谢天下，自己也自贬三级以示惩罚，这就是历史上著名的“失街亭”。

十九

【原文】

孟子曰：“人之所以异于禽兽者几希[①]，庶民去之，君子存之。舜明于庶物，察于人伦，由仁义行，非行仁义也[②]。”

【注释】

①几希：很少，一点点。几，微。希，少。朱熹集注：“几希，少也。”

②由仁义行，非行仁义：赵岐注：“仁义生于内，由其中而行，非强力行仁义也。”朱熹集注：“由仁义行，非行仁义，则仁义已根于心，而所行皆从此出。非以仁义为美，而后勉强行之，所谓安而行之也。”

【译文】

孟子说：“人不同于禽兽的地方就那么一点点，百姓丢掉它，君子保存它。舜明察事物，洞悉人伦，顺着仁义而行，而不是照着仁义去做。”

【评析】

本章论人禽之辨。在孟子看来，人与禽兽的差别不是很大，只有那么一点点，这一点点就是善端，是仁义。人类社会之所以会有圣贤、常人、小人的差别，就在于一个人是保有还是丢弃了善端、仁义。后一段，孟子提出“由仁义行”与“行仁义”，非常重要。“由仁义行”是仁义由内而外自觉地呈现、流露，而“行仁义”

是将仁义看作外在的对象而去实行它；前者自主自觉，后者勉力人为；前者道德自律，后者道德他律；前者高于后者，故孟子认为舜是“由仁义行，非行仁义也”。

二十

【原文】

孟子曰：“禹恶旨酒而好善言。汤执中，立贤无方[①]。文王视民如伤，望道而未之见[②]。武王不泄迩[③]，不忘远。周公思兼三王，以施四事，其有不合者，仰而思之，夜以继日；幸而得之，坐以待旦。”

【注释】

①方：常规。

②而：如。

③泄：狎，轻侮。迩：近，指朝臣。

【译文】

孟子说：“禹厌恶美酒而喜爱有道理的话。汤坚守中庸之道，选拔贤人不照死规矩办。文王对待老百姓就像对待受伤的人，渴望真理就像从未见过一样。武王不轻侮近臣，也不遗忘远方的贤人。周公想要兼学夏、商、周三代的王，来实践禹、汤、文王、武王所行的勋业，自己的言行有与他们不符合的，就仰头考虑，白天想不好，晚上接着想；侥幸想出了结果，就坐着等待天亮去付诸实施。”

【评析】

本章论为君之道。当学先王。

学习先王的经验当然有理，但后世会出现无数的新情况，如不与时俱进，不断探索，怎能治理天下？

可见孟子思想，多有守旧、迂腐之处。

【典例阐幽】

夜以继日

北宋时代的文学家司马光，小时候和哥哥弟弟们一起学习，觉得自己记忆力比较差，便想办法克服这个弱点。每当老师讲完书，哥哥弟弟们读上一会儿，勉强背得出来，便一个接一个丢开书本，跑到院子里玩去了。只有他没走，轻轻地关上门窗，集中注意力高声朗读，直到读得滚瓜烂熟，合上书能够流畅地、不错一字地背诵，才肯休息。

司马光从少到老，一直坚持不懈地学习。做到宰相以后，为了编撰《资治通鉴》，十余年如一日地学习和写作，付出了大量的心血。

司马光住的地方，除了图书和卧具，再没有其他珍贵的摆设。卧具很简单：一架木板床，一条粗布被子。他为了夜以继日地读书，专门做了一个圆木枕头，号称“警枕”。因为他太困倦的时候，往往一睡就是一大觉，而圆木枕头放到硬邦邦的木板床上，只要稍微动一下，它就滚走了，“咚”的一声掉在地上，惊醒了的司马光就会立刻爬起来，继续写作。

二十一

【原文】

孟子曰："王者之迹[1]熄而《诗》亡，《诗》亡然后《春秋》[2]作。晋之《乘》，楚之《梼杌》，鲁之《春秋》[3]，一也。其事则齐桓、晋文，其文则史。孔子曰：'其义则丘窃取之矣。'"

【注释】

①迹：古之道人，即古代采集歌谣的官吏。

②《春秋》：各国史书的通称。今本《春秋》是孔子依据"鲁春秋"加以整理修订而成编年体鲁《春秋》。据上下文，这里便是孔子所编之《春秋》。

③《乘》《梼杌》《春秋》：分别是晋、楚、鲁国史书名。

【译文】

孟子说："圣王采集歌谣的做法废止后，《诗》就没有了，《诗》没了，便出现了《春秋》。晋国的《乘》，楚国的《梼杌》，鲁国的《春秋》，都是一样的。上面记载的是齐桓公、晋文公之类的事，所用的写法也都是一般史书的写法。孔子说：'扬善抑恶的原则，我用在《春秋》中了。'"

【评析】

本章论孔子作《春秋》。孟子曾将孔子作《春秋》，与大禹抑洪水、周公兼夷狄驱猛兽相提并论，看作是文明史上的大事。大禹、周公乃古之圣王，诗教乃其王道政治之具体举措。据记载，古代设有采诗的专官，叫作"酋人"或"行人"。每岁孟春，他们摇动木铎，将古代圣王谟训宣布到全国各地。同时采集民间诗歌，献之朝廷，“王者所以观风俗，知得失，自考正也”（《汉书·艺文志》）。然而降至东周，王道衰微，诸侯骄纵，“王者之迹熄而《诗》亡”，“《诗》亡”并非说《诗》三百散亡，而是说采诗制度被破坏，实际指礼崩乐坏，王道政治终结。自此以后，政治中心由天子降至诸侯，记载齐桓、晋文霸业的史书纷纷出现，此即“《春秋》作”也。然而在孟子看来，诸侯所修之《春秋》并不具有合法性，不能反映人间的公正、正义，因为修史不只是对历史事实的简单记录，还包括对历史的评价和批判。根据王道理想，只有有德的天子才有资格撰修《春秋》，才有资格对诸侯的“邪说暴行”做出评判——此所谓“《春秋》，天子之事也”。然而东周以降，周天子衰微不振，已不能担此大任，故孔子以布衣之身，行天子之权，对鲁《春秋》进行重新编订，将“春秋大义”贯注其中，通过隐约的笔法对历史事件、人物进行褒贬，致使“乱臣贼子惧”。这样，《春秋》便不再是一部普通的史书，而是体现王道政治理想的“大法”，孔子作《春秋》也可以与大禹、周公的功业并列了。

二十二

孟子曰：“君子之泽五世而斩①，小人之泽五世而斩。予未得为孔子徒也，予私淑②诸人也。”

【注释】

①斩：绝，断绝。

②淑：通“叔”，拾取。引申为“学习”意。

【译文】

孟子说："君子的德泽经过五世就断绝了，普通百姓的德泽经过五世也断绝了。我没有机会去做孔子的弟子，我都是私自从他那里学来的。"

【评析】

君子之泽，五世而斩。

时间老人是最无情的……

人常言：亲不过五服，富不过三代。前者说的是礼制规定，后者是因为财富生态。这只不过是泛泛而谈，但时间流逝所产生的变化，一直受到人们关注，古今的惜时诗和伤逝诗就是证明。

【典例阐幽】

私淑弟子

谢灵运是晋宋之际的名士兼佛学家。慧远乃庐山高僧。谢灵运相对于慧远而言是晚辈，两个人认识时，慧远已经年近八旬，而谢灵运还不到而立之年，年龄相差五十一岁。

谢灵运在青年时代接受过良好的文化教育，其才学很早就受到族叔谢混的赏识，和谢瞻、谢晦等从兄弟齐足并驰，成为谢氏族中一时之秀。他负才傲俗，少所推崇，然而一见慧远，肃然心服，替他在东林寺开凿东西两池，种植白莲。因此，慧远与十八高贤所结团体被称为白莲社。

慧远听说天竺石室中有佛影，于是他根据西域僧人的讲述，请画工淡彩图绘，置于龛室。佛影画成后，慧远本人撰《万佛影铭》。应慧远之请，谢灵运也写了

《佛影铭》。

慧远逝世后，谢灵运撰《庐山释慧远法师诔》，对他给予极高的评价，文中写道："予志学之年，希门人之末。惜哉！诚愿弗遂，永违此世。"谢灵运服膺慧远，执弟子之礼，希望自己成为慧远的末代门人。从二人的密切交往来看，称谢灵运是慧远的私淑弟子，还是名副其实的。

二十三

【原文】

孟子曰："可以取，可以无取，取伤廉；可以与，可以无与，与伤惠；可以死，可以无死，死伤勇。"

【译文】

孟子说："可以取，可以不取，取了就有损于廉洁；可以给，可以不给，给了就有损于恩惠；可以死，可以不死，死了就有损于勇敢。"

【评析】

本章论孝。孟子认为孝是仁的根本，因此实际仍然是论仁。

对父母双亲，只养生而不送死，并非真孝子，所以难以担当大任；既养生又送死，才是真孝子，才可以担当大任。

对父母，古人讲究"事死如事生"，对君王也一样。这与古人对生命的认识有关。古人认为，灵魂才是生命的真正所在，而肉体只是灵魂暂时的依托罢了。父母死了，只是肉身死亡，其真正的生命灵魂并未死去。所以，古人既重养生，也重送死。

二十四

【原文】

逢蒙学射于羿[①]，尽羿之道。思天下惟羿为愈己，于是杀羿。孟子曰："是亦羿有罪焉。"

公明仪曰："宜若无罪焉。"

曰："薄乎云尔，恶得无罪？郑人使子濯孺子侵卫，卫使庾公之斯追之[②]。子濯孺子曰：'今日我疾作。不可以执弓。吾死矣夫！'问其仆曰：'追我者谁也？'其仆曰："'庾公之斯也。'曰：'吾生矣。'其仆曰：'庾公之斯，卫之善射者也：夫子曰吾生，何谓也？'曰'庾公之斯学射于尹公之他[③]，尹公之他学射于我。夫尹公之他，端人也[④]，其取友必端矣。'庾公之斯至，曰：'夫子何不为执弓？'曰：'今日我疾作，不可以执弓。'曰：'小人学射于尹公之他，尹公之他学射于夫子。我不忍以夫子之道反害夫子。虽然，今日之事，君事也，我不敢废。'抽矢，扣轮，去其金，发乘矢而后反[⑤]。"

【注释】

①逄蒙：羿的学生、家众。羿：擅长射箭，篡夏自立，逄蒙助寒浞杀羿。

②子濯孺子：郑国的武将。庾公之斯：卫国的将领。

③尹公之他：卫国人。

④端人：正派人或正直的人。

⑤金：指箭镞。乘矢：四支箭。

【译文】

逢蒙向羿学习射箭，完全掌握了羿的本领，心想天下只有羿超过自己，于是杀了羿。孟子说："这事也有羿的罪过。"

公明仪说："好像没有他的罪过吧。"

孟子说："罪过不大罢了，怎能说没有罪过呢？郑国派子濯孺子攻打卫国，卫国派庚公之斯追击他。子濯孺子说：'今天我的病发作，拿不了弓，我死定了！'向给他驾车的人问道：'追我的是谁呢？'驾车的人说：'是庚公之斯。'子濯孺子说：'我死不了了。'驾车的人问道：'庚公之斯是卫国擅长射箭的人，先生却说我死不了，什么意思？'子濯孺子回答道：'庚公之斯是向尹公之他学的射箭，尹公之他是向我学的射箭。尹公之他是个正派人，他所交的朋友一定也是正派人。'庚公之斯赶到了。说：'先生为什么不拿弓？'子濯孺子说：'今天我的病发作，拿不了弓。'庚公之斯便说：'我是向尹公之他学的射箭，尹公之他是向先生学的射箭。我不忍心用先生的本领反过来伤害先生。尽管这样，今天的事，是君主的公事，我不敢不办。'于是抽出箭，敲了几下车轮，把箭镞去掉，发射了四支后便回去了。"

【评析】

本章论后羿之过，在于后羿不善于选择和教育学生，对于逢蒙的人品失察失教，结果招致杀身之祸，所以，不能只怪弟子不仁，后羿自己也有责任。

孟子用对比论证法，引出子濯孺子师徒的故事。子濯孺子战败后，被徒孙所追杀，尽管子濯孺子病得连弓箭都拿不动，而徒孙乃敌国之名将，但他仍然坚信，徒孙今天不会杀他。他知道，他的弟子是正人君子，因此推定徒孙也是个正人君子。按照上古的规矩，双方打仗要正儿八经宣战，正儿八经搏击，乘人之危非君子所为。果然，徒孙追来后，既履行了"君事"，又尽了徒孙对祖师爷的情谊。

孟子的本意是告诉诸侯和士大夫们，要先正己，再正人。

二十五

【原文】

孟子曰：“西子蒙不洁[1]，则人皆掩鼻而过之。虽有恶人[2]，斋戒沐浴，则可以祀上帝。”

【注释】

①西子：西施。

②恶：丑陋。

【译文】

孟子说：“即使是西施沾染了不干净的东西，别人从她身边走过，也都会捂着鼻子。而即使是丑陋的人，只要斋戒沐浴，也可以祭祀上帝。”

【评析】

此章从字面上看，是说内心的真诚胜过容貌的美丽。进一步引申，则如朱熹集注引尹氏所说，是“戒人之丧善，而勉人以自新也”。

二十六

【原文】

孟子曰：“天下之言性也，则故[1]而已矣。故者以利为本。所恶于智者，为其凿也。如智者若禹之行水也，则无恶于智矣。禹之行水也，行其所无事也。如智者亦行其所无事，则智亦大矣。天之高也，星辰之远也，苟求其故，千岁之日至[2]，可坐而致也。”

【注释】

①故：故常之迹，指事物在运行中已表现于外的现象。

②日至：这里指冬至。

【译文】

孟子说：“天下所说的物性或人性，无非指万物固有的道理而已。固有的道理是以顺应自然为根本的。聪明之所以令人讨厌，是因为它穿凿。如果聪明人能像禹治水那样，就不会惹人讨厌了。禹治水，只是顺应水势，因势而导，看起来似乎是无所作为。如果聪明人也能这样无所作为，那便是大聪明了。天是很高的，星辰是很远的，如果研究它们已有的规律，那么一千年后的冬至，也是可以坐着推算出来的。”

【评析】

先是见山是山，见水是水；再是见山不是山，见水不是水；后来又是见山是山，见水是水。

二十七

【原文】

公行子[1]有子之丧，右师[2]往吊。入门，有进而与右师言者，有就右师之位而与右师言者。孟子不与右师言，右师不悦曰："诸君子皆与驩言，孟子独不与驩言，是简[3]驩也。"

孟子闻之，曰："礼，朝廷不历位而相与言，不逾阶而相揖也。我欲行礼，子敖[4]以我为简，不亦异乎？"

【注释】

①公行子：齐国大夫。

②右师：官名，这里指齐国权臣王驩，时任右师。

③简：怠慢。

④子敖：王驩的字。

【译文】

齐国大夫公行子为儿子办理丧事，右师王驩前去吊丧。他一进门，便有人迎上前去与他讲话，还有人走到他的座位边与他讲话。孟子却不与王驩讲话，王驩不高兴地说："大夫都来与我讲话，只有孟子不与我讲话，这是不尊重我啊。"

孟子听后，说："按照礼制，朝廷上不能越过座位相互交谈，不能越过台阶相互作揖。我想遵循礼制，王驩却认为我不尊重他，这不是很奇怪吗？"

【评析】

右师王驩权倾一时，炙手可热，大夫们纷纷对其拍马溜须，以致连朝廷的礼仪也不顾。孟子则漠然视之，不为所动，并有理有据，对王驩的指责做了有力的反驳。孟子曾说"说大人，则藐之，勿视其巍巍然也"。信哉，孟子！

二十八

【原文】

孟子曰："君子所以异于人者，以其存心也。君子以仁存心，以礼存心。仁者爱人，有礼者敬人。爱人者，人恒爱之[①]；敬人者，人恒敬之。有人于此，其待我以横逆[②]，则君子必自反也：我必不仁也，必无礼也，此物奚宜至哉[③]？其自反而仁矣，自反而有礼矣，其横逆由是也[④]，君子必自反也，我必不忠。自反而忠矣，其横逆由是也。君子曰：'此亦妄人也已矣。如此，则与禽兽奚择哉[⑤]？于禽兽又何难焉[⑥]？'是故君子有终身之忧，无一朝之患也。乃若所忧则有之：舜，人也；我，亦人也。舜为法于天下，可传于后世，我由未免为乡人也，是则可忧也。忧之如何？如舜而已矣。若夫君子所患则亡矣。非仁无为也，非礼无行也。如有一朝之患，则君子不患矣。"

【注释】

①恒：常。

②横逆：强暴不讲理。

③物：事。

④由：通"犹"。

⑤择：区别。

⑥难：责难。

【译文】

孟子说："君子和一般人不同的地方，在于他的存心。君子把仁放在心上，把礼放在心上。仁人爱别人，有礼的人尊敬别人。爱别人的人，别人常爱他；尊敬别人的人，别人常尊敬他。假如这里有个人，他对我粗暴无理，那么，君子一定自我反省：我一定不仁，一定无礼，否则这种事怎么会落到我头上？自我反省之后认为自己是仁的，自我反省之后认为自己是有礼的，那粗暴无理的还是这样，君子一定又自我反省，我一定不忠。自我反省之后认为自己是忠心耿耿的，那粗暴无理的还是这样。君子就说：'这是个狂妄的人罢了。既是这样，他和禽兽有什么区别呢？对于禽兽还有什么可责备的呢？'因此君子有终身的忧虑，而没有意外的痛苦。这样的忧虑是有的：舜，是个人；我，也是个人。舜成为天下人的模范，可以流传到后代，我还不免于只是个普通人，这就是可忧虑的。忧虑了怎么办？努力像舜一样罢了。至于君子的痛苦，那是没有的。不是仁的事不做，不是合于礼的事不干。假如有意外的灾难，君子也不为它感到痛苦。"

【评析】

君子有终身之忧，无一朝之患。

立大志，成大事。相对于精神生命的提升来说，眼前的细小挫折又算什么呢？

二十九

【原文】

禹、稷[①]当平世，三过其门而不入，孔子贤之。颜子[②]当乱世，居于陋巷，一箪食，一瓢饮，人不堪其忧，颜子不改其乐，孔子贤之。孟子曰："禹、稷、颜回同道。禹思天下有溺者，由己溺之也；稷思天下有饥者，由己饥之也，是以如是其急也。禹、稷、颜子易地[③]则皆然。今有同室之人斗者，救之，虽被发缨冠[④]而救

之，可也。乡邻有斗者，被发缨冠而往救之，则惑也；虽闭户可也。”

【注释】

①稷：后稷，周人的始祖。

②颜子：颜回。

③易地：交换位置。

④被发缨冠：古人戴帽子要先束发，然后用簪子把帽子固定在头发上，再系好帽带。披散着头发戴帽，这里是形容情况紧急，来不及像平时那样戴帽子。

【译文】

大禹和后稷处在天下太平的时代，却三次路过自己的家门而不进去，孔子以他们为贤人。颜回生当乱世，居住在陋巷之中，一篮子食物，一瓢清水，别人都承受不了这样的痛苦，但是颜回仍然不改变自己的快乐，孔子以颜回为贤人。孟子说：“大禹、后稷、颜回拥有相同的道义。大禹想到天下那些遭洪水淹没的人，就好像自己被淹没了一样；后稷想到天下那些饥饿的人，就像自己在挨饿一样，因此他是那样的着急。大禹、后稷、颜回换位也会做出同样的事情。假如跟自己住在同一间屋子里的人打了起来，肯定要赶快阻止他们，即使披散着头发胡乱戴着帽子去阻止他们，也是可以的。如果乡邻之人有相互斗架的，那么披散着头发胡乱戴着帽子去阻止他们，这就是糊涂了；对这样的事，即使关起门来也是可以的。”

【评析】

本章论君子处世态度。

儒家重入世，重兼济天下，如大禹、后稷，就是他们的楷模。但讲入世和兼济，并非不讲条件，不讲环境，不讲可能性。颜回生当乱世，难有作为，便独善其身，孔子亦称其贤，道理就在这里。孟子举例说，同室之人相斗，可以相救，因为有条件有可能；但如乡邻相斗，打起了群架，你去相救，那就是糊涂了，因为条件与可能都不具备，徒劳无益，你不如关门闭户，就如颜子那样。

孟子的意思是，有条件，有可能，兼济天下，当然是好；没条件，没可能，独善其身，那也不错。几千年来，中国绝大多数知识分子都是这种人生态度。

【典例阐幽】

人溺己溺，人饥己饥

宋朝宰相范仲淹，字希文，世称文正公。

范仲淹幼年生活十分贫困，两岁时丧父，母亲带着他改嫁到淄州长山，从此他改姓朱，名说。

范仲淹

长大后范仲淹知道了自己的身世，发愤自强，赴南京应天府书院求学。

他曾在僧舍读书，因为家贫，每日只煮一碗粥，以青菜数根加入少许的盐来果腹，这样生活长达三年之久，后来慕名到学者戚同文处学习，苦读了五年，冬天读书疲惫时，便以冷水洗脸来振作精神。当时，地方长官的儿子看他终年吃粥。便送些美食给他，他竟一口也不肯尝。

大中祥符八年（1015 年），范仲淹考中进士，从此踏上仕途，先后任亳州、泰州、河中府、睦州、苏州、饶州、润州、越州等处地方官，并且一直做到宰相。

他十分同情百姓的困苦，施政以养民为先，将发展生产放在首位。

在生活中，范仲淹也一直保持昔时穷秀才的生活，毫不铺张。但他用所得俸禄，在苏州附近购买了几千亩的良田作为义庄、义田，用其所得来周济族中的穷人，使族人个个有饭吃，人人有衣穿，不必因天灾、人祸而挨饿受冻。而他自己却从来不置办产业。有人劝他购买一所宅院，他回答说："京城里有好多大宅，我都可借住，何必自己买。"

而他的儿子纯仁更是继承了父志，将义田扩大到原来的三倍，使之具有社会教育机构的功能，使宋代以至后人竞相效法，影响后代甚大。

范仲淹虽然一生贫穷，死时几乎连丧葬费都没有。但他人溺己溺、人饥己饥的伟大胸襟却永远流传后世。

他有五个儿子，其中两位官至宰相，一位官至御史大夫，可谓一门显赫。

三十

【原文】

公都子曰："匡章，通国皆称不孝焉。夫子与之游，又从而礼貌之，敢问何也?"

孟子曰："世俗所谓不孝者五：惰其四支[①]，不顾父母之养，一不孝也；博奕好饮酒，不顾父母之养，二不孝也；好货财，私妻子，不顾父母之养，三不孝也；从[②]耳目之欲，以为父母戮[③]，四不孝也；好勇斗很[④]，以危父母，五不孝也。章子有一于是乎？夫章子，子父责善而不相遇也。责善，朋友之道也。父子责善，贼恩之大者。夫章子，岂不欲有夫妻子母之属哉？为得罪于父，不得近，出妻屏[⑤]子，终身不养焉。其设心以为不若是，是则罪之大者，是则章子已矣。"

【注释】

①四支：即四肢。

②从：通“纵”。

③戮：羞辱。

④很：通“狠”。

⑤屏：赶出。

【译文】

公都子说：“匡章，全国都说他不孝。您却同他交往，还对他很客气，请问这是为什么呢?”

孟子说：“通常认为不孝的情况有五种：四肢懒惰，不管赡养父母，这是第一种；酗酒聚赌，不管赡养父母，这是第二种；贪吝钱财，只顾老婆孩子，不管赡养父母，这是第三种；放纵于声色享乐，使父母感到羞辱，这是第四种；逞勇好斗，连累父母，这是第五种。章子可有其中一种吗？章子是因为父子之间以善相责而不能相处在一块的。责求善行，这是朋友相处的原则。父子之间责求善行，却是大伤感情的事。章子难道不想有夫妻母子的团聚？只是因为得罪了父亲，不能亲近他，所以才把妻子儿女赶出了门，终身不要他们侍奉。他心里设想如果不这么做，就是更大的罪过，这就是章子啊。”

【评析】

孟子认为的五种不孝的表现，大家要引以为戒。

【典例阐幽】

以善相责

子发是战国时期楚国的一员大将，一次带兵和楚国打仗，前线断了粮草，派人向楚王告急。使者顺便去看望了子发的母亲。

老人问使者："兵士都好吗?"使者说："还有点豆子，只能一粒一粒的分着吃。"

"你们的将军呢?"

使者回答道："将军每餐都能吃到肉和米饭。身体很好。"

子发得胜回来，母亲紧闭大门不让他进家门，并派人去告诉子发："你让人去饿肚子打仗，自己却有吃有喝，这样做将军打了胜仗也不是你的功劳。"母亲又说："越王勾践伐吴的时候，有人献给他一罐酒，越王让人把酒倒在了江的上游，叫士兵一起喝下游的水。虽然大家没有尝到酒味，但是却鼓舞了全军的士气，提高了战斗力。现在你只顾自己不顾士兵，你不是我的儿子，你不要进我的门。"

这样以善相责以后，子发决心改过。后来领兵打仗果然体恤兵士。子发母亲深明大义之举也流传了下来，成为后来教子的楷模。

三十一

【原文】

曾子居武城[①]，有越寇。或曰："寇至，盍去诸[②]?"

曰："无寓人于我室，毁伤其薪木。"寇退，则曰："修我墙屋，我将反。"寇退，曾子反。左右曰：“待先生如此其忠且敬也，寇至，则先去以为民望；寇退，则反，殆于不可。”沈犹行曰[3]：“是非汝所知也。昔沈犹有负刍之祸[4]，从先生者七十人，未有与焉。”

子思居于卫[5]，有齐寇。或曰：“寇至，盍去诸?”子思曰：“如伋去，君谁与守?”

孟子曰：“曾子、子思同道。曾子，师也，父兄也。子思，臣也，微也。曾子、子思易地则皆然。”

【注释】

①武城：鲁国邑名，故城在今山东费县西南。

②盍：何不。

③沈犹行：曾子弟子，姓沈犹，名行。

④负刍：人名。

⑤子思：孔子之孙，名伋，字子思。

【译文】

曾子住在武城，有越国军队入侵。有人说：“敌人要来了，何不离开这里?”

曾子说：“不要让人住到我屋里，毁坏那些树木。”敌人撤退了，他又说：“修葺好我的房屋，我要回来了。”敌人撤退，曾子回来了。左右的人说：“武城的人们待先生这样忠诚恭敬，敌人一来您先走开，给老百姓树立了一个坏榜样；敌人一退您就回来，恐怕不可以的。”沈犹行说：“这不是你们懂得的。从前先生住在我那里，遇到一个叫负刍的人作乱，随从先生的七十人，也都跟着先生走了，没有人参加抵抗。”

子思住在卫国，有齐国的军队入侵。有人说：“敌人要来了，何不离开这里?”

子思说："如果我走了，君主和谁一道来守城呢？"

孟子说："曾子、子思走的是同一条道路。曾子，是老师，是父兄。子思，是臣子，是地位较低的人。曾子和子思如果交换地位，也会像对方一样行动的。"

【评析】

本章也是讲圣贤的行为不尽相同，但遵守的原则是一样的。曾子是武城的宾客，子思则是卫国的臣子。所以当敌人入侵时，曾子可以泰然离去，而子思则必须恪尽职守。

三十二

【原文】

储子[①]曰："王使人瞷[②]夫子，果有以异于人乎？"

孟子曰："何以异于人哉？尧、舜与人同耳。"

【注释】

①储子：齐国人，曾任齐相。

②瞷：窥视

【译文】

储子说："齐王派人暗中观察先生，您果真有同别人不同之处吗？"

孟子说："哪有什么不一样的呢？尧、舜也都是跟别人一样的普通人。"

【评析】

孟子到了齐国，齐臣储子对他说，齐王让人悄悄地窥视您，您果有与他人不同的地方吗？齐王如此，大概孟子此时已经名震天下了。

孟子淡淡地说，有什么不同呢？尧舜也与常人相同呢。

由此可知，孟子自视为尧舜。他多次讲“五百年必有王者兴，其间必有名世者”。看来，他不仅自视为“名世”的贤人，而且自视为应运而生的“王者”，自视为尧舜之类的圣人。

【典例阐幽】

王侯将相宁有种乎

“王侯将相宁有种乎”，这句激励着不少仁人志士的名句是陈胜说的，他是我国最早的农民起义军将领之一。

秦朝末年，秦朝法吏严酷，徭役繁多，农民不堪驱使。一日陈胜和吴广被同时发配到渔阳，路上遇到大雨，延误了期限，按当时秦朝的法律，延误期限一律要被杀头的，陈胜和吴广便商议，延误期限要死，为国家死于大义也是死。于是他们决定起义。

做好了起义的准备工作以后，陈胜便把一同被发配的人聚集起来说：“延误了期限是要斩头的，如果侥幸不被杀头，戍守边塞的苦役十有六、七也要送命。接着说道：“且壮士不死就算了，死就要取得大名声，王侯将相难道是天生的贵种吗!”

在等级森严的封建社会，这句话犹如晴天霹雳，不但拉开了这次起义的序幕，同时也成为很多人反抗阶级压迫，反抗暴政的依据。

三十三

【原文】

齐人有一妻一妾而处室者，其良人[①]出，则必餍[②]酒肉而后反。其妻问所与饮食者，则尽富贵也。其妻告其妾曰："良人出，则必餍酒肉而后反；问其与饮食者，尽富贵也，而未尝有显者来，吾将瞷良人之所之也。"

蚤[③]起，施[④]从良人之所之，遍国中[⑤]无与立谈者。卒[⑥]之东郭[⑦]墦[⑧]间，之祭者，乞其余；不足，又顾而之他，此其为餍足之道也。

其妻归，告其妾，曰："良人者，所仰望而终身也，今若此!"与其妾讪其良人，而相泣于中庭。而良人未之知也，施施[⑨]从外来，骄其妻妾。

由君子观之，则人之所以求富贵利达者，其妻妾不羞也，而不相泣者，几希矣。

【注释】

①良人：妻子对丈夫的称呼。

②餍：饱，足。

③蚤：通"早"。

④施：同"斜"，斜行，这里是说暗暗尾随着别人。

⑤国中：城中。

⑥卒：最后，最终。

⑦东郭：东城外。郭，外城。

⑧墦：坟墓。

⑨施施：得意的样子。

【译文】

齐国有个人，家里有一妻一妾，每次她们的丈夫出去，必定会吃饱喝足了才回来。他的妻子问跟他一起吃饭的都是些什么人，他说都是富有之人。他的妻子对他的妾说："丈夫每次出去，必定会吃饱喝足了才回来；问跟他一起吃饭的都是什么人，他说都是富有的人，但是却从不曾有显贵之人到家里来过，我要暗中观察观察他都是到哪里去的。"

第二天妻子早早地起来，暗中跟着丈夫出去，在城中走了一圈，没有一个人站起来跟他说话。丈夫最后到了东城外面的坟墓中间，走到祭扫坟墓的人那里，乞讨些剩余的祭品；不够，又左右看看到别人那里去乞讨，这就是他吃饱喝足的办法。

妻子回来之后，把自己所看到的告诉了妾，说："我们的丈夫啊，这个要托付终身的人，不想竟是这个样子！"妻子与妾暗暗咒骂她们的丈夫，在庭院中相拥哭泣。但是丈夫并不知道这事，很得意地从外面回来，骄傲地对他的妻妾吹嘘着。

由君子看来，人们那些追求富贵通达的方法，能使自己的妻妾不感到羞耻，能使她们不哭泣的，真是少见。

【评析】

由君子观之，则人之所以求富贵利达者，其妻妾不羞也，而不相泣者，几希矣。

自重从而尊重别人，是社会交往的重要原则。自重尤其是做人的根本。

孟子说：在君子看来，人们用来乞求升官发财的办法，能不让他们的妻妾感到羞耻，不相对而泣的，实在很少。朱熹批注指出："言今之求富贵者，皆以枉曲之道，昏夜乞哀以求之，而以骄人于白日，与斯人何以异哉？"意思是说，为求富贵不走正路，晚上可怜兮兮到处奔走，白天大摇大摆盛气凌人，这种人和这个齐人又有什么本质的不同呢？

【本篇总结】

在这一篇，孟子提出君臣关系是对等的，如果君王把臣子视为手足，则臣子将视君王为腹心；若君王视臣子如土芥，则臣子将视君王为仇敌。因此作为君王不可不慎，国君仁慈则天下人无不仁慈。爱人者人恒爱之，敬人者人恒敬之。孟子还提出人应该保持自己的赤子之心。商界人士若能保持一颗赤子之心。不但会发现很多有趣的东西，还能以童心开创事业。

【古代事例】

魏文帝学驴叫

赤子之心，至诚无息，不舍任何功利是非。若将赤子之心扩充一下，则能化育天下万物，温暖天下万情。东汉末年，流寓荆州的王粲投奔曹操，与曹丕诗文酬唱，相与往还，挚友深情，可比托赤子之诚。

曹操死后，继位的世子曹丕（187—226 年）不能与兄弟相容，尤其猜忌被曹操宠爱的同胞兄弟曹植（192—232 年），一心想寻找机会把他处死。有一次，曹丕勒令曹植以“兄弟”为题，在七步之内做出一首诗，但诗中不能出现“兄弟”之类的字眼，否则遭死。曹植不假思索，应声而作：“煮豆持作羹，漉菽以为汁。萁在釜下燃，豆在釜中泣，本自同根生，相煎何太急！”曹丕听后，深有惭色。杀害曹植的念头亦打消。在这则故事中，曹丕给人的印象是心胸狭窄，凶险毒辣，而在他与王粲（117—217 年）相交的故事中，却是一位情感真挚的人。

当初，刘表（142—208年）曾在王粲的爷爷王畅门下求学，与王家有通世之谊。可是，王粲在荆州避难时，因面目丑陋得不到刘表的赏识。刘表曾想把女儿嫁给王粲，但嫌他不俊美，转而把女儿嫁给王粲貌美的族兄王凯。后来刘表父子掌控下的荆州归降曹操，王粲离开荆州来到邺下（今河北临漳），成为邺下文人集团中富有嘉名的才子，与孔融、陈琳、徐干、阮瑀、应玚、刘桢并称为“建安七子”。曹丕与王粲素相友善，酬唱往还，惺惺相惜。曹丕称赞王粲所做的赋作，即使是辞赋大家张衡、蔡邕也不过如此。

据说名医张仲景（生于150—154年之间，卒于215—219年之间）在路上遇到王粲，见其面色不好，遂断定他患有疾病，二十年后将会鼻子塌陷，眉毛脱落（后世很多学者据此推断王粲患有麻风病），服食“五石散”即可避免，不过，王粲不以为然，张仲景的话并不挂在心上。不料二十年后，王粲随曹操出征，途中病发，症状果如张仲景所言，没过多久就撒手人寰。

王粲下葬之后，曹丕极为感伤，带着众人拜谒王粲的坟墓，深深哀悼良久，回头对众人说：“王粲活着的时候非常喜欢听驴鸣叫的声音，斯人长逝，我们何不各学一声送他不还之游呢?”说完，曹丕带头“啊——哈——”一声学起来，随行的人也都面色凝重地各自学一声。驴鸣之声此起彼伏，散在风中，良久不息。

【评述】

高贵的曹丕竟能放下身份带头学驴叫。足见其赤子之心并未泯灭，全然不同于日后逼迫同胞兄弟做七步诗的魏文帝。如孟子所说，大人物都是没有丧失赤子之心的人。因此，企业的管理者不能只从曹丕身上看到他继位后的凶险狡诈，应看到他未曾泯灭的赤子之心。

书法家的执着

徐辟向孟子询问孔子何以多次称赞水的德行，孟子答道，有源头的水流起来会不舍昼夜，把所有的沟沟坎坎填满之后才继续前进，而无源之水，很快就会枯竭，所以君子进德修业，当不图虚名，勤勉笃实，才能有所进步。历史上的几位书法家之所以取得卓越的成就，无不如有源之水，透过勤学苦练才练就一身才艺。

我们在欣赏古代书法艺术的时候，常会不由自主地赞叹书法家精妙绝伦的技艺，而很少有人知道他们当初付出多少难以想象的艰辛，下面的三个故事或许能使我们产生对古代书法家的敬畏之情。

由南朝陈、隋入唐的智永是会稽（今浙江绍兴）人，王羲之的七世孙。智永住在永欣寺，积年学书，苦练书艺，所写的《千字文》达八百多册，以致用废的秃笔头积攒到十瓮，每一瓮都有数石重，这些笔头埋起来后，智永称其为“退笔塚”。当时来向智永求字帖和题匾额的人，把永欣寺的门槛都给踩破。智永的书迹传于今天的有《千字文》，笔笔从空中来，从空中住，沉着收束，下笔欲透纸背。

欧阳询（557—641 年）字信本，唐潭州临湘（今湖南长沙）人，与颜真卿、柳公权、赵孟頫并称楷书四大家。据说他曾在路途中看到晋代书法家索靖（239—303 年）写的一块古碑，于是驻马观看很久才离开，走出数百步又觉余兴未尽，遂又折回碑前，下马伫立，仔细观赏。看到疲劳之时就展开布裘坐在地上继续观看，这样看过三天之后，他才恋恋不舍地离去。欧阳询的书法犹如龙蛇战斗之象，具含云雾轻宠之势，风旋雷激，操举若神，以《九成宫礼泉铭》《梦奠帖》《张翰帖》等为最著名。

怀素（737—799 年），俗姓钱，字藏真，唐永州零陵（今湖南零陵）人。怀素的草书人称“狂草”，和张旭齐名，书家有“张颠素狂”“颠张醉素”之称。怀素少时家贫买不起纸，聪敏的怀素就把白漆涂到一块木板上，在白漆板上书写。可是白漆板表面光滑不易着墨，于是怀素转而在寺院周围栽种很多芭蕉树，及至可用之时，摘下肥大宽厚的芭蕉叶，临帖挥毫。但这依旧不能供应怀素写字的需求，他又不忍摘下刚刚从芭蕉茎中抽出的黄嫩小叶，遂手持笔墨站在芭蕉树前一手扯叶，一手挥毫，此叶写完，转写彼叶。怀素或头顶骄阳，或迎立北风，坚持不懈，从未有一日松弛，直到笔走龙蛇，满纸云烟都没有停止练笔。怀素援毫掣电，随手万变，用笔圆劲有力，飞动自然，如壮士拔剑，神采动人，而回旋进退，无不中节。怀素性极好酒，尝言"饮酒以养性，草书以畅志"，每当酒酣之时，不管墙壁、衣物、器皿，任意挥毫，遂有"醉僧"之令名。怀素的书迹传于世的有《自叙帖》《苦笋帖》《食鱼帖》《圣母帖》《论书帖》《大、小草千文》等，各尽其妙。

俗话说："冰冻三尺，非一日之寒。"这三位书法家的成就无不建立在长年累月练笔的基础上，才使得妙笔生花，把汉字的形体美转化成笔笔有神的书法艺术。

【评述】

孟子曾说，七八月问的暴雨填满田间的水沟和路上的车辙，但是它们的干涸就在转眼之间，因为这是无源之水。智永、欧阳询和怀素的努力换来的是在书法史上垂名千古。朱子（1130—1200 年）有句很有名的诗，问渠哪得清如许，为有源头活水来，说的就是这样的道理。企业的活水之源也在于负责人艰苦卓绝的努力。

【现代事例】

"芭比之母"露丝·汉德勒

孟子说，仁者爱人，有礼者能敬人，爱人者人恒爱之，敬人者人恒敬之。闻名世界的"芭比之母"露丝·汉德勒以其从未泯灭的赤子之心，发明已成为美国文化符号的芭比娃娃；又以其仁爱之心，致力于呼吁女性关注乳腺健康的宣传中，得到世界各国人民的深切爱戴。

拥有一个漂亮的芭比娃娃（Barbie）是很多少女的美妙梦想。创造出这个漂亮玩具的露丝·汉德勒（Ruth Handler），被人誉为"芭比之母"。

一九一六年，露丝·汉德勒生于美国丹佛（Denver）的一个波兰籍家庭，尽管家境窘迫，她从不缺少父母的宠爱，这使得露丝·汉德勒有着一颗纯稚的童心。大学二年级时，她来到好莱坞派拉蒙影业公司（Paramount Pictures，Inc.）学习工业设计，并在此结识她的终身伴侣伊里亚德（Elliott）。

一九四五年，露丝·汉德勒夫妇与朋友曼特森（Matteson）联合创办一家专门生产儿童玩具的美泰公司（Mattel Inc.），这家公司与很多同类小公司一样默默无闻，并没有什么出色的地方。当时，露丝·汉德勒已育有一女，身为人母的她在与女儿的交流中十分注意从中寻找创造新玩具的灵感。一天，她偶然间看到女儿沉迷于一些剪纸娃娃，还乐此不疲地为它们换衣服、皮包等装饰。露丝·汉德勒忽然想到，何不设计一款可以更换衣服的立体娃娃呢？

这个念头始终回绕在露丝·汉德勒心中，却始终找不到合适的突破口。在德国度假时，她无意间发现一个身高十一点五寸，三围三十九~十八~三十三的德国娃娃"莉莉"，心里便立时打定主意。露丝·汉德勒回美国后，在"莉莉"基础上另加改造创造出一款新型的立体娃娃，并请服装设计师为她设计服装，使其看上去像玛丽莲·梦露（Marilyn Mornroe，1926—1962 年）一样迷人，以女儿的昵称为其命名为"芭比"。

一九五九年，芭比娃娃在美国玩具博览会首次亮相时，不但没有被抢购一空，反而备受玩具经销商的冷眼。露丝·汉德勒并不气馁，下定决心继续坚持。果然，没有多久芭比娃娃便受到孩子们的热烈欢迎，越来越多的人开始接受这种全新的玩具。经销商的订单也像雪片一样飞到美泰公司。

但是，芭比娃娃也遭到美国妇女组织的批评，以为芭比娃娃太完美，不适合少女，而且会阻碍妇女解放运动。这也促使露丝·汉德勒设计出八十多种职业的芭比娃娃，如警官、医生、公务员等等；芭比娃娃的国籍也可以是美国、英国、法国、中国等等。露丝·汉德勒还为芭比设计出很多宠物（如名为“跳舞者”的马），为芭比找到男朋友肯，芭比可以有自己的个性和爱好。这些组合与搭配完全可以根据每位女孩子自己的喜好和兴趣来确定。

与事业的成功相比，露丝的生活则充满很多不幸。一九七〇年，露丝·汉德勒因患乳腺癌切除乳房。随着业务的多元化，美泰的玩具生产被边缘化，露丝·汉德勒和丈夫不得不离开他们一手创办的公司和事业。

一九七六年，露丝·汉德勒成立一家生产人造乳房的公司，向那些乳房被切除的女性提供辅助。她还到全国各地演讲，呼吁女性重视乳腺检查，关爱乳房。到她去世时，芭比娃娃不再是一种单纯的玩具，而成为美国文化中的一个极具代表性的符号，露丝·汉德勒也深受世界各国人民的爱戴。

【评述】

正如孟子所说，爱人者人恒爱之。露丝·汉德勒以其赤子之心和爱人之心，换来辉煌的事业和民众的爱戴。在企业中从事创新活动的人士若能保持一颗与生俱来的赤子之心，会有利于新发明的诞生；若能同样保持一颗爱人之心则能使我们心灵得到升华。

左右逢源的变形金刚销售策略

孟子认为君子之所以要把握大道，是要借助这些道理在社会生活中左右逢源。

对于企业来说，成功的销售源于一套成功的策略，这项策略既要包含长远的目标，又要包含可行的路径，其中，最重要的是将道德因素含纳进去，使其成为这项策略的灵魂。风靡全球的变形金刚的销售策略就是这样的。

出生在七八十年代的人肯定都会记得初次看到变形金刚时的迷恋和钟情，不管是变形金刚的玩具，还是精彩纷呈的动漫，不知陪同多少孩子走过少年时的美好时光，变形金刚也成为回想那个时代的情感纽带。直到如今，变形金刚的电影和玩具依旧吸引着无数有着共同回忆的年轻人和刚刚咿呀学语的孩子们。

一九八四年，美国孩之宝公司（Hasbro）与日本 TAKARA 公司联合开发出一种奇妙的儿童玩具——变形金刚（the Trans for mers），并以此为题材，按照美国人的科幻理念推出一系列动漫和影片，让机器人首次成为拥有智慧的种族。在很多人并不看好的形势下，这两者的结合取得巨大的商业成功，变形金刚玩具的销量大增，一时间风靡全球，相关的动漫和电影亦开创影视领域的一片新天地，堪称当代“植入式行销”方式的成功典型。

所谓“植入式行销”，即是将产品的视觉符号巧妙地融入影视媒体之中，通过产品与场景的互动，使观众对产品留下直观生动的深刻印象，继而带动产品的销量。变形金刚的销售就成功地运用这些理论，为产品编写精彩情节的剧本，拍成相关影视片，使玩具生产和影视动漫都形成具有潜力的强大产业。不得不说的是，大多数小孩都是在影视剧中看到变形金刚后，才禁不住诱惑而缠着父母购买的。

另外，孩之宝并不把一时的利益看得太重，反而在很多时候为谋取更大的利益暂时牺牲眼前的利益，把消费者的潜在需求和欲望转化为明确的购买行动，从而巧妙地引导消费行为。孩之宝在打入一些国家之前，为使人们更直观地了解变形金刚的巧妙，曾把《变形金刚》的动漫拷贝无偿赠送给这些国家的大型影院和电台。影片播放后，很快就在孩子之间掀起“变形金刚”热潮，所有产品立即被抢购一空。这正印证美国钢铁大王卡内基的至理名言，若真诚地为客户谋利则不必担心自己的利润遭受损失。

如今，更为精彩的《变形金刚》电影在世界各地轮番上映，又掀起一阵阵变形金刚的热潮，这使得已经成年的变形金刚迷重温童年记忆的同时，又培养出新一代的变形金刚迷。

【评述】

左右逢源是孟子所追寻的一种社会交往境界，想要左右逢源，则需遵循一定的方法和道理。变形金刚的左右逢源，在于"植入式行销"这种巧妙的行销之道，先将《变形金刚》动漫的拷贝无偿地赠送给电台播放，暂时放弃动漫的收益，在时机成熟的时候，使影视和玩具互相推进，互相影响，到最后两者都获得丰厚的利润。因此，商界人士当将目光放长远，运大道于心，必会有更大的利益可图，"放长线钓大鱼"不是没有道理。

【名言录】

名言：人有不为也，而后可以有为。——《离娄（下）》

古译：人有所不为，而后能有所为。

今译：人要有所不为，才能够大有所为。

现代使用场合：大千世界，我们需要做的事情太多，身边有很多值得做的事情，它们是积极的，向上的，具有旺盛生命力的；身边也有很多不值得做的事情，它们是无聊的、无趣的、无味的。对于值得做的事情，我们要尽力而为之，这样才能无愧于心，对于不值得做的事情，我们姑且将它放下，"有所不为才能有所为"，有选择性地做事，这样才有事半功倍的收效。

名言：君之视臣如手足，则臣视君如腹心；君之视臣如犬马，则臣视君如国人；君之视臣如土芥，则臣视君如寇雠。——《离娄（下）》

古译：君视臣同手足，则臣视君同腹心；君视臣如犬马，则臣视君如路人；君视臣如土芥，则臣视君如寇仇。

今译：国君如果视臣子为手足，则臣子将视国君为其腹心；国君如果视臣子为犬马，则臣子视国君为路人；国君视臣子为泥土野草，则臣子视国君为敌寇。

现代使用场合：负责人对于下属，不要摆出一副官架子，而应该放下身段，用心去关心他们，把他们当作自己的朋友，将心比心。这样，才能换取员工的信任，获得员工的支持，同样也能被员工视作真心的朋友。

名言：君子所以异于人者，以其存心也。君子以仁存心，以礼存心。仁者爱人，有礼者敬人。爱人者人恒爱之，敬人者人恒敬之。——《离娄（下）》

古译：君子异于人之故在于其存心。君子以仁存心，以礼存心。仁者爱人，有礼者敬人。爱人之人人亦爱之，敬人之人人亦敬之。

今译：君子不同于其他人的地方，在于思想。君子立足于人，立足于礼。有"仁"的人也会爱其他人，有"礼"的人也会尊敬其他人。爱别人的人，会受到别人的爱，尊敬别人的人，会受到别人尊敬。

现代使用场合：君子往往怀有一颗仁德之心，他们深入百姓生活，懂得百姓疾苦，因而也深得百姓之爱戴和尊敬。现代生活中，爱与被爱，敬与被敬亦是两组相反相成的事物，只有付出自己的爱和敬，才能得到他人的爱和敬。

名言：君子有终身之忧，无一朝之患也。——《离娄（下）》

古译：君子有终身之忧，无一朝之患也。

今译：君子有终身的忧患，没有突如其来的忧患。

现代使用场合：君子正因为将未来诸事都谋划得很周全，才不会因为突如其来的事件恐慌。现代企业中，公司负责人也应该时时刻刻具有这种忧患的思想，才能在面对突发事件时不至于手忙脚乱，"人无远虑，必有近忧"说的正是这个意思。

名言：君子之泽五世而斩。——《离娄（下）》

古译：君子之泽，五世而绝。

今译：君子的恩泽，五世斩绝。

现代使用场合：在一般的情况下，君子的恩泽很少会超过五世，就像我们常说的，富不过三代。所以，对商界人士来说，更应该广施恩泽，用一颗宽厚仁慈的心去面对世界，将家风延续不衰，相信世界亦会带给你美好的回报。

卷九　万章上

【题解】

本篇9章，除第四章之外，均为答弟子万章之问。其中第一、二、三、四章，论述舜孝养父母、亲爱兄弟的品德。在孟子看来，舜对孝悌之道的践履是纯美无瑕的，关键在于不仅出自真性情，而且贯彻始终，甚至为此受蒙蔽，或牺牲其他的道义准则，也可以理解。第五、六两章，论及禅让与世袭制度的依据，照孟子的意见，禅让与世袭，本身无所谓好坏，关键在是否有天意的依据，而天意的表现，却是民心的向背。这就把王位继承的依据落实于民间，体现出孟子的民本思想。第八章和第九章，分别就孔子和百里奚的事迹，说明君子洁身自好的道理。本篇第四章，记录了孟子论《诗》的重要主张，即“不以文害辞，不以辞害志”和“以意逆志”的方法，对后世深有影响。

一

【原文】

万章问曰：“舜往于田[①]，号泣于旻天[②]，何为其号泣也？”

孟子曰：“怨慕[3]也。”

万章曰：“‘父母爱之，喜而不忘；父母恶之，劳而不怨。’[4]然则舜怨乎？”

曰：“长息[5]问于公明高[6]曰：‘舜往于田，则吾既得闻命矣。号泣于旻天，于父母，则吾不知也。’公明高曰：‘是非尔所知也。’夫公明高以孝子之心，为不若是恝[7]，我竭力耕田，共[8]为子职而已矣，父母之不我爱，于我何哉？帝使其子九男二女[9]，百官[9]牛羊仓廪备，以事舜于畎亩[11]之中，天下之士多就之者，帝将胥[12]天下而迁[13]之焉。为不顺[14]于父母，如穷人[15]无所归。天下之士悦之，人之所欲也，而不足以解忧；好色，人之所欲，妻帝之二女，而不足以解忧；富，人之所欲，富有天下，而不足以解忧；贵，人之所欲，贵为天子，而不足以解忧。人悦之、好色、富贵，无足以解忧者，惟顺于父母可以解忧。人少，则慕父母；知好色，则慕少艾[16]；有妻子，则慕妻子；仕则慕君，不得于君则热中[17]。大孝终身慕父母。五十而慕者，予于大舜见之矣。”

【注释】

①舜往于田：舜到田里去干活，相传舜曾躬耕于历山。

②旻天：上天，苍天。

⑤慕：对父母的思慕、依恋，古人专称之为“慕”。

④“父母爱之”诸句：《礼记·祭义》《大戴礼记·曾子大孝篇》都有与此类似的记载。忘，懈怠，玩忽。劳，忧惧，愁苦。

⑤长息：人名，下文公明高弟子。

⑥公明高：人名，曾参弟子。

⑦恝：无忧无虑的样子。

⑧共：通“恭”。

⑨帝使其子九男二女：帝，指尧。九男，尧派他的九个儿子侍奉舜，不见于其

他史料记载。二女，尧使二女做舜的妻子，事见《尚书·尧典》，《列女传·母仪篇》记载二女的名字是：娥皇、女英。

⑩百官：指各级官吏。

⑪畎亩：田地，田野。

⑫胥：皆，尽。

⑬迁：移，让。

⑭顺：悦，喜欢。

⑮穷人：其意不同于现在，特指鳏寡孤独等无依无靠的人。

⑯少艾：指年轻貌美之人。艾，美好。

⑰热中：指内心浮躁。

【译文】

万章问道："舜到田里去耕作，仰头朝天哭诉，他为什么要哭诉呢？"

孟子说："因为他对自己的父母既抱怨又眷念。"

万章说："'父母喜欢自己，高兴而不敢懈怠；父母讨厌自己，忧愁而不抱怨父母。'而舜居然会抱怨父母？"

孟子说："长息曾问公明高：'舜到田里去耕作，我听您讲解过了；对天哭诉，这样对自己的父母，我还不理解。'公明高说：'这不是你所能明白的了。'公明高认为，孝子的心是不可能无忧无虑的：我竭力耕田，恭敬地尽到做儿子的职责就行了，父母不喜欢我，我将怎样呢？帝尧让自己的九个儿子两个女儿，带着各级官员、牛羊、粮食，到田野中侍奉舜，天下的士人投奔他的也很多，尧还将把整个天下让给他。舜却因为不能使父母顺心，而像孤寡之人无所归宿似的。天下的士人喜欢他，这是人人想得到的，却不足消除他的忧愁；漂亮的女子，这是人人想得到的，舜娶了帝尧的两个女儿，却不足以消除他的忧愁；财富，是人人想得到的，舜富有天下，却不足以消除他的忧愁；地位尊贵，是人人想得到的，舜尊贵到当了天子，却不足以消除他的忧愁。士人的喜欢、漂亮的女子、财富和尊贵，没有一样足以消除忧愁，只有顺了父母心意才能消除忧愁。人小的时候，就依恋父母；懂得喜欢女子了，就倾慕年轻美貌的女子；有了妻子，就眷念妻子；做了官就思念君主，得不到君主信任，心里就浮躁难受。具有最大孝心的人，才能终身眷念父母。到了五十岁上还眷念父母的，我在舜的身上看到了。”

【评析】

自孔子“祖述尧舜、宪章文武”起，尧、舜、文、武，是儒家也是中国思想文化界一致称道的历史人物，且引用频率很高；是儒家树立的圣君之最高典范，后世帝王效法的崇高榜样。这一章中心是赞扬舜的大孝。孟子认为，舜虽贵为天子，得到了人人都愿得到的东西，如天下士人归附、女色、财富、地位，但他并不高兴，他内心的忧愁是，还没有得到父母的欢心，年五十仍思慕父母。所以儒家把他树为大孝的典型。

儒家认为，从个人品质来说，孝为百善之首，是第一位的，从天子以至庶民都是如此。这是中国伦理道德的核心，只有有了这个“孝”的核心，扩而充之，才能构成其他的善行。当然，舜这个典型是在以氏族宗法社会为特征的时代里树立的，后世此种观念也不是没有变化，如当个体的“孝”与社会群体的“义”发生强烈冲突时，儒家还是提出要“大义灭亲”之说；而发展至近现代，舜这种行为似乎匪夷所思，且有违儒家“乐以天下，忧以天下”的政治理念，实为“愚孝”之举。儒家的观念，也并非一成不变的。

终身都爱慕父母的有两种情况：

一种是终身都只爱慕父母，其他如年轻漂亮的姑娘、妻子、国君等统统不爱。

另一种是既终身爱慕父母，又不妨害爱姑娘，爱妻子，爱国君等。若以弗洛伊德博士的观点来看，第二种是正常的情感心态，第一种则出于“恋父”“恋母”情结了。

孟子这段话是通过对大舜作心理分析后引出的。大舜由于没有得到父母的喜爱，所以，即使获得了绝色美女和妻子，甚至自己已做了国君，达到了权力和财富的顶峰以后，也仍然郁郁寡欢，思慕父母之爱。

所以，如果我们要做到“大孝”，那就应该既“终身慕父母”，又爱少女和妻子，这才是健康正常的心态。

【典例阐幽】

唯顺父母方可解忧

郑庄公弟兄二人，母亲武姜因生庄公时难产，因此对他心生厌恶，取名“寤生”，相反对其弟弟叔段却百般宠爱。按照古制，寤生是老大，顺理成章地继承了王位，成为郑国君主。母亲武姜更加心怀不满，千方百计培养叔段的势力，以便强大后取代庄公。于是她请庄公把叔段封到京襄城（今荥阳），庄公虽然不愿意，但还是同意了。叔段到京后，称京城太叔，招兵买马，修筑城墙，准备谋反。郑庄公二十二年（公元前722年），叔段认为时机成熟，就和母亲商量谋反日期，武姜做出决定后就回信给叔段，让他立即起兵，自己作为内应。此时，郑庄公早已发现他俩的阴谋，截获了密信。拿到证据后，郑庄公即派公孙吕率二百辆兵车包围了京襄城，叔段措手不及，仓皇逃至鄢陵，又被庄公追杀而被迫达到共城（今河南辉县）后自杀。

这样一来，武姜对庄公更加不满，扬言“我俩不到黄泉不再见面”。庄公就把武姜送到颍地（今登封颍阳）居住。过了一段时间，庄公有些后悔，在设宴招待管颍地的官员颍考叔时，颍考叔想调解他们母子的关系，于是在用餐时把一些好吃的东西藏在了袖子里。庄公感到非常奇怪，就问："这是何意?"颍考叔说："我母亲常年在乡下没吃过君主赐的饭食，我想给她带一些回去，以表示我的一片孝心。"郑庄公就讲了与自己母亲关系破裂的经过。颍考叔说："这好办。我们可以掘地道至黄泉，筑成甬道和庭室，在那里，你们不就可以见面了吗?"庄公深感此法妥当，就委托颍考叔办理此事。于是颍考叔迅速行动，在京襄城很快挖成了一个地道，请庄公和母亲在那里见面。母子二人见面后抱头痛哭，郑庄公还赋诗一首，称"大隧之中，其乐也融融。"从此母子言归于好。

二

【原文】

万章问曰："《诗》云：'娶妻如之何?必告父母。'[①]信斯言也，宜莫如舜。舜之不告而娶，何也?"

孟子曰："告则不得娶。男女居室，人之大伦也。如告，则废人之大伦，以怼[②]父母，是以不告也。"

万章曰："舜之不告而娶，则吾既得闻命矣。帝之妻舜而不告，何也?"

曰："帝亦知告焉则不得妻也。"

万章曰："父母使舜完廪，捐阶，瞽瞍焚廪。使浚井，出，从而掩之。象[③]曰：'谟盖都君咸我绩，牛羊父母，仓廪父母，干戈朕，琴朕，弤朕，二嫂使治朕栖。[④]'象往入舜宫，舜在床琴。象曰：'郁陶[⑤]思君尔。'忸怩。舜曰：'惟兹臣庶，汝其于予治。[⑥]'不识舜不知象之将杀己与?"

曰："奚而不知也?象忧亦忧，象喜亦喜。"

曰："然则舜伪喜者与？"

曰："否。昔者有馈生鱼于郑子产，子产使校人[7]畜之池。校人烹之，反命曰：'始舍之，圉圉[8]焉；少则洋洋焉；攸然而逝。'子产曰：'得其所哉！得其所哉！'校人出，曰：'孰谓子产智？予既烹而食之，曰，得其所哉，得其所哉。'故君子可欺以其方，难罔以非其道。彼以爱兄之道来，故诚信而喜之，奚伪焉？"

【注释】

①娶妻如之何？必告父母：诗句引自《诗·齐风·南山》。

②怼：怨恨。

③象：舜同父异母的弟弟。

④谟盖都君咸我绩，……二嫂使治朕栖：谟盖，谋害。谟，通"谋"。盖，通"害"。都君，指舜。祇，舜弓之名。栖，床。

⑤郁陶：想念的样子。

⑥惟兹臣庶，汝其于予治：惟，想念。于，帮助。

⑦校人：管理沼池的小吏。

⑧圉圉：鱼在水中疲弱的样子。

【译文】

万章问道："《诗》说：'娶妻该怎么办？必先禀告父母。'相信这方面的，应该没人比得上舜了。而舜不禀告父母就娶妻，是怎么回事儿？"

孟子说："舜如果禀告了父母就不能娶了。男女成婚，是人与人之间的重要伦常关系。如果因禀告了而娶不成妻，就是把废弃这一重要的伦常关系归咎于父母，所以就不禀告了。"

万章说："舜不禀告父母就娶妻的道理我懂了。帝尧嫁女儿给舜却不告诉他父

母，是什么道理呢？”

孟子说：“帝尧也知道告诉了就不能把女儿嫁给他了。”

万章说：“父母叫舜去整修谷仓，等舜上了屋顶却抽去了梯子，他的父亲瞽瞍放火焚烧谷仓。要他去淘井，不知道舜已出来了，便填土堵塞井口。象说：‘设法除掉舜是我的功劳，牛羊给父母，粮仓给父母，盾和戈归我，琴归我，弓归我，两个嫂嫂让她们伺候我睡觉。’象到舜的屋子时，舜正坐在床上弹琴。象说：‘我好想你啊！’神色羞愧。舜说：‘我想着那些臣民，你替我来管理。’我不明白，舜难道不知道象要杀害自己吗？”

孟子说：“怎么会不知道呢？象忧愁他也忧愁，象高兴他也高兴。”

万章说：“那么，舜是假装高兴吗？”

孟子说：“不。过去有人送了条活鱼给郑国的子产，子产叫管理池塘的小吏把它养在水池里。小吏却把鱼煮了吃了，回来报告说：‘刚放掉它时还奄奄的，过了一会，就甩着尾巴游起来，之后不知道游到哪儿去了。’子产说：‘它得到合适的去处了！得到合适的去处了！’小吏退了出来，说：‘谁说子产聪明？我已经把鱼烹煮着吃了，他却说，得到合适的去处了，得到合适的去处了。’因此，君子能用合乎情理的方法欺罔，却难以用违背常规的手段诳骗。象用假装喜爱兄长的做法作表示，所以舜真诚地相信而感到高兴，怎么是假装的呢？”

【评析】

孟子是在和学生咸丘蒙讨论有关大舜的事迹时顺便说到读诗的方法问题的。但他的这段话，尤其是关于“以意逆志”的命题，成了中国古代文学批评中的名言。直到今天，仍然受到现代文学批评专家、学者们的重视。所谓“诗言志”，语言只是载体、媒介。因此，读诗贵在与诗人交流思想感情。刘勰说：“夫缀文者情动而辞发，观文者披文以入情，沿波讨源，虽幽必显。”“情动而辞发”是“诗言志”；

"披文以入情"是"以意逆志"。刘勰发挥的，正是孟子的读诗法。

至于现代批评家所说的"一千个读者就有一千个哈姆雷特"，强调鉴赏者的再创造，那就和孟子"以意运志"的读诗法相去较远了。

【典例阐幽】

得其所哉

三国时代诸葛亮的妻子黄硕人如其名，头发黄、皮肤黑、身体壮硕，是一位有名的丑媳妇。

黄硕是河南名士黄承彦的女儿。黄承彦懂得诸葛亮的心思，认为诸葛亮之所以对大家闺秀与美貌的佳人都不屑一顾，是因为他志在邦国，他需要的是一位才德俱备的贤内助。因此黄承彦不顾冒昧，当面替自己的女儿说媒。

一天，诸葛亮来到黄承彦的家里。突然，堂屋两廊间蹿出两条猛犬，直扑向诸葛亮。丫鬟忙喝止，并上前拍打猛犬的头部，再拧一下它们的耳朵，两条猛犬竟然乖乖地蹲了下来。

诸葛亮仔细一看，原来是木头做的机械狗，他盛赞这两只木犬制作精巧，黄承彦哈哈大笑，说："木犬是小女没事时做着玩的，不想让你受惊了，真是抱歉得很啊！"诸葛亮举目四看，见壁上一幅《曹大家宫苑授读图》，黄承彦立即解释："这画是小女信笔涂鸦，不值行家一笑的。"接着，他指着窗外如锦繁花说："这些花花草草都是小女一手栽培、灌溉、剪枝、护理。"

诸葛亮

诸葛亮把黄硕娶回家后，他的邻居们不明就里地讥讽：“莫学孔明择妻，止得阿承丑女。”他们哪里知道诸葛亮正是得其所哉，庆幸自己娶到了一位德才兼备的妻子！

三

【原文】

万章问曰：“象日以杀舜为事。立为天子则放之，何也？”

孟子曰：“封之也，或曰放焉。”

万章曰：“舜流共工于幽州[①]，放驩兜于崇山[②]，杀三苗于三危[③]，殛鲧于羽山[④]，四罪而天下咸服，诛不仁也。象至不仁，封之有庳[⑤]。有庳之人奚罪焉？仁人固如是乎——在他人则诛之，在弟则封之？”

曰：“仁人之于弟也，不藏怒焉，不宿怨焉，亲爱之而已矣。亲之，欲其贵也；爱之，欲其富也。封之有庳，富贵之也。身为天子，弟为匹夫，可谓亲爱之乎？”

“敢问或曰放者，何谓也？”

曰：“象不得有为于其国，天子使吏治其国而纳其贡税焉，故谓之放。岂得暴彼民哉？虽然，欲常常而见之，故源源而来，‘不及贡，以政接于有庳’。此之谓也。”

【注释】

①共工：官名。幽州：地名，在北方偏远之地。

②驩兜：人名。崇山：地名，在南方偏远之地。

③杀：当为“窜”的假借字。三苗：国名。三危：山名，在西方偏远之地。

④殛：杀。鲧：人名，传说为禹之父。羽山：山名，在东方偏远之地。

⑤有庳：国名。

【译文】

万章问道："象每天把杀掉舜当作一件大事，舜做了天子后却只是流放他，为什么？"

孟子说："其实舜是封象为诸侯，有人却说是流放。"

万章说："舜见共工流放到幽州，把驩兜发配到崇山，把三苗之君驱逐到三危，在羽山杀掉了鲧，惩罚了这四个罪人而天下人都归服，这就是讨伐不仁了。象是极为不仁的，却封为有庳国的侯。有庳国的人难道有罪吗？仁人就是这样做事吗？——对别人，就讨伐他，对弟弟，就封赏他？"

孟子说："仁人对于弟弟呀，不把愤怒藏在心里，不记仇，只是亲近他、爱护他罢了。亲近他，就要他显贵；爱护他，就要他富有。封为有庳国的侯，就是使他富贵。自己做天子，弟弟却是普通百姓，可以叫作亲近他、爱护他吗？"

万章说："请问有人说是流放，又是什么意思？"

孟子说："象不能在他的国家有所作为，天子派官吏来治理他的国家，收缴贡税，所以有人说是流放。象难道能够残害他的百姓吗？尽管这样，舜还想常常能见到他，所以不断让他来，'没到缴纳贡税的时候，就以政治上的原因接待有庳'。说的就是这事。"

【评析】

本章以舜为例，讨论亲亲与公正的关系。舜成为天子后，一方面惩处了一批恶人，同时又封弟弟象为诸侯，这是不是有失公正呢？孟子认为，舜重视亲情，从亲情出发。每个人都希望自己的兄弟富有、尊贵。舜自己做天子，却让弟弟做普通百

姓，显然不合情理。所以从亲亲的角度看，封象为诸侯是可以接受的。但象是一个恶人，封他为诸侯，对治下的百姓显然又不公正。为了避免这一点，舜就派官吏去治理象的国家，不让象有危害百姓的可能。这样，亲亲与公正就达到了平衡。孟子既关注到社会公正，又不愿抛弃血缘亲情，其态度是折中、调和的。以后荀子提出："虽王公、士大夫之子孙也，不能属于礼义，则归之庶人；虽庶人之子孙也，积文学，正身行，能属于礼义，则归之卿相、士大夫。"（《荀子·王制》）较之孟子，是一个发展。

【典例阐幽】

不藏怒，不宿怨

晋代周伯仁和周仲智兄弟俩，哥哥周伯仁为人有雅量，待人不藏怒，不宿怨。由于他的名气比弟弟周仲智大，因此周仲智很不服气。

有一次，周仲智喝醉了，红着眼回到家，迎面骂周伯仁："你的才能不如我，不过是浪得虚名而已。"

周伯仁笑了一下，不作回答。不料周仲智越说越急，竟然举起放在一边的蜡烛台，向周伯仁扔了过来。周伯仁吓了一跳，急忙向旁边闪开，笑着说："你小子用火攻打我。真是下策。"

晋元帝时，镇东大将军王敦反叛，进军石头城（即建康，今南京），企图篡位称帝。王敦之弟王导及家族正在建康城内，处境相当险恶。王导在宫外候罪，正遇到周伯仁进宫，于是请求其为自己说情。周伯仁口头上没有答应，进宫后却积极向皇帝进言为王导开罪，并上书为其请命。但是王导并不知情。

后来王敦攻入南京，询问王导要不要杀周伯仁，王导没有言语，导致了周伯仁的被杀。后来王导从文库中看到了了周伯仁以前的奏折，恍然大悟，痛哭流涕曰："我不杀伯仁，伯仁却因我而死，幽冥之中，负此良友！"

四

【原文】

咸丘蒙[①]问曰："语云：'盛德之士，君不得而臣。父不得而子。'舜南面而立[②]，尧帅诸侯北面而朝之，瞽瞍亦北面而朝之。舜见瞽瞍，其容有蹙。孔子曰：'于斯时也，天下殆哉，岌岌乎！'不识此语诚然乎哉？"

孟子曰："否！此非君子之言，齐东野人之语也。尧老而舜摄也。《尧典》[③]曰：'二十有八载，放勋乃徂落，百姓如丧考妣。三年，四海遏密八音。[④]'孔子曰：'天无二日，民无二王。[⑤]'舜既为天子矣，又帅天下诸侯以为尧三年丧，是二天子矣。"

咸丘蒙曰："舜之不臣尧，则吾既得闻命矣。《诗》云：'普天之下，莫非王土。率土之滨，莫非王臣。'[⑥]而舜既为天子矣，敢问瞽瞍之非臣，如何？"

曰："是诗也，非是之谓也。劳于王事而不得养父母也。曰：'此莫非王事，我独贤劳也。'故说诗者不以文害辞[⑦]，不以辞害志。以意逆[⑧]志，是为得之，如以辞而已矣，《云汉》之诗曰：'周馀黎民，靡有孑遗。'[⑨]信斯言也，是周无遗民也。孝子之至，莫大乎尊亲。尊亲之至，莫大乎以天下养。为天子父，尊之至也。以天下养，养之至也。《诗》曰：'永言孝思，孝思维则。'[⑩]此之谓也。《书》曰：'祗载见瞽瞍，夔夔齐栗，瞽瞍亦允若。'[⑪]是为父不得而子也？"

【注释】

①咸丘蒙：孟子弟子。

②南面：古代以面向南方为尊位，这里指天子。

③《尧典》：存于今本《尚书·舜典》。今本《舜典》与《尧典》是一篇，题为《尧典》。

④二十有八载，……四海遏密八音：二十有八载，指舜摄政后的二十八年。有，通“又”。放勋，即尧。徂落，通“殂落”，死亡。密，无声。八音，指金、石、丝、竹、匏、土、革、木八种乐器。

⑤见《礼记·曾子问》。

⑥普天之下，……莫非王臣：率，自。

⑦以文害辞：文，文字。辞，语气。

⑧逆：揣测。

⑨周馀黎民，靡有孑遗：靡有，没有。孑遗，遗留。引诗自《诗经·大雅·云汉》，形容灾难深重，多有死亡。

⑩永言孝思，孝思维则：孝思，孝心。维则，作为行动的准则。诗句引自《诗·大雅·下武》。

⑪祇载见瞽瞍，夔夔齐栗，瞽瞍亦允若：祇，敬。载，事。夔夔斋栗，因谨慎而恐惧的样子。允，确实。若，顺。

【译文】

咸丘蒙问道：“常言道：‘道德崇高的人，君主不能把他作为臣属，父亲不能把他作为儿子。’舜面朝南而立，尧带领诸侯面北觐见他，他的父亲瞽瞍也面北觐见他。舜见到瞽瞍，面带不安。孔子说：‘在那个时候，天下岌岌可危啊！’不知道这话确实如此吗？”

孟子说：“不是。这不是君子的话，是齐国东郊外农人的话。尧年老了由舜代为处理天下事务。《尧典》说：‘过了二十八年，尧死了，百姓们如同失去了父母一样，服丧三年，四海之内停止一切音乐。’孔子说：‘上天没有两个太阳，百姓没有两位天子。’舜既然已经做了天子，又带领天下的诸侯为尧服丧三年，就是有两位天子了。”

咸丘蒙说：“舜不以尧为臣，我知道您的教诲了。《诗经》上说：‘普天之下，没有一处不是天子的土地；大地之上，没有一个不是有天子的臣民。’舜已经做了天子，瞽瞍却不是他的臣子，这是怎么回事？”

孟子说：“这首诗不是这样的意思。诗里说的是作者为王的公事辛苦劳作，而不能奉养父母。他说：‘这些没有一件不是公事，却只有我最劳碌。’所以，解说《诗》的人，不因为个别文字而误解词句，不因为个别词句而误解本意。要用自己的心去体会和推求诗意，这才可以。如果只看词句，《云汉》的诗篇说：‘周室余下的百姓，没有一个存留在世。’确实如它所说的话，周室就没有存留下来的百姓了。孝子的极致，没有比尊敬父母更大的。尊敬父母的极致，没有比以整个天下为父母来奉养和慈爱更大的。身为天子的父亲，是尊贵的极致。舜用整个天下来奉养，可以说是奉养和慈爱的极致。《诗经》说：‘永远保持孝心，孝心是天下的准则。’说的就是这个意思。《尚书》说：‘舜恭敬地去见瞽瞍，态度谨慎而恐惧，瞽瞍也确实顺理而行了。’这难道是父亲不能以他为子吗？”

【评析】

本章仍论舜帝，孟子引经据典，仍曲为之说。

弟子问孟子，舜为天子后，帝尧和舜父都去朝见他，这是怎么回事？孟子说，这是齐东乡下人乱说的。实际上，尧衰老后，让舜当摄政王，尧仍是天子。过了二十八年，尧死了，舜才当天子。

那么，舜当天子后，他父亲瞽瞍是不是王臣呢？孟子说，舜当了天子，仍然是个孝子。在中国古代，君犹父，臣犹子。舜当了天子，是天下之君父，但在自己的父亲面前，仍然是儿子。舜见父亲时，局促不安，仍守儿子之道。

尧舜的故事，传说纷纭。孟子对其事迹的解释，未必是不可动摇的权威解释。

另外，孟子关于读诗“不以文害辞，不以辞害志”和“以意逆志”的命题，成为中国古代文学批评中的名言。读诗，不要拘泥字面而歪曲了词句，也不要凭个别词句而歪曲了本意。用自己的体会揣度作者的本意，才能得出合理的解释。

【典例阐幽】

岌岌可危

春秋时，晋灵公一味享乐，动用了大批劳力和钱财，来建设九层琼台。他怕臣子们反对，就下令不准任何人来规劝，说：“有谁敢来进谏，处死不赦!”

晋灵公为了个人的享乐，劳民伤财，荀息知道以后，跑去见灵公。灵公为了防止他的规劝和阻止，就叫人拉弓搭箭，只要他一开口规劝，就立刻把他射死。荀息明知道情势紧张，仍故作轻松地说：“大王！我学到了一种好玩的小把戏，特地进宫来表演给大王看!”

晋灵公一听，就立刻撤了弓箭。荀息便认真地把九颗棋子堆起来，然后再把鸡蛋一个一个地加上去。旁边的人都害怕得屏住呼吸，而晋灵公自己也慌张地说：“危险啊！危险!”

荀息慢慢地说：“这有什么危险？还有比这个更危险的呢!”

晋灵公禁不住问：“快说给我听听。”

这时，荀息站立起来直着身子，沉痛地说：“主公您为了建造高台，弄得国库空虚，邻国将要侵略我们，我们的国家岌岌可危，不是比这些鸡蛋更加危险吗?”

晋灵公听了以后才恍然大悟，叹息道：“我的错误竟使国家落到如此严重的地步！”随即下令停止造台。

普天之下，莫非王土

唐僖宗自幼长于深宫，不谙世事，朝政大事完全交与宦官田令孜。田为了长久地控制皇帝，专门引导皇帝玩乐，使小皇帝远离大臣与朝政。唐僖宗对玩乐也确实乐此不疲，整日吃喝玩乐、斗鹅走马，凡骑术、箭法、击剑、舞槊、法算、音律、捕博、蹴鞠、斗鸡无不精通，其中蹴鞠是唐僖宗的拿手好戏，他曾对优人石野猪说：“朕若是去考击球进士，肯定能考上状元。”

唐僖宗认为“普天之下，莫非王土”，于是利用自己的权力大肆挥霍，经常重赏自己喜欢的人，单是赏赐给伶人、妓女的钱物就动辄逾万。有一次，他到六王院与诸王赌鹅，一只鹅的赌注就是五十万钱。原本就空虚的国库哪里经得起这般折腾，两三年国库里的钱就被挥霍一空了。但是皇帝依然我行我素，钱从哪里来呢？唐僖宗下诏命令内园小儿登记京城两市商人的货物，不管是华人还是外商的，一律收缴，以充实宫库。两市是京城中两大贸易区，街市内货财二百二十行，四面立邸，四方珍奇皆所集聚。东市华商较多，西市多为中亚、波斯、大食商人所居。此诏一下，商人稍有不满就被捆起来，送到京兆府乱棍打死。

齐东野语

北齐开国君主高洋在称帝前任东魏的京畿大都督，掌管外朝大政。高洋早有当皇帝的野心，但是他假装愚钝憨直，无论什么事都睁一只眼闭一只眼，只要相安无事，连妻子被他哥哥齐王高澄调戏多次，他也假装不知道。不久，高澄因为专横跋扈被杀，高洋推行新法，把晋阳城管理得市井繁荣，井然有序。东魏孝静帝元善见他办事认真，不怕劳苦，便封他为大丞相，都督全国的军队，还让他承袭他哥哥的爵位，当上了齐王。

于是高洋准备代魏而另立新朝，他听说大臣宋景业通晓《周易》，研究过阴阳变化及行星占测气候的学问，于是就让他用蓍草占卜，结果占到乾乾卦，乾卦又变化为鼎卦。宋景业解释说："干卦，意味着君主之象。鼎卦，是说在五月发生变化。您在仲夏受禅让最适宜了。"

消息传出去以后，有人进言说："按民间的一种说法，五月不能接受新的职位，如果违犯这一条，就会死在接受的职位之上"

宋景业听了以后反驳说："这不过是齐东野语，不足为信。大王您贵为天子，当然没有下台离位的时候，哪能不死在自己的皇位上呢！"高洋听了非常高兴，于是从晋阳出兵，于550年消灭了东魏，自称皇帝。

五

【原文】

万章曰："尧以天下与[①]舜，有诸？"

孟子曰："否。天子不能以天下与人。"

"然则舜有天下也，孰与之？"

曰："天与之。"

"天与之者，谆谆然[②]命之乎？"

曰："否。天不言，以行与事示之而已矣。"

曰："以行与事示之者，如之何？"

曰："天子能荐人于天，不能使天与之天下；诸侯能荐人于天子，不能使天子与之诸侯；大夫能荐人于诸侯，不能使诸侯与之大夫。昔者，尧荐舜于天，而天受之；暴[③]之于民，而民受之；故曰：天不言，以行与事示之而已矣。”

曰：“敢问荐之于天，而天受之；暴之于民，而民受之，如何?”

曰：“使之主祭，而百神享之，是天受之；使之主事，而事治，百姓安之，是民受之也。天与之，人与之，故曰，天子不能以天下与人。舜相[④]尧二十有八载，非人之所能为也，天也。尧崩，三年之丧毕，舜避尧之子于南河[⑤]之南，天下诸侯朝觐者，不之尧之子而之舜；讼狱[⑥]者，不之尧之子而之舜；讴歌者，不讴歌尧之子而讴歌舜，故曰，天也。夫然后之中国[⑦]，践天子位焉。而[⑧]居尧之宫，逼尧之子，是篡也，非天与也。《泰誓》[⑨]曰：‘天视自我民视，天听自我民听。’此之谓也。”

【注释】

①与：给，给予。

②谆谆然：反复告诫、叮咛。

③暴：显，显露。

④相：动词，帮助，协助。

⑤南河：河名，或在河南濮阳附近。

⑥讼狱：打官司。

⑦中国：此处指帝王的都城。

⑧而：如。

⑨《泰誓》：《尚书》篇名。

【译文】

万章问孟子：“尧把天下交给舜，有这事吗?”

孟子回答说："没有。天子不能把天下交给别人。"

"那么舜有天下，是谁给他的呢？"

孟子说："是上天给的。"

"上天把天下交给他的时候，也反复叮咛、劝诫吗？"

孟子说："不是。上天不会说话，人要用自己的行动、行事来向上天表达。"

"用自己的行动、行事来向上天表达，该怎样做呢？"

孟子说："天子能够向上天推荐人，不能让上天把天下交给他；诸侯能够向天子推荐人，不能让天子把诸侯的职位给他；大夫能够向诸侯推荐人，不能让诸侯把大夫的职位给他。从前，尧向上天推荐舜，上天接受了这一请求；还把舜公开给百姓，百姓也接受了。所以说，上天不说话，要用行动和行事向其表达。"

"请问向上天推荐他，上天接受了；公之于百姓，百姓也接受了，这是怎么回事呢？"

孟子说："让他来主持祭祀，而所有的神明都来享受，这就说明上天接受了；让他来主持事务，能把事情做得很好，百姓都很安心，这就说明百姓接受他了。这是上天把天下交给他的，是百姓把天下交给他的，因此说，天子不能把天下交给别人。舜协助尧治理天下二十八年，这不是人力所能为的，这是天意。尧死之后，三年之丧结束，舜到南河的南岸去躲避尧的儿子，但是那些朝觐天子的诸侯不去朝觐尧的儿子而去朝觐舜；打官司的人，不去尧的儿子那里而去舜那里；歌颂的人不歌颂尧的儿子而歌颂舜，所以说，这是天命。在这之后，舜才来到国都，登上天子之位。如果他开始就住在尧的宫室里，逼迫尧的儿子，这是篡逆，不是上天给他的。《泰誓》上说：'上天看到的来自百姓看到的，上天听到的来自百姓听到的。'说的就是这个意思。"

【评析】

本章亦论尧舜之事。

按照古代传说，尧舜均为原始社会末期华夏诸族联盟的领袖。那时有一个联盟会议，成员为各部落酋长之类。所谓“天子”的位子，由联盟会议决定，然后天子禅位，尧、舜先后继位，都是这么来的。

孟子虽是大学者，但因他对原始社会的情况不甚了解，又刻意从各种互相矛盾的传说中找出对尧舜有利的传说曲为辩护，所以他的见解未必站得住脚。

六

【原文】

万章问曰：“人有言，‘至于禹而德衰，不传于贤而传于子’，有诸?”

孟子曰：“否，不然也。天与贤，则与贤；天与子，则与子。昔者，舜荐禹于天，十有七年，舜崩。三年之丧毕，禹避舜之子于阳城[1]，天下之民从之，若尧崩之后不从尧之子而从舜也。禹荐益于天，七年，禹崩。三年之丧毕，益避禹之子于箕山之阴[2]。朝觐讼狱者不之益而之启[3]，曰：‘吾君之子也。’讴歌者不讴歌益而讴歌启，曰：‘吾君之子也。’丹朱之不肖[4]，舜之子亦不肖。舜之相尧、禹之相舜也，历年多，施泽于民久。启贤，能敬承继禹之道。益之相禹也，历年少，施泽于民未久。舜、禹、益相去久远[5]，其子之贤不肖，皆天也，非人之所能为也。莫之为而为者，天也；莫之致而至者，命也。匹夫而有天下者，德必若舜、禹，而又有天子荐之者，故仲尼不有天下。继世以有天下，天之所废，必若桀、纣者也，故益、伊尹、周公不有天下。伊尹相汤以王于天下，汤崩，太丁未立[6]，外丙二年[7]，仲壬四年[8]。太甲颠覆汤之典刑[9]，伊尹放之于桐[10]，三年，太甲悔过，自怨自艾，于桐处仁迁义，三年，以听伊尹之训己也，复归于亳[11]。周公之不有天下，犹益之于夏、伊尹之于殷也。孔子曰：‘唐虞禅，夏后殷周继，其义一也。’”

【注释】

①阳城：山名，在今河南登封北。

②箕山：在今河南登封东南。阴：山北。

③启：禹之子。

④丹朱：尧之子。

⑤舜、禹、益相去久远：指三者相距或久远或短暂。按，舜相尧二十八年，禹相舜十七年，这是久远者；益相禹只七年，是短暂者。

⑥太丁：汤之太子，未立而死。

⑦外丙：太丁之弟。

⑧仲壬：太丁之弟。

⑨太甲：太丁之子。典刑：常法。

⑩桐：在今河南偃师西南。

⑪亳：在今河南偃师西。

【译文】

万章问道："有人说，'到了禹的时候道德就衰落了，他不传位给贤人而传给自己的儿子'，有这事吗？"

孟子说："不，不对的。天要授给贤人，就授给贤人；天要授给儿子，就授给儿子。从前，舜把禹推荐给天，十七年后，舜死了，三年服丧的期限结束后，禹避开舜的儿子到阳城去，可是天下的老百姓都跟从他，就像尧死后，老百姓不跟从尧的儿子而跟从舜一样。禹也把益推荐给天，七年后，禹死了。三年服丧的期限结束后，益为避开禹的儿子躲到箕山北面去。朝见和打官司的人不到益那里去，而到启那里去，说：'这是我们君主的儿子啊。'歌颂的人不歌颂益而歌颂启，说：'这是我们君主的儿子啊。’尧的儿子丹朱不好，舜的儿子也不好。舜辅佐尧、禹辅佐舜，都历时多年，对老百姓施与恩泽的时间长。启是贤明的，能恭敬地继承禹的作风。益辅佐禹，历时较短，对老百姓施与恩泽的时间不长。舜和禹、禹和益，相距的时间或长或短，他们的儿子或者贤明，或者不好，都是天意，不是人的意志所能主宰。没有人叫他们这样去做，而做成了，这是天意；没有人去争取，而得到了，这是命运。以一个平头百姓而享有天下，他的道德一定像舜和禹，而且又有天子推荐他，所以孔子没赶上天子推荐，便不能享有天下。因世袭而享有天下，而天又把他废弃的，一定是像桀、纣那样的人，所以益、伊尹、周公没赶上桀、纣那样的，也便不能享有天下。伊尹辅佐汤统一了天下，汤死后，太丁未立就死了，外丙在位两年，仲壬在位四年，太甲继位后，破坏汤的法度，伊尹就把他流放到桐邑，三年之后，太甲悔过，自己怨恨，自己改正，在桐邑就自处于仁，自迁于义，三年过后，因为听从伊尹对自己的教导而重新回到亳都做天子。周公不享有天下，就如益在夏、伊尹在殷的情况。孔子说：‘唐尧、虞舜实行禅让制，夏、商、周三代实行世袭制，道理是一样的。’”

【评析】

孟子在上一章提出了君权是“天与之，民与之”，实则为“民与之”的理论，这一章更以上自尧舜、下至孔子近两千年的历史，对这一理论加以印证。“天与之，民与之”实际是以民意为依归，即以人民的拥护程度来确定的。他以舜、禹、启三人之得天下为例说明，是由于人民之中大多数衷心拥护；而伯益、伊尹、周公三人，尽管有崇高的品格，而未能得天下，是因他们所侍奉之国君，大体皆能顺民意，而绝非暴虐之君；至于孔子之未能得天下，是因天子没有推荐于天。所谓推荐于天的意思，就是孔子没有得到担当辅佐国君治国大任的机会。以两千年的历史来印证君权“天与之，民与之”的理论，这是孟子对历史的精辟分析、高度概括，是对中国上古历史发展的理论和实践做出的重大贡献。这对近现代社会有着积极的意义。

【典例阐幽】

孝子贤孙

在成都南郊武侯祠中，有一座气势宏伟的刘备殿，正居中有刘备贴金塑像，在左侧陪祀的不是他的儿子刘禅，而是孙子刘谌。原因据说就是因为刘禅昏庸无能不能守基业，其像在宋、明两代几次被毁之后，就没有再塑。而对于刘谌，人们认为他英勇殉国，才是刘家的孝子贤孙，故而有资格在刘备身边享受祭祀。

263 年，邓艾兵临成都城，刘禅与大臣计议后决定投降，北地王刘谌主张抵抗，说道："若理穷力屈，祸败必及，便当父子君臣背城一战，同死社稷，以见先帝可也。"刘禅不听。刘谌放声大哭，说："先帝所创之基业，毁于一旦，吾宁死不屈。"刘禅将其推出宫门，自己投降了邓艾。刘谌闻知后怒气冲天，先杀其妻崔夫人，又杀了自己三个孩子，并割下了妻子的头颅，提到刘备的庙中伏地大哭："孙羞见刘家基业弃于他人，故先杀妻儿以绝挂念，后将一命报祖！爷爷若有灵，当知孙子之心也！"

大哭一场之后，刘谌眼中流血，自杀而亡。

自怨自艾

西汉时，蜀中富家女卓文君二十岁便成了寡妇，回娘家居住。一次，才子司马相如随当地朋友来拜访卓文君的父亲，偶然窥见了卓文君的容貌，便在弹琴时唱了一首自编的情歌，表达对卓文君的爱。卓文君不顾父亲的反对，竟连夜跟司马相如私奔了。他们结合后，卓文君不嫌弃司马相如的贫寒，以千金之躯当垆卖酒，维持生计。

可是不久，司马相如赴长安谋职。五年后官拜中郎将，想另娶名门千金。卓文君接到信以后，知道丈夫恩断情绝的遗弃之意，自怨自艾的她写下了一首词：一别之后，二地相思，只说三、四月，谁知五六年，七弦琴无心弹，八行书不可传，九连环从中折断，十里长亭望眼欲穿，百思想，千系念，万般无奈把郎怨。万语千言说不完，百般无聊，十倚栏，重九登高看孤雁，八月中秋月圆人不圆，七月半焚香秉烛问苍天，六月伏天人人摇扇我心寒，五月榴花红似火，偏遇阵阵冷雨浇花端，四月枇杷色未黄，我欲对镜心意乱，忽匆匆，三月桃花随水转，飘零零，二月风筝线儿断，噫，郎呀郎，巴不得下一世你为女来我为男。

司马相如看到词以后，被卓文君的痴情感动了，就再也没提再娶的事！

七

【原文】

万章问曰："人有言'伊尹以割烹要汤[①]'，有诸？"

孟子曰："否，不然。伊尹耕于有莘[②]之野，而乐尧舜之道焉。非其义也，非其道也，禄[③]之以天下，弗顾也；系马千驷[④]，弗视也。非其义也，非其道也，一介[⑤]不以与人，一介不以取诸人。汤使人以币[⑥]聘之，嚣嚣然[⑦]曰：'我何以汤之聘币为哉？我岂若处畎亩之中，由是以乐尧舜之道哉？'汤三使往聘之，既而幡然[⑧]改曰：'与[⑨]我处畎亩之中，由是以乐尧舜之道，吾岂若使是君为尧舜之君哉？吾岂若使是民为尧舜之民哉？吾岂若于吾身亲见之哉？天之生此民也，使先知觉[⑩]后知，使先觉觉后觉也。予，天民之先觉者也，予将以斯道觉斯民也。非予觉之，而谁也？’思天下之民匹夫匹妇有不被尧舜之泽者，若己推而内[11]之沟中。其自任以天下之重如此，故就汤而说之以伐夏救民。吾未闻枉己而正人者也，况辱己以正天下者乎？圣人之行不同也，或远，或近；或去，或不去；归洁其身而已矣。吾闻其以尧舜之道要汤，未闻以割烹也。《伊训》曰：‘天诛造攻，自牧宫，朕载自亳。[12]’”

【注释】

①伊尹以割烹要汤：要，要求，要取。《史记·殷本纪》和《吕氏春秋》都有相关的记载，伊尹想要行王道，想去见商汤却没有理由，“乃为有莘氏媵（商汤后妃的陪嫁奴仆），负鼎俎，以滋味说汤，至于王道”。

②有莘：“有”是词头。莘，古国名，地在今河南陈留县附近。

③禄：动词，作为俸禄。

④系马千驷：系，系住，拴住。驷，四匹马。

⑤一介：一点，一点东西。

⑥币：原指布帛，古代用此作为赠送宾客或聘享的礼物，后通称车马玉帛等用作聘享的礼物为“币”。

⑦嚣嚣然：闲暇的样子。

⑧幡然：指突然醒悟的样子。

⑨与：与其。

⑩觉：动词，使觉悟。

⑪内：同“纳”。

⑫“天诛造攻”三句：语出《尚书·商书·伊训》。诛，惩罚，讨伐。造，与下文“载”同义，“始、开始”的意思。

【译文】

万章问道："有人说'伊尹以美味来求得汤的任用，'有这回事吗?"

孟子说："没有，不是这样的。伊尹原在莘国的田野耕作，向往尧舜之道。假使不符合义，不符合道，即使把天下当作俸禄给他，他也不理睬；即使有四千匹马拴在那里，他也不看一眼。如果不符合义，不符合道，一根草也不拿去送人，一根草也不拿别人的。汤派人带了礼物去聘请他，他无动于衷地说：'我要汤的聘礼干什么？哪如我生活在田野中，像这样把尧舜之道当作快乐呢?'汤又多次派人去聘请，不久他完全改变了态度，说：'与其隐居在田野中，把尧舜之道当作快乐，还不如使这个君主成为尧舜那样的君主呢，还不如使百姓成为尧舜时代那样的百姓呢，还不如亲眼见到尧舜那样的盛世呢。上天生育这些人民，就要使先知者帮助后知者觉悟，先觉者帮助后觉者觉悟。我，是上天所生人民中的先觉者，我将用这尧舜之道去使人民觉悟。如果我不使他们觉悟，又有谁呢?'他想到天下的百姓要是有一个男人或一个女人没有享受到尧舜之道的恩泽，就像是自己把他们推入了山沟似的。他就像这样把天下的重任担在自己肩上，所以到汤那里劝说他讨伐夏桀，拯救百姓。我未听说自己不正却能匡正别人的，更何况侮辱自己来匡正天下呢？圣人的行为是有所不同的，有的躲避君主，有的接近君主，有的离开朝廷，有的不离开朝廷，但都归结到使自身洁净罢了。我只听说伊尹是凭尧舜之道去求汤任用的，没听说是靠美味去求官做的。《伊训》上说：'上天诛灭夏桀，原因来自夏桀本人，我只是从亳都开始谋划罢了。'"

【评析】

本章论伊尹。

商汤、伊尹之时，虽然已有草创的文字，但多用于祭祀，历史仍然靠口耳相传。伊尹事迹，虽然后代学者多有记录，但口传历史仍然众说纷纭。如伊尹到底是为商汤当厨子而干求爵禄，还是如孟子所说遵尧舜之道而被商汤赏识，实为一历史悬案。而孟子一口咬定，像伊尹这样的圣人，不会要非义、非道的爵禄。还说汤去礼聘伊尹，伊尹开始还不干，后来因为要使商汤成为尧舜那样的圣君，自认为自己是先知先觉者，应帮助人民蒙受尧舜的恩泽，这才出仕，帮助商汤成为一代圣君，而伊尹也因此成为千古大圣人。

在孟子描述的大圣人伊尹身上，分明可以看到孟子自己的影子。

八

【原文】

万章问曰："或谓孔子于卫主痈疽[①]，于齐主侍人瘠环[②]，有诸乎？"

孟子曰："否，不然也。好事者为之也。于卫主颜雠由[③]。弥子之妻与子路之妻[④]，兄弟也。弥子谓子路曰：'孔子主我，卫卿可得也。'子路以告。孔子曰：'有命。'孔子进以礼，退以义，得之不得曰'有命'。而主痈疽与侍人瘠环，是无义无命也。孔子不悦于鲁、卫，遭宋桓司马将要而杀之[⑤]，微服而过宋[⑥]。是时孔子当厄，主司城贞子[⑦]，为陈侯周臣[⑧]。吾闻观近臣[⑨]，以其所为主；观远臣[⑩]，以其所主。若孔子主痈疽与侍人瘠环，何以为孔子？"

【注释】

①主痈疽：以痈疽为主人，指住在痈疽家里。痈疽：人名，卫灵公所宠幸的宦官。

②侍人：即"寺人"，宦官。瘠环：人名。

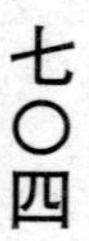

③颜雠由：卫国贤大夫。

④弥子：卫灵公幸臣弥子瑕。

⑤宋桓司马：宋国司马桓魋。要：拦截。

⑥微服：指更换平常的服装。

⑦司城贞子：陈国人。

⑧陈侯周：陈怀公子，名周。

⑨近臣：在朝之臣。

⑩远臣：外来的臣。

【译文】

万章问道："有人说，孔子在卫国住在痈疽家里，在齐国住在宦官瘠环家里，有这回事吗？"

孟子说："不，不是这样。这是好事之徒编出来的。他在卫国住在颜雠由家里。弥子瑕的妻子和子路的妻子是姊妹。弥子瑕对子路说：'如果孔子住到我家里，卫国的卿相之位便可得到。'子路把这话告诉孔子。孔子说：'得不得卿相之位是由天命决定的。'孔子依礼而进，依义而退，得到或得不到都说'由天命决定'。如果住在痈疽和宦官瘠环的家里，都是无视道义、无视天命的。孔子在鲁国、卫国不得意，又碰到宋国的司马桓魋将拦截他要杀掉他，孔子换了服装，悄悄走过宋国。这时孔子正处在困难的境地，住在司城贞子家里，做陈侯周的臣。我听说观察在朝的臣子，看他所招待的客人；观察远来的臣子，看他所寄居的主人。如果孔子以痈疽和宦官瘠环为主人，怎么能成为孔子？"

【评析】

本章承前几章继续评述圣人，本章论孔子。

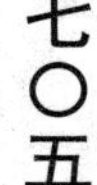

孔子在世时就誉满天下。他死后，鲁国国君为他写悼词。孔门弟子为他守孝三年，门徒后学认为他比尧舜还要伟大。但是，也有一些对孔子不利的议论和传闻，说孔子在卫国、齐国时，曾做客于宦官家中，就是这类传闻之一。

孟子断然否认，认为这是“好事者”的捏造和污蔑。他说，孔子在卫国时，住在贤大夫颜雠由家里，还有人造谣说孔子曾住在卫灵公宠臣弥子瑕家里，以干求爵禄。依孔子之为人，进退都讲礼义，怎么会住在为世人所不齿的宦官家里呢？孔子困陈蔡时，曾住在司城贞子家，做了陈侯周的臣子。

孟子最后说，观察在朝的臣子，就看他们招待什么客人；观察外来的臣子，就看他们住在什么人家里。像孔子这样的人如果寄居在宦官家里，还怎么能算“孔子”呢？

孟子为孔子辩诬，一用事实，二依孔子为人做出推定，这种方法值得借鉴。

【典例阐幽】

以其所交，知其人

有一次，李克从魏文侯那里出来，碰见翟璜。翟璜知道魏文侯召见李克是为了咨询相国人选事宜，所以一见面就毫不掩饰地问李克：“今天大王召见先生您咨询相国人选，到底定了谁？”李克的回答也十分痛快：“是魏成。”翟璜对自己竞聘相国的职位是抱有很大希望的，现在结果不是自己，心里一下子想不通啦，愤懑得脸色都变了，就对李克评摆起自己的功绩来：“大王寻求善战的将领，我就引进了西河守吴起；大王为治理邺担忧，我举荐了西门豹；大王想要讨伐中山国，我举荐了乐羊；中山攻下之后无人管理，我举荐了先生您；太子缺少一位老师，我举荐了屈侯鲋。您觉得我哪儿比不上魏成呢？”

翟璜举荐的吴起和乐羊都是一代名将，西门豹治邺被传为佳话，李克和屈侯鲋也都是品行端方、学识渊博的大臣。翟璜为魏国举荐了这些优秀的人才，确实有竞争相国的资本。

虽然翟璜对他有举荐之恩，但是李克并没有在这个时候逢迎翟璜，而是义正词严地说："以您的身份不应当说这种话。怎么能为了当大官和别人比功劳呢？大王向我咨询相国的人选，我则本着慎重的态度提出建议。我之所以知道大王会选择魏成当相国，主要根据两个原因。一是魏成的俸禄十分之九都用来帮助别人，自己所用只占十分之一；二是他举荐的卜子夏、田子方、段干木三个人，大王把他们视为老师，而您举荐引进的五个人，却是大王的臣子。所以您怎么能和魏成相比呢！"

这便是"以人识人的"的道理了。通过一个人的言行趣味和所交往的朋友，就比较容易判断和了解他是怎样一种人了。譬如喜欢运动的人往往容易结交运动爱好者，商人往往容易结交生意场上的人，喜欢整日搓麻将的人，赌友一定少不了。如果你往来的都是专家学者，那么你本人的学识也一定差不了。所以我们要观察判断和了解一个人，不是听他自己怎样说，或者别人说他如何了不起，而是要看他所结交的是怎样的朋友。

九

【原文】

万章问曰："或曰：'百里奚[①]自鬻[②]于秦养牲者五羊之皮、食牛，以要秦穆公[③]。'信乎？"

孟子曰："否，不然。好事者为之也。百里奚，虞[④]人也。晋人以垂棘之璧与屈产之乘，假道于虞以伐虢。宫之奇[⑤]谏，百里奚不谏。知虞公之不可谏而去之秦，年已七十矣，曾[6]不知以食牛干秦穆公之为污也，可谓智乎？不可谏而不谏，可谓不智乎？知虞公之将亡而先去之，不可谓不智也。时举于秦，知穆公之可与有行也而相之，可谓不智乎？相秦而显其君于天下，可传于后世，不贤而能之乎？自鬻以成其君，乡党自好者不为，而谓贤者为之乎？"

【注释】

①百里奚：虞国大夫，后在秦国任相，辅助秦穆公建立霸业。

②鬻：卖。

③秦穆公：又作秦缪公，秦国国君。

④虞：国名，在今山西平陆东北。

⑤宫之奇：虞国贤臣。

⑥曾：竟，乃。

【译文】

万章问道："有人说，'百里奚用五张羊皮的代价和为人喂牛的条件，把自己卖给秦国养牲口的人，来寻找求得秦穆公任用的机会。'这是真的吗？"

孟子说："不，不是这样。是好事者编造的。百里奚是虞国人。当时晋国人用垂棘所产的美玉和屈地所产的四匹良马为代价，向虞国借路去攻打虢国。宫之奇向虞公进谏阻拦，百里奚没有。他知道虞公不会听从劝告，就离开虞国到了秦国，当时他已经七十岁了，竟不知道靠替人喂牛求得秦穆公任用是污浊的，能说他明智吗？知道不会听从劝告就不去劝告，能说不明智吗？知道虞国就要亡国而先离开，不能说不明智啊。当时在秦国受提拔，就知道穆公是个可以同他干一番事业的君主而辅佐他，能说不明智吗？做了秦国的相而使他君主的威望显赫于天下，并且可以流传到后世，不是贤者能做到这一步吗？卖掉自己去成全君主，乡里自爱的人也不愿干的，贤者肯这么干吗？”

【评析】

百里奚本是虞国之臣，后来辅佐秦穆公成就霸业。他是怎么到秦穆公那里去的，史书上有不同说法。万章的说法是一种常见的说法。还有一种说法是，百里奚被晋国人抓走了，逃走后又被楚国人抓去，秦穆公用五张公羊皮把他换回来。不管是百里奚自卖五张公羊皮，还是秦君用五张羊皮买他，总之五张羊皮就是他的身价。秦穆公封他为“五羖大夫”，恐怕也意在纪念他这一段经历。

百里奚

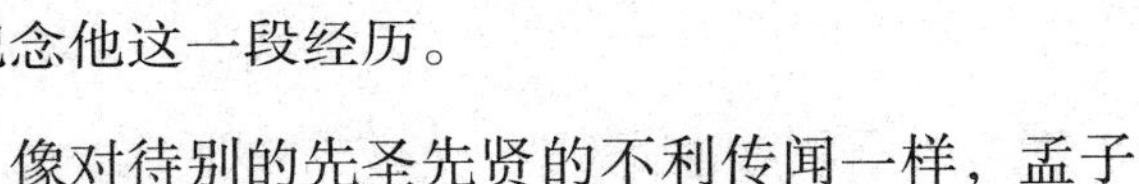

像对待别的先圣先贤的不利传闻一样，孟子也是断然否认。他认为，百里奚是何等“智”而“贤”的人物，他知道虞君不可谏就不谏，知道虞国将亡而先走，知道秦穆公可辅而辅佐之，他怎么会自卖自身，为秦人喂牛，以干求秦穆公呢？这种事情，乡下一个洁身自爱的人都不会做，反说贤者肯干吗？

孟子的办法，仍然是一种推理的方法。结论对与不对另当别论，方法还是可以借鉴的，唐代作家韩愈就曾借鉴这种方法为抗击安史叛军的英雄张巡、许远辩诬。

【典例阐幽】

介子推隐居不仕

晋献公死后，他的儿子们因争夺王位而酿成内乱，献公的第二个儿子公子重耳，就是后来的晋文公，被迫逃亡国外。在出逃时由于连日跋涉逃奔，饥寒交迫，他身边的臣子亡的亡、散的散，所剩无几，只有介子推、赵衰、狐偃等侍臣随从护卫着他，始终不离左右。一伙人很是狼狈，逃亡时有时靠要饭为生。有一次要不着饭，介子推就将自己的肉割下来给晋文公吃，文公很是感激，说以后要报答介子推。但晋文公在回国时把船上逃亡时用的破烂东西全扔到了河里。大臣狐偃害怕文公回国后也像破烂一样将自己扔掉，就假意劝说，最后和文公盟誓各不相忘。介子推认为他们两个人一个未曾居安而就忘危。一个只想自己功名富贵，于是耻于和他们一同为朝，就躲了起来。

后来晋文公才想起介子推来，想让他出来做官，但介子推就是不肯，和老母躲进了绵山。晋文公为了逼他出来，就放火烧绵山，烧死了介子推。

【本篇总结】

在这一篇，孟子主要和弟子讨论古代的圣贤舜、伊尹和孔子出处行事的大节，澄清人们对他们的一些误解。孟子认为，不管在什么时代，都要坚持对根本原则的信仰和追求，像古代圣人那样，不为外在的事物诱惑。商界人士的言行都要以礼义作为准则，即便在危难之中，都不能放弃准则而迁就他人。

【古代事例】

廉洁宰相卢怀慎

万章向孟子请教舜为什么要跑到田野中对着苍天默默哭泣，孟子答道，舜怨慕自己得不到父母之亲爱，兄弟之间又没有感情。舜富有四海，天下人都归附他，但这些都无法解除他心中的忧愁，由于没有得到父母的欢心，心中依旧无所归依，因为舜对孝道这一原则有着执着的追求。唐代贵为宰相的卢怀慎，同样不为利禄诱惑，对忠诚廉洁这一仕官原则也有着执着的追求。

卢怀慎，唐滑州灵昌（今河南滑县西南）人，以清正忠直闻名于世。在任职期间，卢怀慎从不凭借自己的权势谋取私利，更不经营私产。他自奉很薄，衣服俭朴，器物粗粝，以致妻儿号寒，全无一副太平宰相的架子。

唐中宗（656—710 年）时，卢怀慎担任右御史台中丞时，上章陈述时政，请求皇帝整顿士风，改变官僚中的陋习。他还向皇帝指出，这些官员虽然触犯法律被流放到偏远之地，却依旧有很多人很快就得到升迁，重新在朝中任官。这样的轻微惩罚完全成为一种形式，并不能真正发挥作用。他们回朝之后，继续贪得无厌，敲诈百姓，毫无悔过之心。所以，贪污受贿的官员被判罪之后，不满十年不应该再加叙用。可惜的是，卢怀慎连上两次疏奏都没有得到回复。

唐玄宗开元元年（713 年），卢怀慎出任宰相。他自以为才能比不上姚崇（650—721 年），凡事避让不争，尽量给姚崇充分发挥才能的空间。他自己则专门负责荐贤举能。

尽管卢怀慎自奉很薄，但他待人真诚大方，每得到俸禄或朝廷的赏赐，总是毫不吝啬地与亲友分享。后来卢怀慎赴洛阳（今属河南）选举官吏，随身的行李只有一个布囊。卢怀慎到达洛阳之后就身患重病，公事办完都不能离开。宋璟、卢从愿在一个风雨之夜前往问疾，走到卢怀慎的住处时，屋内灯影幢幢，只见卢怀慎躺在一床薄席上，门上却连遮雨的苇帘都没有。卢怀慎看到宋璟、卢从愿后十分开心，遂令仆人设宴招待。摆在桌上的食物，不过两盆蒸豆，几根青菜而已。两人临别时，卢怀慎拉着他们的手说："皇上想要实现天下大治的心情十分急切，不过从开国到现在，唐朝享国日久，皇上难免会有倦怠之心，恐怕此时将有人趁机钻营。愿二位励精图治，举贤荐能，万不可懈怠，别让投机取巧的人有钻营的机会。"

没过多久，卢怀慎去世。家里连治丧的积蓄都没有。

恰在这时，唐玄宗想要巡幸东都洛阳，四门博士张晏上言说："卢怀慎忠清耿直，善始善终，若不加优赐，恐怕无以鼓励善行。"玄宗于是下制书厚赐卢怀慎的家属。玄宗从还京后，在一次打猎时，偶然问到卢怀慎家，只见四壁低矮，简陋陈旧，家人忙忙碌碌地似乎在做什么，于是派人前往探视。回来的人说，卢怀慎去世二十五个月，家中在举办大祥之祭。玄宗听后非常感伤，再次厚赐其家，想起卢怀慎的清廉，立即停止打猎活动。在回宫的路上，玄宗路过卢怀慎的坟墓，墓前还没有立碑表，玄宗停下车马，泫然流涕，下诏为其立碑，令中书侍郎苏颋（670—727年）草拟碑文，玄宗则御笔亲书，以表彰卢怀慎的清廉之德。

卢怀慎的几个儿子也都能传其清廉的家风，颇矫当时贪腐的世风。

【评述】

孟子说，舜做天子以后，并没有因为地位的高贵而淡漠对父母的敬爱之心，因为这是一个是否要坚持原则的重要问题。卢怀慎身居相位，对于人生中很多物质层面的东西，应该可以很容易地得到满足，但是他始终坚持廉洁自奉的原则，对君国之事满怀忧虑，期待着国家大治，天下太平。作为企业的管理者，应该分得清自己应该坚持哪些原则，不应为原则之外的东西改变初衷。

王徽之雪夜访戴逵

舜做天子之后，把一直都在处心积虑想要谋害自己的弟弟封为有庳的诸侯，怕他本性不改，又派贤人辅佐他，因为仁者对于兄弟，不蓄忿，不积怨，而是亲近爱护。晋代的王徽之虽然行为怪诞，但在他那不合常情的怪诞中，同样也饱含着对兄弟的深情。

在南朝宋刘义庆（403—约443年）的笔下，汉末魏晋尽管天下云扰，战乱纷纷，却也是士族大夫任情放诞，腹怀激情与豪迈的时代，魏晋风度的流风余韵依旧能在他所著的《世说新语》中窥见一般。这部书中有一位熠熠闪光人物，他在乱世中，卓荦不羁，却同样与其父兄一样，笔底龙蛇游走，流光溢彩，他就是晋人王羲之第五子王徽之。王徽之，字子猷，东晋琅琊临沂（今属山东）人，后居山阴（今浙江绍兴）。

王徽之在任大司马桓温（321—373 年）的参军期间，头发蓬乱，衣带松散，从不治理府中的事务。后来，王徽之在车骑将军桓冲（328—384 年）麾下做骑兵参军的时候，他依然对公事不闻不问。桓冲问他掌管什么事情，他说："好像是管理马匹。"桓冲问他管理多少匹马，他说："《论语》说'不问马'，我怎知有多少？"桓冲讨个没趣，面色不悦，问他马匹的伤亡情况，他依旧答非所问："未知生，焉知死！"桓冲听说以后，知道他在装疯卖傻，不跟他深深计较。

对于很多士族大夫而言，宁肯食无肉，不可居无竹，王徽之更是如此。王徽之曾借助别人的一处空宅，令人在房前屋后，遍栽青竹。别人感到非常奇怪，向他询问缘由，他顾自啸咏，用手指着竹子说："怎能一日没有竹子呢！"

王徽之住在山阴的时候，夜间一觉醒来，见夜雪初霁，月色穿过窗户，清朗殊洁，地上树影斑驳，好像水藻在水中随波摇曳。王徽之欣然起身四望，天地之间一片皓然，于是独自饮酒，吟咏左思的《招隐诗》，念着念着，忽然想与住在剡县（今浙江嵊县西南）的戴逵夜游。王徽之一时兴来，立即乘着小船划出很远去拜会戴逵，直到东方曦光初露才到达。谁知，王徽之才走到戴逵门下，却折身而返。随从的人被他弄得一头雾水，王徽之说："我本乘兴而来，尽兴而返，何必一定要见到戴逵呢！"

后来，王徽之的弟弟献之病重去世，病重的王徽之很平静地问旁边的人说："我怎么没有听到子敬生病的消息，他就一去不返。"神情并无悲戚之色。说完这话，他就乘着轿子到王献之家奔丧，径直坐在灵床上，取来王献之生前喜爱的琴，琴弦音色也非常艰涩。王徽之顿时大恸，把琴摔在地上，哀哀地说："子敬啊，子敬啊！你和琴都一同亡故不返是为何呢?"

一个月后，悲痛过度王徽之也一去不返。

【评述】

王徽之处在乱世，行为放诞，但其心中并未泯灭人性之中最为善良的情意。孟子说，舜做天子之后，不因自己的弟弟而废弃原则，也不因为要坚持原则而废弃兄弟之间的情意。任何管理者。都应该在"情"与"理"之间求得一个完美的平衡，创造和谐的氛围。

【现代事例】

欧莱雅"瓶子里的科学"

有人馈送给子产一条活鱼，子产让主管池沼的小吏把它蓄养在水池中。小吏把鱼煮熟吃掉后回报子产说，鱼已经悠然自得地游到深处。子产很高兴地说，鱼在水中游恰得其所。小吏自以为得计，以为子产并没有传说中的那样有智慧。孟子认为，君子被以合乎情理的方法欺罔，却很难被违背常规的手段诳骗，因为君子恪守正道。时下的化妆品宣传往往会夸大产品的功效，以致人们对此常抱怀疑的态度，而欧莱雅一直信奉"瓶子里的科学"，其品牌一直为人青睐。

小轩窗，正梳妆，化妆品则少不了欧莱雅。

一九〇七年，发明世界上第一种无害合成染发剂、烫发精的法国化学家欧仁·舒赖尔（Eugene Schueller）创办起一家专门生产化妆品的小型家庭工厂——欧莱雅。在过去的一个世纪里，欧莱雅让全世界的女性享受到高科技、高品质、安全可靠的化妆品。

欧莱雅信奉“瓶子里的科学”，通过科学革新，力求完美，不断改进品质和功效。欧莱雅认为每位女性都有着独一无二的体貌特征，在年龄、肤质和发质类型上存在着很大的个体差别，而且不同的国家对美、对化妆品和个人护理品则有着不同的认识，且这些认识也都在随时代产生变化。因此，欧莱雅在设计理念上尊重个体差异，以多样化的产品和品牌来适应各类女性的对美的追求。

在头发染色、头发护理、皮肤护理、彩色化妆品和香水这五个核心业务中，欧莱雅严格监督生产流程的每一个步骤，由企业内部的审核和美国食品及药品管理局等机构开展的外部审核相结合，确保所有产品的质量，正因为有着这样严格的生产工艺和品质监督，欧莱雅有百分之九十四的产品获得 ISO900/12000 认证。欧莱雅拥有多种有效的销售网络和先进的行销理念，通过百货超市、免税店、发廊、药房及邮购等方式，把自己的高品质产品带到世界每一个爱美的角落。

欧莱雅在全球的商业扩展战略包括五个最基本的要素，增加研发力度，信奉美是“瓶子里的科学”，不断推出时尚新品；推行多品牌战略，对所有品牌进行精确的市场定位，极少重合；透过全球化战略，开展全球购买和扩展，虽有风险，但可以树立产品的新形象，从而扩大市场；并购并维持一种独特的美容产品，并把该品牌与消费者建立强烈的情感联系；与竞争者往往注重组织和程式的重要性相比，欧莱雅更推崇人才，为每位员工提供发挥个人才智的舞台。

欧莱雅也积极参与社会公益活动，以改善社会弱势群体的生活。尽管化妆品行业不会消耗太多的自然资源，也不会造成严重的环境污染，不过，欧莱雅还是对环保事业高度重视，通过制定实施严格的环保政策和工艺流程降低对环境的负面影响。

【评述】

人们受化妆品宣传的欺罔，往往是因为化妆品具有保持人体美丽的功能。正如孟子所说，君子能被符合常理的道理欺罔，是因为君子尊信正理。欧莱雅的成功就在于它不会借助言过其实的宣传来提升产品的效应，而是通过实实在在的科研开发，树立不倒的形象，可谓能抓住最根本的因素。因此，作为企业的负责人，当坚持正道，不能存有任何侥幸心理。

荷兰阿霍德的会计丑闻

孟子认为，舜得天下不是尧给予的，而是上天给予的。但是，上天不言，能代表上天意志的是民意，舜能得到诸侯和百姓的拥戴，所以能得到天下。同样的道理，一家上市企业的生存和发展，则源自股民的热情和股票的稳定。若企业偷偷做手脚欺蒙客户，将难免丑闻缠身。荷兰的阿霍德就有这样不光彩的经历。

有人曾说，荷兰的阿霍德（Ahold）是全球最大的食品零售商，但几乎没人知道它的存在。这话不假，阿霍德集团在全球拥有九千余家零售店，旗下的子公司以各自的品牌经营食品零售业务和服务业。

阿霍德始于一八八七年零售商阿尔伯特·海基（Albert Hekki）创办的一家小杂货铺。阿尔伯特·海基精勤刻苦，一心想把事业做大。所以，阿霍德一直以顾客的需求作为自己的发展方向，通过最佳的解决方案满足顾客的需求，进而吸引新的顾客，使顾客从容进店，轻松购物，快乐出店。到一九四〇年阿尔伯特·海基去世时，阿霍德已在荷兰的食品零售商中雄踞领先地位。

一九九六年，阿霍德在美国这个破产如家常饭的地方经过一连串的兼并收购，取得巨大的成功，阿霍德成为位居全世界第五的大超市。阿霍德采用一种本地化的战略，全球二十七个国家的九千多家零售店没有统一使用阿霍德的名字，希望借此得到超市所在地居民的认同，让客户把阿霍德视做本地商户而非外来者。这也是很多人并不熟悉阿霍德的重要原因。

但是，在阿霍德的辉煌业绩如日中天之时，阿霍德突然在二〇〇三年爆出的会计丑闻是继美国安然（Enron）事件之后，又一震惊欧美商界的最大丑闻之一。二月二十四日，阿霍德称此前公布的二〇〇一年度营业额和二〇〇二年度的预计营业额共虚报四点六亿欧元（相当于五亿美元），而且在过去三年中美国和阿根廷的子公司财务业绩都曾被夸大。阿霍德高层及相关子公司的管理层不得不被迫辞职或调换职位。

丑闻曝光当天，阿霍德公司的平均股价狂跌百分之六十三，将荷兰股票指数整体拉下五点三八个百分点。比这更为可怕的是，人们刚刚平息安然公司带来的投资恐慌后，阿霍德的丑闻使美国投资者在欧洲投资再次失去信心，投资者的恐慌和不信任情绪将会蔓延到整个欧洲。这种打击对阿霍德来说是最致命的。

在阿霍德绞尽脑汁地为摆脱财务丑闻而谋取出路的时候，它的主要对手沃尔玛（Wal-Mart）、家乐福（Carrefour）等巨型超市则拼命地抢占和分享它所失去的市场占有率。在八个月后，阿霍德的财务丑闻才得以勉强收场，但它已经元气大伤，在很短的时间内很难恢复其以前的地位。

【评述】

孟子曰：益之所以没有能继禹为天子，是因为益的德行不如禹的儿子启，天下人都归启而不归益，禅让制也因此终结。阿霍德的成功，曾被认为是商业传奇，但阿霍德假账丑闻曝光后，股票大跌，投资者也对其失去信心，可谓危机重重。因此，作为企业的高层管理者，当始终保持审慎和警惕的心态，防微杜渐，固守原则，则可避免重蹈阿霍德的危局。

【名言录】

名言：说《诗》者，不以文害辞，不以辞害志。以意逆志，是为得之。——

《万章（上）》

古译：说《诗》者，不以文害辞，不以辞害志。以意逆志，是为得之。

今译：解说《诗》的人，不要拘泥于文字而误解词句，也不要拘泥于词句而误解《诗》的原意。以自己的切身体会去推测作者本意，就能得到其中的道理。

现代使用场合：真正能将《诗》解说明白之人，是不会囿于它的表面文字，而是从一种更深层次的角度，从自己的实际体验来阐释它。现代生活中要想有所作为，也不应该局限于具体的条条框框，而是要根据实际情况，在把握全局的基础上去解决问题。

卷十　万章下

【题解】

本篇第三、第四、第八章论交际之道。交友当以对方的品德为友，不可有所倚仗，而交际时应以恭敬为心。由此出发，对待当今诸侯的态度，应考虑到他们虽然多行不义，却毕竟与拦路抢劫不同，所以要先教育他们，教而不改才有“杀”的问题。第六、第七、第九章，论君主养士尊贤之道和君臣关系，强调对士人应有充分的尊重；臣属对于君主也不应绝对服从，而是有匡君谏主的义务。其他各章或论伯夷、伊尹、柳下惠、孔子作为圣人的不同之处，或述周王朝的爵禄制度。第八章提出读书解诗，应“知人论世”，是孟子在文学方面的重要主张，对后世文艺理论有很深的影响。

一

【原文】

孟子曰："伯夷，目不视恶色，耳不听恶声。非其君不事，非其民不使。治则进，乱则退。横政[1]之所出，横民之所止，不忍居也。思与乡人处，如以朝衣朝冠坐于涂炭也。当纣之时，居北海之滨，以待天下之清也。故闻伯夷之风者，顽[2]夫廉，懦夫有立志。

"伊尹曰：'何事非君？何使非民？'治亦进，乱亦进，曰：'天之生斯民也，使先知觉后知，使先觉觉后觉。予，天民之先觉者也。予将以此道觉此民也。'思天下之民，匹夫匹妇有不与被尧、舜之泽者，若已推而内之沟中——其自任以天下之重也。

"柳下惠不羞污君，不辞小官。进不隐贤，必以其道。遗佚而不怨[3]，厄穷而不悯。与乡人处，由由然[4]不忍去也。'尔为尔，我为我，虽袒裼裸裎于我侧，尔焉能浼我哉？'故闻柳下惠之风者，鄙夫宽，薄夫敦。

"孔子之去齐，接淅[5]而行。去鲁，曰：'迟迟吾行也。'去父母国之道也。可以速而速，可以久而久，可以处而处，可以仕而仕，孔子也。"

孟子曰："伯夷，圣之清者也；伊尹，圣之任者也；柳下惠，圣之和者也；孔子，圣之时者也。孔子之谓集大成。集大成也者，金声[6]而玉振[7]之也。金声也者，始条理也；玉振之也者，终条理也。始条理者，智之事也；终条理者，圣之事也。智，譬则巧也；圣，譬则力也。由射于百步之外也，其至，尔力也；其中，非尔力也。"

【注释】

①横：暴。

②顽：贪婪。

③遗佚：不被重用。

④由由然：怡然自得的样子。

⑤淅：淘米水。

⑥金声：指音乐开始演奏时，有钟等金属乐器最先发出的声音。

⑦玉振：指演奏即将结束时玉磬最后发出的余韵。

【译文】

孟子说："伯夷，眼睛不看不好的颜色，耳朵不听邪恶的声音。不是他理想的君主，不侍奉；不是他理想的百姓，不使唤。天下太平就出来做官，天下混乱就隐退不出。施行暴政的国家，住有暴民的地方，他都不愿意居住。他认为和没有教养的乡下人相处，就像穿戴着上朝的礼服礼帽却坐在泥土或炭灰上一样。当殷纣王暴虐统治的时候，他隐居在渤海边，等待着天下太平。所以，听到过伯夷风节的人，贪婪者也会变得廉洁，懦弱者也会变得意志坚定。

"伊尹说：'侍奉哪个君主不是侍奉？使唤哪个百姓不是使唤？'所以，天下太平他也进取，天下混乱他也进取。他说：'上天生育这些百姓，就是要让先知的人来唤醒后知的人，先觉的人来开导后觉的人。我就是天下人中先知先觉的人，我将用真理来唤醒老百姓。'他认为天下的百姓、男男女女若有不能受到尧、舜恩泽的，就好像是自己把别人推进水沟之中去了一样——这就是他自己承担了天下的重任。

"柳下惠不以侍奉坏君主为耻辱，也不因官小而不做。做官不隐藏自己的才能，坚持按自己的原则办事。不被重用不怨恨，穷困也不忧愁。与没有教养的乡下人相处，也照样很自在地不忍离去。他说：‘你是你，我是我，就算你赤身裸体在我旁边，又怎么会污染我呢？’所以，听到过柳下惠风范的人，卑鄙者会变得心胸宽阔起来，刻薄者会变得温柔敦厚起来。

“孔子离开齐国的时候，淘完米，不等饭做好就走；离开鲁国时，却说：‘我们慢慢走吧。’这是离开祖国的态度，可以快走就快走，可以久留就久留，可以不做官就不做官，可以做官就做官，这就是孔子。”

孟子说：“伯夷，是圣人里面最清高的；伊尹，是圣人里面最负责任的；柳下惠，是圣人里面最随和的；孔子，是圣人里面最识时务的。孔子可以称为集大成者。集大成，就好比乐队演奏，以击打钟铸声开始起音，以玉磬声结束收尾一样。钟镈起音，是为了有条有理地开始；玉磬收尾，是为了有条有理地结束。有条理的开始，是运用智慧的事业；有条理的结束，是完成圣德的事业。智慧，好比是技巧；圣德，好比是力量。犹如在百步以外射箭，箭能射到靶子，是靠你的力量；射中了，却是靠技巧而不是靠力量。”

【评析】

用今天的话来说，智与圣的关系也就是才与德的关系。这两者谁重谁轻，关系怎样？孟子用两个例子作了深刻的说明：一是音乐。演奏一首乐曲，从“金声”开始，到“玉振”结束，每位演奏者始终都要发挥他个人的智和圣的作用，仅有一种是不行的，唯有智圣合一，才能取得圆满的演奏效果。二是射箭。智好比技巧，圣好比力量，力够无技巧，能将箭射到靶，但不能中的；有技巧无力，同样不能中靶。唯有技巧与力量的合一，即智与圣合一才能射中靶子。

孟子实际上在此提出了教育人的“智圣合一”的思想，亦即应该使被教育者德才兼备，品学兼优。从儒家传统看，十分注重道德，孟子也不例外。但他又自有特点，既重道德同时又重知识，而且是道德与知识的合一。这是很有道理的。再从实践看，正确处理道德与知识的关系，在教育中的确有重要意义。如果培养的学生有道德、无知识，或有知识、无道德，或知识与道德均无，这三种情况都证明教育的失败。诚然，知识水平低的人，不一定道德就不好，但总的看，道德与知识是相辅相成的。常言说“教书育人”，二者缺一不可。教育工作者要为社会培养出“德才兼备”的年轻一代，对孟子提出的“智圣合一”的谋略，值得重视，引为借鉴。

这是孟子着力赞颂、推崇孔子的一章，尊孔子为“集大成”之圣者。后世孔庙中的“大成至圣先师孔子”的牌位，即依据孟子的这一评价而来。

孟子认为，伯夷、伊尹、柳下惠三人虽是圣人，但他们在如何匡正世道人心上只以一方面见长，且各执一偏之见而有其弊端；只有孔子是全面的，能兼众圣之所长而无其弊，故称集大成之圣者。为什么三子“偏”，而孔子能“全”？照朱熹的解释是：“所以偏者，由其蔽于始，是以缺于终；所以全者，由其知之至，是以行之礼。三子犹春、夏、秋、冬之各一其时，孔子则太和元气之流行于四时也。”这就是说，伯夷等人由于开始时是用一个极端去匡救时弊，时间一久，矫枉过正，结果又走向相反的一个极端去。所以仅以一个方面善其始，就不能全其终。例如伊尹鉴于当时天下多退而寡进的时弊，而救之以“任”，即乐于自为，而以天下之重自任，但其结果又产生多进而寡退之弊端。伯夷在伊尹之后，针对这一弊而救之以“清”，即洁身自好，保持清贫的节操，但其结果又出现洁己而傲众的时弊。柳下惠在伯夷之后，鉴于这一弊端而救之以“和”，即俯身而同众，显得随和不拘。而孔子分析了前面的长处及其产生的弊端，认识深刻而又全面，既能善始，也能善终，犹如乐章中之金声玉振，综合地加以解决，遂成为集大成者。

从一个片面去矫正另一个片面，结果又产生出新的片面；再用又一个片面去矫正新的片面，结果又产生与之对立的更新的片面……如此循环往复，终不得要领。匡正世道人心如此，而中国数千年中，下一个王朝匡正上一个王朝的弊端，结果又产生新的弊端而招致灭亡，也莫不是这样的状况。专制体制注定了是不可能找到万世长治久安之策的。

孟子在这里罗列的，是四种圣人的典型：伯夷清高，伊尹具有强烈的责任感和使命感，柳下惠随遇而安，孔子识时务。比较而言，孟子认为前三者都还只具有某一方面的突出特点，而孔子则是集大成者，金声而玉振，具有“智”与“圣”相结合的包容性。

以我们今天的眼光来看，伯夷过于清高，清高得有点不食人间烟火，所以他最后要与叔齐一道“不食周粟”，饿死于首阳山。但是，所谓“饿死事小，失节事大”的观念也就由此生成，对后世产生了深远的影响。或许也正是由此观念出发，伯夷才被推崇为“圣人”之一。伊尹“其自任以天下之重”，具有强烈的社会责任感和使命感，是我们曾经说过，“把历史扛在肩头”的人。其实。他的这种精神，正是曾子所谓“士不可以不弘毅，任重而道远。仁以为己任，不亦重乎？死而后已，不亦远乎?”

所以，伊尹是非常符合儒教精神的“圣人”之一，历来也的确成为儒家所津津乐道的古代圣贤人物。但他的这种精神，在进入所谓“现代主义”或“后现代主义”时期后，已被视为过于沉重，过于执着的“古典意识”，与“轻轻松松过一生”的现代生活观念格格不入，或者说，已不那么合时宜了。柳下惠一方面是随遇而安，另一方面却是坚持原则，我行我素。随遇而安体现在他不耻于侍奉坏的国君，不羞于做低贱的小官，不被重用不抱怨，穷困不忧愁。这几句话说来容易，做起来可就太困难了。尤其是后面两句，的确人有圣贤级的水平。所以，传说柳下惠能够做到“坐怀不乱”，具有超人的克制力，和圣人的风范。最后说到孔圣人。事实上，到后世，尤其是到我们今天仍然家喻户晓为圣人的，四人之中，也就是孔圣人了。孟子在这里并没有展开对孔子的全面论述，而只是抓住他应该怎样就怎样的这一特点，来说明他是“圣之时者”，圣人中识时务的人。所谓“识时务者为俊杰”。孟子所强调的，是孔子通权达变，具有包容性的特点，所以才有“孔子之谓集大成”的说法。而且，由“集大成”的分析，又过渡到对于“智”与“圣”相结合的论述，而孔子正是这样一个“智”“圣”合一的典型。说穿了，也就是“德才兼备”的最高典范。

【典例阐幽】

先知先觉

东汉建安十三年（208 年），曹操率八十三万人马南下屯驻赤壁，企图打败刘备，消灭东吴，统一天下。刘备的军师诸葛亮来到东吴，帮助周瑜进行作战准备。

周瑜主张利用火攻，认为只有这样才能攻破曹操拥有众多战船和坚强水寨的江上大军，诸葛亮表示同意。周瑜便秘密准备了大批引火物，又叫老将黄盖诈降曹操，作为内应。准备工作布置好以后，因为每天刮着西北风，没办法利用风势来进行火攻，周瑜因此急出病来。诸葛亮前去探视，周瑜也不肯直言，只说：“人有旦夕祸福，岂能自保?”

诸葛亮似乎先知先觉，他笑着说道：“天有不测风云，人又岂能料乎?”

周瑜听了心中暗自吃了一惊。诸葛亮又说：“我有一个药方。可以给您顺一顺气。”说着，悄悄写好交给周瑜，周瑜接来一看，上面有四句十六字：欲破曹公，宜用火攻；万事俱备，只欠东风。

看到诸葛亮已经猜测到了自己的心事，周瑜也就不再隐瞒，当下请教起诸葛亮。诸葛亮于是提出了借东风的主意。

实际上是，当时已近冬至，而冬至阳气生，自然会刮起东南风来。诸葛亮通晓天文知识，却故意叫人搭起法坛，祭天借风，果真刮起东南风来。周瑜于是发兵引火，把曹军战船水寨全部烧光，曹操狼狈地逃回了许昌。

二

【原文】

北宫锜[1]问曰："周室班[2]爵禄也，如之何？"

孟子曰："其详不可得闻也，诸侯恶其害己也，而皆去其籍[3]；然而轲也尝闻其略也。天子一位，公一位，侯一位，伯一位，子、男同一位，凡五等也。君一位，卿一位，大夫一位，上士一位，中士一位，下士一位，凡六等。天子之制，地方千里；公侯皆方百里，伯七十里，子、男五十里，凡四等。不能[4]五十里，不达于天子，附于诸侯，曰附庸。天子之卿受地视[5]侯，大夫受地视伯，元士受地视子、男。大国地方百里，君十[6]卿禄，卿禄四大夫，大夫倍上士，上士倍中士，中士倍下士，下士与庶人在官者同禄，禄足以代其耕也。次国地方七十里，君十卿禄，卿禄三大夫，大夫倍上士，上士倍中士，中士倍下士，下士与庶人在官者同禄，禄足以代其耕也。小国地方五十里，君十卿禄，卿禄二大夫，大夫倍上士，上士倍中士，中士倍下士，下士与庶人在官者同禄，禄足以代其耕也。耕者之所获，一夫百亩，百亩之粪[7]，上农夫食九人，上次食八人，中食七人，中次食六人，下食五人。庶人在官者，其禄以是为差。"

【注释】

①北宫锜：人名，卫人。

②班：列，排列等级。

③籍：书籍，典籍。

④不能：后省略"有"字。也可理解为不足、不及。

⑤视：比。

⑥十：十倍于。

⑦粪：施肥，引申为耕田、耕种的意思。

【译文】

北宫锜问道："周朝排列官爵、俸禄的等级，其具体情况是怎样的？"

孟子说："具体情况已经不能知道了，诸侯讨厌它妨害自己，把那些典籍都毁掉了；不过，我曾经听说过它的大致情况。天子一级，公爵一级，侯爵一级，伯爵一级，子爵、男爵同一级，共五个等级。诸侯国里，国君一级，卿一级，大夫一级，上士一级，中士一级，下士一级，共六个等级。天子的土地规模，一千里见方；公爵、侯爵都是一百里见方，伯爵是七十里见方，子爵、男爵是五十里见方，共四等。不足五十里见方的国家，不同天子直接联系，而是附属于诸侯，叫作'附庸'。天子的卿，受封土地同侯爵相等，大夫受封的土地同伯爵相等，元士受封的土地同子爵、男爵相等。大国的土地有百里见方，国君的俸禄是卿的十倍，卿的俸禄是大夫的四倍，大夫是上士的一倍，上士是中士的一倍，中士是下士的一倍，下士的俸禄同在官府当差的百姓相同，数量足以代替他种田的收入。中等国家的土地有七十里见方，国君的俸禄是卿的十倍，卿的俸禄是大夫的三倍，大夫是上士的一倍，上士是中士的一倍，中士是下士的一倍，下士同在官府当差的百姓同等俸禄，俸禄足以代替他种田的收入。小国的土地有五十里见方，国君的俸禄是卿的十倍，卿的俸禄是大夫的两倍，大夫是上士的一倍，上士是中士的一倍，中士是下士的一倍，下士同在官府当差的百姓俸禄相等，俸禄足以代替他种田的收入。种田人的收入：一个农夫受田一百亩，一百亩地施肥耕种，上等的农夫可以养活九人，次于上等的可以养活八人，中等的农夫可以养活七人，比这差一点的可以养活六人，下等的农夫可以养活五人。在官府当差的百姓，他们的俸禄按这种区别来分等级。"

【评析】

本章论周朝的爵位、俸禄制度。孟子所论，与《周礼》《礼记·王制》等篇的记载多有不同，可能带有理想的成分。但对理解中国古代制度，仍具有极为重要的价值。

三

【原文】

万章问曰："敢问友。"

孟子曰："不挟长，不挟贵，不挟兄弟而友。友也者，友其德也，不可以有挟也。孟献子[1]，百乘之家也，有友五人焉：乐正裘，牧仲，其三人则予忘之矣。献子之与此五人者友也，无献子之家者也。此五人者，亦有献子之家，则不与之友矣。非惟百乘之家为然也，虽小国之君亦有之。费惠公曰[2]：'吾于子思则师之矣，吾于颜般则友之矣。王顺、长息，则事我者也。'非惟小国之君为然也，虽大国之君亦有之。晋平公之于亥唐也，入云则入，坐云则坐，食云则食[3]。虽蔬食菜羹[4]，未尝不饱，盖不敢不饱也。然终于此而已矣，弗与共天位也，弗与治天职也，弗与食天禄也。士之尊贤者也，非王公之尊贤也。舜尚见帝，帝馆甥于贰室[5]，亦飨舜，迭为宾主，是天子而友匹夫也。用下敬上，谓之贵贵；用上敬下，谓之尊贤。贵贵尊贤，其义一也。"

【注释】

①孟献子：鲁国大夫仲孙蔑。

②费：国名。

③入云、坐云、食云：云入、云坐、云食的倒文。

④蔬食：即“疏食”，粗糙的伙食。

⑤甥：女婿。贰室：副官。

【译文】

万章问道：“请问怎样交朋友。”

孟子说：“不倚仗自己的年长，不倚仗自己的显贵，也不倚仗兄弟的势力来交朋友。所谓友，是以对方的品德为友，不可有所倚仗。孟献子，是拥有百辆车马的大夫，他有五个朋友：乐正裘、牧仲，其他三人我忘了。献子和这五人交朋友，心中没有献子是大夫的念头。这五人，也是这样，如果心存献子是大夫的念头，就不同他交朋友了。不仅拥有百辆车马的大夫是这样，即使是小国的君主也有这种人。费惠公说：‘我对于子思，是把他当老师，我对于颜般，是把他当朋友。王顺、长息，是服侍我的。’不仅小国的君主是这样，即使大国的君主也有这种人。晋平公对于亥唐，亥唐叫他进去，他才进去，叫他坐，他才坐，叫他吃饭，他才吃饭。即使是粗糙的米饭、菜羹，也不曾不吃饱，因为不敢不吃饱。但也仅此而已，并不和他共有君主之位，不和他一起处理政务，也不和他分享俸禄。这只是士人的尊贤，而不是王公的尊贤。舜拜见帝尧，帝尧请他这位女婿住在另一处官邸，也请舜吃饭，两人轮着做东，这才是天子结交普通老百姓为友的态度。以地位卑微者尊敬地位显贵者，这叫尊重贵人；以地位显贵者尊敬地位卑微者，这叫尊重贤人。尊重贵人和尊重贤人，道理是一样的。”

【评析】

人生在世，离不开朋友。朋友之间的友谊是人际交往中结出的美丽花朵，它在人生旅途中有着十分重要的作用与地位。因此，孟子的弟子万章特地专门请教老师有何“交友之道”，孟子先用否定性的语言，讲了三个“不”字，即“不挟长”“不挟贵”“不挟兄弟”；又用肯定性语言明确结论：“友其德”，即交朋友一定看重对方的品德。

孔子曾把朋友分为“益友”和“损友”两种相互对立的类型。他说：“益者三友，损者三友。友直、友谅、友多闻，益矣；友便辟、友善柔、友便佞，损矣。”这就是说，有益的朋友有三种，有害的朋友也有三种。同正直的人交朋友，同诚实的人交朋友，同见闻广博的人交朋友，便有益；同善于谄媚逢迎的人交朋友，同心术不正的人交朋友，同夸夸其谈、华而不实的人交朋友，便有害。可见孔子的择友标准是重人品、重知识。孟子则特别强调交友要重“德”，反对重资格、重权势、重钱财。因为一个人的内在品德如果高尚、优良，那么其外在表现必定崇高、伟大。尽管其外在表现多种多样，但无一不是“德”的外化。所以，孟子抓住了交友最核心、最本质、最关键之点，明确将它表述出来，这就不仅继承了孔子的交友理论，而且发展和深化了这一思想。

【典例阐幽】

君子之交淡如水

唐贞观年间，薛仁贵未得志前，和妻子住在一个破窑洞中，衣食没有着落，全靠王茂生夫妇的接济。后来，薛仁贵参军，在跟随唐太宗李世民御驾东征时，因平辽功劳特别大，被封为“平辽王”。

前来王府送礼祝贺的文武大臣络绎不绝，可都被薛仁贵婉言谢绝了。唯一收下的是普通老百姓王茂生送来的“美酒两坛”。一开酒坛，负责启封的执事官吓得面如土色，因为坛中装的不是美酒而是清水！“启禀王爷，此人胆敢戏弄王爷，请王爷重重地惩罚他!”

岂料薛仁贵听了，不但没有生气，而且命令执事官取来大碗，当众饮下三大碗王茂生送来的清水。在场的文武百官不解其意，薛仁贵喝完三大碗清水之后说：“我过去落难时，全靠王兄弟夫妇经常资助，没有他们就没有我今天的荣华富贵。如今我美酒不沾，厚礼不收，却偏偏要收下王兄弟送来的清水，因为我知道王兄弟贫寒，送清水是王兄的一番心意，这就叫君子之交淡如水。”此后，薛仁贵与王茂生一家关系甚密，“君子之交淡如水”的佳话也就流传了下来。

四

【原文】

万章问曰：“敢问交际何心也?”

孟子曰：“恭也。”

曰：“‘却之却之为不恭’，何哉?”

曰：“尊者赐之。曰：‘其所取之者义乎，不义乎?’而后受之，以是为不恭，故弗却也。”

曰：“请无以辞却之。以心却之，曰：‘其取诸民之不义也’，而以他辞无受，不可乎?”

曰：“其交也以道，其接也以礼。斯孔子受之矣。”

万章曰：“今有御[①]人于国门之外者，其交也以道，其馈也以礼，斯可受御与?”

曰：“不可。《康诰》[②]曰：‘杀越[③]人于货[④]，闵[⑤]不畏死，凡民罔不譈[⑥]。’是不待教而诛者也。殷受夏，周受殷，所不辞也。于今为烈，如之何其受之?”

曰："今之诸侯取之于民也，犹御也。苟善其礼际矣，斯君子受之，敢问何说也？"

曰："子以为有王者作，将比今之诸侯而诛之乎？其教之不改而后诛之乎？夫谓非其有而取之者盗也，充类至义之尽也。孔子之仕于鲁也，鲁人[⑦]猎较[⑧]，孔子亦猎较。猎较犹可，而况受其赐乎？"

曰："然则孔子之仕也，非事道与？"

曰："事道也。"

"事道奚猎较也？"

曰："孔子先簿正祭器，不以四方之食供簿正。"

曰："奚不去也？"

曰："为之兆也。兆足以行矣，而不行，而后去，是以未尝有所终三年淹[⑨]也。孔子有见行可之仕，有际可之仕，有公养之仕。于季桓子，见行可[⑩]之仕也。于卫灵公，际[⑪]可之仕也。于卫孝公，公养[⑫]之仕也。"

【注释】

①御：阻止，这里指拦路抢劫。

②《康诰》：《尚书》中的一篇。

③越：虚词，无意义。

④于货：取其货。

⑤闵：通"暋"，强横。

⑥譈：通"憝"，怨恨。

⑦鲁人：鲁国的士大夫。

⑧猎较：古代风俗，打猎时争夺猎物，以所得用作祭祀。较：争夺。

⑨淹：停留。

⑩行可：可行其道。

⑪际：接。指对自己的礼节待遇等。

⑫公养：指对一般贤者的礼节待遇等。

【译文】

万章问道："请问同别人交际时应该持有怎样的心情呢？"

孟子说："恭敬的心情。"

万章问："'一再地拒绝别人的礼物是不恭敬的'，为什么呢？"

孟子说："尊贵的人有所赏赐，说：'对方得到这些东西是符合道义的呢，还是不符合呢？'考虑妥当了才接受。这样做是不恭敬的，所以说不该拒绝。"

万章说："如果不用言语拒绝，而在心里拒绝，心里说'对方从百姓那里取来这些东西是不义的'，然后用别的理由推辞，不可以吗？"

孟子说："对方按规矩结交我，按礼节规定送礼，这样，即便是孔子也会接受的。"

万章说："如果有个在城外拦路抢劫的人，他以正当理由送礼，按礼节赠送，这样也可以接受他抢来的东西吗？"

孟子说："不行。《康诰》上说：'杀人抢劫，强横不怕死的人，人们没有不痛恨的。'这种人是不必先教育就可以处死的。殷朝从夏朝继承来这种规矩，周朝从殷朝继承来这种规矩，没有改动过。到现在抢劫比原来还厉害，怎么还能接受呢？"

万章说："现在的诸侯从百姓那里掠取财物，就像拦路抢劫一样。如果他们按照礼节交往，这样君子就可以接受他们的礼物，请问这又怎么说呢？"

孟子说："你认为如果有圣王出现，他将会把现在的诸侯统统杀掉呢，还是把经过教育仍不悔改的诸侯杀掉呢？认为不是他该有的东西他拿了，这就是抢劫，这是把'抢劫'的含义范围扩大到最尽头了。孔子在鲁国做官时，鲁国人有打猎时争夺猎物的习俗，孔子也去争夺了。争夺猎物尚且可以，何况接受赏赐呢？”

万章说：“那么孔子做官，不是为了行道吗？”

孟子说：“是为了行道。”

“行道何必去争夺猎物呢？”

孟子说：“孔子先用文书规定可用的祭器，规定不用别处打来的猎物充作祭品。”

万章说：“孔子为什么不辞官离开鲁国呢？”

孟子说：“孔子为了试行。试行的结果足以行得通，君主却不推行，这才离开那里。所以孔子不曾有过在一个国君那里呆满三年的。孔子或者看到有行道的可能而去做官，或者因为君主对他以礼相待而去做官，或者因为君主能养贤士而去做官。对于季桓子，是有行道的可能而去做官；对于卫灵公，是他能以礼相待而去做官；对于卫孝公，是他能养贤士而去做官。”

【评析】

本章论“交际”之用心，其核心是士人对于出仕的态度。战国时，士人选择出仕已是较为普遍的现象，但当时的诸侯多是不义之君，他们的财物也多是通过不义的手段获得的。那么，士人是否还应该出仕呢？孟子认为，与人交往重要的是恭敬之心。只要他人以礼相待，他们的礼聘就是可以接受的。由此引出两个问题，如果强盗、诸侯也以礼相待，他们的礼聘也是可以接受的吗？孟子认为，对于强盗、诸侯还是要做一区别，强盗的礼物当然不可接受，诸侯中虽多有不义之君，但如有圣王出现，也只能将其中罪大恶极者绳之以法。将诸侯与强盗完全等同起来，那等于是将“抢劫”的含义做了无限的放大。孔子一生积极出仕，“有见行可之仕”“有际可之仕”“有公养之仕”，所以士人既要在出仕时坚守“义”的原则，也要避免像陈仲子那样洁身自好而走向一偏。本章个别地方不好理解，有人认为“此必有断

简或阙文者”。但整体内容是清楚的。

【典例阐幽】

充类至尽

五胡十六国时期，后赵第三位皇帝石虎最感兴趣的事是搜集美女。后赵朝廷官员为了迎合石虎的淫欲，完成规定指标，像强盗一样挨家挨户搜捕年轻美貌女子。美女的父亲或丈夫如果拒绝献出他的女儿或妻子，就会当场被乱刀砍死。当成千上万的美女被送到邺城时，石虎高兴得手舞足蹈，凡有超额完成的“地方首长”，都加官晋爵。

为了安置搜捕来的美女，石虎分别在邺城、长安、洛阳三大都市大兴土木，建造豪华的宫殿，四十余万民工昼夜不停地劳作，半数以上的劳工病死或累死。铺天盖地的苛捐杂税，迫使缺衣少食的平民百姓卖儿卖女，等到子女卖尽或没有人再买得起时，人民便起而抗暴或全家自缢而死。道路两旁树上悬挂的尸体成了这个国家最惨不忍睹的景象。

但等到这项暴政引起人民大规模逃亡、朝野怨声载道时，石虎又指责那些新进封侯爵的“地方首长”不体恤百姓，把他们作为替罪羊斩首示众。

如果充类至尽地进行形容的话，我们只能说石虎是一个不折不扣的禽兽暴君，比起当时后唐庄宗李存勖称自己李天下的荒谬有过之而无不及。

五

【原文】

孟子曰："仕非为贫也，而有时乎为贫；娶妻非为养也，而有时乎为养。为贫者，辞尊居卑，辞富居贫。辞尊居卑，辞富居贫，恶乎宜乎？抱关击柝[①]。孔子尝为委吏[②]矣，曰：'会计[③]当而已矣。'尝为乘田[④]矣，曰：'牛羊茁壮长而已矣。'位卑而言高，罪也；立乎人之本朝[⑤]，而道不行，耻也。"

【注释】

①抱关击柝：抱关，看守城门的小吏。柝，打更用的梆子。

②委吏：管理仓库的小吏。

③会计：每月零星盘算为"计"，一年总盘算为"会"，两者合在一起即成"会计"。

④乘田：管理园林牲畜的小吏。

⑤本朝：即朝廷的意思。

【译文】

孟子说："出仕做官不是因为贫穷，但是有时候也因为贫穷而做官；娶妻不是为了要奉养父母，但是有时候也是为了奉养父母。因为贫穷而做官，便应该拒绝高位，安居低位；拒绝富贵，安居贫穷。要拒绝高位，安居低位；拒绝富贵，安居贫穷，怎样做才是恰当的呢？就像守门的小吏按时打更就行。孔子曾经做过管理仓库的小吏，说：'只要是出入的账目都对就可以了。'孔子也曾经做过管理牲畜的小吏，说：'只要牛羊能够茁壮成长就行了。'处在较低的位置，却议论朝廷大事，这是罪过；在君主的朝堂上为官，却不能使自己的道义实现，这是耻辱。”

【评析】

儒家主张出仕是为了行道，但也不排除有时是为了生计。若是为生计出仕，就不应谋取高官厚禄，同时要尽心尽责。

【典例阐幽】

位卑言高

三国时，袁绍率各路诸侯讨伐董卓。董卓拨给手下大将华雄五万人马，连夜赶赴汜水关迎战。双方一接战，华雄连斩鲍忠、祖茂、俞涉和潘凤几员大将。袁绍等人大惊失色。正在这千钧一发之际，阶下一人大声说：“我愿斩华雄的头，献于帐下！”

袁绍问是何人，公孙瓒说：“玄德之弟关羽也。”

董卓

袁绍又问：“他是何职？”

公孙瓒回答道：“关羽随从玄德充当马弓手。”袁术听了以后认为关羽位卑言高，厉声大喝说：“这是欺负众诸侯没大将呀，量他一个马弓手，怎么敢说大话乱吹，与我打出去！”

曹操急忙制止，说：“此人既出狂言，必有勇略，可以叫他出马试试，如其不胜，再谴责也不迟。”

这时关羽也说：“如不胜，请斩吾头。”曹操让人热一杯酒，给关公喝了再上马

出战。关公说："酒且斟下，我去去便来。"

关羽出帐提刀，飞身上马，冲入敌阵。众人只听到关外鼓声大振，喊声大举，如天摧地塌，岳撼山崩。正要去探听明白，关云长已骑马到了帐前，把华雄的头掷于地上，杯子里倒上的酒还是温的。

虽然"位卑言高"为狂妄之罪，但关羽这种有实力的侠义之士，却令众人刮目相看，袁绍连忙命人给关羽记上一大功劳。

六

【原文】

万章曰："士之不托诸侯，何也？"

孟子曰："不敢也。诸侯失国，而后托于诸侯，礼也。士之托于诸侯，非礼也。"

万章曰："君馈之粟，则受之乎？"

曰："受之。"

"受之何义也？"

曰："君之于氓也[①]，固周之。"

曰："周之则受，赐之则不受，何也？"

曰："不敢也。"

曰："敢问其不敢何也？"

曰："抱关击柝者皆有常职以食于上。无常职而赐于上者，以为不恭也。"

曰："君馈之则受之，不识可常继乎？"

曰："缪公之于子思也，亟问[②]，亟馈鼎肉。子思不悦。于卒也，摽使者出诸大门之外[3]，北面稽首再拜而不受[4]，曰：‘今而后知君之犬马畜伋[5]。’盖自是台无馈也[6]。悦贤不能举，又不能养也，可谓悦贤乎？”

曰：“敢问国君欲养君子，如何斯可谓养矣？”

曰：“以君命将之[7]，再拜稽首而受。其后廪人继粟[8]，庖人继肉[9]，不以君命将之。子思以为鼎肉使己仆仆尔亟拜也[10]，非养君子之道也。尧之于舜也，使其子九男事之，二女女焉，百官牛羊仓廪备，以养舜于畎亩之中，后举而加诸上位，故曰王公之尊贤者也。”

【注释】

①氓：迁移来的人。

②亟：屡次。

③摽：赶走。

④稽首：磕头。再拜：拜两次。“稽首再拜”，有拒绝之意。“再拜稽首”，有接受之意。

⑤伋：子思之名。

⑥台：通“始”，才。

⑦将：送。

⑧廪人：管仓库的小吏。

⑨庖人：掌管伙食的小吏。

⑩仆仆：烦扰的样子。

【译文】

万章说：“士不依靠诸侯为生，这是为什么？”

孟子说：“因为不敢。诸侯丧失了自己的国家，然后流亡国外，依靠别的诸侯为生，这是礼；士依靠诸侯为生，是不合于礼的。”

万章说：“君主所赠的粮食，就接受吗？”

孟子说：“接受。”

“接受有什么道理？”

孟子说：“君主对于侨居本国的人，本来就该周济。”

万章说：“周济他，就接受，赏赐他，就不接受，为什么？”

孟子说：“因为不敢。”

万章说：“请问为什么不敢？”

孟子说：“守门打更的人都有固定的职务，来接受上面的给养。没有固定的职务而接受上面的赏赐，人们以为这是不恭敬的。”

万章说：“君主馈赠，就接受，不知道可以经常这样吗？”

孟子说：“鲁缪公对于子思，屡次问候，屡次馈赠肉食。子思不高兴。最后一次，他把使者赶出大门外，向北先磕头，又拜了两次，拒绝说：‘今天才知道君主是像养狗养马一样地对待我。’大概从此以后才不再馈赠了。喜爱贤人却不能任用他，又不能养他，可以叫作喜爱贤人吗？”

万章说：“请问国君要养君子的话，怎样才可以叫作养呢？”

孟子说：“先给他传达君主的旨意，他就先拜两次，又磕头，接受下来。以后管仓库的人常送来粮食，管伙食的人常送来肉食，就不再传达是君主的旨意了。子思认为为了一点肉食使自己不胜其烦地一拜再拜，不是养君子的方式。尧对于舜，打发自己的九个儿子服侍他，两个女儿嫁给她，百官、牛羊、仓库都具备，把舜养在田野之中，以后又提拔他到最高的职位，所以说，这才是王公尊敬贤者的方式。”

【评析】

本章论士人如何对待诸侯的馈赠，以及诸侯如何尊贤、养贤。孟子主张士人积极出仕，但反对寄居于诸侯门下，其基本原则是有职则取禄，无职不取禄。士人对于诸侯偶尔的救济，可以接受，但不能经常如此，否则对士人的人格是一种羞辱。诸侯尊贤，首先要根据才能给以提拔任用，其次要根据礼节予以恰当奉养。

【典例阐幽】

魏文侯礼贤下士

战国初期，魏国的国君，魏文侯“礼贤下士”，深得民心。

当时，魏国有一个叫段干木的人，德才兼备，有很高的名望，隐居在一条僻静的小巷里，魏文侯想向他请教治理国家的办法。有一天，他坐着车子亲自到段干木家去拜访。段干木听到文侯来了，赶忙翻墙跑了。魏文侯吃了闭门羹，只得怏怏而回。以后接连几次去拜访，都未能相见。

但是，段干木越是这样，魏文侯越是仰慕，每次乘车路过他家门口。都要从座位上站起来，扶着马车，伫立仰望，表示敬意。左右的人对此都有意见，说：“段干木也太不识抬举了，你几次访问他，他都避而不见，你还理他做什么呢?”魏文侯摇摇头说：“段干木可是个了不起的人啊，不趋炎附势，不贪图富贵，品德高尚，学识渊博。这样的人，我怎么能不尊敬呢?”后来，魏文侯干脆放下国君的架子，不乘车马，不带随从，徒步跑到段干木家里。这回好歹见了面。魏文侯恭恭敬敬地向段干木求教，段干木被他的诚意所感动，替他出了不少好主意。魏文侯请段干木做相国，段干木怎么也不肯。魏文侯就拜他为师，经常去拜望他，听取他对一些重大问题的意见。

这件事很快传了开去。人们都知道魏文侯“礼贤下士”，器重人才。于是一些博学多能的人如政治家翟璜、李悝，军事家吴起、乐羊等先后来投奔魏国。特别是李悝，在魏国实行变法，废除了奴隶制的体制，支持新兴的地主阶级参与国家政权，使魏国经济迅速地发展起来，成为当时的诸侯国中的强国之一。

七

【原文】

万章曰："敢问不见诸侯，何义也？"

孟子曰："在国曰市井之臣，在野曰草莽之臣，皆谓庶人。庶人不传质[①]为臣，不敢见于诸侯，礼也。"

万章曰："庶人，召之役，则往役；君欲见之，召之，则不往见之，何也？"

曰："往役，义也；往见，不义也。且君之欲见之也，何为也哉？"

曰："为其多闻也，为其贤也。"

曰："为其多闻也，则天子不召师，而况诸侯乎？为其贤也，则吾未闻欲见贤而召之也。缪公亟见于子思，曰：'古千乘之国以友士，何如？'子思不悦，曰：'古之人有言，曰事之云乎，岂曰友之云乎？'子思之不悦也，岂不曰：'以位，则子，君也，我，臣也，何敢与君友也？以德，则子事我者也，奚可以与我友？'千乘之君求与之友而不可得也，而况可召与？齐景公田[②]，招虞人[③]以旌[④]，不至，将杀之。志士不忘在沟壑，勇士不忘丧其元[⑤]。孔子奚取焉？取非其招不往也。"

曰："敢问招虞人何以[⑥]？"

曰："以皮冠[⑦]。庶人以旃[⑧]，士以旂[⑨]，大夫以旌。以大夫之招招虞人，虞人死不敢往；以士之招招庶人，庶人岂敢往哉？况乎以不贤人之招招贤人乎？欲见贤人而不以其道，犹欲其人而闭之门也。夫义，路也；礼，门也。惟君子能由是路，出入是门也。《诗》云：'周道如底，其直如矢；君子所履，小人所视。[⑩]'"

万章曰："孔子，君命召，不俟驾而行。然则孔子非与?"

曰："孔子当仕，有官职，而以其官召之也。"

【注释】

①传质：馈赠礼物。质，通"贽"，见面礼。

②田：田猎，打猎。

⑤虞人：掌管山泽、苑囿、田猎的官吏。

④旌：用羽毛装饰的旗子。

⑤元：首，头。

⑥以：用，拿。

⑦皮冠：古代打猎时戴的帽子。加于礼冠之上，用以御尘，亦以御雨雪。

⑧旃：红色曲柄的旗。

⑨旂：装饰有铃铛的旗子。

⑩《诗》云句：出自《诗经·小雅·大东》篇。周道，大道，大路。底，当作"厎"，即"砥"字，磨刀石的意思。视，效法。

【译文】

万章问道："请问不去主动谒见诸侯，这是什么意思呢?"

孟子说："不出仕的人，如果居住在都市，叫作市井之臣；居住在郊野的，叫作草莽之臣，这些都叫作庶人百姓。庶人百姓若不拿见面礼做了臣子，是不敢谒见诸侯的，因为这是不合于礼的。"

万章说："庶人百姓，召他去服役，就去服役；国君想见他，召唤他，却不去见，这是为什么呢?"

孟子说："去服役，这理所应当的；去谒见，是不应该的。况且国君想与他见面，这是为什么呢？”

万章说：“因为他见识广博，因为他的贤德。”

孟子说：“因为他见识广博而想见他，可天子不能召唤自己的老师呀，更何况是诸侯呢？因为他的贤德，那我没见过想要与贤人见面却还要召唤他的。鲁缪公屡次去拜访子思，说：‘古代千辆兵车的国君若想与士人交友，该怎样做呢？’子思很不高兴，说：‘古人的话是说国君要侍奉士人，怎么说是与士人交朋友呢？’子思之所以不高兴，是因为：论地位的话，那么你是君，我是臣，这样的话我怎么敢与国君交友呢？论德行的话，那么你是要侍奉我的人，怎么能与我交朋友呢？千辆兵车的国君想要与之交友都不可得，更别说召唤他了。齐景公打猎的时候，用装饰有羽毛的旗子去召唤管理山林苑囿的小吏，小吏没有过去，齐景公想要杀了他。志士不怕弃尸山沟，勇士不怕丧失头颅。孔子赞扬他哪一点呢？赞扬他不是该接受的召唤之礼他就不去。”

万章问：“那么召唤管理山林的小吏应该用什么东西呢？”

孟子说：“要用皮帽子，召唤庶人百姓要用红绸做的曲柄旗，召唤士人用装饰有铃铛的旗子，召唤大夫用装饰有羽毛的旗子。用召唤大夫的礼节来召唤管理山泽的小吏，小吏即使死也不敢过去；用召唤士人的礼节召唤庶人百姓，庶人百姓怎么敢过去呢？更何况用召唤不贤之人的礼节来召唤贤人呢？想要与贤人见面却不依据一定的礼节，这就好像想让人家来却关闭大门一样。义好比是一条大路，礼好比是一道大门。只有君子能从这条路上走过，能从这道门进去。《诗经》上说：‘大路像磨刀石一样平坦，像箭一样笔直。这是君子所行走的，是小人所效法的。’”

万章问：“孔子听到国君召唤的时候，不等车马准备好就先行前去，那么孔子这样做也错了吗？”

孟子回答：“那是因为孔子有职务在身，国君因为他的职务才这样召唤他。”

【评析】

本章论庶人谒见国君，及国君召见贤人、臣子之礼。孟子认为，庶人如“不传质为臣”，就不应去谒见国君，这是礼的规定，目的是维护自己人格的尊严。国君可以召唤百姓服役，百姓应该积极应召，这是他应尽的义务；但国君不能召见百姓中的贤者。孟子主张君主与庶人应平等相待，主张“以位，则子君也，我臣也”，“以德，则子事我者也”，这种“以德抗位”的思想在历史上产生过深远的影响。孟子认为，国君召唤臣子，臣子应召，这是政治的要求，是合理的。但国君召唤臣子，应用相应的礼仪；如果不以相应的礼仪，即使有杀头的危险，也不应应召。在分析了以上规定后，孟子提出，义是人与人交往的正路，礼是人们出入的大门。只有有德的君子，才能出入礼的大门，行走在义的大路。

【典例阐幽】

必由之路

约前十一世纪，周灭商后约两年，武王病逝，太子诵继位为成王。

由于成王年幼，武王的弟弟周公旦代他处理国事。周公旦摄政后，引起管叔、蔡叔等贵族的猜疑和不满，认为周公旦把十二岁的侄儿挤到一旁，而自己替代国君，最终会把侄儿杀掉。

商的遗民领袖武庚见有机可乘，便串通管叔、蔡叔和霍叔。管叔等人是武王特别分封的三个封国的国君，拥有强大军事力量，他们组成一条互相呼应的防线，防范并监视商王朝的遗裔武庚，被称为“三监”。可是他们现在却跟残余敌人结盟，把武器发给了武庚。又联合东方旧属国奄、薄姑及徐夷、淮夷，起兵讨伐周公旦。

周朝的东方疆土全部陷落，人心惶惶，周朝似乎要走上二世而亡的必由之路。

周公旦只好亲征，采取集中兵力各个击破的战略，经过三年苦战，总算打垮了“三监”联军，攻占管、蔡治地，杀武庚，诛管叔，放逐蔡叔，降霍叔为庶人。继之进兵东南，攻灭熊、盈族等十七国，最后迫使奄、薄姑等国降服。

八

【原文】

孟子谓万章曰：“一乡之善士斯友一乡之善士，一国之善士斯友一国之善士，天下之善士斯友天下之善士。以友天下之善士为未足，又尚论古之人[①]。颂其诗[②]，读其书，不知其人，可乎？是以论其世也，是尚友也。”

【注释】

①尚：上。

②颂：通“诵”，诵读。

【译文】

孟子对万章说：“一个乡村里的优秀人物就同这一乡村的优秀人物交朋友，一个国家里的优秀人物就同这个国家的优秀人物交朋友，天下的优秀人物就同天下的优秀人物交朋友。和天下的优秀人物交朋友还不满足，便又追论古人。吟诵他们的诗，研读他们的著作，不了解他们的为人，可以吗？所以要研究他们所处的时代，这就是上溯历史，与古人交朋友。”

【评析】

孟子的本意是论述交朋友的范围问题。乡里人和乡里人交朋友，国中人和国中人交朋友，更广泛的范围，则和天下的人交朋友，也就是朋友遍天下了吧。如果朋友遍天下还嫌不足，那就只有上溯历史，与古人交朋友了。当然，也只有神交而已。这种神交，就是诵他们的诗，读他们的书。而为了要正确理解他们的诗和他们的书，就应当要了解写诗著书的人，要了解写诗著书的人，又离不开研究他们所处的社会时代。这就是所谓“知人论世”的问题了。

实际上，孟子这段话对后世真正发生影响的，正是“知人论世”的主张。它与“以意逆志”一样，成为传统文学批评的重要方法，也奠定了孟子在中国文学批评史上的重要地位。事实上，直到今天，无论现代主义以来的新兴文学批评方式方法已走得有多远、多新奇，但在我们的中小学课堂上、大学讲台上，以及占主导地位的文学批评实践中，依然在主要使用着的，还是“知入论世”和“以意逆志”的方式方法。所谓“时代背景分析”“作者介绍”“中心思想”“主题”等，这些人们耳熟能详的概念，无一不是“知人论世”或“以意逆志”的产物。由此足以见出孟子对于中国文学批评的深远影响，而这种影响之一，正是由本章的文字所发生的。

九

【原文】

齐宣王问卿。孟子曰：“王何卿之间也?”

王曰：“卿不同乎?”

曰："不同，有贵戚之卿[1]，有异姓之卿。"

王曰："请问贵戚之卿。"

曰："君有大过则谏，反复之而不听，则易位。"

王勃然变乎色。

曰："王勿异也。王问臣，臣不敢不以正[2]对。"

王色定，然后请问异姓之卿。

曰："君有过则谏，反复之而不听，则去。"

【注释】

①贵戚之卿：指与君王同宗族的卿大夫：

②正：诚。

【译文】

齐宣王问有关卿大夫的事。孟子说："大王问的是哪一类的公卿呢？"

齐宣王说："公卿还有所不同吗？"

孟子说："不同。有王室宗族的公卿，有异姓的公卿。"

宣王说："那我请问王室宗族的公卿。"

孟子说："君王有重大过错，他们便进谏，反复进谏还不听从，他们便改立君王。"

宣王突然变了脸色。

孟子说："大王不要怪我这样说。您问我，我不敢不用老实话来回答。"

宣王脸色正常了，然后又问非王族的异姓公卿。

孟子说： "君王有过错，他们便进谏，反复进谏了还不听从，他们便辞职而去。"

【评析】

在国君专制国家，为卿相之道，有亲疏之分，故有经权之别、亲疏之分，则有贵戚之卿及异姓之卿的不同。经权之别，有：如国君无道，反复劝谏而不听，则贵戚之卿，因血缘关系而不能离去，又不忍坐视其亡，故可易君之位；而异姓之卿无此挂碍，离开即可。但其中特别提出“反复之而不听”，正是为了劝告帝王当“虚己受善”之意。孟子从不主张“愚忠”，相反，对国君更多的是主张“易位”“诛一夫纣矣”，甚至对国家机器“社稷”，也可“变置”。通观《孟子》一书对国君的要求与对大夫官员们的要求是一样的，并未赋予任何特殊的权力，此点几乎随处可见。而提出“愚忠”的理论，是法家李斯及后世犬儒为建立帝制、树立帝王的专制权威而提出来的。

弘扬大臣的职责和权力而限制国君权力无限地膨胀，这也是孟子仁政思想的内容之一，体现出一定程度的民主政治色彩。

王室宗族的卿大夫因为与国君有亲缘关系，国君的祖先也就是他的祖先，所以既不能离去，又不能坐视政权覆亡。当国君有重大错误又不听劝谏时，就可以另立新君。孟子在这里是弘扬宗族大臣的权力而限制国君个人的权力，从理论上说是正确的。但我们知道，这种另立新君，在实践上往往酿成的，就是宫廷内乱。所谓“祸起萧墙之内”，弄得不好，还会引起旷日持久的战争。

对异姓卿大夫来说，问题就要简单得多了，他们既没有王室宗族卿大夫那么大的权力，也没有那么大的职责。所以，能劝谏就劝谏，不能劝谏就辞职而去，各走一方罢了。其实，这也是孔子“所谓大臣者，以道事君，不可则止”的意思。

总的来说，孔、孟都提倡臣有臣道，臣有臣的气节和人格，反对愚忠，反对一味顺从。

【典例阐幽】

勃然变色

唐朝皇帝姓李，由于道教始祖老子也姓李的缘故，便想把道教放在佛教之上。有一个叫法静的和尚去见皇帝，直言抗争说："古到今来佛教唯大，而且佛法无边，我佛如来灵验。今陛下以一姓之私抬高道教，恐怕天下不服！"

皇帝勃然变色，将法静打入死狱，并说："你开口佛法无边，闭口我佛如来灵验，我给你七天去念佛。临刑时看佛救不救你，灵验不灵验！"法静入狱。皇帝派人去看他是否在念佛经求如来保佑。回报的人说法静口中念念有词，就是没有听清楚。到了第七天法静要被拉出去问斩。皇帝问法静："你的佛念得怎么样了？"

法静笑道："七天来我没有念佛，天天在念着皇帝陛下。"

皇帝奇怪地问他为什么。法静道："陛下就是我佛如来。我佛如来就是陛下！"皇帝听了顿时龙颜大悦："如来就是朕，朕就是如来。赦你无罪！"

【本篇总结】

孟子和齐宣王讨论什么是"卿"时，指出有贵戚之卿，有异姓之卿。贵戚之卿在国君有大过的时候当反复谏言，若国君不听劝告，则另立新君；异姓之卿在国君有过错时也应反复规劝，若国君不听，就离开他的国家。因此，作为国君应当广开言路，尊重贤者，不管是谁的意见，只要正确就要听取。虚怀纳谏是上下交流的重要途径，也是使国家长盛不衰的重要保证。作为企业的负责人，当有广阔的胸怀，虚心听取批评和建议，不但有利于改善上下关系，也会在很大程度上推动企业的发展。

【古代事例】

韩愈谏迎佛骨

万章向孟子请教国君怎样尊养君子，孟子认为国君尊重贤者的最好办法莫过于施行贤者的主张，提供优厚的物质条件只是优礼贤者的表面工作。否则，若只给予优厚的物质条件，则无异于豢养狗马。因此，国君对于敢于直谏的臣子，应听取其可行的建议，尽量减少犯错误的可能。唐代的韩愈就是一位敢于直谏的能臣。

据说清代有一次科考，考官以“子曰”为题要考生们做一篇八股文章，有人以“匹夫而为百世师，一言而为天下法”来破题，前一句对“子”，下一句对“曰”，非常巧妙。其实，这句话出自苏轼（1037—1101 年）《潮州韩文公庙碑》的开篇两句，这两句饱含对韩愈（768—824 年）的颂赞之情。韩愈之所以被远谪到蛮荒之地的潮州（今属广东），源于他所上的《谏迎佛骨表》。

当时，凤翔（今属陕西）法门寺的佛塔中藏有一节佛指骨舍利，每隔三十年取出一次，供人瞻仰膜拜。轮到元和十四年（819 年）正月开塔时，唐宪宗想要把佛骨迎入禁宫供养三天。韩愈听说后，立即写下《谏迎佛骨表》的奏表，上奏宪宗，陈述历代崇奉佛教的皇王“运祚不长”的例子，认为佛本是外国人，跟中国言语不通，两国的风俗存在很大的差异，佛不仅不谈论先王之道，还不尊奉君父伦理，假如佛祖至今尚在，奉天竺国命来长安朝奉天子，皇帝不过以国礼相待而已，然后护卫出境，必不会让他迷惑众人。况且，佛祖早已寂灭，他的枯朽之骨不过是凶秽之物，岂能进入宫禁呢？韩愈祈求唐宪宗将佛骨毁坏，永绝根本，以断天下之疑，以绝后世之惑。假若佛祖有灵而降祸于人，自己愿承受所有的苦难且毫不怨悔。唐宪宗看完奏表当即大怒，下令处死韩愈，在裴度、崔群的苦苦劝谏之下才收回成命。

韩愈被贬为潮州刺史，这就是韩愈诗中“一封朝奏九重天，夕贬潮阳路八千”的史实。

唐代是一个崇奉佛教、道教的时代，佛、道两教不从事社会生产却占有大量社会财富。读书人不入于佛，则入于道，反而把儒家功业看作身外之物。韩愈深感儒家之道的衰微，遂排拒佛、道，以避免佛、道徒违碍儒家传统的伦理道德。这一点颇似孟子当年极力排斥杨朱、墨子之言，但韩愈并没有成功。

不过具有戏剧性的是，唐武宗会昌五年（公元845年）秋，即韩愈卒后二十一年，朝廷下诏勒令天下所有的僧、尼还俗，并毁坏佛寺。这即是佛教史上有名的“会昌之难”，与北魏太武帝、北周武帝和后周世宗的灭佛并称为“三武一宗”的佛门浩劫。

苏轼（1036—1101年）还在《潮州韩文公庙碑》中写道：“自东汉以来，道丧文弊，异端并起，历唐贞观、开元之盛，辅以房、杜、姚、宋而不能救。独韩文公起布衣，谈笑而麾之，天下靡然从公，复归于正，盖三百年于此矣。文起八代之衰，而道济天下之溺；忠犯人主之怒，而勇夺三军之帅：此岂非参天地，关盛衰，浩然而独存者乎？”我们不能不惊叹的是，苏轼可谓韩愈的知己，真能得其心中之意。

【评述】

孟子说，国君听取臣子的建议是最好的养士之法。唐宪宗有韩愈这样的能臣却不知所用，不思修行国政，一味地沉迷在对佛祖的幻想之中，即使佛祖真的有灵，也不会保佑这样的昏聩之君。对于企业管理者来说，应虚心听取员工的意见，并有宽厚的容人之心，让人敢于并乐于说出自己的想法，这样的企业，必会成为强大的企业。

殿上虎刘安世

孟子认为，士人出仕不应以谋求优厚的薪俸作为追求目标，哪怕是为了糊口而担任守门、打更的小吏也应尽职尽责。若天下混乱，不思正道，也应算作是朝中大员的极大失职。宋代的“殿上虎”刘安世，就是一位言行尽职尽责的谏言官。

刘安世（1048—1125年），字器之，号读易老人，北宋魏（今河北大名西北）人，身材魁硕，仪表堂堂，音若洪钟，以敢言著称于世，人称“殿上虎”。

有一次，朝廷任命刘安世为谏官，他还没接受就急忙赶回家与母亲商量。因为谏官很容易得罪王公贵族，背后有着许多难以预料的凶险。他面带忧色地对母亲说：“朝廷不因为我没有才能，让我出任谏言官。我接受朝廷任命以后就须以身任责。如果触犯龙颜，忤逆圣心，灾祸和谴责会马上临头。如今主上以孝治天下，我就以家中有老母需要奉养作为借口，把这个差事给推辞掉当会避免这些灾难，不知母亲意下如何？”母亲为刘安世的孝心感动，但更愿他能够接受这项任命：“事情不像你所想的那样，我听说谏言官是天下铁骨铮铮的重臣，你的父亲平生都有当谏言官的想法，但这个愿望一直都没有实现。今天你有幸任此要职，当想到舍身报国。假若你真会因谏言得罪，流放边荒之地，不管路途多远，我都愿意随你赴任。”于是，刘安世欣然接受朝廷的任命。

刘安世任谏言官多年，总是面色肃穆地立在朝堂之上，以至勇之心，扶持公道，常常触犯天颜。主上盛怒的时候，他手执圭板退步而立，待主上的面色稍解，他再次上前诤言，旁边的大臣都为他捏一把汗，并将其称为“殿上虎”。一时之间，朝中大臣无不敬慑于刘安世的耿直勇敢，连皇帝都会在事后为刘安世的中正感到钦佩，并多次表彰他的嘉言懿行。刘安世家居之时，未尝有惰怠之色，正坐很久都不会向后倾靠椅背。他写字也从不做草书，忠孝正直，都与司马光很像。

刘安世年逾老而名望益重。宋徽宗时，宦官梁师成当道，权势日盛，被时人称为“隐相”。不过，连这样飞扬跋扈的梁师成还是由衷地叹服刘安世的正直。有一次，梁师成派小吏吴默拿着他的书信拜谒刘安世，以高官厚禄作为诱饵让他归顺。吴默劝他多为子孙后代考虑，刘安世淡然一笑，说道：“如果我真为子孙做长远打算，就不至于总会触犯龙威。我只想做道德至善的人，好在九泉之下有脸面见司马光。”说完，把梁师成的书信连看都没看，就给退还回去。

宋人王铚曾评论刘安世的奏疏说，他诹访审订，言必有据，事必参详，严谨而不失宽恕，宽厚而不苛刻，平心静气，中具仁义之心，真是谏言官的楷模，辅弼大臣政策失误的镜鉴，卿士大夫言行进步的药石。

【评述】

孟子认为尽职尽责不分职位高低，都应以职责和大道为出仕的准则。刘安世出任谏言官不畏皇帝的威严，也不为厚禄所动。宋代的君主也明白良药苦口利于病，忠言逆耳利于行的道理，使刘安世能够尽其职责，可谓君臣能相得益彰。管理者要想听到真正有价值的意见，应首先创造一个为员工提供敢于直谏的民主氛围，同时还要具有判断员工的意见是否有价值的智慧，这样才能算得上是真正的“虚怀纳谏”。

【现代事例】

纽约时报：一切消息都可以刊登

孟子说，诸侯想要见贤人却没有言论自由的作风，就像本想要别人进来却紧闭着大门。对于一份报纸来说，言路畅通，言论自由和正确的舆论导向才是其灵魂所在，也是能够扩大受众的正确路径和宽敞大门。美国的《纽约时报》就有一个令很多报人都向往的理念：一切消息都宜于刊登。

被戏称为“灰色女士”的《纽约时报》（The New York Times）一直享有很高的赞誉：世界上最高水平的报纸和最能搞到美国政府内幕的报纸。

一八五一年九月十六日，亨利·雷蒙德（Henry Raymond）在纽约创办出一份名为《纽约每日时报》的报纸，刊登严肃的新闻和评论，以区别于大街上那些花花绿绿的新闻报道。这份报纸就是《纽约时报》的前身。不过，尽管这份报纸有着严肃的新闻价值，但它的销量却一直上不去，以致连年亏损，无法正常经营。

一八九六年，《纽约时报》被犹太人阿道夫·奥克斯（Adolph Ochs）收购，他随即提出“一切消息都适宜刊印”的新闻理念，但刊印的新闻都要有可靠的新闻来源以确保真实，不偏不倚，并不分党派、地域或任何特殊利益，始终保持一种冷眼旁观的中立态度。这一理念在短短四五年内就产生巨大奇迹，《纽约时报》的销量就突破十万大关，获得国际性的认可。到一九三五年奥克斯去世时，报纸的发行量接近每天五十万份，星期天的发行量则超过七十万份。

《纽约时报》很少抢先报道某一新闻事件，而是以饱和报道、内幕报道为取胜法宝，从政府重要档案和人物言论中发掘新闻价值，也正因为这个原因，《纽约时报》被称为“档案记录报”，这使得《纽约时报》首先报道的事件具有非常高的可靠性，因此也就成为世界其他新闻媒体的直接新闻来源。

近年来《纽约时报》也曾产生过一系列假新闻丑闻。二〇〇三、二〇〇四、二〇〇五年连续三年，《纽约时报》都被迫承认过新闻报道做假。尤其是在二〇〇四年美国对伊拉克战争前，《纽约时报》错误地引导公众相信伊拉克拥有大规模杀伤性武器；二〇〇五年，《纽约时报》的记者朱地斯·米勒（Judith Miller）因拒绝透露消息来源锒铛入狱。这些新闻做假事件极大地丧失公众对《纽约时报》的信任，不过瘦死的骆驼比马大，在世界品牌实验室编出二〇〇六年“世界品牌五百强排行榜”中，《纽约时报》依旧高居第十二位。

【评述】

在孟子看来，诸侯吸引贤人的一项重要策略就是要有一条畅通的言路，让他们充分展现自己的政治才能。《纽约时报》一切消息都宜于刊登的理念，有利于鼓励记者敢于用真话报道新闻事件，也有利于形成规模庞大的读者群。尽管这个理念也给它带来过很多负面影响，但是玉璧上的小小瑕疵并不会影响它的光洁玉润。因此，作为管理者，开放言路是正理，同时也应具体分析哪些建议是真正可行的，哪些可能会存在危险，这样才能达到开放言路的目的。

海因兹虚心纳谏

孟子之所以会把“卿”分为贵戚之卿和异姓之卿，是因为两者和王室之间的亲疏关系不同，所尽的职责也不同。但是，作为国君来说，不管是贵戚之卿的谏言，还是异姓之卿的谏言，只要是正确的意见都应该听取。企业的管理者更应如此，不管是与企业利益休戚相关的股东，还是普通的员工，都要听取其宝贵意见。美国亨氏公司的创始人亨利·约翰·海因兹就是这样一位宽厚长者。

美国人提起亨氏公司（Heinz），总会如数家珍般地说起它的畅销品：番茄沙司、罐装金枪鱼、醋泡菜、芥末粉，诸如此类。因为亨氏产品已渗透到美国每一间厨房、每一张餐桌，成为他们日常生活的重要组成部分。创建这个年销售额高达六十亿美元的超级食品王国的“国王”，是从菜地走进食品零售业的亨利·约翰·海因兹（Henry J. Heinz，1844—1919年）。

在海因兹八岁时，他和弟弟、妹妹在父亲砖厂的空地上开垦出一块种植番茄、洋葱、土豆等蔬菜的小菜园，收获之后又把兜售蔬菜当成一种有趣的游戏。海因兹一直对此乐而不疲，常常推着满载鲜菜的独轮车沿街叫卖。到十六岁时，他已成为小老板，有好几位伙计帮忙打理。

从商校毕业后，海因兹回到家中在父亲的砖厂做会计。他常与工人一起参与劳动，与技术员讨论提高砖块质量、降低成本的方法。这种历练使他随手拈来一块砖就能说出优劣。大家都以为海因兹会在制砖的行业上大展宏图，他的选择出乎所有人的意外。

一八六九年。二十五岁的海因兹与人合伙创办一家生产袋装辣椒、泡菜和酱菜的小工厂。不过好景不长，四年后美国金融大恐慌，海因兹的公司因无法贷款宣告倒闭。这四年的经营使海因兹认识到食品行业有着巨大的市场潜力，他决心等待时机东山再起。直到一八七五年，海因兹又与弟弟创办 F&J 海因兹公司，重操旧业，海因兹在十多年后成为家喻户晓的“酱菜大王”。

海因兹迅速崛起的秘诀在于他善于揣度顾客心理，通过广告宣传打动顾客。他发现美国人的一日三餐都很平淡单调，日复一日，年复一年都一个样，人们渴望在饮食方面多些花样。因此，海因兹提出一个非常简短但却非常有吸引力的销售广告：五十七变，即每年的五十二周，加上圣诞节、感恩节、新年、独立日和复活节，亨氏都可以为顾客提供全新的佐餐食品。广告产生很大的轰动，自此亨氏的产品成为这些日子里不可缺少的美味。

海因兹善于融洽劳资关系，为员工与高层管理者之间的沟通开辟出一条顺畅之路。海因兹经常来到基层工人中间，与他们谈笑风生，一同分享生活中的乐趣。海因兹在交谈中向他们征询发展意见和建议。这种融融的气氛使得员工敢于并乐于说出自己的真实想法。

一九〇六年，美国政府颁布《食品与药品卫生条例》，对食品生产运输提出十分严格的卫生要求。许多食品商和药品商互相串联，呼吁暂缓这项条例的实施，海因兹也打算参与这一行列。海因兹之子霍华德（Howard）则认为这是提高亨氏信誉的大好时机。海因兹转而支持政府的条例，迅速对公司卫生不符合条例要求的环节进行改造。霍华德则赶赴华盛顿召开记者招待会，声明亨氏一向把顾客的健康利益放在首位。亨氏不仅坚决支持卫生条例，而且食品安全卫生已完全达标。

亨氏的这一举措更是给人们留下非常美好的印象，其销量也持续猛增。

【评述】

尽管孟子把“卿”分为贵戚之卿和异姓之卿，诸侯还是要对他们的意见给予同样的重视。海因兹在接管父亲的砖厂时就培养出虚心听取别人意见的好习惯，亨氏公司创办起来之后，这种风格被继续发扬光大，不管是员工的意见还是儿子的意见他都认真对待，使亨氏在民间树立起非常好的形象，亨氏也因此赢得更好的发展空间。海因兹的这种风度，值得时下的企业管理者好好学习。

【名言录】

名言：不挟长，不挟贵，不挟兄弟而友。友也者，友其德也，不可以有挟也。——《万章（下）》

古译：交友，不以长为挟，不以贵为挟，不以兄弟为挟；以德交友，不可有挟。

今译：交朋友，不要以年长为要挟，不要以富贵为要挟，不要以借兄弟之强而要挟。交朋友，在于道德上的交流，不能有任何的要挟。

现代使用场合：交朋友，不应该以年龄、富贵、兄弟为要挟，而要以道德为重，交朋友贵在交心。生活中，我们有很多朋友，但大多都是因场合而定，能交心的没有几个，所以才有“人生得一知己足矣”的感叹。用真心对待朋友，亦会换来朋友的真诚相对。

卷十一　告子上

【题解】

本篇共20章。第一章至第四章都是孟子与告子的对话，主要记载的是孟子与告子之间围绕“人性”这一话题所展开的辩论。大致可分为“杞柳桮棬”之辩、“以水喻性”之辩、“生之谓性”之辩以及“仁义内外”之辩四部分。告子认为人性无所谓善与不善，人性中的善是后天修养得来的；孟子则认为人的善性是与生俱来的。第五、六章是前四章内容的进一步展开，分别辩论义的内在性以及性善问题，指出恻隐、羞恶、恭敬、是非之心，“人皆有之”，这几种心是性善的根据，是仁、义、礼、智这些美德的萌芽，是人与生俱来的天赋。人之所以会变恶，是由于环境影响而不能尽其才的缘故。第七章至第十五章围绕人的本性的养护问题展开，首先指出人的本性是相同的，是后天环境的变化导致人的本性的差异，因此，应该注重人性的后天养护。继而，用生动的比喻说明人应该如何养护自身的善性。第十六至第十九章围绕“仁义”问题展开，分别阐述了“人爵”与“天爵”的关系，指出“仁义”是士人的必备人格，“仁”能够战胜不仁，不能因为力量对比悬殊而怀疑“仁”的力量。同时，指出“仁”本身也有一个成熟与否的问题。第二十章主要阐述学习为人处事的大道应该高标准、严要求。

一

【原文】

告子曰：“性犹杞柳[①]也，义犹桮棬[②]也；以人性为仁义，犹以杞柳为桮棬。”

孟子曰："子能顺杞柳之性而以为桮棬乎？将戕贼[3]杞柳而后以为桮棬也？如将戕贼杞柳而以为桮棬，则亦将戕贼人以为仁义与？率天下之人而祸仁义者，必子之言夫！"

【注释】

①杞柳：树名，枝条柔韧，可以编制箱、筐等器物。

②桮棬：器名。先用枝条编成杯盘之形，再以漆加工制成杯盘。

③戕贼：戕害。

【译文】

告子说："人的本性好比杞柳，义好比杯盘；使人性变得仁义，就像把杞柳做成杯盘。"

孟子说："你是顺着杞柳的特性把它做成杯盘呢，还是要戕害了它的特性把它做成杯盘？如果是戕害了它的特性而把它做成杯盘，那么也要戕害了人的本性使人变得仁义吗？率领天下之人来戕害仁义的，必定都是像你说的这种话！"

【评析】

本章论仁义是否为人之天性。

墨家学者告子认为，人之天性好比杞柳树，无所谓"仁""不仁"。如果把它做成杯盘，这就有用处了，好比是"义"。把人性变成"仁义"，就像把杞柳树做成杯盘一样。告子的本义，是要否定儒家的"性善"学说，但因其用比喻法，表意难免晦涩。孟子按道理应该明白告子之意，但他故意装糊涂，抓住告子的比喻，攻其一点，不及其余。

孟子说，您怎么把杞柳树做成杯盘呢？是顺着它的本性做呢？还是损害它的本性做呢？如果损害其本性做，那么也将损害人的天性而为仁义吗？孟子的本义，是人有仁义的天性，但后天要加以培养，培养时要顺乎人性。

但孟子如果真要反驳告子，应该在人到底有无“仁”的天性这一问题上做文章，而不应该谈怎样培养“仁”的天性而使之发扬光大的问题。所以，他们两个实际上争论的不是同一个问题。

孟子好论辩，有时强词夺理，这就是一个例子。

【典例阐幽】

郭橐驼种树

古时候有一个叫郭橐驼的人。他以种树为职业，长安城的富豪人家为了种植花木以供玩赏，还有那些以种植果树出卖水果为生的人，都争着接他到家中供养。大家看到橐驼所种，或者移植的树，没有不成活的，而且长得高大茂盛，果实结得又早又多。别的种树人即使暗中观察模仿，也没有谁能比得上。

有人问他，他回答说：“我郭橐驼并没有能使树木活得久、生长快的诀窍，只是能顺应树木的天性，让它尽性生长罢了。大凡种植树木的特点是：树根要舒展，培土要均匀，根上带旧土，筑土要紧密。这样做了之后，就不要再去动它，也不必担心它，种好以后离开时可以头也不回。栽种时就像抚育子女一样细心，种完后就像丢弃它那样不管。那么它的天性就得到了保全，从而按它的本性生长。所以我只不过不妨害它的生长罢了，并没有能使它长得高大茂盛的诀窍，只不过不压制耗损它的果实罢了，也并没有能使果实结得又早又多的诀窍。别的种树人却不是这样，种树时树根卷曲，又换上新土；培土不是过分就是不够。如果有与这做法不同的，又爱得太深，忧得太多，早晨去看了，晚上又去摸摸，离开之后又回头去看看。更过分的做法是抓破树皮来验查它是死是活，摇动树干来观察栽土是松是紧，这样就日益背离它的天性了。这虽说是爱它，实际上是害它，虽说是担心它，实际上是与他为敌。所以他们都比不上我，其实，我又有什么特殊能耐呢?”

问的人说：“把你种树的方法，转用到做官治民上，可以吗?”橐驼说：“我只知道种树而已，做官治民不是我的职业。但是我住在乡里，看见那些当官的喜欢不断地发号施令，好像很怜爱百姓，结果却给百姓带来灾难。早早晚晚那些小吏跑来大喊：‘长官命令：催促你们耕地，勉励你们种植，督促你们收割，早些缫你们的丝，早些织你们的布，养好你们的小孩，喂大你们的鸡、猪。’一会儿打鼓招聚大家，一会儿鼓梆召集大家，我们这些小百姓放下饭碗去招待那些小吏都忙不过来，又怎能使我们人丁兴旺，人心安定呢？所以我们既这样困苦，又这样疲劳。如果我说的这些切中事实，它与我的同行种树大概也有相似的地方吧?”

问的人说：“真好啊！这不是很好吗？我问种树。却得到了治民的方法。”

二

【原文】

告子曰：“性犹湍水[①]也，决诸东方则东流，决[②]诸西方则西流。人性之无分于善不善也，犹水之无分于东西也。”

孟子曰：“水信[③]无分于东西。无分于上下乎？人性之善也，犹水之就下也。人无有不善，水无有不下。今夫水，搏而跃之，可使过颡[④]；激而行之，可使在山。是岂水之性哉？其势则然也。人之可使为不善，其性亦犹是也。”

【注释】

①湍水：急流的水。

②决：打开缺口排水。

③信：诚，真。

④颡：额头。

【译文】

告子说："人性就好比急流的水，从东方打开缺口便向东方流，从西方打开缺口便向西方流。人性无所谓善与不善，就像水无所谓向东流向西流一样。"

孟子说："水的确无所谓向东流向西流，但是，也无所谓向上流向下流吗？人性向善，就像水往低处流一样。人性没有不善良的，水没有不向低处流的。如果水受拍打而飞溅起来，可以高过人的额头；堵住水道让它倒行，能让它流上山冈。这难道是水的本性吗？形势迫使它如此的。人之所以可以使他变得不善，是因为他的本性也像这样被强迫改变了。"

【评析】

这一章值得引起特别注意的是孟子的雄辩风范。随口接过论敌的论据而加以发挥，以水为喻就以水为喻，就好比我们格斗时说，你用刀咱们就用刀，你用枪咱们就用枪。欲擒故纵，持之有故，言之成理。"水信无分于东西。无分于上下乎？"一语刺入穴道，只需要轻轻一转，其论证便坚不可移，使读者读来，不得不束手就擒。于是，我们便都是性善论者了。

只不过，当我们放下书本而面对现实生活中的种种邪恶时，的确又会发出疑问：人性真如孟老夫子所描述的那般善良，那般纯洁得一尘不染吗？这种时候，我们即便不会成为荀子"性恶论"的信徒，多半也会同意告子的"人性之无分于善不善也，犹水之无分于东西也"的观点吧。

三

【原文】

告子曰："生之谓性。"

孟子曰："生之谓性也，犹白之谓白与？"

曰："然。"

"白羽之白也，犹白雪之白；白雪之白，犹白玉之白与？"

曰："然。"

"然则犬之性，犹牛之性；牛之性，犹人之性欤？"

【译文】

告子说："天生的东西叫作天性。"

孟子说："天生的东西叫作天性，就像所有物体的白色都叫作白吗？"

告子回答说："是的。"

"这么说，白羽毛的白就像白雪的白，白雪的白如同白玉的白吗？"

告子回答说："是的。"

"那么，狗的天性就像牛的天性，牛的天性就像人的天性吗？"

【评析】

在这一章里，孟子用反问的形式，反驳了告子"生之谓性"的说法。有人说，孟子与告子的"生之谓性"之辩，就是"何者为性"之辩，是孟子与告子整个争辩中的重点。

"生之谓性"是告子关于万物本性的认识，他认为，万物自诞生之时起，一切生理上的和心理上的东西都可以被称为性，也就是“生即是性，性即是生”，生和性是相同的。这遭到了孟子的反对和批驳。

孟子认为，天地万物，虽然有种类相同之物，但却绝无本性相同之物，生和性也是不同的，而告子的“生之谓性”认识错把人生的一切知觉、爱好都视为性。那么，孟子认为什么才是本性呢？根据孟子的说法，人的仁、义、礼、智等道德特征是性，人的良知良能是本性。

四

【原文】

告子曰：“食、色，性也。仁，内也，非外也；义，外也，非内也。”

孟子曰：“何以谓仁内义外也？”

曰：“彼长而我长之，非有长于我也。犹彼自而我白之，从其白于外也，故谓之外也。”

曰：“（异于）自马之自也[①]，无以异于白人之白也。不识长马之长也，无以异于长人之长欤？且谓长者义乎？长之者义乎？”

曰：“吾弟则爱之，秦人之弟则不爱也，是以我为悦者也，故谓之内。长楚人之长，亦长吾之长，是以长为悦者也，故谓之外也。”

曰：“耆[②]秦人之炙[③]，无以异于耆吾炙，夫物则亦有然者也，然则耆炙亦有外欤？”

【注释】

①异于：此二字疑为衍文。

②耆：通“嗜”。

③炙：烤熟的肉。

【译文】

告子说：“食欲、性欲，是人的天性。仁是内在的，不是外在的；义是外在的，不是内在的。”

孟子说：“凭什么说仁是内在的而义是外在的呢？”

告子回答说：“他年纪比我长，所以我尊敬他，不是我内心原本就要尊敬他。正如白色的东西我认为他白，是由于他的白显露在外的缘故，所以说义是外因引起的。”

孟子说：“白马的白和白人的白，或许没有什么区别；但不知道怜惜老马和对长者的不尊敬也没有什么区别吗？且你所说的义，是存在于长者那里呢？还是存在于尊敬他的人那里呢？”

告子说：“是我弟弟，我就爱他；是秦国人的弟弟，就不爱他，这是由我的内心决定的，所以说仁是内在的。尊敬楚国人中的长者，也尊敬我自己的长者，这是由对方年长决定的，所以说义是外在引起的。”

孟子说：“爱吃秦国人烧的肉，同爱吃自己烧的肉是没有什么区别的，其他事物也有这种情况，那么爱吃肉也是由外在引起的吗？”

【评析】

本章孟子与告子论仁内义外。仁内义外是当时学术界普遍关注的问题，除《孟子·告子》外，《管子·戒篇》《墨子·经下》都谈到“仁内义外”。而近年出土的郭店竹简也多有仁内义外的论述，表明“仁内义外”曾经是孟子以前儒家学者普遍接受的观点。告子对仁内义外说的理解较为特殊，他一方面从亲亲来理解仁，认为自己对亲人的爱是发自内心的，是内的。同时他把义理解为对他人的义务，认为这种义是外在的。在他看来，因为一个人年长，我便尊敬他，这种尊敬不是发自内心，就像我们称一个东西为白色的，是因为它的外表是白色的一样，所以说是外在的。对于告子的这一看法，孟子进行了批驳，认为告子用外表的白色来说明“义外”是不恰当的，白马的白和白人的白可能没有什么不同，但对马和人的怜悯心则是不同的，如果告子主张“义外”，那么，他所说的义是存在于老者那里，还是存在于尊敬老者的人那里呢？显然，孟子的意思是说，如果说义是外在的，那么，对马的怜悯之心难道不是来自人而是取决于马吗？对于孟子的质疑，告子则指出“吾弟则爱之，秦人之弟则不爱也”，表明自己所说的“仁内义外”是针对人而言，不应轻易和禽兽联系在一起。同样是针对人，爱也是不同的，我的兄弟便爱他，这是我发自内心的，所以说是“内”的；而尊敬楚国的长者，也尊敬乡里的长者，这是因为他是长者的缘故，不一定是发自我内心的，所以说是“外”的。对于告子的这一看法，孟子以“嗜炙”之心进行了批驳。他认为喜欢吃秦人的烤肉和吃自己的烤肉没有什么差别，这说明喜欢吃肉之心是内在的。由此类推，仁、义也是内在的，而不可能是外在的。如果认为仁、义是外在的，岂不是认为喜欢吃肉之心也是由外在的烤肉引起的？

可以看到，孟子的这个比喻论证并不具有很强的说服力，因为喜欢吃肉也与外在的烤肉有关，而且喜欢吃秦人的烤肉，也喜欢吃自己的烤肉，前提条件必须是两种肉没有差别。否则，“嗜炙”之心便会不一样，而告子主张义外，正是针对不同的对象——“秦人之弟”与“吾弟”——而言的。所以，孟子的论证并没有完全驳倒告子。

五

【原文】

孟季子[1]问公都子[2]曰："何以谓义内也？"

曰："行吾敬，故谓之内也。"

"乡人长于伯兄一岁，则谁敬？"

曰："敬兄。"

"酌[3]则谁先？"

曰："先酌乡人。"

"所敬在此，所长在彼，果在外，非由内也。"

公都子不能答，以告孟子。

孟子曰："敬叔父乎？敬弟乎？彼将曰：'敬叔父。'曰：'弟为尸[4]，则谁敬？'彼将曰：'敬弟。'子曰：'恶在其敬叔父也？'彼将曰：'在位故也。'子亦曰：'在位故也。庸[5]敬在兄，斯须[6]之敬在乡人。'"

季子闻之，曰："敬叔父则敬，敬弟则敬，果在外，非由内也。"

公都子曰："冬日则饮汤，夏日则饮水，然则饮食亦在外也？"

【注释】

①孟季子：朱熹云："疑是孟仲子之弟也。"或说为任国国君之弟季任。

②公都子：人名。

③酌：斟酒。

④尸：代祭之人。

⑤庸：平时，平常。

⑥斯须：暂时。

【译文】

孟季子问公都子说："为什么说义是内在的呢？"

公都子说："外在的行为只是表达恭敬，因此说是内在的。"

孟季子说："如果乡人比自己的兄长大一岁，那么尊敬谁呢？"

公都子说："尊敬兄长。"

孟季子说："饮酒的时候先给谁斟酒呢？"

公都子说："先给乡人斟酒。"

孟季子说："尊敬的是这个人，年长的却是那个人，那么义果真是外在的，不是内在的。"

公都子没法应答，便来把这事告诉孟子。

孟子说："你问他：'应该尊敬叔父呢，还是尊敬弟弟？'他会说：'尊敬叔父。'你再问：'弟弟充当了代祭之人，那该尊敬谁？'他会说：'尊敬弟弟。'你就再问：'那你尊敬叔父又体现在哪里呢？'他会说：'因为弟弟处在代祭之人地位。'你就说：'因为同乡人处在该受尊敬的地位上。平时尊敬的是大哥，现在暂时该尊敬的是同乡人。'"

孟季子听说了这番话，说："该尊敬叔父时就尊敬叔父，该尊敬弟弟时就尊敬弟弟，可见义果然是外在的，不是内在的。"

公都子说："冬天要喝热水，夏天要喝凉水，那饮食也是外在原因吗？"

【评析】

本章内容可能与上一章辩论的时间相差不久。公都子受老师孟子的影响，主张

“义内”说，故孟季子让他解释，什么是“义内”。公都子认为对人尊敬是从我内心发出的，所以说是“内”。而孟季子则以平时内心尊敬自己的兄弟。而在一块饮酒时却要先给同乡年长者斟酒为例，说明“义”并不都是从内心发出来的，有时也可以是由外在原因决定的，故说是“义外”。对于孟季子的质问，公都子无法回答，只好向孟子请教。孟子的回答是，先向年长的乡人敬酒，是因为乡人处在受恭敬的地位——“在位故也”。这就像本来内心对叔父的尊敬胜过兄弟，但当兄弟作为受祭的尸主时，则需尊敬兄弟一样。孟子这个论证同样缺乏说服力，因为，“在位故也”正好说明义是由外在原因决定的，是“义外”。孟子这样回答，可能是为了解释孟季子“所敬在此，所长在彼”的疑问，但这实际上已承认了义是外在的。对于孟季子来说，他当然不只是想要知道为什么会“所敬在此，所长在彼”，而是想要知道如何能从“义内”说明“所敬在此，所长在彼”。孟子的这个回答显然难以让人满意，且有帮对方论证的嫌疑。所以在听了公都子的转述后，孟季子马上表示“果在外，非在内也”，认为孟子实际是论证了自己的观点。对此，公都子只好重弹“饮食亦在外乎”的老调，但上一章已说过，这样的论证是缺乏说服力的，而且“冬日则饮汤，夏日则饮水”的例证，正好说明饮食也是由外在的原因引起的。

从本章及上一章的内容来看，孟子在与告子辩论时，尚无力对其“仁内义外”说做出有力反驳，这是因为告子的“仁内义外”说本身就是植根于早期儒学理论的内在矛盾之中。孔子创立儒学，既重视仁，也突出义。他以仁表达内在自觉，以义表示外在义务。所以在孔子那里，仁、义本来就有内、外的侧重。而且孔子言仁，是以血缘宗法的孝悌为基点，通过层层外推，上升为君臣间的“忠”，朋友间的“信”，最后达到普遍意义的“泛爱众”，实现“亲亲”与“爱人”的统一。但是，“亲亲”与“爱人”之间又存在着矛盾、对立的一面，对“亲亲”的过分强调，就可能意味着对“爱人（他人）”的漠视。如果说，在孔子的时代，由于宗法血缘关系在社会中占据主导地位，内在自觉和外在义务还不至于发生对立和冲突，二者借助血缘亲情达到一种和谐与统一的话，那么，随着生产的发展，交往的扩大，血缘关系的瓦解，人们之间的关系变得复杂、多样。正是在这种背景下，出现了所谓的“仁内义外”说。从郭店竹简的资料来看，儒家所主张的“仁内义外”，是强调“仁内”与“义外”的统一，认为道德实践需要从“仁内”与“义外”两个方面入手。告子的“仁内义外”说则与此不同，他强调的是“仁内”与“义外”的对立，认为对家族以内人的爱是自觉的，是发自内心的；而对家族以外人的爱是不自觉的，是由外部规定的。告子的这种看法同他把仁理解为亲亲有关，从亲亲出发，自然是“吾弟则爱之，秦人之弟则不爱也”；亲亲是人人具有的内在自然情感，所以说它是“内”的。同时，他又把义理解为对长者（或他人）的义务，这种义务是由我与他人之间的身份关系决定的，从这一点看，它是“外”的。告子对仁、义的这种理解，不一定符合孔子以来儒家的思想，它却将其中隐含的内在矛盾揭示出来。使孟子意识到早期儒学理论中的内在矛盾，意识到必须突破宗法血亲的狭小藩篱，为儒学理论寻找新的理论基石。而正是在这一背景下，孟子提出他著名的“四心”说，把仁的基点由血亲孝悌转换到“恻隐”“羞恶”“辞让”“是非”等更为普遍的道德情感中去，把儒学理论推向一个新的发展阶段。（参见梁涛：《郭店竹简与思孟学派》第六章第一节《孟子“四心”说的形成及其思想意义》）

【典例阐幽】

晏子敬越石父

春秋时期，齐相晏婴出使晋国，路过中牟地方，看见一个人头戴破帽，反穿皮袄，正在路边悠闲的休息。

晏子一眼就看出他是一位有修养的君子，于是就派人问他，“你叫什么名字？

从哪里来的？”

那人回答道：“我是齐国人，名字叫越石父。”

晏婴

晏子就把他叫到跟前说：“为什么来到这里？是不是家里遭到不幸？”

越石父说：“我在此卖身为奴，看到齐国的使者，想跟着你们一起回国。”

晏子问：“为什么要卖身为奴。”

越石父说：“由于饥寒交迫，就卖身为奴了。”

晏子问：“当奴仆几年了！”

越石父回答：“已经3年了。”

晏子说：“可以赎身吗？”

越石父回答：“可以。”

晏子便把拉车左套的马解下来，用这匹马把越石父赎买下来，并与他一起坐车回国。

回到相府，晏子没跟越石父告辞就进了自己的房屋。越石父很生气，要与晏子绝交。

晏子派人传话说：“我不曾与你结交，谈何绝交？你当了3年奴仆，我今天看见了才把你赎买回来，我对待你还算可以吧？你怎么可以恩将仇报？说什么绝交？”

越石父说：“士人不在知己朋友面前，可以受屈辱；在知己朋友面前，可以得到舒展。所以君子不因为对人家有恩而怠慢人家，也不因为人家对自己有恩而向人家屈服。我给人家当了3年奴仆，却没有人理解我。现在您把我赎买回来，我认为您理解我了。先前您坐车，不同我打招呼。我以为您是一时疏忽了。现在您又不向我告辞就直接进入屋门，这同把我看作奴仆是一样的。既然我还是奴仆的地位，就请再把我卖到社会上去吧！”

晏子听了越石父的回话，走出来，请求和越石父见礼。晏子说：“以前我只看到了客人的外表，现在理解了客人的内心。我听人说过，考察他人行为的人不助长人家的过失，体察他人实情的人不讥笑人家的言辞。我可以向您道歉，您能不抛弃我吗？我诚心改正错误的行为。”晏子命令人把厅堂打扫干净，用酒席盛情款待越石父。

越石父说：“我听说过，最高的尊敬不讲究形式，用尊贵的礼节待人不会遭到拒绝。先生以礼待我，我实在不敢当。”

晏子于是就把越石父奉为上宾。

六

【原文】

公都子曰：“告子曰：‘性无善无不善也。’或曰：‘性可以为善，可以为不善。是故文、武[①]兴，则民好善；幽，厉[②]兴，则民好暴。’或曰：‘有性善，有性不善。是故以尧为君而有象，以瞽瞍为父而有舜，以纣为兄之子且以为君，而有微子启、王子比干。’今曰‘性善’，然则彼皆非欤？”

孟子曰：“乃若其情，则可以为善矣，乃所谓善也。若夫为不善，非才之罪也。恻隐之心，人皆有之；羞恶之心，人皆有之；恭敬之心，人皆有之；是非之心，人皆有之。恻隐之心，仁也；羞恶之心，义也；恭敬之心，礼也；是非之心，智也。仁义礼智，非由外铄我也，我固有之也，弗思耳矣。故曰：‘求则得之，舍则失之。’或相倍蓰而无算者，不能尽其才者也。《诗》曰：‘天生蒸民，有物有则。民之秉彝，好是懿德。’孔子曰：‘为此诗者，其知道乎！故有物必有则，民之秉彝也，故好是懿德。’”

【注释】

①文、武：指周文王、周武王，周代的两个圣君。

②幽、厉：指周幽王、周厉王，周代的两个暴君。

【译文】

公都子说：“告子说：‘人性无所谓善良不善良。’又有人说：‘人性可以使它善良，也可以使它不善良。所以周文王、周武王当朝，老百姓就趋于善良；周幽王、周厉王当朝，老百姓就趋于横暴。’也有人说：‘有的人本性善良，有的人本性不善良。所以虽然有尧这样善良的人做天子却有像这样不善良的臣民；虽然有瞽瞍这样不善良的父亲却有舜这样善良的儿子；虽然有殷纣王这样不善良的侄儿，并且做了天子，却也有微子启、王子比干这样善良的长辈和贤臣。’如今老师说‘人性本善’，那么他们说的不对吗？”

孟子说：“从天赋资质来说，都可以使之善良，这就是我说人性本善的意思。至于说有些人不善良，那不能归罪于天生的资质。同情心，人人都有；羞耻心，人人都有；恭敬心，人人都有；是非心，人人都有。同情心属于仁，羞耻心属于义，恭敬心属于礼，是非心属于智。这仁义礼智都不是由外在的因素加给我的，而是我本身固有的，因而不觉得罢了。所以说：‘探求就可以得到，放弃便会失去。’有人同别人比相差一倍、五倍甚至无数倍的，正是因为没有充分发挥他们天赋的缘故。《诗经》说：‘上天养育了人类，万事万物都有法则。百姓掌握了这些法则，就会有崇尚美好的品德。’孔子说：‘写这首诗的人真懂得道啊！有事物就一定有法则，百姓掌握了这些法则，所以崇尚美好的品德。’”

【评析】

本章孟子正面阐述自己的性善论。据公都子介绍，当时社会上流行三种不同的人性主张，但由于其只是对性的一种外在描述和概括，不足以突出人的道德主体性，无法确立人生的信念和目标，不能给人以精神的方向和指导。故孟子“道性善”，不采取以上的进路，而是提出了自己对于性善的理解。本章中重要的是“乃若其情，则可以为善矣，乃所谓善也”几句，其中“乃若其情”的“其”，当是指人性而言，但不是指一般的人性，而应是指下文的“恻隐”“羞恶”“恭敬”“是非”之心或仁、义、礼、智。“乃若其情”的“情”应训为“实”，指实情。“则可以为善矣，乃所谓善也”两句中，分别出现两个“善”字，但具体所指又有所不同。其中前一个“善”指具体的善行，如见孺子将入于井，必生“怵惕恻隐之心”，而援之以手；见长者必生“恭敬之心”，为其“折枝”等等；后一个“善”是就人性自身而言，是对“其”也就是“性”所做的判断和说明。这三句话是说，至于恻隐、羞恶、恭敬、是非之心的实情，可以表现为具体的善行，这就是所说的善。但是孟子只强调“可以”，认为只要“可以为善”，就算是善；假如因为种种原因而没有表现出善，仍不影响内在禀赋本身为善。所以孟子实际是即心言性，认为恻隐、羞恶、恭敬、是非之心可以表现为具体的善行，所以是善的，并进一步由心善肯定性善。这里，“其”既是指“性”也是指“心”，而孟子都称其为“才”。关于“才”，下一章也有出现，我们放在那里讨论。

【典例阐幽】

恻隐之心，人皆有之

东汉末年，华歆与王朗为友，他们两人都很有学识，德行也受到大家的称赞。

有一年，他们的家乡遭遇水灾，盗贼也趁机四处打劫。华歆和王朗只得同几个邻居一起坐了船去逃难。船上的人都到齐了，马上就要解缆离岸出发。这时候，远处忽然奔过来一个人，一边朝这边挥手一边请求搭船同行。华歆听了，皱起眉头想了想，对这个人说："对不起，我们的船已经满了，你还是再去另想办法吧。"王朗责备华歆说："华歆兄，恻隐之心，人皆有之，见死不救可不是君子的作为，带上他吧。"

华歆沉思片刻，答应了那人的请求。不料船走了没几天，就碰上了盗贼。盗贼们划船追过来，眼看越追越近了，王朗对华歆说："现在我们遇上盗贼，情况紧急，不如我们叫后上船的那个人下去吧，能够减轻重量。"

华歆听了回答道："开始我犹豫再三，就是怕人多了行船不便，所以才拒绝人家。可是现在既然已经答应了人家，怎么能够因为情况紧急就把人家甩掉不管呢?"

后来，在大家的共同努力下，他们最终摆脱了盗贼，安全地到达了目的地。世人都认为华歆要比王朗更高尚，更有恻隐之心。

七

【原文】

孟子曰："富岁，子弟多赖[①]；凶岁，子弟多暴。非天之降才尔殊也，其所以陷溺其心者然也。今夫麰麦[②]，播种而耰之[③]，其地同，树之时又同，浡然而生，至于日至之时[④]，皆孰矣。虽有不同，则地有肥硗[⑤]，雨露之养、人事之不齐也。

故凡同类者，举相似也，何独至于人而疑之？圣人与我同类者。故龙子曰：'不知足而为屦[⑥]，我知其不为蒉也[⑦]。'屦之相似，天下之足同也。口之于味，有同耆也，易牙先得我口之所耆者也[⑧]。如使口之于味也，其性与人殊，若犬马之与

我不同类也，则天下何耆皆从易牙之于味也？至于味，天下期于易牙，是天下之口相似也。惟耳亦然。至于声，天下期于师旷，是天下之耳相似也。惟目亦然。至于子都[9]，天下莫不知其姣也。不知子都之姣者，无目者也。故曰：口之于味也，有同耆焉；耳之于声也，有同听焉；目之于色也，有同美焉。至于心，独无所同然乎？心之所同然者何也？谓理也，义也。圣人先得我心之所同然耳。故理义之悦我心，犹刍豢之悦我口[10]。"

【注释】

①赖：通"懒"，懒惰。

②辨麦：大麦。

③耰：古农具，用于碎土平田。文中指播种后，覆土保护种子。

④日至：指夏至和冬至。文中指夏至。

⑤硗：坚硬多石的贫瘠土地。

⑥屦：草鞋。

⑦蒉：草编的筐。

⑧易牙：春秋时齐桓公的宠臣。长于调味，善于逢迎，传说曾烹其子为羹以献齐桓公。

⑨子都：人名，春秋时郑国的美男子。

⑩刍豢：草食动物叫刍，如牛、羊等；谷食动物叫豢，如狗、猪等。

【译文】

孟子说："丰年，年轻人大多懒惰；灾年，年轻人大多强暴，不是天生资质如此不同。而是所处的环境使他们心情变得糟糕。就拿大麦来说吧，撒下种子用土盖好，如果土质相同，播种时间又相同，便会生机勃勃地长起来。到夏至的时候，都会成熟了。即使有所不同，那也是土地有肥有瘠，雨露滋养有多有少，人们劳作程度不同的缘故。因此说，凡是同类的事物，都是相似的，为何单单说到人，就心生疑问了呢？圣人也是和我们同类的人。因此，龙子说过：‘不用看清脚样去编草鞋，我知道编出来的不会是筐。’草鞋之所以相似，是由于天下人的脚都大致相同。嘴巴对于味道，有着同样的嗜好；易牙是预先摸清了这一嗜好的人。假如嘴巴对于味道的感觉，因人而异，而且就像狗、马和我们人类有着本质的不同一样，那么天下人为何都追随易牙的口味呢？说到口味，天下人都希望成为易牙，这是由于天下人的味觉都相似。耳朵也是这样。说到声音，天下人都希望成为师旷，这是由于天下人的听觉都相似。眼睛也是这样。说到子都，天下没有谁不知道他英俊。不知道子都的英俊的，是没长眼睛的人。因此说，嘴巴对于味道，有着相同的嗜好；耳朵对于声音，有着相同的听觉；眼睛对于姿色，有着相同的美感。一说到心，难道就单单没有什么相同的了吗？人心所公认的东西是什么？是理，是义。圣人先于普通人得知了我们心中共同的东西。因此说，理义使我心愉悦，就像牛、羊、猪、狗的肉合我的口味一样。”

【评析】

本章继续讨论性善，重在说明人的表现为什么会有善与不善的差别。上一章孟子提出人有内在的善性“才”，也就是恻隐、羞恶、辞让、是非之心，并引《诗经》“天生蒸（烝）民，有物有则”，提示此“才”应是天的赋予。本章则明确提出“非天之降才尔殊也”，认为天平等地降给每个人“才”。那么，人为什么在实际生活中的表现又是不同的，为什么存在贤与不肖的差别？孟子用“才”给予说明。《孟子》书中的“才”有才能与材质的不同含义，本章的“才”不是才能之“才”，而是材质之“才”。具体讲，就是指四端之心或善性。“才”之本意是初生之幼苗，《说文解字》云：“扌，草木之初也。从丨上贯一。将生枝叶也。一，地也。凡才之属皆从才。”段玉裁注：“引申为凡始之称……一谓上画也，将生枝叶谓下画。才有茎出地而枝叶未出，故曰将。”孟子以“才”称善性，表示此善性非静态的本质，而是动态的活动，是一成长、发展的过程。所以尽管天赋予人“才”，但仍需要后天的养护与培养，由于环境和个人努力的不同，人与人之间便有贤与不肖的差别，这就像播下相同的种子，收获的大麦却有多寡的差别一样。

本章孟子还提出，“凡同类者，举相似也”，从口有“同耆”、耳有“同听”、目有“同美”，推出心亦有“同然”，认为心之“同然”就是理，就是义。孟子还提出，口之“同耆”应以最懂得美味的易牙为标准，耳之“同听”应以最懂得音乐的师旷为标准，那么，心之“同然”就应以圣人为标准。圣人就是充分实现了“才”、充分扩充了善性的人，他是人伦的楷模，是我们学习的榜样。

【典例阐幽】

橘生淮南则为橘，生于淮北则为枳

齐国宰相晏子出使到楚国，楚王为了夸耀自己国家强大，想出了一个戏弄晏子的办法，故意将一个犯人从殿堂下押过。

楚王问：“此人犯了什么罪？”

押的人回答道：“一个齐国人犯了偷窃罪。”

楚王就对晏子说：“你们齐国人是不是都很喜欢偷东西？”

晏子回答：“淮南有橘又大又甜，一移栽到淮北，就变成了枳，又酸又小，为什么呢？因为土壤不同。”

晏子的意思是好的环境才有好的臣民。回敬了骄傲的楚王，令楚王无话可答。

从中我们也可以看出环境对一个人的人性的影响。

八

【原文】

孟子曰："牛山[①]之木尝美矣，以其郊[②]于大国[③]也，斧斤伐之，可以为美乎？是其日夜之所息，雨露之所润，非无萌蘖[④]之生焉，牛羊又从而牧之，是以若彼濯濯[⑤]也。人见其濯濯也，以为未尝有材焉，此岂山之性也哉？虽存乎人者，岂无仁义之心哉？其所以放其良心者，亦犹斧斤之于木也，旦旦[⑥]而伐之，可以为美乎？其日夜之所息，平旦之气[⑦]，其好恶与人相近也者几希[⑧]，则其旦昼[⑨]之所为，有梏[⑩]亡之矣。梏之反覆，则其夜气不足以存；夜气不足以存，则其违禽兽不远矣。人见其禽兽也，而以为未尝有才焉者，是岂人之情也哉？故苟得其养，无物不长；苟失其养，无物不消。孔子曰：'操则存，舍则亡；出入无时，莫知其乡。'惟心之谓与？"

【注释】

①牛山：山名，在当时的齐国国都临淄南面。

②郊：此处做动词，居其郊。

③大国：指临淄。

④萌蘖：萌，生芽、发芽。蘖，树木砍去后又长出来的新芽。

⑤濯濯：指山上没有草木的样子。

⑥旦旦：每天。

⑦平旦之气：平旦是指天刚刚亮的时候。平旦之气就是指人在天刚刚亮的时候接触到的清明之气。

⑧几希：少，一点儿。

⑨旦昼：明天，第二天。

⑩梏：圈禁，束缚。

【译文】

孟子说："牛山上的树木曾经是很茂盛的，但因为它地处大都市的郊外，总是用斧头去砍伐，可能再那么茂盛吗？山上的树木日夜都在生长，更有雨露的润泽，并非没有新的枝芽长出来，但是随后又在山上放牧牛羊，因此就变成这样光秃秃的了。人们看到山上光秃秃的，以为那里从未生长过树木，这难道是山的本性吗？这话放到人的身上，难道人就没有仁义吗？有些人之所以丧失了他的善心，也就像刀斧砍伐树木一样，天天砍伐，还能保住善心的繁茂吗？他在白天黑夜所散发出来的善心，在天刚刚亮的时候所接触到的清明之气，使他的好恶之心同一般人也有了少许的相近，但是他白天的所作所为，又使得这些都丧失了。反反复复地丧失，那么他在夜里积累的那点善心也就没法存在了。夜里存养的善心不再存在，那也就离禽兽不远了。人们见他像禽兽，就以为他不曾有过善良的天性，这难道是人的本性吗？所以如果得到好好的存养，没有东西不能生长；如果失去存养，没有东西不会消亡。孔子说：'把握住就存在，放弃了就丧失；出去进来没有定时，没人知道它的去向。'这大概说的是人心吧？"

【评析】

本章继续讨论性善，重在说明人的善性为什么会丧失。前章孟子提出天平等地赋予每个人"才"，也就是善性，但生活中为什么会有不善之人呢？孟子以牛山为例，山的本性本来可以生长树木，但因为牛山处在齐国都城的郊外，经常遭人用刀斧砍伐，还被人放牧牛羊，于是渐渐地变得光秃秃的了。但光秃秃并非山的本性，而是人为砍伐的结果。同样，人本来生而具有仁义之心，具有良心，但由于不注意保护、培养，一点点地丧失，便与禽兽差不多了。但这并非人的本性，而是后天戕害的结果，不能因此否认人生而具有的“才”。孟子所说的“仁义之心”“良心”和“才”，都是指同一个东西，都是指善性，指先天的道德禀赋，是同一个事物的不同名称。

本章孟子还提到“平旦之气”“夜气”，较为神秘，一直是《孟子》书中的难点，需要做些说明。孟子所说的“平旦之气”“夜气”应是精神之气，而非物质之气，是指内在精神的状态和活动。不过，它强调的是早晨和夜晚的精神状态和活动。《孙子兵法·军争》中说：“三军可夺气，将军可夺心。是故朝气锐，昼气惰，暮气归。善用兵者，避其锐气，击其惰归，此治气者也。”这里的“朝气”“昼气”“暮气”就是指人一天早、中、晚的精神状态和活动。孟子为什么特别重视“平旦之气”和“夜气”呢？这是因为，此时“是人的善端最易显露的时候，也是当一个人的生理处于完全休息状态，欲望因尚未与物相接而未被引起的时候；此时的心，也是摆脱了欲望的裹挟而成为心的直接独立的活动，这才是心自己的活动；这在孟子便谓之‘本心’”（徐复观：《中国人性论史·先秦篇》，173 页，台北，商务印书馆，1969）。与之相对，人心的“陷溺”，往往与“其旦昼之所为，又梏亡之矣”有密切的关系。“所谓‘旦昼之所为’，应是指人与外在世界的频繁接触与交际而言。换言之，在人与世界的频繁接触中，外在世界也以各式各样的声色之美，财货之富，耸动着我们的欲望，使我们在频频向外索讨的盲目追逐中，渐渐背叛了本心良知的召唤。”（袁保新：《孟子三辨之学的历史省察与现代诠释》，70 页，台北，文津出版社，1992）至于“平旦之气”“夜气”是指什么样的精神活动，由于论述简略，后人多有争论。从本章的内容看，应是指仁义之心、良心的精神活动，是德气，而非情气、血气。“平旦之气”“夜气”不过是指仁义之心、良心在清晨和夜晚的呈现、活动而已。

九

【原文】

孟子曰："无或[①]乎王之不智也。虽有天下易生之物也，一日暴[②]之，十日寒之，未有能生者也。吾见亦罕矣，吾退而寒之者至矣，吾如有萌焉何哉？今夫奕[③]之为数[④]，小数也；不专心致志，则不得也。奕秋，通国之善奕者也。使奔秋诲二人奕，其一人专心致志，惟奔秋之为听。一人虽听之，一心以为有鸿鹄[⑤]将至，思援弓缴[⑥]而射之，虽与之俱学，弗若之矣。为是其智弗若与？曰：非然也。"

【注释】

①或：通"惑"，疑惑。

②暴：通"曝"，晒。

③奕：围棋。

④数：技巧。

⑤鸿鹄：鸟名，即天鹅。

⑥缴：系在箭上的丝绳，代指箭。

【译文】

孟子说："难怪王不聪明。即使有一种天下最容易生长的植物，晒它一天，又冻它十天，没有能够生长的。我和大王相见的时候也很少了，我退居家中，把他冷淡到极点，即使他再次有所触动能怎么样呢？比如下棋作为一种技艺，只是一种小技艺；但如果不专心致志地学习，也是学不会的。奕秋是全国闻名的下棋能手。叫奕秋同时教两个人下棋，其中一个专心致志，只听弈秋的话；另一个虽然也在听，但心里面却老是觉得有天鹅要飞来，一心想着如何张弓搭箭去射击它。这个人虽然与专心致志的那个人一起学习，却比不上那个人。是因为他的智力不如那个人吗？回答很明确：当然不是。”

【评析】

本章承前八章继续论述人性。

孟子以为，人之善良天性需要不断滋养，不能一曝十寒，否则便会使仁义礼智丧失殆尽，而成为禽兽。

孟子打了两个比方，一是植物生长如果一曝十寒，就不能再生长。二是弈秋教弟子学下围棋，一个弟子专心致志地学习，自然会大有长进；另一个弟子学棋时老想着怎么打鸟，所以成绩不如别人。前一个比方讲客观原因，后一个讲主观原因，可见让“仁义之心”滋长，必须要环境好，主观上自己也要努力。

本章告诉我们，一曝十寒无助于任何事情的成功发展，相反的，只有专心致志才能办好想做的事情。

【典例阐幽】

一日暴之，十日寒之

215 年，皇甫谧出生于安定朝那（宁夏固原东南）一个贫苦的农舍中。他出生后即被过继给他叔父为子，将近二十岁时还没上学念书。

有一天叔母任氏流着眼泪对他说：“你已经是二十岁的人了，至今目不识丁，《孝经》上说，即使每天用三牲来奉养父母，但如果不懂修身学习，仍然是一个不孝的人。”

皇甫谧深自愧疚，次日就拜乡里著名的学者席坦为师，从此他不再与人嬉闹，变得沉默寡言，每当下田劳动都带书去，利用休息时间阅读。数年以后成为一个远近闻名的学者。

四十岁时，皇甫谧不幸得了风症，半身麻木，右腿肌肉萎缩，服寒食散又药物中毒，寒冬时尚须袒露身体服食冰雪，夏天则更烦闷不堪，并伴有咳嗽、气喘、浮肿和四肢酸疼，时刻处于病重之中。但是他仍然手不释卷。有朋友劝他说：“你这样下去会损害健康，还是停下来休息几天吧。”

但是皇甫谧却说：“为学最怕一日曝十日寒，何况人的寿命或长或短，并不取决于是否勤学。”

后来，郡守曾请皇甫谧出仕，并举荐他为孝廉，相国也征召他去做官，都被他拒绝了。他甘心一生玩味经典册籍，为后世立言，写出了著名的《黄帝三部针灸甲乙经》。

十

【原文】

孟子曰：“鱼，我所欲也，熊掌，亦我所欲也；二者不可得兼，舍鱼而取熊掌者也。生，亦我所欲也，义，亦我所欲也；二者不可得兼，舍生而取义者也。生亦我所欲，所欲有甚于生者，故不为苟得也；死亦我所恶，所恶有甚于死者，故患有所不辟也。如使人之所欲莫甚于生，则凡可以得生者，何不用也？使人之所恶莫甚于死者，则凡可以辟患者，何不为也？由是则生而有不用也，由是则可以辟患而有不为也，是故所欲有甚于生者，所恶有甚于死者。非独贤者有是心也，人皆有之，贤者能勿丧耳。一箪食，一豆羹[①]，得之则生，弗得则死，呼尔而与之，行道之人弗受；蹴尔而与之[②]，乞人不屑也。万钟则不辩礼义而受之[③]。万钟于我何加焉？为宫室之美、妻妾之奉、所识穷乏者得我与？乡为身死而不受[④]，今为宫室之美为之；乡为身死而不受，今为妻妾之奉为之；乡为身死而不受，今为所识穷乏者得我而为之，是亦不可以已乎？此之谓失其本心。”

【注释】

①箪：盛饭的竹器。豆：古代一种盛食物的器皿，形似高脚盘。

②蹴：踢。

③钟：容量单位，六斛四斗为一钟。

④乡：通“向”，以往。

【译文】

孟子说：“鱼是我喜爱的，熊掌也是我喜爱的；如果二者不能兼得，那么就舍弃鱼，而要熊掌。生命是我所喜爱的，大义也是我所喜爱的；如果二者不能兼得，那么就牺牲生命，而去取义。生命是我所喜爱的，如果所喜爱的有比生存更重要的，因此就不苟且偷生；死是我所厌恶的，所厌恶的东西如果胜过了死亡，因此就不躲避祸患。如果使人所厌恶的没有超过生命的，那么所有能够求生的方法，有什么不用的呢？如果使人所喜爱的没有超过死亡的，那么所有能够躲避祸患的方法，哪有不用的呢？从中可以生存的办法，却有人不用；从中能够躲避祸患的方法，却有人不用，因此可以看出，有比生命更让人想得到的，有比死亡更让人厌恶的。不只是贤德的人有这种心理，人人都有，只是贤德的人没有丧失它罢了。一筐饭，一碗汤，得到了就能活下来，得不到就会死，吆喝着给他，连过路的饿人都不愿接受；用脚踩后再给人，连乞丐都不屑接受。有人面对万钟的俸禄就不管是否合乎礼义，欣然接受。万钟的俸禄对我有什么益处呢？为了住房的豪华、妻妾的侍奉、所认识的穷人感激我吗？从前宁愿去死都不肯接受的，现在为了住房的豪华而接受了；从前宁愿去死都不愿接受的，现在为了妻妾的侍奉而接受了；从前宁愿去死都不肯接受的，现在为了自己认识的穷人感激我而接受了，这些不是可以不做的事吗？这就叫失掉了他的本性。”

【评析】

强烈的羞恶之心、是非之心，能使人在死生紧迫之际做出杀身成仁、舍生取义的正确人生选择。这是何等的悲壮、崇高而义薄云天！孔子说“杀身成仁”，孟子说“舍生取义”，这都是千古名言！这些含有肩负重大历史责任感、重大社会责任感、重大人生责任感、能共日月齐辉、江山永在的哲理，两千多年来，激励着一代又一代的中国儿女，为国家的独立完整、民族的生存发展，为实现正义和理想，为实现社会的公平、公正，前仆后继、英勇奋斗，起到了巨大的鼓舞作用！孔孟的这些闪光的名言警句，实实在在地在铸造着中国人民的心灵架构。从这一章也可看出，孟子的所谓“义”，包含着人性的尊严、人格的尊严，不受侮辱，以及为理想、真理而献身的精神。

【典例阐幽】

鱼我所欲也，熊掌亦我所欲也

东汉时的大学问家郭泰，字林宗，太原郡介休人。他家世贫贱，早年丧父，与母亲相依为命，惨淡度日。长大成人后，母亲为他在官府中谋个差事，聊以改变往日的窘迫处境。但郭泰对于学问和仕途都一样地喜爱，希望能同时得到发展。思考再三，他对母亲说："鱼我所欲也，熊掌亦我所欲也，大丈夫必须有取有舍，我怎么能一生都干这点小事呢？"

于是郭泰便辞官远走成皋，拜当时享有美誉的饱学之士屈伯彦为师。在屈伯彦教诲下，郭泰刻苦努力，三年之后博通"三坟五典"等古代典籍。

那一年，郭泰初涉京师洛阳，经陈留名士符融的介绍，前往拜访河南尹李膺。李膺是当时声望很高的士人领袖，接见郭泰后非常欣赏郭泰的人品才学，待以师友之礼，他感慨万分地说："读书人我见多了，可是没有看到过像郭林宗这样渊博的。"以李膺当时的影响和身份，竟然如此青睐郭泰，京中众儒对他当然更是刮目相看，郭泰顿时成了震惊京都的知名人物。

后来，郭泰离开洛阳返回太原时，赶来为他送行的车辆竟达千乘之多。

十一

【原文】

孟子曰："仁，人心也；义，人路也。舍其路而弗由，放其心而不知求，哀哉！人有鸡犬放，则知求之；有放心而不知求。学问之道无他，求其放心而已矣。"

【译文】

孟子说："仁，就是人心；义，就是人要走的路。舍弃了应该走的路不走，丧失了善心而不去寻找，真是可悲啊！人们的鸡和狗丢失了，还知道去找寻；善心丢失了却不知道去找寻。学问之道没有别的，就是要去把丧失的善心找寻回来而已。"

【评析】

本章孟子提出了"仁，人心"的命题，对孔子仁学做出重大发展。孔子重视

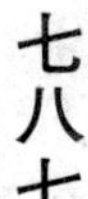

仁，以仁为思想的核心。但对于仁，孔子的解释宽泛且多变，每次讲解都不尽一致。这并不奇怪，因为在孔子看来，仁是一种主体的实践及体验，不必从概念上明确界定，也无须理论论证。因为是实践和体验，所以它难以从知识论来界定。所以孔子言仁，是从实践上指出如何实现仁，而所言的对象是不同的，因此答案也自然不同，他只是根据不同场合、不同的人而做出不同的回答。孟子在本章中把“仁”规定为是“人心”，即人的“本心”或“良心”，这一解释对后来儒家心性之学的发展具有重要意义。（参见徐洪兴：《孟子直解》，271 页）

孟子关于仁，有两个命题，一是“恻隐之心，仁也”，这是狭义上的仁。另一个是“仁，人心也”，这是广义上的仁。狭义上的仁，只是恻隐之心；广义上的仁，则包括恻隐、羞恶、辞让、是非之心全体。狭义上的仁，只是“仁民爱物”之仁；广义上的仁，则包括由恻隐、羞恶、是非、恭敬之心到仁、义、礼、智的全部发展过程。孟子在“仁，人心也”之后，又提出“义，人路也”，二者关系如何，也值得关注。孟子言义的一个重要特点是将义归于主体心，把义看作主体心的外在表现。因此，这里的仁、义不是并列关系而是从属关系。孟子的意思是，作为“人心”的仁具有高度的理性自觉，作为“人路”的义即来自仁，掌握了仁也就掌握了义。正因为如此，孟子只言“求放心”，而不言寻失路。

本章最后提到“学问之道”在于“求放心”，似乎过于强调内省、反求诸己，对后天的学习则有所忽略。但孟子的“学问之道”不仅在于找回丢失的本心，还有对其“扩而充之”的过程，从这一点讲，他并不完全排除后天的学习。

十二

【原文】

孟子曰：“今有无名之指，屈而不信[①]，非疾痛害事也。如有能信之者，则不远秦、楚之路，为指之不若人也。指不若人，则知恶之；心不若人，则不知恶。此之谓不知类②也。”

【注释】

①信：通“伸”。

②类：不知轻重，舍本逐末。

【译文】

孟子说：“现在有人的无名指弯曲而不能伸直，虽然并不疼痛，也不妨碍做事情。可是如果有人能使它重新伸直，就是到秦国、楚国去，他也不会嫌远，为的是手指不如别人。手指不如别人，就知道厌恶；心性不如别人，却不知道厌恶。这叫作不知轻重。”

【评析】

本章承前几章继续论人之仁义天性不可丧失，若不幸丧失，必须“医治”。若只知医治无名指屈不能伸之病，不知“医治”人心丧失天良之病，便是不知轻重。这类说法，已与宋明“心性之学”十分相似了。

十三

【原文】

孟子曰：“拱把之桐梓①，人苟欲生之，皆知所以养之者。至于身，而不知所以养之者，岂爱身不若桐梓哉？弗思甚也。”

【注释】

①拱把：指树木尚小。拱，两手合围。把，一手所握。

【译文】

孟子说："一两把粗的桐树、梓树，假如人想要它生长起来，都知道怎么才能把它养大。说到自身，却不知道如何去修养，难道对自己的爱还赶不上对桐树、梓树的爱吗？实在是太不愿动脑了。"

【评析】

孟子认为，养心重要，养身同样也重要。这一章讲的就是养身的重要性。在这里，孟子把养身当作养心讲解，也就是我们通常所说的"修身养性"。那么，怎么才叫修身养性呢？儒家学说认为，使用仁义及内省的功夫就能够修身养性，也就是说，通过内修来完善道德和提高素养。

【典例阐幽】

木犹如此，人何以堪

桓温，东晋大将，从小就抱有恢复中原，夺回丢失的北方疆土之志。一生北伐三次。据《世说新语·言语》中记载，桓温第三次北伐的时候路过金城，见到自己早年栽种的柳树已经有十围那么粗壮，不由得感慨："木犹如此，人何以堪！"抒发了壮志未酬的感慨。

十四

【原文】

孟子曰："人之于身也，兼所爱。兼所爱，则兼所养也。无尺寸之肤不爱焉，则无尺寸之肤不养也。所以考其善不善者，岂有他哉？于己取之而已矣。体有贵贱，有小大[①]。无以小害大，无以贱害贵。养其小者为小人，养其大者为大人。今有场师[②]，舍其梧槚[③]，养其樲棘[④]，则为贱场师焉。养其一指而失其肩背，而不知也，则为狼疾[⑤]人也。饮食之人，则人贱之矣，为其养小以失大也。饮食之人无有失也，则口腹岂适为尺寸之肤哉？"

【注释】

①小大：对应上文的"贱""贵"，朱熹认为，贱和小，是指人的口腹；贵和大，是指人的心志。

②场师：相当于今天的园艺师。

③梧槚：梧桐与山楸。两者皆良木，故以并称，比喻良材。

④樲棘：果木名，即酸枣。

⑤狼疾：即"狼藉"。

【译文】

孟子说："人对于自己的身体，哪儿都爱护。哪儿都爱护，便哪儿都保养。没有一尺一寸的肌肤不爱护，那么就没有一尺一寸的肌肤不保养。想要考察他保养得好还是不好，难道还有别的方法吗？只要看他所保养的是身体的哪一部分就行了。身体有重要的部分，也有次要的部分；有小的部分，也有大的部分。不因为小的部分而伤害到大的部分，不因为贱的部分而伤害到贵的部分。保养小的部分的是小人，保养大的部分的为君子。假如有一个园艺师，舍弃桐树、梓树不去培养，而去培养酸枣树，那么他就是一个卑贱的园艺师。保养他的一个手指头而伤害到了自己的肩背，自己却还不知道，这就是十分糊涂的人。只知道吃喝的人，那么别人就会轻视他，因为他保养自己小的部分而丧失了自己大的部分。如果讲究吃喝的人没有丧失自己的善心，那么他吃喝的目的难道是为了保养自己一尺一寸的肌肤吗？”

【评析】

本章论“体有贵贱，有大小，无以小害大，无以贱害贵”。与下一章意近。需要说明的是，孟子虽然做了大体、小体的区分，但并不将心、身分为两截，而是以心摄身，心身一如，故孟子又有“践形”之说。

十五

【原文】

公都子问曰：“钧①是人也，或为大人，或为小人，何也？”

孟子曰：“从其大体为大人，从其小体为小人。”

曰：“钧是人也，或从其大体，或从其小体，何也？”

曰：“耳目之官不思，而蔽于物。物交物，则引之而已矣。心之官则思，思则得之，不思则不得也。此天之所与我②者。先立乎其大者，则其小者不能夺也。此为大人而已矣。”

【注释】

①钧：通“均”，同样。

②我：泛指人类。

【译文】

公都子问道："同样是人，有的成为君子，有的成为小人，这是为什么呢?"

孟子说："注重身体重要部分需要的就是君子，注重身体次要部分需要的就是小人。"

公都子说："同样是人，有的人注重身体重要部分，有的人注重身体次要部分，这又是为什么呢?"

孟子说："眼睛、耳朵这类器官不会思考，所以被外物所蒙蔽。一与外物接触就容易被引诱罢了。心的功能在于思考，一思考就会有所得，不思考就得不到。这是上天特意赋予我们人类的。所以，首先把心这个身体的重要部分树立起来，其他次要部分就不会夺走人心中的善性。这样便可以成为君子了。"

【评析】

这一章则从正面来说怎样树立"大"的问题。而且，所谓"大""小"也很清楚了；"心"是体之大者，也是体之贵者；其他器官如眼睛、耳朵等都只是体之小者，体之贱者。所以要树立心的统帅作用，只要心的统帅作用树立起来，其他感官也就不会被外物所蒙蔽而误入歧途了。

单就本章内容来看，其中最突出的仍然是对心的重视，所谓"心之官则思"成为了后世的名言，"思则得之，不思则不得"更是强调了思考对人的重要性。联系到本篇所记载孟子对于人与动物区别的一系列论述来看，这里所说的"此天之所与我者"实际上正是用"心之官则思"这一人类所独有的特点来划分人与动物界限，弘扬心灵的思考对于人类的重要意义。

本章另一点值得重视的是心与耳目等感官的关系问题。耳目等感官由于不会思考，所以容易为外物所蒙蔽，心由于会思考，所以不容易为外物所蒙蔽。（当然，“思则得之”，思考了就会这样；“不思则不得”，如果你不思考，心也只是一种摆设，不起作用。）所以，只要“先立乎其大者”，把心树立起来了，“则其小者不能夺也”，其他次要的部分，比如耳目等感官就不会被外物所夺，所蒙蔽了。我们看到，这实际上已接触到所谓感觉与理解、感性认识与理性认识的问题，我们在前面曾经说过，孟子的整个学说，具有非常浓厚的心理学色彩。所以，他虽然不可能提出感觉与理解、感性认识与理性认识这些现代性的概念，但他对它们的实质有所把握则是完全有可能的。

至于孟子把“心”作为思考的器官，而没有发现“大脑”，则是传统性的认识局限，不是他个人所能超越的了。事实上，作为传统性的习惯，我们今天在语言运用中也仍然把“心”作为思想器官的代名词，又何况两千多年前的孟子呢？

十六

【原文】

孟子曰：“有天爵者，有人爵者。仁义忠信，乐善不倦，此天爵也；公卿大夫，此人爵也。古之人修其天爵，而人爵从之。今之人修其天爵，以要人爵；既得人爵，而弃其天爵，则惑之甚者也，终亦必亡而已矣。”

【译文】

孟子说：“有天爵，有人爵。仁义忠信，好善不倦，这就是天爵；公卿大夫，这些是人爵。古代的人修养他的天爵，而人爵就随之而来了。现在的人修养天爵，是用它来获取人爵；一旦得到人爵，就丢弃了他的天爵，那实在是太糊涂了，最终他们的人爵也一定会丧失的。”

【评析】

本章承前各章，仍论修养“仁义忠信”之重要意义。

孟子认为，人本有“仁”的天性。以“仁”为核心，可以发展出许多优良的品性，所以他有时只说“仁”，有时又说“仁义”，有时说“仁义礼智”，本章又说“仁义忠信”。他认为，如果注重把这些人人都有的美好的天性发扬光大，就可以做“君子”（大人），甚至可以当尧舜那样的圣人。如果不这样做，这些善良的天性就会淹灭，人就会成为“小人”，甚至堕落为禽兽。

十七

【原文】

孟子曰：“欲贵者，人之同心也。人人有贵于己者，弗思耳。人之所贵者，非良贵也。赵孟之所贵[①]，赵孟能贱之。《诗》云：‘既醉以酒，既饱以德。’[②]言饱乎仁义也，所以不愿人之膏粱之味也[③]。令闻广誉施于身，所以不愿人之文绣也[④]。”

【注释】

①赵孟：即春秋时晋国的执政大臣赵盾。此指代有权势的人。

②诗句见《诗经·大雅·既醉》。

③膏粱：指精美的食物。膏，指肥肉。粱，指谷类中的精细的小米。

④文绣：绣有彩色花纹的衣服。

【译文】

孟子说：“希求富贵，是人们的共同心理。每个人自身都有可宝贵的东西，只是不去想它罢了。别人给予的尊贵，不是真正的尊贵。赵孟所尊贵的，赵孟也能使他卑贱。《诗经》说：“酒已经喝醉，德已经享尽。’说的就是已经饱尝了仁义之德，因而不羡慕人家肥肉、精米的美味；广为人知的好名声集于一身，因而不羡慕别人的锦绣衣裳。”

【评析】

自尊者人尊之，自贵者人贵之。相反，自惭形秽、妄自菲薄者人贱之。因此，人以自尊自责为贵，千万不要“抛却自家无尽藏，沿门持钵效贫儿”。用我们通俗的话来说，叫作“端着金饭碗讨饭。”

要不端着金饭碗讨饭，关键是要自己知道所端的是金饭碗，认识它的价值。要自尊自贵，关键是要知道自己有值得尊贵的东西，这就是孟子所说“人人有贵于己者”。从后文来看，这种己所贵，实际上就是仁义道德、令闻广誉，与之相对的，则是膏粱文绣，也就是金钱富贵。所以，在孟子看来，世上有两种尊贵的东西：一是外在的，即膏粱文绣，这是要靠别人给予的；二是内在的，即仁义道德，这是不靠别人给予而要靠自己良心发现，自己培育滋养的。前者并不是真正尊贵的东西，因为别人可以给予你也可以剥夺你；后者才是真正尊贵的，别人不可剥夺的。正如孟子引曾子所言：“彼以其富，我以吾仁；彼以其爵，我以吾义。吾何慊乎哉？”这是自尊自贵的典范。

【典例阐幽】

庄子不慕曹商之贵

宋国有个叫曹商的，被宋王派往秦国作使臣。他启程的时候，宋王送了几辆车给他作交通工具。曹商来到秦国后，对秦王百般献媚、讨好，终于博得了秦王的欢心，于是又赏给了他一百辆车。

曹商带着秦王赏的一百辆车返回宋国后，见到了庄子。他掩饰不住自己的得意之色，到庄子面前炫耀说："像你这样长年居住在偏僻狭窄的小巷深处，穷愁潦倒，整天就是靠辛勤的编织草鞋来维持生计，使人饿得面黄肌瘦。这种困窘的日子，我曹商一天也过不下去！你再看看我吧，我这次奉命出使秦国，仅凭这张三寸不烂之舌，很快就赢得了拥有万辆军车之富的秦王的赏识，一下子就赐给了我新车一百辆。这是我曹商的本事呀！"

庄子对曹商这种小人得志的狂态非常反感，他不屑一顾地回敬道："我听说秦王在生病的时候召来了许多医生，对他们当面许诺说：凡是能挑破粉刺排脓生肌的，赏车一辆；而愿意为其舐痔的，则赏车五辆。治病的部位越肮脏低下，所得的赏赐愈多。我想，你大概是用自己的舌头去舔过秦王的痔疮，而且是舔得十分尽心卖力的吧？不然，秦王怎么会给你赏这么多车呢？你这肮脏的东西，还是快点给我走远些吧！"

庄子

曹商这种用丧失尊严作代价去换取财富的人，是不会得到人们的尊重的。

十八

【原文】

孟子曰："仁之胜不仁也。犹水胜火。今之为仁者，犹以一杯水救一车薪之火

也，不熄，则谓之水不胜火。此又与于不仁之甚者也，亦终必亡而已矣。"

【译文】

孟子说："仁者能够战胜不仁者，就像水可以灭火一样。但如今奉行仁道的人，就像用一杯水去灭一车柴草所燃烧的大火一样，灭不了，就说是水不能够灭火。这样的说法正好又大大助长了那些不仁之徒，最终连他们原本奉行的一点点仁道也会丧失。"

【评析】

兵法说："知己知彼，百战百胜。"

杯水车薪，自然是无济于事。不审时度势，反省自己是否尽了努力，而是自以为火不可灭，灰心丧气，放弃斗争。长他人志气，灭自己威风，这实际上是助纣为虐。

所以，当不能取胜的时候，应自知努力不够而加强力量，改杯水车薪为桶水车薪、池水车薪，最好是再加上水龙和其他现代灭火器。如此一来，莫说是车薪，就是你一屋子的薪所燃烧的熊熊烈火也照灭不误。

十九

【原文】

孟子曰："五谷者，种之美者也；苟为不熟，不如荑稗[①]。夫仁，亦在乎熟之而已矣。"

【注释】

①荑稗：荑、稗为二草名，似禾，果实比谷小，亦可食。荑，通“稊”。

【译文】

孟子说：“五谷是庄稼中的好品种；但如果不成熟的话，还不如荑稗。仁，也在于使它成熟罢了。”

【评析】

从上章可知，当时有君子哀叹仁之不胜不仁。本章承上章，鼓励君子把仁发扬光大。

孟子以五谷喻仁。五谷长熟才有大用，同理，把仁发扬光大，仁才有力量。

二十

【原文】

孟子曰：“羿之教人射，必志于彀①。学者亦必志于彀。大匠诲人，必以规矩，学者亦必以规矩。”

【注释】

①彀：把弓拉满。

【译文】

孟子说：“羿教人射箭，一定要让人把弓拉满；学习的人也一定要努力把弓拉满。技艺高超的木工教导人，一定要遵循规矩，学习的人也一定要遵循规矩。”

【评析】

这正是《离娄·上》所说“离娄之明，公输子之巧，不以规矩，不能成方员；师旷之聪，不以六律，不能正五音”的意思。

没有规矩，不能成方圆；没有规矩，教师不能教，学生无法学。小至手工技巧，大至安邦定国、治理天下，凡事都有法可依，有规律可循。

因此。一定要顺其规律，不可悖逆而行。如果悖逆而行，就会出现“上无道楼也，下无法守也，朝不信道，工不信度，君子犯义，小人犯刑，国之所存者幸也”那样的情况，天下大乱。所以，规矩绝不是小问题。

【典例阐幽】

不过手熟

在宋朝的时候，有一个叫陈康肃的很善于射箭，他的水平很高，自信当代没有第二个人。因此时常感到骄傲自负。

一天，他在射箭的时候，有个卖油的老汉放下肩上的担子，站在一旁，歪着头，很有兴趣地观看着。他看陈康肃发射的箭，十枝中有八九枝射中了靶子，便微微地点着头。陈康肃问他说：“你也懂得射箭吗？我射箭的技术是不是很精湛？”

老汉说：“也没有什么别的奥妙，只不过是手熟罢了！”

陈康肃一听很气愤，大声呵斥道：“你怎么敢贬低我的本领？”

老汉说：“我是从我倒油的技巧中知道这个道理的。”说罢，他拿出来一个葫芦放在地上，又摸出一枚有孔的铜钱放在葫芦嘴上，然后慢慢地用勺子舀出油来往葫芦里倒，只见油像一条细线一样从钱孔中流入葫芦里，而那枚铜钱却没有沾上一点儿油痕。

倒完，老汉直起身子说：“我这点技术，也没有什么了不起的，不过就是手熟罢了。”

【本篇总结】

孟子在这一篇中主要讨论人性本善的问题，认为人生来就具有仁、义、理、智的美好德性，求索就能得到，放弃便会失去，只是有的人未曾领悟这个道理而已。因此，人应该收敛散逸的心志，时刻省察自己的言行，养成专心致志的好习惯。专心致志是把事业做精、做细、做大的心理因素，商界人士应该逐渐培养这种品性，为事业的成功提供一个良好的心理素质。

【古代事例】

司马光与《资治通鉴》

孟子认为下围棋虽是小技，如果不专心致志也不能学好。弈秋是最擅长下围棋的人，假若使弈秋同时教两人下棋，一人专心致志，专心听弈秋的讲解；另一人虽貌似在听，心里却想着射下天上的鸟，他的学习效果肯定比不上专心致志的人。司马光就是在十九年的时间里靠着专心致志才完成《资治通鉴》这一部光辉史著的。

《资治通鉴》是司马光主持编撰的第一部编年体通史，也是继汉代司马迁以后史上最优秀的通史巨著。这部巨著上起周威烈王二十三年（公元前403年），下迄后周显德六年（959年），卷帙浩繁，前后共一三六二年的历史，通过论述历代王朝兴衰治乱之理，向治国者提供借鉴。

司马光（1019—1086 年），字君实，号迂叟，陕州夏县涑水乡（今山西夏县司马营）人，北宋的政治家，史学家，文学家。司马光幼年聪敏嗜学，尤喜《左传》，听塾师讲过一遍就能记诵。此外，司马光少时的机智勇敢，仍然可以从一则非常有名的佳话中看出：司马光少时与伙伴们玩得起兴时，一个小孩跌进水缸里，他急中生智，搬起石头砸破水缸救出落水的伙伴。

司马光

宋仁宗宝元元年（1038 年），二十岁的司马光高中进士甲科，官拜谏议大夫。司马光发现尽管自古至今的史著很多，却没有一部既系统又完整的通史，于是决心自己编撰一部这样的书籍。两年以后，司马光完成从战国到秦汉之际的部分，取名《通志》。

治平二年（1065 年），宋英宗读完司马光的《通志》以后非常高兴，下令设置专门修史的书院，为他提供诸多便利，鼓励司马光继续撰写此书。于是，司马光延揽当时著名史家刘攽、刘恕、范祖禹等人共同参与这项盛世浩典。宋英宗死后，继任的宋神宗又给此书赐名为《资治通鉴》。熙宁三年（1070 年），司马光因与王安石政见不合，被贬出朝廷到地方任职。次年，司马光转到西京（洛阳）御史台任职，在洛阳一住就是十五年，这里的闲居生活更有利于司马光撰修《资治通鉴》。

在编写《资治通鉴》的过程中，司马光广泛地查阅旧史，同时也参考各种笔记小说，每个史实都反复考证。单是初稿就堆满两间屋子，每页稿纸都字迹清晰，从无一页潦草。他殚精竭虑，穷竭所有，日力不足，继之以夜。他常常担心一觉睡过头，就削圆木为枕，身体一翻转，圆枕就会滚落把他惊醒。这个有趣的东西就是《龙文鞭影》中所说的“文公警枕”。范祖禹曾作《司马温公布衾铭》曰：“公一室萧然，图书盈几，竟日静坐，泊如也。又以圆木为曾枕，少睡则枕转而觉，乃起读书。”

神宗元丰七年（1084 年），《资治通鉴》才得以成书，共历时十九年。在向神宗进《资治通鉴》的上表中，司马光说：“臣今赅骨臒瘁，目视昏近，齿牙无几，神识衰耗，目前所为，旋踵遗忘。臣之精力，尽于此书。”

两年后，哲宗继位，宣仁太皇太后掌国，任司马光为尚书左仆射。司马光刚上任就把王安石的新法全部废除。数月后，司马光去世，被朝廷追封为太师、温国公，谥文正。司马光的谥号是历来文臣梦寐以求的荣耀，自宋以后的各朝皇帝从不轻易赐给臣下这个谥号，北宋唯有李昉、王旦、范仲淹等屈指可数的几人享有此项殊荣。

【评述】

司马光撰修《资治通鉴》时艰苦卓绝，始终如一，才能完成这一巨著。诚如孟子所说，学习是日积月累的过程，持之以恒才能取得成就，若一曝十寒，无论如何都难以取得实质性的进步。企业的管理者只有专心致志才能完成艰难的任务，坚毅的性情是成功的诸多因素中必不可少的一环。

海瑞的遗物

人虽有与生俱来的善性，有时却也会在面临一些两难的选择时迷失本心。很多仁人志士在面对道义和付出生命的选择时，往往会舍生取义，因为鱼和熊掌不可兼得。明代的海瑞就是这样一位敢于舍生取义而彪炳史册的人。

尽管史家对海瑞的生平行事多所争议，但是他近乎苛刻般的廉洁自律却获大众肯定。海瑞处在明代后期，世风日下，官吏鱼肉百姓。海瑞以至大至刚之勇，不畏权势，为民请命，可以算是百姓不幸中的万幸。

海瑞（1514—1587年），字汝贤，自号刚峰，明海南琼山（今海口）人，幼年丧父，随寡母研读经史，刻苦精勤，从不懈怠。

嘉靖二十八年（1550年），海瑞通过科举走上仕途。入京后，海瑞即上《平黎策》，向皇帝陈述平定海南的策略，深得有识之士的赞赏。当时嘉靖皇帝（1507—1566年）享国日久，不理朝政，专意斋戒求福，督抚大吏争相献上符瑞，严嵩（1480—1567年）父子权倾朝野。

时任户部尚书的海瑞上书指责皇帝的过失，嘉靖皇帝气得把奏疏扔在地上，命人赶快把他抓起来，生怕他跑掉。宦官黄锦说："海瑞有傻名，自知上书会触怒龙颜，难免一死，遂买好棺材，与妻子诀别，待罪于朝，童仆早就四散而光，他是不会逃跑的。"嘉靖闻语，一日之间把奏疏重读三遍，感慨万端地说："海瑞以比干自命，我恐怕不是商纣吧！"数月之后，才命人追究海瑞的罪名，将其下在大狱。隆庆皇帝即位后，海瑞才官复原职。

隆庆三年（1569年）夏，海瑞以右佥都御史巡视应天府，贪婪的官吏自劾求免，权贵们漆红的大门也都改成黑色，在江南监织造的宦官也都减少舆从。海瑞兴利除害，整修水利，大惠于民。

万历初年，张居正（1528—1582年）主持国政时，向来就不喜欢海瑞。有一次，张居正派巡按御史到南京寻找借口来弹劾海瑞。御史到达海瑞的府邸后，只见屋舍萧然，衣食都非常简朴，专门来挑刺的御史只好叹息而去。朝廷内外大臣都交相推荐海瑞，但张居正怕他成为自己仕途的绊脚石，最终也没有任用他。张居正死后，万历皇帝（1563—1620年）看重海瑞的声名，本想委以重任，但又有小人作梗，万历皇帝只好让他到南京做右佥都御史。

海瑞到达南京后，没有多久便死在官衙。同乡苏民怀清点海瑞遗物时发现唯有俸银八两，旧衣数件。司寇王世贞（1526—1590年）评价海瑞说："不怕死，不爱钱，不结党。"南京都察院佥都御史王用汲前去吊唁海瑞，王用汲见眼前的情境顿时落泪，凑钱为他入殓。在运送海瑞灵柩回乡的路上，百姓身着白衣白冠前来送丧者站满江岸，哭声百里不绝。

【评述】

海瑞从不苟且地活着，以道义的信仰撑起铮铮铁骨。因为孟子说，生存是人想要的，道义也是人想要的，若两者不可兼得，就会舍弃生命，选取道义，因为人想要的东西有胜过生命的，所厌恶的东西有胜过死亡的，所以会有人不避祸害，从容献身。这个道理和这个故事，对商界人士来说，应学会如何做出符合道义选择，因为世间事两全其美者甚少，不为得到某些东西苟且地钻营。

【现代事例】

埃森哲的成功决心

孟子说，期望显贵是人共同的心态。但是，很多人所追求的富贵是外在的，很少有人能考虑到每个人身上都有可贵的东西。同样的道理，任何企业无不希望获得良好的发展，成为实力壮大的行业龙头，不过，若不从自身发现优势，这一目标将会很难实现。让当今世界著名的咨询公司埃森哲为我们呈现它成功的决心吧！

美国埃森哲公司（Accenture）是全球最大的管理咨询公司，《财富》全球五百强企业中有三分之二以上的单位是埃森哲的客户。

埃森哲原是安达信（Arthur Andersen）会计事务所的咨询部门。一九五三年安达信利用美国第一台商用电脑，帮助通用电气公司（GE）提高薪酬资料的处理效率，开启咨询行业使用高科技技术解决企业问题的先河。这个项目的负责人约瑟夫·克里考夫（Joe Glickauf）也被称为是电脑和高科技咨询之父。

这个项目标志着安达信咨询业务的开始。随着咨询业迅速的发展，安达信咨询部门的利润最终超过审计部门，实力强大的咨询部门已经不甘心再寄人篱下。一九八九年，咨询部门从安达信分出来，成立主营咨询业的安盛咨询公司（Andersen Constulting），在不到十年的时间里就发展成为全球最大的商业和高科技咨询公司，在规模上也逐渐超过安达信。

安盛拒绝接收中小型企业的咨询项目。安达信则抵制不住咨询业丰厚利润的诱惑，重组咨询部门，暗地受理被安盛拒绝的客户，安盛与安达信之间的矛盾也因此而日益加深。于是，安盛完全脱离安达信的愿望更加强烈。

二○○○年，安盛终于实现与安达信从经济上彻底分离的目标。不过，安盛不得不放弃公司名称中的 Andersen 名称，更名为埃森哲（Accenture）。这个名称招来好事者的冷嘲热讽，不过埃森哲毫不气馁，而是以强劲颇富感染力的宣传重新树立自己的形象，直到安然事件后人们才正式接受它。安达信受安然事件的牵连名声扫地，而从中分出来的埃森哲则未受影响。

在首席执行官乔·福汉（Joe W. Forehand）的领导下，埃森哲取得十分傲人的业绩。作为依靠知识和智能生存的咨询公司，埃森哲一直十分重视知识资本（Knowledge Capital）的效应，实施知识管理战略，使知识成为创造商业价值的支点。因而，乔·福汉在公司发起“创新人才最佳工作环境”计划，使员工充分发挥创新精神。埃森哲还不断改进组织机构，把注意力放在市场上高成长率的领域，从而为客户在咨询中提供实实在在的经济价值，而非是简简单单的建议。正是因为这些努力，埃森哲才能够在严峻的市场竞争环境中脱颖而出。如今作为《财富》全球五百强企业之一的埃森哲已经成为全球领先的企业绩效提升专家。

【评述】

埃森哲认为一家企业得以良好持续发展的关键是创新、冒险、合作、敬业、学习、执着和诚信，这些优秀品格恰是孟子强调的自身具有的可贵之处。因此，作为企业的负责人不但要有期望成功的雄心壮志，更要善于发掘和形成企业文化的精神，将自身的可贵之处发扬光大。

帕玛拉特一蹶不振

孟子说，仁、义、忠、信，是“天爵”；公、卿、大夫，是“人爵”。古人通过修行“天爵”来获取“人爵”，今人通过修行“天爵”获取“人爵”之后，就轻而易举地抛弃“仁、义、忠、信”的“天爵”，实在是糊涂之极，他所获得的“人爵”也将会难保。几年前，意大利帕拉玛特的突然破产就是这样的例子。

面对轰然倒塌的大厦，人们在震惊之余，更多的是惋惜。

号称世界牛奶帝国的意大利帕玛拉特集团（Parmalat）在短短的两周时间里，就迅速终结其四十余年的神话：二〇〇三年底帕玛拉特因财务丑闻宣告破产，帕玛拉特创始人、公司董事长卡利斯托·坦齐（Calisto Tanzi）锒铛入狱。如果我们回头审视帕玛拉特的创业史，难免会为其惋惜。

一九六一年四月，年仅二十二岁的卡利斯托·坦齐接过祖父创建的冷冻食品公司后，投资具有绝大发展潜力和远景的牛奶行业，在克雷齐奥镇建立一座小型牛奶灭菌厂，向帕尔马（Parma）及周边地区供应鲜奶。当时意大利的国有牛奶企业在热那亚（Genoa）、佛罗伦萨（Florence）及罗马（Rome）地区占据垄断地位，帕玛拉特这家家族企业想在夹缝中求生存谈何容易。聪明的卡利斯托·坦齐想出一系列的办法来赢得市场空间。

在送货上门的基础上，帕玛拉特又在一九六三年采用一种印有品牌名称的瑞典新式纸盒包装，比瓶装牛奶更卫生，更易储存，而且保质期更长。一九六六年，帕玛拉特继续引进源自瑞典的牛奶加热处理技术，使牛奶不需冷冻就能完美地保存六个月。帕玛拉特采用这些新技术效果立竿见影，不仅很快垄断意大利市场，而且一跃成为世界最大的加热处理牛奶制造商。

八十年代，帕玛拉特开始进行产品、行业的多元化，值得一提的是，帕尔马AC俱乐部还在帕玛拉特的赞助下由一支默默无闻的球队挺进意甲。在人们眼中，帕玛拉特总能开发出适应不同阶层的新产品，在看似无利可图的行业中开辟市场。

二〇〇三年底，人们做梦都没想到，负责帕玛拉特审计事务的一家会计师事务所指出帕玛拉特将近五亿欧元的资产投入盖曼群岛（Cayman Islands）一家鲜为人知的共有基金中，因此这笔资产不能视为流动资产。十天后，与帕玛拉特有业务关系的美国美洲银行（Bank America Corporation）称帕玛拉特的一家下属子公司在该行的四十九亿美元的存款账户并不存在。帕玛拉特的股价当即大幅缩水，跌至票面价格的百分之四十五。次日，帕玛拉特不得不承认存在财务黑洞的事实。检查人员还发现帕玛拉特存在金融欺诈、提供假档、做假账等不法行为。

十二月二十四日，四面楚歌的帕玛拉特不得不申请破产保护，卡利斯托·坦齐因涉嫌诈欺在米兰被捕。

【评述】

孟子认为获得“人爵”之后，更要谨慎地涵养自身道德，才不会失去辛辛苦苦得来的功名利禄。从帕玛拉特的败亡中，我们不难发现，尽管帕玛拉特曾经拥有不断创新的进取精神，创造出巨大的商业奇迹，但如果违背艰苦创业的初衷，靠虚假的财务迷局谋得一己一时私利，最终将难免前功尽弃。企业负责人当以此为戒。

【名言录】

名言：虽有天下易生之物，一日暴之，十日寒之，未有能生者也。

——《告子（上）》

古译：虽有天下易于生成之物，若曝一日，寒十日，则未有能生者也。

今译：即使是天底下最容易生长的植物，如果曝晒一天，冷冻十天，没有能够再生长的。

现代使用场合：一曝十寒，即使是生命力最强的植物，也不能再生长。在现代社会也是这样，做事情要讲究自始至终，以一颗持之以恒之心去对待它，那么我们也可以得到成功的回报。如果只是三天打鱼，两天晒网，即使周围的条件再好，胜利的终点也会离我们越来越远。

名言：心之官则思，思则得之，不思则不得也。——《告子（上）》

古译：心之官能则为思，思则有所得，不思则无所获。

今译：心的官能是思考，思考就有所收获，不思考就没有收获。

现代使用场合：用心去思考，才能有所收获。生活中，我们每天都过得忙忙碌碌，没有时间停下来思考一下自己今天都做了什么。适当的思考是有必要的，总结成功的经验、失败的教训，或褒奖或自责，有内心的思考，进步才能时刻相伴。

名言：鱼，我所欲也；熊掌，亦我所欲也，二者不可得兼，舍鱼而取熊掌者也。生，亦我所欲也；义，亦我所欲也，二者不可得兼，舍生而取义者也。——《告子（上）》

古译：鱼，我所欲也；熊掌亦是我所欲也，若二者不可兼得，则舍鱼而取熊掌。生，是我所欲也；义，亦是我所欲也，若二者不可兼得，则舍生而取义者。

今译：鱼是我想要的，熊掌也是我所追求的，若二者不能兼得，则舍弃鱼而选择熊掌；生存，是我追求的，道义也是我所追求的，若两者不能兼得，则舍弃生命而追求道义。

现代使用场合：日常生活中，我们面临很多诱惑、很多抉择，我们往往对这些感到无所适从。其实，遇到这样的情况要学会放弃，选择最适合自己，或者自己最需要的，那些不合适的东西，该放弃就放弃吧。有时候，放弃，也是一种选择。

名言：富岁，子弟多赖；凶岁，子弟多暴，非天之降才而殊也，其所以陷溺其心者然也。——《告子（上）》

古译：富岁，子弟多赖；凶岁，子弟多暴，非天降才而殊，其心陷溺之故也。

今译：丰年时年轻人大多表现懒惰；灾年时年轻人大多表现强暴，这不是天生的资质有所不同，是他们的心性沉溺于周围环境的结果。

现代使用场合："环境可以改变人"这句话是亘古不变的道理。我们出生时，上天赋予我们身上的东西都差不多，而之所以有后天的诸多不同，关键就在于环境对人的影响。好环境中造就好苗，坏环境中结出恶果。这就是人们为什么会羡慕莲花"出淤泥而不染"的原因所在吧。

卷十二　告子下

【题解】

本篇共十六章，内容不如上篇集中，涉及的面比较广。其中第一章论礼与食色的关系。第二章论"人皆可以为尧舜"。第三章论《诗》。第四章论义利之辨。第五、六章记载孟子在邹国、齐国时的言行。第七章论"五霸者，三王之罪人"。第八、九章批评为君主"辟土地，充府库"的所谓"良臣"。第十、十一章为孟子与白圭的对话，内容是涉及"以邻为壑"和"二十而取一"。第十三章记孟子闻乐正克为政而"喜不能寐"。第十五章则是著名的"天将降大任于是人"章。

一

【原文】

任人[①]有问屋庐子[②]曰："礼与食孰重？"

曰："礼重。"

"色与礼孰重？"

曰："礼重。"

曰："以礼食，则饥而死；不以礼食，则得食，必以礼乎？亲迎，则不得妻；不亲迎，则得妻，必亲迎乎？"

屋庐子不能对，明日之邹以告孟子。

孟子曰："於！答是也，何有？不揣[③]其本，而齐其末，方寸之木可使高于岑楼[④]。金重于羽者，岂谓一钩金[⑤]与一舆羽之谓哉？取食之重者与礼之轻者而比之，奚翅[⑥]食重？取色之重者与礼之轻者而比之，奚翅色重？往应之曰：'紾[⑦]兄之臂而夺之食，则得食；不紾，则不得食，则将紾之乎？逾东家墙而搂[⑧]其处子[⑨]，则得妻；不搂，则不得妻，则将搂之乎？'"

【注释】

①任人：任国之人。任，国名，风姓，太昊之后，其地大致在今山东。

②屋庐子：姓屋庐，名连，孟子弟子。

③揣：测量高度。

④岑楼：高而尖的楼。岑，高而锐。

⑤钩金：和腰带的带钩差不多重的金子。

⑥翅：即“啻”，只，但。

⑦紾：扭，扭转。

⑧搂：持，抱持。

⑨处子：女子，处女。

【译文】

有个任国的人问屋庐子说：“礼仪和食物哪个更重要?”

屋庐子说：“礼仪更重要。”

“娶妻与礼仪哪个更重要?”

屋庐子说：“礼仪更重要。”

任国的人又说：“如果按照礼仪去寻找食物，就会饥饿而死；不按照礼仪寻找食物，就能够找到吃的，那么还一定要按照礼仪去寻找吗？如果按照亲迎的礼仪就娶不到妻子；不按照亲迎之礼，就能够娶妻，那么还一定要遵循亲迎之礼吗?”

屋庐子没法回答，第二天就到邹国将这些话告诉孟子。

孟子说：“哎呀！回答这样的话有什么难的呢？如果不测量基础的高低，而只去比较事物的末端，那么方寸之木也可以比高而尖的楼阁还要高。金子比羽毛要重，这难道是说带钩大小的金子比一大车羽毛重吗？拿食物的重要方面同礼节的细小方面相比，何止是吃饭重要？拿娶妻的重要方面同礼节的细小方面相比，何止是娶妻重要？你这样去回答他：‘扭住哥哥的胳膊夺他的食物，就能得到饭吃；不扭夺就得不到饭吃，那么就该扭夺吗？翻过东边人家的墙头，搂抱那家的闺女，就能娶到妻子；不去搂抱，就娶不到妻子，那么就该去搂抱吗?’”

【评析】

这一章的内容是孟子对礼的捍卫。在这一章里，孟子采用的论辩方法是以诡辩对诡辩，以极端对极端。

首先采取诡辩的方法的人不是孟子，而是那个任国人。他采取诡辩的方式，把食和色的问题推到极端的地步，再和礼的细节比较哪个重要，企图迫使屋庐子回答食和色比礼更重要。由于屋庐子没有那样回答，于是就落入了对方的圈套而不能跳出。受到别人刁难的学生只好求助于先生了。

孟子是善于使用诡辩方法的，所以他立即就识破了对方的诡辩手段，一针见血地指出："不揣其本，而齐其末，方寸之木可使高于岑楼。"接着，孟子从比较金属与羽毛的重量问题，逐步转移到分析任国人诡辩的症结所在。在这里，孟子的意思很明确：如果要比较，就应该让比较的对象处在同一水平线上，不能把一个对象推到极端，再和另一个对象的细节比较。如果非要这样比较的话，结果当然是荒谬的。

最终，孟子"以诡辩对诡辩，以极端对极端"，战胜了对方。

【典例阐幽】

方寸之木，高于岑楼

唐中宗曾有一次召宰相苏瑰和李峤两人的儿子进见。两人的儿子都还是儿童。皇上把他们拉到面前抚摸着，并赐给他们不少东西，并且告诉两个孩子："你们现在回忆一下学过的书，认为可以对我讲的就把它说出来。"

苏颐回答说："木从绳则正，君从谏则圣。"意思是说，人们剖锯木头时必须用绳墨作尺度，皇上在治理国家的时候，必须听从大臣们的忠谏才能圣明。

李峤的儿子，也进上两句话："斫朝涉之胫，剖贤人之心。"

这两句话讲的是商纣王的故事。商纣王在冬天的早上看到有老人赤脚渡河，说

这个老人的胫骨能耐寒，骨髓应该与普通人不同，于是命人斩断察看。大臣比干对纣王苦谏，纣王生气地说："我听说圣人的心有七窍，我倒要看看你的心是不是也有七窍。"于是就命人剖开比干胸膛，察看他的心。

皇上听了以后评价说："这两个小孩是寸木岑楼，不可同日而语。简直可以说是苏瑰有儿子，李峤没有儿子。"

二

【原文】

曹交[①]问曰："人皆可以为尧、舜，有诸？"

孟子曰："然。"

"交闻文王十尺，汤九尺。今交九尺四寸以长，食粟而已，如何则可？"

曰："奚有于是？亦为之而已矣。有人于此，力不能胜一匹雏[②]，则为无力人矣。今日举百钧，则为有力人矣。然则举乌获[③]之任，是亦为乌获而已矣。夫人岂以不胜为患哉？弗为耳。徐行后长者谓之弟，疾行先长者谓之不弟。夫徐行者，岂人所不能哉？所不为也。尧、舜之道，孝弟而已矣。子服尧之服，诵尧之言，行尧之行，是尧而已矣。子服桀之服，诵桀之言，行桀之行，是桀而已矣。"

曰："交得见于邹君，可以假馆[④]，愿留而受业于门。"

曰："夫道若大路然，岂难知哉？人病不求耳。子归而求之，有馀师。"

【注释】

①曹交：人名。

②一匹雏：一只小鸡。

③乌获：秦武王时的大力士。这里指代大力士。

④假馆：借客舍，意为找一个住处。

【译文】

曹交问道："人人都可以做尧、舜，有这说法吗？"

孟子说："有。"

"我听说文王身高一丈，汤身高九尺，如今我身高九尺四寸多，却只会吃饭罢了，要怎样做才行呢？"

孟子说："这有什么关系呢？只要去做就行了。要是这里有个人，他连一只小鸡都提不起来，那他便是一个没有力气的人；如果他能够举起三千斤，那他就是一个很有力气的人。既然这样，那么举得起乌获所举的重量的，也就是乌获了。人难道该为不能胜任而发愁吗？只是不去做罢了。在长者之后，慢慢走，叫作悌；快步走到长者之前去，叫作不悌。慢一点走，难道是人做不到的吗？不那样做而已。尧舜之道，不过就是孝和悌罢了。你穿尧的衣服，说尧的话，做尧的事，你便是尧了。你穿桀的衣服，说桀的话，做桀的事，你便是桀了。"

曹交说："我准备去拜见邹君，向他借个住处，情愿留在您的门下做学生。"

孟子说："道就像大路一样，难道难于了解吗？只怕人不去寻求罢了。你回去找找，老师多得很呢。"

【评析】

人皆可以为尧舜是植根于"性善论"的观点，目的是鼓励人们，如果向善的话，谁都可以有所作为。

根据孟子的这个观点，我们可以看出，一个人能不能成为尧、舜，关键是"肯不肯为"和"能不能"，和《梁惠王上》里孟子所说的"挟泰山以超北海"是同一个性质的问题，只是由政治问题过渡到个人修养的问题罢了。

由此例子看，无论是国君治国，还是个人修养，都存在“肯不肯为”和“能不能”的问题。认识到这一点，就可以树立起向善的信心，从力所能及的事做起，不断完善自己，成为一个像尧、舜那样有所作为的人。

“人皆可以为尧舜”的积极意义在于反对人的自惭形秽和妄自菲薄，提倡人的自信、自尊和自贵。

【典例阐幽】

人皆可以为尧舜

春秋时晋国的国君晋灵公是个暴君。有一次，厨师送上来的熊掌炖得不够熟，他就下令把厨师杀了，当妇女们用车子拉着尸体从朝堂上走过，被赵盾、士季两位正直的大臣看到了。

他们了解情况后，非常气愤，决定进宫去劝谏晋灵公。士季先去朝见，晋灵公从他的神色中看出他是为自己杀厨师这件事而来的，便假装没有看见他。直到士季往前走了三次，来到屋檐下，晋灵公才瞟了他一眼，轻描淡写地说：“我已经知道自己所犯的错误了，今后一定改正。”士季听他这样说，也就用温和的态度说：“谁没有过错呢？有了过错能改正，那就最好了。人皆可以为尧舜，如果您能接受大臣正确的劝谏，就是一个好的国君。”

但是，晋灵公并非真正认识到自己的过错，其行为依然残暴。相国赵盾屡次劝谏，晋灵公不仅不听，反而十分讨厌赵盾，竟派刺客去暗杀赵盾。不料刺客宁可自杀，也不愿去杀害正直忠贞的赵盾。

晋灵公见此计不成，便改变方法，假意请赵盾进宫赴宴，准备在席间杀他。结果赵盾被卫士救出，晋灵公的阴谋又未能得逞。最后，晋灵公反而在桃园被赵盾的同族兄弟赵穿杀了。

三

【原文】

公孙丑问曰：“高子曰[①]：《小弁》[②]，小人之诗也。”

孟子曰：“何以言之？”

曰：“怨。”

曰：“固哉，高叟之为诗也！有人于此，越人关弓而射之[③]，则已谈笑而道之，无他，疏之也。其兄关弓而射之，则已垂涕泣而道之，无他，戚之也。《小弁》之怨，亲亲也。亲亲，仁也。固矣夫，高叟之为诗也！”

曰：“《凯风》何以不怨[④]？”

曰：“《凯风》，亲之过小者也；《小弁》，亲之过大者也。亲之过大而不怨，是愈疏也；亲之过小而怨，是不可矶也[⑤]。愈疏，不孝也；不可矶，亦不孝也。孔子曰：‘舜其至孝矣，五十而慕[⑥]。’”

【注释】

①高子：人名，疑非孟子弟子高子。

②《小弁》：《诗经·小雅》中的诗篇。旧说是讽刺周幽王的诗，或说是周宣王名臣尹吉甫之子因遭后母谗言而作。

③关：通“弯”，拉满弓，开弓。

④《凯风》：《诗经·邶风》中的诗篇。通篇是自责以安慰母亲的言词。

⑤矶：激怒，触犯。

⑥慕：依恋。

【译文】

公孙丑问道："高子说：《小弁》这首诗是小人写的。"

孟子说："凭什么这么说呢？"

公孙丑回答说："因为诗里含有怨恨之意。"

孟子说："高老先生讲诗实在是太机械了。假如说有这么个人，越国人开弓去射他，那么他会笑着讲述此事；没有别的原因，因为越国人和他关系很远。如果是他的哥哥开弓去射他，他会流着眼泪讲述此事；没有别的原因，因为哥哥是他的亲人。《小弁》的怨恨，正是出于对亲人的爱。热爱亲人是仁的体现。高老先生讲诗实在是太机械了！"

公孙丑说："《凯风》这首诗为什么没有怨恨之意呢？"

孟子答道："《凯风》这首诗，母亲的过错不大；《小弁》这首诗，父亲的过错很大。父母的过错很大，却不怨恨，这是越发疏远他们了。父母的过错不大，却去怨恨他们，是受不得刺激。越发疏远是不孝；受不得刺激，也是不孝。孔子说：'舜大概是最孝顺的了，五十岁还依恋父母。'"

【评析】

孟子曹提出"以意逆志""知人论世"的解诗原则，本章即是其具体运用。《小弁》《凯风》两首诗主题相近，但一个"怨"，一个"不怨"，如何消除人们的误解呢？孟子首先继承了孔子诗"可以怨"（《论语·阳货》）的思想，肯定诗歌可以表达"怨"。但一首诗歌的"怨"与"不怨"，又与作者的遭遇、亲人过失的大小等有关，不可执于一偏。孟子通过"知人论世"，不仅对两首诗做出了合理的评价，而且“以意逆志”，提出了处理亲人关系的原则。

【典例阐幽】

舜其至孝

黄帝的后裔舜，父亲又聋又瞎，性情十分暴躁，母亲则十分贤淑，使舜在母亲的照料下，幼年过得相当美满。

但后来他的母亲得了重病，不久离开人世，自母亲去世后，他父亲的性情变得更坏。后来父亲娶了继室，生下弟弟象。从此父亲对继母更加宠爱，而继母心胸狭窄，常在父亲面前说舜的坏话，使舜常被父亲责打。

但孝顺的舜没有因此而心生埋怨，仍然百般孝顺。但继母还是恐怕他会分去大半家业，因此常想把舜除掉。亦一次又一次设计陷害他。

虽然继母和弟弟的不断陷害，但舜从不介意，当他二十岁那年，他的孝行传遍千里，天子尧亦由地方官吏的推荐而知道舜，他非常赏识舜的为人，便把两个女儿都嫁给舜。而舜的孝行也使继母和弟弟感动了，一家人和和美美地生活在一起。后来尧禅位给舜。在舜的治理下，国家兴盛，人们也都过上了幸福的生活。

四

【原文】

宋轻[①]将之楚，孟子遇于石丘[②]，曰：“先生将何之？”

曰：“吾闻秦楚构兵[③]，我将见楚王说而罢之。楚王不悦，我将见秦王说而罢之。二王我将有所遇焉。”

曰："轲也请无问其详，愿闻其指，说之将何如？"

曰："我将言其不利也。"

曰："先生之志则大矣，先生之号[4]则不可。先生以利说秦楚之王，秦楚之王悦于利，以罢三军之师，是三军之士乐罢而悦于利也。为人臣者怀利以事其君，为人子者怀利以事其父，为人弟者怀利以事其兄，是君臣、父子、兄弟终[5]去仁义，怀利以相接，然而不亡者，未之有也。先生以仁义说秦楚之王，秦楚之王悦于仁义，而罢三军之师，是三军之士乐罢而悦于仁义也。为人臣者怀仁义以事其君，为人子者怀仁义以事其父，为人弟者怀仁义以事其兄，是君臣、父子、兄弟去利，怀仁义以相接也，然而不王者，未之有也。何必曰利？"

【注释】

①宋牼：人名，宋国入，也叫宋钘、宋荣，战国时著名学者。

②石丘：地名，在当时宋国境内，今在河南。

③构兵：交兵，交战。

④号：说法，想法。

⑤终：尽，全。

【译文】

宋牼要到楚国去，孟子在石丘这个地方碰到了他，说："先生这是到哪里去？"

宋牼说："我听说秦楚两国交战，我将要去谒见楚王，说服他罢兵。如果楚王不听的话，我将去谒见秦王，说服他罢兵。两位君王中，我总会遇到能说得通的吧。"

孟子说："我不想问得太过详细，只想知道你的大意。你将要怎样去说服呢？

宋牼说："我将向他们陈言交战之不利。"

孟子说："您的志向还是很好的，但是您的说法却不可取。您用利益来说服秦王、楚王，秦王、楚王因为利益而感到高兴，于是停止交战，这样就使得三军将士因为利益而乐于罢兵。作为臣子却用利益来服侍其君，作为儿子却用利益来服侍其父，作为弟弟却用利益来说服其兄，这样君臣、父子、兄弟之间就会完全失掉仁义，心怀利益之心来相互交往，这样国家还不灭亡的，从未有过。您用仁义来说服秦王、楚王，秦王、楚王因为仁义而感动，于是停止交战，这样就使得三军将士因为仁义而乐于罢兵。作为臣子心怀仁义去服侍其君，作为儿子心怀仁义去服侍其父，作为弟弟心怀仁义去服侍其兄，这样君臣、父子、兄弟之间去掉利益，心怀仁义来相互交往，这样还不能称王于天下的，从未有过。为什么一定要谈'利益'呢？"

【评析】

孟子在这一章里讲的道理几乎是他第一次见梁惠王时所说的那一套的翻版，只不过当时主要是针对治国而言，这一次却是针对战争而言了。

在孟子看来，和平固然是很重要的，因此，他支持宋轻维护和平的行为。但是，孟子和宋轻不同的是，他认为和平的前提不是利害关系，而是仁义。如果用利害关系换得了一时的和平，那么早晚也会失去和平，甚至还可能失去国家和天下。

基于利害关系的和平在实际上隐伏着很多不和平的因素。为什么这样说呢？如果人与人之间都以利害关系相待，那么一旦因为利害关系而发生冲突，必然导致战争，这样一来，稳定与和平就失去了。相反，如果以仁义为前提，换来的和平就会保持长久的稳定与发展，而且还会让天下人归服。的确如此，基于仁义的和平使人与人之间都以仁义道德相待，没有根本的利害冲突，也就不会爆发战争。

孟子的境界还是很高的，立脚点也没有错，但客观地说，这其实是"知其不可为而为之"。两国交兵必有其重大利益冲突，根本没有什么道义可言。从理论上说，孟子的观点还是很有道理的，也是能够自圆其说的。但是，从历史和现实的实践来看，无论是战争还是和平，既然有军事行动发生，就不可能没有利害关系在内，不可能有纯粹为抽象的仁义道德而战的战争，也不可能有纯粹为抽象的仁义道德而罢兵停战的和平。在战国时代，尤其如此。

因此，在孟子生活的时代，以仁义为前提的和平只能是一种理想。

五

【原文】

孟子居邹。季任[①]为任处守，以币交，受之而不报。处于平陆[②]，储子为相，以币交，受之而不报。他日，由邹之任，见季子；由平陆之齐，不见储子。屋庐子喜曰："连[③]得间矣！"问曰："夫子之任，见季子，之齐，不见储子，为其为相与?"

曰："非也。《书》曰：'享多[④]仪，仪不及物曰不享，惟不役志于享。'为其不成享也。"[⑤]

屋庐子悦。或问之，屋庐子曰："季子不得之邹，储子得之平陆。"

【注释】

①季任：任国国君的弟弟。

②平陆：齐国地名。

③连：屋庐子的名。

④多：称赞。

⑤《书》曰：此处引自《尚书·洛诰》。

【译文】

孟子居住在邹国时，季任正留守任国，送礼物给孟子，孟子收了礼物却不回谢。孟子居住在平陆时，储子担任齐国的相，送礼物来结交孟子，孟子收了礼也不回谢。后来，孟子从邹国到了任国，拜访了季子；从平陆到了齐都去，却不拜访储子。屋庐子高兴地说："这回我发现老师的差错了。"问道："老师到了任国，拜访了季子；到了齐国，不拜访储子，是因储子只担任相吗?"

孟子说："不是的。《尚书》上说：'进献礼品看重礼仪，礼仪配不上礼品，礼品再多也不算是进献，因为心意不在进献上。'因为它不是进献。"

屋庐子听了很高兴。有人问他这件事，屋庐子说："季子不能亲自到邹国去拜访先生，而储子却可以亲自到平陆去拜访。"

【评析】

在这一章里，孟子对储子在赠送礼物时表现出的不尊敬的态度很不满意，因此也不去表示酬谢，以同样的礼仪回敬储子。

礼是人类的人际交往中一种很重要的外在形式。中国古代"礼"的理念不仅是礼节、礼仪，而且含有人人都要遵守的礼法制度，即现实生活中包括政治制度在内的各种规章制度的内容，孔子曾说："殷因于夏礼，其损益可知也；周因于殷礼，其损益可知也；其或继周者，虽百世可知也。"由孔子的这句话可以看出，"礼"的理念已经包含了政治、宗教、伦理体制的全部内容了。

既然礼是人际交往中的一种重要形式，因此人们都很重视礼仪。如果一个人彬彬有礼，那么人人都敬重他；如果一个人蛮不讲礼，那么谁都讨厌他，因为通过礼仪这个外在形式，人们可以表达出对他人的尊敬与否。

无论是有很深的文化教养的人，还是一般的普通人，都很重视礼仪，这就是中国为什么素有“礼义之邦”的称谓的原因。

六

【原文】

淳于髡曰[1]：“先名实者，为人也；后名实者，自为也。夫子在三卿之中[2]，名实未加于上下而去之，仁者固如此乎？”

孟子曰：“居下位，不以贤事不肖者，伯夷也。五就汤，五就桀者，伊尹也。不恶污君，不辞小官者，柳下惠也。三子者不同道，其趋一也。一者何也？曰：仁也。君子亦仁而已矣，何必同？”

曰：“鲁缪公之时，公仪子为政[3]，子柳、子思为臣[4]，鲁之削也滋甚。若是乎，贤者之无益于国也！”

曰：“虞不用百里奚而亡，秦缪公用之而霸。不用贤则亡，削何可得与[5]？”

曰：“昔者王豹处于淇[6]，而河西善讴[7]。绵驹处于高唐[8]，而齐右善歌；华周杞梁之妻善哭其夫而变国俗[9]。有诸内，必形诸外。为其事而无其功者，髡未尝睹之也。是故无贤者也，有则髡必识之。”

曰：“孔子为鲁司寇，不用，从而祭，燔肉不至[10]，不税冕而行[11]。不知者以为为肉也，其知者以为为无礼也。乃孔子则欲以微罪行，不欲为苟去。君子之所为，众人固不识也。”

【注释】

①淳于髡：人名。姓淳于，名髡，齐国人。

②三卿：在孟子所处时代，一般指上卿、亚卿和下卿。

③公仪子：即公仪休。

④子柳：即泄柳。春秋时鲁国人。

⑤与：语助词，表疑问。

⑥王豹：齐人，擅长歌唱。

⑦讴：歌唱。

⑧绵驹：齐人，擅长歌唱。高唐：地名，故址在今山东禹城西南。

⑨华周：也叫华旋，齐国人。杞梁；春秋时期齐国大夫。

⑩燔肉：祭肉。燔，通“膰”。

⑪税冕：脱掉祭祀时戴的礼帽。税，通“脱”，冕是祭祀时戴的礼帽。

【译文】

淳于髡说：“把名声功业看得很重的人，是为了济世救民；不很看重名声功业的人，是为了独善其身。您是齐国三卿之一，有关上助君王、下救百姓的名声、功业都没有，就要离开齐国，仁者难道原本就是这样的吗?”

孟子说：“身处卑贱的地位，不以自己贤能之身侍奉无德之君，这是伯夷；五次前往商汤那里，又五次前往夏桀那里的，这是伊尹；不厌恶污浊之君，不拒绝做个小官的人是柳下惠。这三个人的处世之道并不相同，但大方向是一致的。这一致的东西是什么呢？应该说就是仁。君子做到仁就可以了，为什么一定要处处相同呢?”

淳于髡说：“鲁穆公的时候，公仪子执政，子柳、子思当大臣，鲁国的国土削减得更厉害了；贤人对国家是这样的没有好处呀！”

孟子说：“虞国不任用百里奚，因而亡国；秦穆公重用百里奚，因而称霸。不任用贤人就会导致灭亡，想要勉强支撑都是做不到的。”

淳于髡说：“从前王豹住在淇水边的时候，住在河西的人都善于唱歌；绵驹住在高唐，齐国西部的人都善唱歌；华周、杞梁的妻子擅长哭夫，因而改变了国家的民俗。里面存在的东西，一定会体现在外面。做某种事，却不见功效的，我从未见过。因此说，是没有贤人；有的话，我一定会知道他。”

孟子说：“孔子做鲁国司寇的时候，不被重用，跟随君主祭祀，祭肉没有送到他这里，于是没顾上摘掉祭祀戴的礼帽，就离开了。不了解孔子的人以为他是为了祭肉的缘故，了解孔子的人认为他是为了鲁君的失礼而离开的。至于孔子，他就是想要担点小罪名离开，不想随便走掉。君子所做的事，普通人本来就不能了解。”

【评析】

孟子在齐国位列三卿，可谓官高爵重，但他没有干出什么功业，就准备离开齐国。与孟子同在齐宣王朝为官的淳于髡对孟子说，贤人难道是这样的吗？他对孟子颇有意见。

孟子为自己辩解说，君子贤人只要仁就行了，具体的做法何必相同呢？当然，这样空泛的议论不可能说服淳于髡。淳于髡说，像您这样的贤人，像公仪子、子柳、子思这样的贤人，恐怕本来无益于国家吧？当着孟子说这话，火药味已经很浓了。孟人辩解说，如果鲁国不用贤人，那就不只是削地求和的问题，恐怕要像虞国那样灭亡呢。淳于髡反驳说，会唱歌的王豹让卫国人都会唱歌，会唱歌的绵驹让齐国西部的人都会唱歌，华周、杞梁的妻子哭她们的亡夫而使一国的风俗都变得淳厚，我淳于髡在齐国做官这长时间，没看到这类事功出现，看来齐国没什么贤人，如有我一定知道他。淳于髡的意思，是否认孟子为贤人，让孟子不要以贤者自居。孟子听了，举孔子故意让自己得一个小罪名然后离开鲁国的例子，意在说明：“君子之所为，众人固不识也。”

孟子离开齐国，是因为孟子认为，他应该当齐宣王之师，而齐宣王只把他当臣。这就是孟子没有明说的原因。

【典例阐幽】

君子之所为，众人固不识也

宋玉是战国时楚国著名的文学家，楚襄王时期的宠臣。

有一次，楚襄王问他；“先生最近有行为失检的地方吗？为什么有人对你有许多不好的议论呢？”

宋玉若无其事地回答说：“噢，是的，有这回事。请大王宽恕我，听我讲个故事：最近，有位远处来的客人来到我们郢都唱歌。他开始唱的，是非常通俗的《下里》和《巴人》，城里跟着他唱的有好几千人。接着，他唱起了还算通俗的《阳阿》和《薤露》，城里跟他唱的要比开始的少多了，但还有好几百人。后来他唱格调比较高难的《阳春》和《白雪》，城里能跟他唱的只有几十个人了。最后，他唱出格调高雅的商音、羽音，又杂以流利的徵音，城里跟着他唱的人只有几个了。”说到这里，宋玉对楚王说：“由此可见，唱的曲子格调越是高雅，能跟着唱的也就越少。圣人有奇伟的思想和表现，所以超出常人。一般人又怎能理解我的所作所为呢？”

宋玉

楚王听了，说：“哦！我明白了！”

七

【原文】

孟子曰："五霸者，三王之罪人也。今之诸侯，五霸之罪人也。今之大夫，今之诸侯之罪人也。天子适诸侯曰巡狩，诸侯朝于天子曰述职。春省[①]耕而补不足，秋省敛而助不给[②]。入其疆，土地辟，田野治，养老尊贤，俊杰在位，则有庆[③]，庆以地。入其疆，土地荒芜，遗老失贤，掊克[④]在位，则有让。一不朝。则贬其爵，再不朝，则削其地，三不朝，则六师移之。是故天子讨而不伐，诸侯伐而不讨。五霸者，搂诸侯以伐诸侯者也。故曰，五霸者，三王之罪人也。五霸，桓公为盛。葵丘[⑤]之会诸侯，束牲，载书[⑥]而不歃血[⑦]。初命曰：'诛不孝，无易树子，无以妾为妻。'再命曰：'尊贤育才，以彰有德。'三命曰：'敬老慈幼，无忘宾旅。'四命曰：'士无世官，官事无摄[⑧]，取士必得，无专[⑨]杀大夫。'五命曰：'无曲[⑩]防，无遏糴[⑪]，无有封而不告。'曰：'凡我同盟之人，既盟之後，言归于好。'今之诸侯皆犯此五禁，故曰，今之诸侯，五霸之罪人也。长君之恶其罪小，逢君之恶其罪大。今之大夫皆逢君之恶。故曰，今之大夫，今之诸侯之罪人也。"

【注释】

①省：观察。

②敛：聚合。给：丰足。

③庆：封赏。

④掊克：依《经典释文》为"聚敛"之意。

⑤葵丘：地名，在今河南考城县东。

⑥载书：把盟书放在牺牲上。

⑦歃血：结盟时的一种仪式。

⑧摄：代理。

⑨专：专擅，独断专行。

⑩曲：无不。

⑪糴：买进粮食

【译文】

孟子说："五霸，是三王的罪人。如今的诸侯，是五霸的罪人。如今的大夫，是诸侯的罪人。天子到诸侯那里去叫作巡狩，诸侯朝见天子叫作述职。天子巡狩，春天视察耕种情况，补助财力不足的农户；秋天视察收获情况，救济缺粮的农户。进入诸侯国，如果土地得到开垦，田野整治得好，老人得到赡养，贤人受到尊敬，有才能的人在位做官，那就有封赏。如果进入诸侯国，土地荒芜，遗弃老人，排斥贤人，贪官污吏在位，那就给予责罚。一次不朝拜，就降他的爵位；两次不朝拜，就削减他的封地；三次不朝见，就派军队去。所以，天子出兵，是讨不是伐，诸侯出兵不是伐而是讨。五霸，却是聚合一部分诸侯去讨伐别的诸侯，所以说五霸是三王的罪人。五霸中，齐桓公影响最大。在葵丘盟会上，捆绑好牺牲，把盟书放在它身上，并不歃血。盟书第一条说，责罚不孝的人，不得擅自改立太子，不得立妾为妻。第二条说，尊重贤人，培育人才，用来表彰有德行的人。第三条说，要敬老爱幼，不要忘了来宾和旅客。第四条说，士人不能世代做官，公职不能兼任，选用士人一定要得当，不得擅自杀戮大夫。第五条说，不得到处修筑堤坝，不得阻止邻国来买粮食，不能私自封赏而不报告盟主。盟书最后说，凡是我们同盟的人，盟会之后都恢复友好关系。现在的诸侯都违背了这五条誓约，所以说，现在的诸侯是五霸的罪人。助长了君王的恶行，是小罪；逢迎君王的恶行，这就是大罪。如今的大夫都故意逢迎君王的恶行，因此说，现在的大夫是现在诸侯的罪人。”

【评析】

针对由氏族部落社会建立起来的以诸侯联邦制为主体的国家体制，在历经近两千年之后，实际上已全面崩溃的局面，早于孟子约一百年的孔子就说：“禄之去公室五世矣，政逮于大夫四世矣，故夫三桓之子孙微矣。”虽然孔子说的是鲁国政治不由国君做主已经五代了，政权掌握在大夫手里已经四代了，所以鲁国国君的子孙已衰落了。但实际上，不单单是鲁国，当时的各诸侯国都存在这样的情况。

面对这种情况，生活于战国的孟子从维护国家大一统的观点出发，尖锐地指出：“五霸者，三王之罪人也；今之诸侯，五霸之罪人也；今之大夫，今之诸侯之罪人也。”

那么，究竟该如何看待“五霸”呢？孔子又从另一个角度提出：“管仲相桓公，霸诸侯，一匡天下，民到于今受其赐。微管仲，吾其披发左衽矣。”这就是说，管仲辅助齐桓公统一和匡救了天下，百姓至今还得到他的好处。孔子认为，如果没有管仲，他恐怕要披头散发从左边开衣襟了。“披发左衽”是少数民族的服饰，这里是指国家被少数民族灭亡。这是从五霸“尊王攘夷”，既维护了国家统一，又捍卫了国家的独立，免受异族的侵略而言。

以孟子之博学，他当然知道孔子对五霸的称赞和对管仲的称赞，但是时移世异，情况发生了变化。当时大概已无异族入侵之虞，而诸侯兼并，战争频繁，民不聊生，霸权政治已不合儒家以王道仁政统一天下的要求，因此孟子力黜霸功。

孔子和孟子两人都从具体的历史事实出发，具体问题具体分析，然后得出不同的结论。仅对五霸的评价而言，宋代朱熹的评价比起孔子和孟子的评价，要全面和公正的多。朱熹说：“春秋之间，有功者未有大于五霸；有过者，亦未有大于五霸。故五霸者，功之首，罪之魁也。”

八

【原文】

鲁欲使慎子[①]为将军。孟子曰："不教民而用之，谓之殃民。殃民者，不容于尧舜之世。一战胜齐，遂有南阳[②]，然且不可——[③]"

慎子勃然不悦，曰："此则滑釐所不识也。"

曰："吾明告子。天子之地方千里，不千里，不足以待诸侯。诸侯之地方百里，不百里，不足以守宗庙之典籍。周公之封于鲁，为方百里也；地非不足，而俭[④]于百里。太公之封于齐也，亦为方百里也；地非不足也，而俭于百里。今鲁方百里者五，子以为有王者作，则鲁在所损乎，在所益乎？徒取诸彼以与此，然且仁者不为，况于杀人以求之乎？君子之事君也，务引其君以当道，志于仁而已。"

【注释】

①慎子：名滑釐，善于用兵。

②南阳：地名，在泰山西南面，本属于鲁，后被齐侵夺。

③然且不可——：此句未完，因为慎子听到孟子的话后勃然不悦，故不待孟子说完。而且"然且"后皆跟主从复合句，而此处下文无主句，故在译文中补足。

④俭：约，少。

【译文】

鲁国想让慎子做将军。孟子说："不先教导百姓就用他们打仗，这叫陷害百姓。陷害百姓的人，在尧、舜时代是不被容许的。即使只一仗就打赢了齐国，收回了南阳，这样也还是不行。”

慎子顿时不高兴地说：“这真是我所不明白的了。”

孟子说：“我来明白地告诉你。天子的土地千里见方；不到千里见方，就不够条件接待诸侯。诸侯的土地百里见方；不足百里见方，就不够条件奉守宗庙里的典籍。周公分封在鲁地，是百里见方的一块；土地不是不够，但实际上少于百里。太公分封在齐地，也是百里见方的一块；土地并非不够，但实际也少于百里。现在鲁国的土地有方圆五百里那么大，你认为，如果有圣王出现，那么鲁国的土地是该减少还是该增加呢？不费力就把别处的土地取来并入这里，这样的事仁人尚且不干，何况用杀人来求取土地呢？君子服侍君主，只该专心一意地引导君主走正道，立志于仁上罢了。”

【评析】

鲁君想让慎子当将军，孟子对慎子说：“君子之事君也，务引其君以当道，志于仁而已。”让慎子引导鲁君去走仁这条正道，不要去打仗，甚至说，即使你一战而胜强齐，于是拥有了南阳之地，尚且不可以。

推行仁政，当然有理；穷兵黩武，当然不对。但鲁有强齐为邻，多次削地求和，孟子对一个将军不断地讲仁，似有迂阔之嫌。

又，孟子反复讲天子之地纵横千里，诸侯百里，本章又说鲁国、齐国当初封地都大体在百里，这种说法大可怀疑。周公分封诸侯时，当大体划个地盘而已，何至于如此精确？且分封在中原的诸侯，因土地肥沃，分封的诸侯又多，估计当稍稍把地划清楚一点。至于分封在其他地方的诸侯，因当时地广人稀，土地又多未开垦，当只是大体划个地盘而已。孟子的“千里”“百里”说，殊不可信。

九

【原文】

孟子曰："今之事君者皆曰：'我能为君辟土地，充府库。'今之所谓良臣，古之所谓民贼也。君不乡道[1]，不志于仁，而求富之，是富桀也。'我能为君约与国[2]，战必克。'今之所谓良臣，古之所谓民贼也。君不乡道，不志于仁，而求为之强战，是辅桀也。由今之道，无变今之俗，虽与之天下，不能一朝居也。"

【注释】

①乡：同"向"。

②与国：友好的国家。

【译文】

孟子说："如今侍奉君主的人都说：'我能为您开辟土地，充实府库。'如今所谓的好大臣，就是古代所说的祸害百姓的人。君主不向往道德，不用心于仁，却想让他富足，这是使夏桀富足。'我能替您邀集盟国，作战一定会取胜。'如今所谓的好大臣，就是古代所说的残害百姓的人。君主不向往道德，不用心于仁，却要替他尽力作战，这等于在辅佐夏桀。沿着今天的道路走下去，不改变今天的习俗，即使把天下交给他，他也是一天都坐不稳的。"

【评析】

本章明显紧承上章，继续申发"引其君""志于仁"之意，当仍是孟子与慎子的谈话。

十

【原文】

白圭[1]曰："吾欲二十而取一，何如？"

孟子曰："子之道，貉[2]道也。万室之国，一人陶，则可乎？"

曰："不可，器不足用也。"

曰："夫貉，五谷不生，惟黍生之；无城郭、宫室、宗庙、祭祀之礼，无诸侯币帛饔飧[3]，无百官有司。故二十取一而足也。今居中国，去人伦[4]，无君子，如之何其可也？陶以寡，且不可以为国，况无君子乎？欲轻之于尧舜之道者，大貉小貉也；欲重之于尧舜之道者，大桀小桀也。"

【注释】

①白圭：人名，战国时人。

②貉：通"貊"，古代北方的一个小国。

③饔飧：熟食。饔，早餐。飧，晚餐。这里指请客吃饭的礼节。

④去人伦：指无君臣、祭祀、交际的礼节。

【译文】

白圭说："我想定税率为二十抽一，怎么样？"

孟子说："你的办法是貉国施行的办法。倘若一个有一万户人的国家。只有一个人做陶器，那能行吗？"

白圭说："不可以，陶器会不够用。"

孟子说："貉国，五谷不能生长，只能长黄米；没有城墙、宫廷、祖庙和祭祖的礼节，没有诸侯之间的往来送礼和宴饮，也没有各种衙署和官吏。所以二十抽一便够了。如今在中原国家，摒弃人伦，不要官吏，那怎么能行呢？做陶器的人太少，尚且不能够使一个国家搞好，何况没有官吏呢？想要比尧、舜税率更轻的，是大貉、小貉；想要比尧、舜的税率更重的，是大桀、小桀。"

【评析】

什一税法，从史籍记载看，尧舜以迄于清末，已有四千多年历史。据《公羊传》载："古者什一藉，古者易为什一而藉。什一者，天下之中正也。多乎什一，大桀、小桀；寡乎什一，大貉、小貉。什一者天下之中正也。什一行，而天下之颂声作矣。"什一这个"度"，看来确乎是个"中正之法"，增之、减之，都有性质上的绝大改变，故基本上沿用至清末。故孟子认为税率太低，如二十分之一的税率，会影响国家的行政开支，税率太高，如超过十分之一的税率，就会影响人民生活。此真仁者之心。

轻徭薄赋是自古迄今关心民生疾苦的人的共同呼声，而赋税当薄至何种程度才于民于皆为有利呢？这不能一概而论。税法究其实，是对社会财富、资源在国家与人民、人民与人民之间的一次重新调整。从具体情况出发，把国家利益与人民利益、人民与人民之间的财富、资源分配统筹好，这倒是财政税收上一个掌握平衡的大学问。

那就只能十分抽一，完全合于尧舜之道了。

白圭知道孟子主张薄赋税，所以故意来问他，定税率为二十抽一怎么样。殊不知，孟子从实际情况出发，奉行的是无过无不及的中庸之道，所以，在这里展开了一次中庸的现实运用。既回答了白圭的问题，又表明了自己无过无不及的主张。

财政税收是维持一个国家运转必不可少的手段。可是，财政税收多少合适？这就是一个问题了。如果横征暴敛，苛捐杂税太多太重，百姓就会受不了，怨声载道；如果偷税漏税太多，税率太低，国家财政紧张，入不敷出，又会影响国家机构的正常运转。孟子是深深知道这一点的，所以，他从实际出发，指出如果按照白圭所提出的税率，二十抽一，赋税倒是薄了，百姓的负担倒是减轻了，可国家怎么运转呢？除非像那边远落后的貉国那样，根本就没有国家机构，没有靠财政负担的单位和国家工作人员。但文明进化的中原国家既然已不可能回到像貉国那样的原始状态，怎能实现像貉国那样的税收制度呢？当然，这样说并不意味着收得越多越好，像暴虐的夏桀那样，横征暴敛，把人民逼入水深火热之中。所以，孟子提出了自己的看法。

【典例阐幽】

三十取一

文景之治千百年来被人们所称道。

文景之治最重要的国策就是休养生息。汉文帝即位以后十分重视农业生产，他多次下诏劝课农桑，按户口比例设置三老、孝悌、力田若干员，经常给予他们赏赐，以鼓励农民发展生产。

同时文帝还注意减轻人民负担，文帝二年（前178年）和十二年，曾两次“除田租税之半”，即租率减为三十税一，十三年还全部免去田租。自后，三十税一遂成为汉代定制。

十一

【原文】

白圭曰："丹之治水也愈于禹。"

孟子曰："子过矣。禹之治水，水之道也，是故禹以四海为壑。今吾子以邻国为壑[1]。水逆行谓之洚水。洚水者，洪水也——仁人之所恶也。吾子过矣。"

【注释】

①壑：本指沟壑。文中指承受水患的地方。

【译文】

白圭说："我治理水患比大禹强。"

孟子说："你错了。夏禹治理水患，是顺应水的本性而行，因此夏禹是使水流入四海。如今你治理水患是使水流到邻国那去。水逆流行进叫作洚水。洚水，就是洪水——这是仁人最厌恶的。你错了。"

【评析】

本章批评白圭治水"以邻为壑"，不符合仁道。

【典例阐幽】

以邻为壑

嘉靖、隆庆年间（1522—1572），荆江流域发生洪水，宰相张居正是湖北江陵人。张居正为了保护在湖北安陆的“显陵”以及他自己家乡江陵的安全，采取以邻为壑的政策，在荆江北岸筑起黄檀长堤，北岸的堤又高又厚，南岸的堤又低又薄，于是南岸就被洪水先后冲开四个口子，松滋、太平、藕池、调弦四个口子冲开了，洪水淹到了湖南和洞庭湖。长江水沙多由荆南排入洞庭湖区，在湖底淤高而来水有增无减的情况下，洪水期湖面水域不断扩展，西洞庭湖与南洞庭湖也逐渐形成。

而荆江北岸堵了以后，已有几千年历史的云梦泽基本消失，很多湖泊就变成土地了。可是北岸的人没有高兴太久，大洪水来了以后，南岸虽然当年受到损失，但是土地却淤肥了，第二年高产丰收，当地人比起江北岸的人也开始盈实起来。

后来，江岸北人一带的人就开始埋怨张居正，堵了北岸之后，这好处反而给了湖南岸的人了。

十二

【原文】

孟子曰：“君子不亮①，恶乎执②？”

【注释】

①亮：同“谅”，信，诚信。

②执：执守，坚持操守。

【译文】

孟子说：“君子不守诚信，怎么能坚持操守呢？”

【评析】

关于“信”的问题，孔子、孟子都有表面上看来自相矛盾的说法：

孔子一方面说："人而无信，不知其可也。"另一方面却又说："言必信，行必果，硁硁然小人哉！"

孟子一方面说："君子不亮，恶乎执？"另一方面却又说："大人者，言不必信，行不必果，唯义所在。"

这种自相矛盾，正如我们已多次说过的那样，其实正是原则与变通二者的对立统一。在孔子、孟子看来，一方面，"信"是君子立身处世的基本原则之一；但另一方面，又不能拘泥于小节小信。所以，应该以"义"来进行调节变通，这就是孟子所说的"唯义所在"。其实，二者的辩证统一，孔子在《论语·卫灵公》里也已经说到过，这就是"君子贞而不谅"。贞是大信，谅是小信。一句话，要大信，不要小信；要在原则问题上讲信用，不要拘泥固守于小节上的一成不变。

这就是孔子、孟子关于"信"的辩证观，值得我们特别注意，以免引起思想认识上的迷惑不解乃至于混乱。

十三

【原文】

鲁欲使乐正子为政。孟子曰："吾闻之，喜而不寐。"

公孙丑曰："乐正子强乎？"

曰："否。"

"有知虑乎？"

曰："否。"

"多闻识乎？"

曰："否。"

“然则奚为喜而不寐？”

曰：“其为人也好善[1]。”

“好善足乎？”

曰：“好善优于天下[2]。而况鲁国乎？夫苟好善，则四海之内皆将轻[3]千里而来告之以善。夫苟不好善，则人将曰：訑訑[4]，予既已知之矣。’訑訑之声音颜色距[5]人于千里之外。士止于千里之外，则谗谄面谀之人至矣。与谗谄面谀之人居，国欲治，可得乎？”

【注释】

①好善：喜欢听取善言。

②优于天下：治天下而能应付自如。优，充足。

③轻：易，容易，不以为难。

④訑訑：自满的样子。

⑤距：通“拒”。

【译文】

鲁国打算让乐正子执政。孟子说：“我听到这消息，高兴得睡不着觉。”

公孙丑问：“乐正子刚强吗？”

孟子说：“不。”

公孙丑问：“那他有智慧和谋略吗？”

孟子说：“不。”

公孙丑问：“他见多识广吗？”

孟子说：“不。”

公孙丑问：“那您为什么高兴得睡不着觉呢？”

孟子回答说："他为人喜欢听取善言。"

公孙丑问："喜欢听取善言就够了吗？"

孟子说："喜欢听取善言足以治理天下，何况治理鲁国呢？假如喜欢听取善言，四面八方的人从千里之外都会赶来把善言告诉他；假如不喜欢听取善言，那别人就会模仿他说：'呵呵，我都已经知道了！'呵呵的声音和脸色就会把别人拒绝于千里之外。士人在千里之外停止不来，那些进谗言的阿谀奉承之人就会来到。与那些进谗言的阿谀奉承之人住在一起，要想治理好国家，办得到吗？"

【评析】

为人好善就能主持国政，这虽是针对当时战国时期人欲横流、道德沦丧而言，但始终是理想主义的推论，亦乏实证。其他的如魄力、智谋、知识、经验等，似乎都可不在考虑之中。看来这种盼望出现好人政治、好人政府，而不是精英政治、精英政府，这种观念从两千多年前起就已根深蒂固、源远流长。

有道德的人，受到社会的尊重，这是应该并加以倡导的。但单有好的道德品质也不一定能治好国家的。孟子自己也说过："徒善不足以为政，徒法不能以自行。"（《离娄上》）道德只能倡导，不能功利化。道德一旦功利化，流弊不少，伪君子就会多起来。如汉代提倡以孝治国，一个人只要做到"孝"，就可以推荐为"孝廉"，做官。孝，这个对人基本道德的要求一旦有了功利倾向，人们就会不择手段去谋取其功利的一面，结果出现了"举孝廉，父别居"的闹剧。政治和道德纠缠不清，是中国几千年问题的症结所在。这当然是个问题。但若将道德从政治中完全分离出来，这也是错误的。理想的做法是，法治应加上德治。这二者并非冰炭之不相容。即以美国总统克林顿的性丑遭闻弹劾为例看，是道德，也是政治，即使是法治国家，二者似乎也不能截然分开。政治与道德有联系，也有区别，处理好这二者的联系和区别，则是当今政治学、法学、伦理学的一大研究课题。

在孟子看来，治理好一个国家并不单靠执政者个人的能力、智慧和学识，而应当广泛听取和采纳别人的意见，集思广益。这样，就会吸引天下的有识之士，治理国家，乃至于治理天下就会游刃有余了。相反，如果自以为是，听不进别人的意见，那真正的有识之士就会被拒之于千里之外，而奸邪的谄媚之徒就会乘虚而入。这样一来，想治理好国家就是不可能的了。

这里所说的“好善”主要指喜欢听取善言。而问题则在于对这“善言”的理解上，什么叫善言？善言不是一般意义上的“好话”，而是指对于治理国家有益的忠言。所谓“良药苦口利于病，忠言逆耳利于行”。忠言当然不都是“逆耳”的，正如良药不一定都是苦口的一样。但的确有那么些忠言是“逆耳”的，甚至是非常不中听的。在这种情况下，就看那听取善言的人是真好善还是假好善了。真好善的人雍容大度，宰相肚里能撑船，对于不那么中听的话也照样能够听取，采纳其合理的对于治国平天下有益的良方。假好善的人心里就不那么痛快，甚至会恼羞成怒，即便不当面发作，也会在下来以后找个碴儿把那进言的人给开除掉。

由此看来，如果乐正子真是“好善”的人，那就的确非常不简单。孟子一听说他将执政于鲁国就高兴得睡不着觉，也就没有什么不可理解的了。

【典例阐幽】

拒人于千里之外

戊戌变法的主要人物梁启超是举人出身。有一年春节，梁启超到广州投刺，拜见两广总督张之洞。当时，张之洞正兴办新式书院，开展洋务运动。梁启超锐意改良，想力挽清王朝颓势，对张之洞寄予极大的期望。张之洞见投刺落款为“愚弟梁启超顿首”，很不高兴，于是出联斥难。联文是：披一品衣，抱九仙骨，狂生无礼称愚弟。

这上联狂傲无礼，且拒人于千里之外。梁启超气度不凡，坦然对了下联，请来人回送给张之洞。联文是：行千里路，读万卷书，侠士有志傲王侯。

对答不卑不亢，有理有据，文字高雅。张之洞一看马上出衙迎接。后来，张之洞调任湖广总督，名气更大，傲气也更盛。梁启超到江夏拜访他。张之洞又出一联：四水江第一，四时夏第二，先生居江夏，谁是第一，谁是第二？

才思敏捷的梁启超，略加思索，巧妙地答出下联：三教儒在先，三才人在后，小子本儒人，何敢在先，何敢在后。

张之洞吟诵再三，不禁叹息道："此书生真乃天下奇才也！"

十四

【原文】

陈子[1]曰："古之君子何如则仕？"

孟子曰："所就三，所去三。迎之致敬以有礼；言，将行其言也，则就之。礼貌未衰，言弗行之，则去之。其次，虽未行其言也，迎之致敬以有礼，则就之。礼貌衰，则去之。其下，朝不食，夕不食，饥饿不能出门户，君闻之，曰：'吾大者不能行其道，又不能从其言也，使饥饿于我土地，吾耻之。'周[2]之，亦可受也，免死而已矣。"

【注释】

①陈子：即陈臻，孟子弟子。

②周：周济。

【译文】

陈子问道："古代的君子怎样才肯出仕？"

孟子说："出仕有三种情况，辞官也有三种情况。恭敬礼貌地迎接他，又按他所说的言论去实行，那就去做官。礼貌没有衰减，却不再按他说的去做了，那就辞去官职。其次，虽然没有按他说的去做，但也恭敬礼貌地去迎接，那就去做官。如果礼貌也衰减了，那就辞去官职。最差的是，早上没饭吃，晚上也没饭吃，饿得出不了门；君主知道后说：'我不能实行他的主张，又不能听从他的言论，致使他在我的国土上饱受饥饿，我感到耻辱。'于是周济他。这也是可以接受的，只是为了免于饿死罢了。"

【评析】

本章孟子提出君子出仕的三条原则，其中，"听言为上，礼貌次之，困而免死，斯为下矣"（赵岐注）。孟子曾论孔子有"见行可之仕""际可之仕""公养之仕"。

十五

【原文】

孟子曰："舜发于畎亩之中①，傅说举于版筑之间②，胶鬲举于鱼盐之中③，管夷吾举于士④，孙叔敖举于海⑤，百里奚举于市⑥。故天将降大任于是人也，必先苦其心志，劳其筋骨，饿其体肤，空乏其身，行拂乱其所为⑦，所以动心忍性，曾益其所不能⑧。人恒过，然后能改。困于心，衡于虑，而后作。征于色⑨，发于声，而后喻。入则无法家拂士⑩，出则无敌国外患者，国恒亡。然后知生于忧患而死于安乐也。”

【注释】

①畎亩：田地，田间。

②傅说：殷相。曾帮助武丁获得殷商中兴。版筑：古代的筑墙方法。用两板相夹，以泥土置其中，用杵夯实。

③胶鬲：殷周时人，原为纣王臣子，后为周文王所重用。

④管夷吾：即管仲，春秋时期齐国人。曾帮助齐桓公成就帝业。士：掌管刑狱的官。

⑤孙叔敖：人名，春秋时期楚国令尹。

⑥百里奚：春秋时秦穆公的贤相。原为虞国大夫，后得到秦穆公重用，最终帮助秦穆公成就了霸业。

⑦拂：逆，违背。

⑧曾：通“增”。

⑨征：表露，显露。

⑩拂士：能够直谏矫正君主过失的人。拂，通“弼”。

【译文】

孟子说：“舜兴起于田野之中，傅说从筑墙的工作中得到选用，胶鬲从鱼盐的工作中得到选用，管夷吾从狱官手里获释而得到选用，孙叔敖从海边被选用，百里奚从市场当中被选用。因此说，天打算把重要任务落实到某个人身上时，一定会先使他的心意苦恼，使他的筋骨劳累，使他的所作所为都受到干扰而不能如意，用这种方式去触动他的心灵，坚韧他的性格，增加他的才能。人经常犯错误，然后才能改正；心中困苦，思虑阻塞，然后才能有所奋发；体现在神情上，生发在言语中，然后才能被人明白。在国内没有遵守法度的大臣和足以辅弼的士人，国外没有与之抗衡的国家和外在的忧患，国家经常会灭亡。这样以后才知道忧虑祸患可以使人生存，安逸享乐会致人死亡。”

【评析】

一个国家要是国内没有知法度的大臣和能作为国君左右手的士子，国外没有相与抗衡的邻国和外患的忧虑，这样的国家常常是要被灭亡的。从这里我们可以领悟到，人为什么在忧愁患难中能够得到生存，而在安逸快乐中却反会遭到毁灭的道理了。

孟子概括的“生于忧患，死于安乐”的忧患意识，是一个较为普遍的规律。几千年来，它已深入人心，成为指导国君治国和贤人立身的重要至理名言。

人，都希望有一个安乐的环境。可是安乐的环境倘若不能正确对待，陶醉其中，又常常使人精神萎靡，意志消沉，骄奢淫逸，无所作为，不免导致灭亡；而在忧患的环境中，只要充分发挥主观能动性，人的精神反而振奋，意志高昂，大有作为，终于得到生存。“生于忧患，死于安乐”谋略思想的合理性在于：一方面，它激励人们不要为困难与挫折所吓倒，应该自强不息，励精图治，事业总会成功的；另一方面，它提醒人们不要为顺利与胜利而陶醉，倘若骄傲自满，麻痹大意，又会招致失败与屈辱。这两方面对人的思想品质的修养都同样重要，有时就同时体现在同一件事或同一个人身上。所以，安乐、忧患和生、死，存在一个相辅相成的关系。从忧患中得到生，当然要经过人的主观努力，克服患难才行，否则，便只会为患难压倒。孟子的这一思想可与老子“祸兮福之所倚，福兮祸之所伏”相媲美，体现了我国古代思维中丰富的辩证法思想。

这是《孟子》一书中最能激动人心的一章！就算从文章角度看，无论从内容之丰富，说理之深刻，行文之优美，语言之凝练，亦堪称古代散文中上乘之作！多少人读这篇文章时，理与情相通，古与今共鸣；或慷慨激昂，热血沸腾；或慢声低吟，悲从中来，能极大地震撼人的心灵。既能获得美的感受，更能获得深邃的人生思索。

孟子在这里谈了三种境界：首举舜等六个著名历史人物，从困穷的厄境中，坚定其意志，为以后担当“天下大任”打下了坚实的基础；次举有为之人，困阻于心，横塞于虑，而后能奋起振作；最后举一般人因贪于逸乐而丧身亡国，并得出结论：生于忧患，死于安乐。故昔人语云：“风霜孤露之境，易生奇杰；醉生梦死之地，绝少英豪。”

古往今来，多少人将此文奉为圭臬，书之条幅，置于书室，激励自己前进。

【典例阐幽】

生于忧患，死于安乐

前210年，刘邦领兵向西直驱关中，进入咸阳。众将领都争先恐后地奔往秦朝贮藏金帛财物的府库，瓜分财宝，唯独萧何入宫取秦朝丞相府的地理图册、文书、户籍簿等档案收藏起来，刘邦借此全面了解了天下的山川要塞、户口的多少及财力物力强弱的分布。

刘邦看到秦王朝的宫室、帷帐，名种狗马、贵重宝器和宫女数以千计，便想留下来在皇宫中居住。樊哙劝谏说：“您是想拥有天下，还是只想做一个富翁啊？这些奢侈华丽之物，都是招致秦朝覆灭的东西，您要它们有什么用呀！望您尽快返回灞上，不要滞留在宫里。”

但是乐不思蜀的刘邦一点也听不进去。樊哙于是就告诉了张良，张良对刘邦说：“秦朝因为不施行仁政，所以您才能够来到这里，而为天下人铲除残民之贼。

您应如同丧服在身，把抚慰人民作为根本。现在您刚刚进入秦的都城，就要安享其乐，恐怕就要像前人所说的生于忧患，死于安乐了。况且忠言逆耳利于行，良药苦口利于病，望您能听取樊哙的劝告!”

刘邦听了以后，这才恋恋不舍地率军返回灞上。

天降大任于是人

战国时，伍子胥父子被楚王猜疑，父亲和哥哥一起遇害，伍子胥只得逃向国外。他先奔宋国，后走郑国，几经辗转，也没有找到栖身之所。最后，伍子胥只好投奔吴国。他逃出郑国后，白天躲藏，晚上赶路，终于进入了吴国境内。但是正所谓天将降大任于是人也，必先使他经历一番磨难。伍子胥虽然进入吴国，却没有人识得这位潦倒的英雄，伍子胥只得双膝跪地，鼓起肚子吹篪，乞讨些残菜剩饭糊口。

伍子胥

伍子胥似乎注定要成为把楚国逼到亡国边缘的人。不久，吴国将军公子光得知伍子胥来到了吴国，认为伍子胥是堪为吴用的“楚才”。但他故意推迟与伍子胥的会晤，以观察这只勇猛高傲的鹰在压力面前的表现，他把伍子胥引见给吴王僚，伍子胥迫不及待地煽动吴王伐楚，不料遭到当头棒喝。

于是伍子胥转而投靠公子光，他觉察到公子光胸怀篡位的野心，就处心积虑收买一名叫专诸的刺客献给公子光。然后隐居山野开荒种田，等待时机。公子光终于登上了王位，伍子胥也终于出山。在此后的九年中，伍子胥同孙武一起策划了四次对楚国的战争，最后一次还攻占了郢都，几乎灭了楚这个超级大国。

十六

【原文】

孟子曰："教亦多术矣。予不屑之教诲也者，是亦教诲之而已矣。"

【译文】

孟子说："教育也有多种方式方法。我认为不值得去教诲他而不去教诲，本身就是对他的一种教诲。"

【评析】

孟子在这一章提出一种独特的方法："不屑之教，是亦教之。"

其实，早在孟子提出这一观点之前，孔子就已经是采取这种"不屑之教"方法的老手了。根据《论语》的记载，孔子教育宰予说："朽木不可雕也，粪土之墙不可圬也。于予与何诛?"意思是说，宰予这样的人还有什么好责备的呢？说没有什么好责备的，其实正是最严厉的责备。所以，也是一种"不屑之教"。

"不屑之教"的奥妙在于，我之所以不屑于教诲他，是让他羞愧而奋发向上。因此，不屑于教诲只是不从正面讲道理，而是从反面激发他的自尊心。由此看来，孔子和孟子教学很注意应用心理学的原理。

【本篇总结】

孟子认为人生来就具备仁、义、理、智的天性，若经过后天的教育和培养，把仁、义、理、智不断扩充，则人人都可以成为尧、舜。孟子论述"生于忧患，死于安乐"的那段文字是这一篇最为精彩的一章，人生当中充满错误和困顿，但只要在苦难中磨炼自己的意志和本领，必将大有所成。毫无忧患意识的诸侯，将难免覆亡的危险。商界人士在面对困难的时候有坚毅不屈的性情，才能开辟一片天地；在事业有成的时候又要有忧患意识的警觉，兢兢业业、保持事业长盛不衰。

【古代事例】

烽火戏诸侯

舜从田地之中发迹，传说从版筑之间被举用，胶鬲曾贩卖过鱼、盐，管仲曾担任过小吏，孙叔敖曾在海滨隐居，百里奚曾身为奴隶。大凡担任重任的人，都曾在苦难中磨炼过自己的意志。一个国家在内没有辅佐的贤臣，在外不思敌国外患，国家则没有不亡的道理。“烽火戏诸侯”中的周幽王就是这样的昏聩之君。

周幽王和褒姒的故事自古以来就在民间流传很广。当年，屈原遭放逐时，在楚国南部的先王公卿祠庙里，看到里面的四壁上都画着天地山川、神灵圣贤的故事，其中一幅画就是烽火戏诸侯的故事。

烽火戏诸侯

据司马迁的《史记·周本纪》记载，褒姒的身世十分诡秘。夏朝衰微的时候，两条龙栖止在夏王的屋庭上，对夏王说：“我们是褒国的先君。”夏王听说后，不知该怎样对待这两条龙，把它们杀掉、赶走、留下都不吉利。后来，夏王听说把它们的口水储藏起来才能得到吉利，就设祭祷告，两龙留下涎水后就立即隐去。龙的涎水被装在一个密闭的木匣里保存起来。这个木匣就由夏朝、商朝传到周朝，谁也不敢打开来看。到西周后期，周厉王姬胡（公元前 878—前 841 年在位）好奇心重，把木匣打开，龙的涎水从木匣里流到中庭，怎么也清除不掉。不一会，龙涎就变成一只黑色的蜥蜴，爬进厉王的后宫。后宫一位刚换牙的小宫女，慌忙之中撞到这只黑色蜥蜴，立时吓得昏死过去。没过几年，这位宫女长大后竟无夫而生子，她非常惧怕，不敢抚养，就把小孩丢弃到路旁。

周宣王时，有童谣唱道："山桑做弓，箕木箭袋，亡周之害。"宣王听说后，四处搜求，恰巧一夫妇在卖山桑做的弓和箕木做的箭袋。夫妇见势不妙，撇下东西就赶忙逃跑。在逃跑的途中，他们看到在路旁隐隐哀哭的妖女，顿生怜悯之心，把她带到褒国养大。后来褒国人获罪，把妖女献给周幽王赎罪。这位妖女就是有名的褒姒。

幽王三年（公元前 779 年），周幽王在后宫见到褒姒，顿生爱慕之心，对她宠爱有加。没过多久，褒姒就为周幽王生下一子，取名为伯服。褒姒不爱笑，周幽王想尽办法都无济于事。

周幽王曾在京城周围设置烽火台和大鼓，当有敌人侵犯时就点燃狼烟，鸣击大鼓，四方的诸侯就会前来救援。周幽王忽然想借此戏弄一下诸侯，以此博得褒姒一笑。在周幽王的安排下，一时间狼烟四起，鼓声喧天。天下诸侯云集京城，发觉上当后才愤愤离去。褒姒看到诸侯们的狼狈相，顿时开怀大笑。这样反反复复地好几次之后，诸侯们再也不相信这种游戏（典故"烽火戏诸侯"）。

褒姒想立伯服为太子，周幽王言听计从，废黜申后和太子宜臼（约公元前 781—前 720 年），同时任命奸人虢石虎为卿，国中怨怒沸腾。无路可走的宜臼只好出奔申国，向申侯陈述国内发生的一切。申侯大怒，联合缯国、犬戎的兵力进攻周幽王。周幽王命人点起狼烟，敲击大鼓，向诸侯求救，诸侯们以为周幽王又在逗褒姒笑，都未赶来救援。在几乎没有什么阻挡的情况下，申侯兵在骊山下将周幽王处死，掠走褒姒，把周朝的财货哄抢一空。

在申侯的说明下，诸侯立宜臼为王（即史上的周平王）。平王东迁至洛邑（在今河南洛阳王城公园一带），失去对诸侯的控制权力，从此一蹶不振。

【评述】

孟子说，生于忧患，死于安乐。周幽王为博得褒姒一笑，将军国大事视为儿戏，玩起烽火戏诸侯的游戏，最后落得国破身死，留下千古笑谈。因此，对成功的商界人士来说，应当始终保持冷静的头脑和忧患的意识，孟子的这句名言可谓颠扑不灭的真理。

陈后主享乐误国

孟子认为，如果当政者为人好善，四海之内的人都会不远千里地赶来亲近他。如果当政者不好善，光是他的声音和脸色就能拒人于千里之外。当政者得不到有识之士的亲近，就会有专门钻营私利的阿谀之人上前谄媚。国君每天和这样的阿谀之人相处，国家怎能得到治理呢？南朝的陈后主就是这样一位亲小人，远贤臣的亡国之君。

唐诗人杜牧有首非常著名的诗《泊秦淮》，诗中说道："烟笼寒水月笼沙，夜泊秦淮近酒家。商女不知亡国恨，隔江犹唱后庭花。"这首诗借用南朝陈后主享乐亡国的故事来讽喻唐朝统治者骄奢淫逸，不知居安思危。

陈后主（553—604 年），名陈叔宝，字元秀，南朝陈末代皇帝。南朝陈自陈武帝开国传至后主的近三十年间，恃长江之险，天下无事，堪称富庶。后主做太子的时候，专宠张丽华。后主即位后，为模仿汉武帝金屋藏娇故事，一改先帝俭朴躬勤之风，大建楼台馆舍，每日与后妃在其中享乐。后主在处理国家大事时，还常常把张丽华抱在膝上，从不认真地考虑事情的轻重缓急。

后主雅好诗文，与周围一群文人互相酬答，飞觞醉月，所做诗歌多为艳体。后主还亲自做《玉树后庭花》，令人奏唱，诗曰："丽宇芳林对高阁，新装艳质本倾城；映户凝娇乍不进，出帷含态笑相迎。妖姬脸似花含露，玉树流光照后庭；花开花落不长久，落红满地归寂中！"诗中"花开花落不长久"一句，可以说是陈国的靡靡亡国之音。

当时，隋文帝（541—604 年）刚刚统一北方不久，有削平四海的远大志向。隋文帝以严厉的语气历数陈后主的二十大罪状，遍谕江南江北。后主看到隋文帝的诏书后，不但不引以为戒，痛改前非，反而无动于衷，屡屡疏远贤臣，亲近小人，继续安逸奢靡的生活。隋文帝见后主毫无悔改之意，内不修朝政，外不治军事，吞并陈国的心就更加坚定。

几年后，隋朝军队兵分几路，从巴蜀到东海布置起横亘数千里长的战线。百万隋兵，势如破竹，沿江之城不攻自破。后主召来大将萧摩诃（532—604 年）、任忠等重臣商议对策。谁知，萧摩诃默然不语，心中怨恨后主跟他的妻子私通，毫无捍卫家国的斗志和决心。

后主祯明三年（589 年），隋兵几乎没有遇到任何阻力就攻破宫门。后主见群臣四散，心都凉下一截，也想找个安全的地方藏起来。站在一旁的袁宪（525—594 年）劝说后主不若整理衣冠，端坐正殿，不畏不惧地等待隋兵的到来，否则也无处可逃。后主惧怕不听，就与张丽华、孔贵嫔一同藏到后宫的深井里。隋兵四处寻找都没有找到，最后在宫中侍卫的指引下，才在井中找到三人。隋兵用粗绳把他们援引上来，后主被俘，陈国灭亡。

据说张丽华从井中出来的时候，脸上的胭脂蹭在井口，把砖石染红，这口井也就成为供后人评说六朝烟云的“胭脂井”。

【评述】

陈后主面对强大的隋朝，不但没有任何忧患意识，反而终日沉迷于酒色玩乐之中，最终难免国破家亡，沦为亡国奴。正如孟子所说，国君不修身蓄德，终日与谄媚面谀的人相处，要想使国家得到治理是不可能的。商界人士当思居安思危，时刻意识到商业竞争之激烈，一个小疏忽都可能会造成难以挽回的损失。

【现代事例】

静电影印机的诞生

孟子认为，上天将会把大任降临到这样的人身上：他们在苦难中磨砺心志，劳累筋骨，受冻挨饿，身上一无所有，所作所为都悖逆不符合自己的心愿。这些苦难触动他们的内心，使他们的性格坚忍不拔，增加他们原来不具备的各种能力。人在艰苦之中磨砺性情，在困顿之中想出的方法必会成就一番大事业。静电影印机就是在困顿之中诞生的。

美国施乐公司（Xerox Corporation）是二十世纪的一项伟大发明——静电复印技术（electro-photography）崛起的。施乐的成功是一个流传七十多年的神话。

在纽约一家专利事务所工作的加斯特·卡尔森（Chester Carlson）每天都在誊抄同样的专利文献，为摆脱这种枯燥、重复的工作，他一直在考虑怎样方便快捷地解决相同文献的复制问题。

此后几年里，加斯特·卡尔森一直都在通过实验来寻求解决的方案。他的灵感来自当时还鲜为人知的光敏半导体技术（即半导体在光线的照射下，导电性会增强)，在整整三年时间，他把全部业余时间投入于这个伟大的构想当中。实验中产生的阵阵爆炸声使得邻居们对他抱怨连天，而且光导材料刺鼻的气味让所有经过他门口的人唯恐避之不及。不过皇天不负有心人，一九三八年十月二十二日，加斯特·卡尔森的实验终获成功，他在锌板上得到一幅接近完美的复制图像。后来，加斯特·卡尔森总是十分自豪地讲到，创意不是魔术变出来的，而是通过大量阅读和长久累积，苦苦地想出来的。

一项新技术发明从实验室走到市场运作这一步并非易事，这在施乐静电影印机的诞生中尤为突出。当加斯特·卡尔森带着这项新发明寻找投资人时，等待他的是四处碰壁，包括IBM、通用电气等大公司在内的二十多家公司负责人对这项发明毫无兴趣，将他拒之门外。似乎陷入绝境的加斯特·卡尔森决定独自坚持下去，继续等待机会。

九年后，哈洛伊德公司（Haloid，施乐的前身）的负责人约瑟夫·威尔逊（Joseph Wilson）认为成功取决于利润，利润则源于发展，而发展则必须依靠新思维和新技术，因此静电复印技术肯定存在着巨大市场潜力。所以，约瑟夫·威尔逊欣然接受加斯特·卡尔森的这项新发明。约瑟夫·威尔逊出巨资成立研发部门与卡尔森一道，共同改进原有技术的缺陷，即便是最困难的时期，研发经费依然保持在总营业额的百分之五至百分之六以上。

直到一九六〇年，世界上第一台使用普通纸的九一四型影印机（因所使用的纸张是九乘十四英寸而得名）诞生后，被隆重推向市场。影印机也渐渐成为一项不可缺少的办公设备。

【评述】

在传统的工业领域，施乐的成功被视为美国白手起家最典型的例子。在由技术转化为商品漫长的过程中，施乐的先驱者们以坚强的毅力和冷静的头脑、创业精神成为施乐企业文化的重要组成沉淀下来。商界人士若在事业上出现挫折，何不默背孟子“天将降大任于斯人也”一段，增强抵御困难的信心和能力，想出合理的出路和可行的解决办法渡过难关。

美标的勃兴

孟子说，人常常在犯错之后才会思索怎样改正；内心困顿，思虑阻塞之后才会想办法从困境中突围。美国的美标公司有着辉煌的历史，但由于在一段时期不合理的兼并使其一度陷入被别人兼并的险境，美标不得不忍痛割爱，对企业的组织结构重做调整之后才得以再次勃兴。

熟悉美标公司（American Standard）的人都知道，美标公司的历史是一段漫长的兼并与重组的历史。

一八七二年，约翰·皮尔斯（John B. Pierce）在美国马塞诸塞州 Ware 地区开设一家经营铁制品的小商店。几年后，约翰·皮尔斯积累到熟练的商业经验和铁器制作技能后，将小商店扩大为皮尔斯蒸汽采暖器公司（PierceSteam Heating Comparly）。

一八九二年，皮尔斯又和另外两家公司合并，组成名为“美国辐射式采暖器公司”（AmericanRadiator Company）的新型现代化企业。三十七年后，该公司又与标准卫生器具制造公司（The Standard Sanitary Mantifacturing Corrtpany）合并，这就是后来被人称为“美标”的建材公司。合并给美标带来巨大的社会影响和经济效益，当时有一半左右的美国和欧洲住宅使用其产品。

此后，具有悠久历史的微伯科（WABCO，生产机动车辆的制动系统。据说，《纽约时报》曾报道微伯科制造的铁路气闸所挽救的生命，比人类历史上所有战争中丧生的总人数还要多）和著名的特灵公司（Trane，美国的冷气机生产企业）相继加入美标后，美标的业务开始走向多元化。

这段辉煌的历史使美标坚信兼并和重组是其制胜法宝。但是，智者千虑，必有一失。随着美国建材市场的迅速发展与壮大，美标的处境开始险象环生。频繁的收购和合并也同样使美标不堪重负，给美标带来巨大的危机。

一九八八年，美标公司在面临被对手收购的巨大威胁时，迫不得已以融资买入的方式使公司脱离股票市场。

一九九〇年，美标公司不得不忍痛割爱，将微伯科下属的机车制动机分公司含泪售出。

这段近乎耻辱的经历使美标的负责人痛定思痛，忍辱负重，励精图治，任用人才，在困境中调整经营方式和管理模式以适应变化的时代环境，挖掘潜力，开辟市场，谋得生存。美标公司很快就在磨砺中扭转危局，在一九九五年重新上市，恢复美标公司早在一九二九年就已上市经营的运作方式。

如今的美标公司在十个国家设有生产基地，在冷气机、厨具卫浴和车辆制动三个领域非常广泛地触及和影响世界各地人们的生活方式。美标也在履行一个响亮的承诺，即提高标准，为人们制造他们真正想要的产品。

【评述】

在孟子看来，一时的困难也许会为将来的长远发展创造良好的转变机遇。美标公司在困顿的时候重新调整发展战略，其再次勃兴为“生于忧患”增加一个明证。在艰难之中获得的发展战略和生存智慧往往能使企业成为行业最优者，因此商界人士当以两种心态面对各种困境，善于将不利条件转化为有利条件。

【名言录】

名言：故天将降大任于斯人也，必先苦其心志，劳其筋骨，饿其体肤，空乏其身，行拂乱其所为，所以动心忍性，增益其所不能。人恒过，然后能改；困于心，衡于虑，而后作；征于色，发于声，而后喻。入则无法家拂士，出则无敌国外患者，国恒亡。然后知生于忧患而死于安乐也。——《告子（下）》

古译：天将降大任于斯人，必先苦其心智，劳其筋骨，饿其体肤，空乏其身，行拂乱其所为，而后使其动心忍性，增益其所不能。人常有过，而后能改；困于心时，衡于思虑，而后有所作为；征于色，发于声，而后能明。国内无辅佐之士，国外无敌国外患，国常会亡。然后则知“生于忧患，死于安乐”之理。

今译：上天要将大任委托给某个人时，首先要使他的心志经历磨炼，使他的筋骨疲劳，使他的身体饥饿，使他的身体困乏，使他的行为颠倒错乱，这样才能控制他的心性，增加他所不具备的能力。人是经常有过错的，但是有过错以后能够反思改正；当心有所困惑时，用思虑来权衡，则会有所振作表征于色，发闻于声，后来别人才会明白。国内没有法度、没有世臣辅弼，国外没有可以构成威胁的敌国，那么国家就会灭亡。这之后才能明白“忧虑祸患使人生存，安逸快乐使人死亡”的道理啊。

现代使用场合：人的成长经历是需要经过一番磨炼的，只有磨炼才能使人意志坚强，才能更有勇气地去面对迎面而来的苦难。做大事情的人所遭受的挫折往往比平常人要多得多，这也是他们在风浪来袭时处乱不惊的缘由，所以适当的磨炼是有必要的，温室中成长的花朵永远经不起外界的风吹雨打。

名言：人皆可以为尧舜。——《告子（下）》

古译：人人皆可以为尧舜。

今译：人人都可以成为尧舜那样的人。

现代使用场合：人如果能具有尧舜那样的仁德，就可以成为像他们那样的伟人。成为尧舜并不难，人人皆可以成为尧舜，而且成为尧舜的条件并不难，只要不断扩充仁德之心就能实现。对于商界人士来说，则人人都可以拥有比尔·盖茨那样

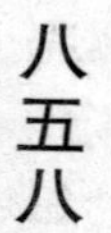

的财富，但要付出巨大的努力。

名言：穷则独善其身，达则兼济天下。——《告子（下）》

古译：穷则独善其身，达则兼济天下。

今译：困窘时独善其身，得志时则兼善天下。

现代使用场合：人在困窘时，不应该手足无措，而应该抓住机会修身养性，充分完善自己；那么一旦有施展才能之机会，则可将自己平日积累广布天下，用自己的优良品行去影响世人，这样才会出现世风日上之局面。

卷十三　尽心上

【题解】

本篇共46章。内容涉及自身修养、仁政的实行、民本思想、君子之道等多个方面。其中，前三章主要论及自身修养与“立命”的关系，提出“尽心”“知性”“知天”的思想，充分肯定自身修养的重要性。指出仁、义、礼、智是人自身所固有的，“求则得之”。第四至第七章进一步论述加强自身修养的重要性，以及羞耻感在道德修养中所起的作用。第八至第十一章主要论及士人的品格，指出士人应以行道为己任，应超出常人，不为富贵、地位所诱惑。第十二至十四章主要论及统治者应如何实行仁政。其间，力主王道，肯定圣人的教化作用，以及“善教”在社会生活中的作用。第十五至第二十一章主要论及实行仁义的现实可能性及方法，指出“仁”、“义”是与生俱来的良知、良能，人们只要不断提高修养，就能拥有它。第二十二至二十五章主要论及圣人之道，叙述它所涵盖的内容、指出圣人与常人的不同以及追求圣人之道的方式。第二十六至第三十六章进一步论及修身问题，指出本性不应被外物所影响，修养身心应善始善终。第四十至四十六章论及君子之道，包括教育之道，如提倡因材施教、告诫学者要诚心诚意等；包括处事之道，如坚守原则、与道共进退，亲疏有别，分清轻重缓急等。

一

【原文】

孟子曰："尽其心者，知其性也。知其性，则知天矣。存其心，养其性，所以事天也。夭寿[①]不贰[②]，修身以俟[③]之，所以立命也。"

【注释】

①夭寿：短命或者长寿。夭，夭折，早死。

②贰：动摇，疑惑。

③俟：待，等待。

【译文】

孟子说："能够充分发挥自己的本心的，就可以明白人的本性了。明白人的本性，就可以懂得天命了。保存自己的本心，修养自己的本性，这就是尊奉天命的方法。不管短命或者长寿都不动摇，修养身心以等待天命的降临，这就是安身立命的方法。"

【评析】

本章是《孟子》一书中的重要篇章，因为涉及"性与天道"的问题，历来受到后世学者的重视。本章共提出三个概念："知天"、"事天"和"立命"。孟子认为，我们每个人都生而具有恻隐、羞恶、辞让、是非之心，它们是天的赋予。只要我们“尽其心”，充分扩充、实现我们的四端之心，便可以了解我们的性，这是即心言性，以心来理解性。而了解了我们的性也就认识、了解了天，这是以心、性来理解天。而一旦认识、了解到我“固有之”的恻隐、羞恶、辞让、是非之心实际是来自于天，是天的赋予，就应该保存我们的心，养护我们的性，这就是在侍奉天，是奉行天之使命。所以“知天”与“事天”是联系在一起的，“知天”侧重于伦理，而“事天”侧重于宗教。“存其心”、“养其性”是个人的道德修养，是我们可以决定的，而穷达祸福、寿命长短属于命，是我们不能控制的，正确的态度应该是积极地培养我们的德，“尽人事以待天命”，这就是“立命”，也就是确立对于命运的态度。

【典例阐幽】

尽人事，安天命

朱元璋的军师刘伯温这样自勉：“岂能尽如人意，但求无愧我心”。就是尽人事，安天命的意思。

刘伯温，名刘基，字伯温，自幼聪明。在家庭的熏陶下，从小就好学深思，喜欢读书，对儒家经典、诸子百家之书，都非常熟悉。刘伯温 14 岁时入处州郡学读《春秋》，17 岁师从处州名士郑复初学习宋明理学，同时积极准备科举考试。天生的禀赋和后天的努力，使年轻的刘伯温很快在当地脱颖而出，成为江浙一带的大才子、大名士，开始受到世人的瞩目。他的老师郑复初就曾对刘伯温祖父说：“他日这个孩子必定会光大你家门楣，振兴刘氏家族！”西蜀名士赵天泽在品评江左人物时，将刘伯温列为第一，将他与诸葛孔明相比，说刘伯温他日一定会成为济时大器。

刘伯温果然是人中之杰。他于元统元年（1339 年）考取进士，后进入仕途。元末天下大乱，追随明太祖朱元璋帮助其统一了天下。

二

【原文】

孟子曰："莫非命也，顺受其正。是故知命者不立乎岩墙[①]之下。尽道而死者，正命也；桎梏[②]死者，非正命也。"

【注释】

①岩墙：高危的墙。

②桎梏：古代用来束缚犯人的刑具，这里指因犯法而被处死。

【译文】

孟子说："一切都是命运，顺应它就承受正常的命运。所以知道命运的人不站在危险的墙下。尽力行道而死的人，所承受的是正常的命运；犯罪受刑而死的人，所承受的是非正常的命运。"

【评析】

本章紧承上一章，继续谈知命、立命的问题。孟子认为，人的穷达祸福寿夭等无不受制于命，但命有正当和不正当之分，人应该接受正当的命，而避免不正当的命。那么，什么是正当的命，什么又是不正当的命呢？孟子认为，穷达祸福寿夭等虽然从根本上讲属于命，是我们无法控制的，但在人力的范围内，还是应该争取好的结果，如避开危险的环境，不做违法的事情，这样获得的命就是正命。相反，如果因为有命的存在，便对一切采取无所谓的态度，故意立于危墙之下，甚至铤而走险，以身试法，这些都不能算是“知命”，所获得的也都不是“正命”。孟子还认为，当道义与个人利益发生冲突的时候，一个人为了道义“杀身成仁”、“舍生取义”，这才是真正的“知命”，获得的依然是“正命”。所以孟子的“知命”与“立命”一样，都是要确立对待命运的正确态度，它不仅要求对于寿夭祸福这些根本上属于命的内容，在人力可及的范围内争取最佳的结果，不可听天由命，无所作为；更为重要的是，它要求超出穷达祸福之外，不以现实际遇，而是以是否“尽道”、尽人的职分看待人的命运。一个人为了道义、理想牺牲了现实的富贵显达乃至生命，仍可以说他获得了“正命”。因此，命运虽然是人不能控制的，但如何面对命运却是可以选择的，孟子的“知命”“立命”表达的正是对命运的选择、评价、判断，在人与命运的对立中确立起人之为人的价值与尊严。

三

【原文】

孟子曰：“求则得之，舍则失之；是求有益于得也，求在我者也。求之有道，得之有命，是求无益于得也，求在外者也。”

【译文】

孟子说：“寻求就能得到，舍弃就会失掉；这样的寻求是有益于收获的，因为所求的东西在自己身上。用适当的办法去寻求，但是得到与否却要看天命如何，这种寻求是无益于收获的，因为自己寻求的东西存在于自己本身之外。”

【评析】

本章实际上仍论天命。

人生在世，当然人人都会有追求，孟子把这些追求的东西，一分为二：有些东西，你追求它便会得到它，舍弃它就会失去它，这就是不断追求有助于获得它，追求的对象在我们自己身上，如仁义礼智；有些东西，虽然你“求之有道”，但得到得不到却由天命来决定，这就是追求而无益于获得的情况，因为追求的对象在我们身外，如功名利禄。

四

【原文】

孟子曰：“万物皆备于我矣。反身而诚，乐莫大焉。强恕而行，求仁莫近焉。”

【译文】

孟子说：“一切我都具备了。反省自身发现自己是诚实的，这是最大的快乐。勉励自己依从推己及人的恕道行事，这是最近的求仁之路了。”

【评析】

“万物皆备于我矣”作为一句名言，被认为是典型的主观唯心主义哲学观，这里面的是与非不在我们关心的范围，我们关心的是孟子说这话的意思。所谓“万物皆备于我矣”并不是像有些人所理解的那样，说是“万物都为我而存在”。（由此来归结孟子为典型的主观唯心主义者）我们理解孟子的意思，是说天地万物我都能够思考、认识，所以天地万物我都具备了。这样才会有下面的一句话，“反身而诚，乐莫大焉。”反躬自问，我所认识的一切都是诚实无欺的，所以非常快乐。这是一种认识的快乐，探求真理的快乐。但是，仅有认识，仅有自身的发现还不够，所以要“强恕而行”，尽力按恕道办事，这样来施行仁道。所谓恕道，我们在本书中已经多次提到，这就是孔子反复强调的“己所不欲，勿施于人”。它的积极方面是“己欲立而立人，己欲达而达人”。总起来说，是一种将心比心，推己及人的思想，用这种思想来处理人与人之间的关系。如果说，“反身而诚，乐莫大焉”是一种认识的快乐，局限于自身；那么，“强恕而行，求仁莫近焉”就是一种实践的快乐，涉及他人与社会了。

由此可见，“万物皆备于我矣”所引出的，是认识和实践两大领域的儒学追求：一是“诚”，二是“恕”，都是儒学的核心内容。单从“万物皆备于我矣”这句话给我们的感觉，则是一种充满主体意识，乐观向上的心态，的确有法国哲学家笛卡尔那著名的命题“我思故我在”的精神风貌，给人以认识世界、探索真理的勇气和信心。

五

【原文】

孟子曰：“行之而不著[①]焉，习矣而不察焉，终身由之而不知其道者，众也。”

【注释】

①著：彻底明白。

【译文】

孟子说：“做一件事不明白为什么要做，习以为常的事情却不知其所以然，一辈子随波逐流不知去向何方，这样的人是平庸的人。”

【评析】

正如孟子所言，浑浑噩噩、糊里糊涂地过完一生的人，正是不知不觉地平庸大众。从孟子到今天，几千年过去了，批评和感叹平庸大众的人是层出不穷，但却很少有人敢说他们这样有什么不好。古人云“难得糊涂”，也许，就像个动物一样，即使无所求，即使无所得，只要安静、舒适地活着，才是人生最自然的面貌。

六

【原文】

孟子曰：“人不可以无耻，无耻之耻，无耻矣。”

【译文】

孟子说：“人不可以没有羞耻之心，对无耻感到羞耻，就没有耻辱了。”

【评析】

人有羞耻之心，知道哪些事该干，哪些事不该干，这就是智。人无廉耻，百事可为，他就不仅没有智，也不会有礼，有义，有仁，那么他就不是人，而与禽兽无异了。

所以孟子讲，人不可以没有羞耻之心，懂得耻辱，有自尊心，是一个人进步的起点，就可以免于耻辱了。

七

【原文】

孟子曰："耻之于人大矣。为机变[①]之巧者，无所用耻焉。不耻不若人，何若人有？"

【注释】

①机变：巧诈，爱耍心机。

【译文】

孟子说："羞耻对人的作用太大了。爱行巧诈的人，是没有地方能用得着羞耻的。不以不如别人为羞耻，怎么能赶得上别人呢？"

【评析】

羞耻心往往反映了一个人的品质，玩弄权术的人是没有羞耻心的。有了羞耻心，才能认识到自己的不足，从而提高自己。

八

【原文】

孟子曰："古之贤王好善而忘势。古之贤士何独不然？乐其道而忘人之势，故王公不致敬尽礼，则不得亟见之[①]。见且由不得亟[②]，而况得而臣之乎？"

【注释】

①亟：屡次。

②由：通“犹”，尚且。

【译文】

孟子说：“古代的贤明君主喜欢良善而忘了自身的权势；古代的贤明士人何尝不是如此？喜欢行道而忘了别人的权势，因此王公贵族不对他恭敬尽礼，就不能够多次见到他。会面的次数尚且不很多，何况要把他当臣下呢？”

【评析】

乐其道而忘人之势。

人格独立于权势。

孟子认为，“天下有达尊三：爵一，齿一，德一。朝廷莫如爵，乡党莫如齿，辅世长民莫如德。”（《公孙丑下》）就是说：天下公认尊贵的东西有三样：爵位算一个，年龄算一个，道德算一个。在朝廷上看重的莫过于爵位，在乡里看重的莫过于年龄，对社会有帮助、对百姓有促进，看重的莫过于道德。

德性修养和社会等级是不同的序列。孟子有时把“德”也纳入广义“爵”的范畴，把前者称为“天爵”、把后者称为“人爵”，二者之间不存在直接的对应关系。当两者遭遇，会怎么样呢？这里提道：一个德性修养和社会等级两方面都很高的“贤王”，会“好善而忘势”，把重心放在德性方面。同样，一个德性修养很高、真正达到自我完善的人，也绝不会在权势面前妄自菲薄，这就是这里所说的“乐其道而忘人之势”。《万章下》也说：“以位，则子，君也；我，臣也；何敢与君友也？以德，则子事（师）我者也，奚可以与我友？”这种“位”与“德”的关系，如同这里“道”与“势”的关系一样。

一个注重德性修养的人，是自我尊重的人，是无所依傍的人，是不为外在权势和地位所屈服的人。从孟子以后，自我尊重与人格独立的观念，成为儒家价值观的重要内容。威武不屈、士可杀不可辱等等，从一个侧面反映了这一传统。孟子这些思想对于中国人，特别是中国知识分子影响巨大，意义深远。

九

【原文】

孟子谓宋勾践[1]曰：“子好游[2]乎？吾语子游。人知之，亦嚣嚣[3]；人不知，亦嚣嚣。”

曰：“何如斯可以嚣嚣矣？”

曰：“尊德乐义，则可以嚣嚣矣。故士穷不失义，达不离道。穷不失义，故士得己[4]焉；达不离道，故民不失望焉。古之人，得志，泽加于民；不得志，修身见于世。穷则独善其身，达则兼济天下。”

【注释】

①宋勾践：人名，姓宋，名勾践，生平不详。

②游：指游说。

③嚣嚣：安详自得的样子。

④得己：即自得。

【译文】

孟子对宋勾践说：“你喜欢游说各国的君主吗？我跟你说说游说的事情。别人理解你，你要自得其乐；别人不理解你，你也要自得其乐。”

宋勾践问：“怎样才能自得其乐呢?”

孟子说：“尊崇道德，喜爱仁义，就可以自得其乐了。所以士人身处困窘时不失去义；显达时不背离道。穷困时不失去义，所以自得其乐；显达时不背离道，所以老百姓不失望。古代的人，得志时恩惠施于百姓；不得志时修养自身以显现于世。穷困时独善其身，显达时兼善天下。”

【评析】

穷则独善其身，达则兼善天下。

履行普遍的社会责任这一宗旨，不因自己所处环境而改变，但方式有所不同。

这里所谓“独善其身”，主要是道德自我实现；所谓“兼善天下”，是履行普遍的社会责任。应当注意的是，“穷则独善其身”也可表述为“穷不失义”，“不得志修身见于世”。“义”所体现的就是普遍的社会责任。“见于世”表明不是道家式的遁迹山林、归隐田园。因此，无论是“独善其身”还是“兼善天下”，都是要履行普遍的社会责任，只不过是，前者是以个体的方式为主，后者是以群体方式为主。前者从属于后者，“独善其身”从属于“兼善天下”。

“穷则独善其身，达则兼济天下”，成了无数中国知识分子的座右铭，尽管他们中穷的多、达的少，穷时多、达时少，但这面修身济世的大旗，始终飘扬在他们心头，成为人生的一种精神支柱。

【典例阐幽】

穷则独善其身，达则兼济天下

汉朝时，黄霸为河南太守。当时的官吏都很严酷，唯独黄霸为政崇尚宽和。黄霸刻苦好学，精通诗书文法和音乐，后来官至丞相长史。他由于为人正直，和当时研究《尚书》的著名学者夏侯胜一起被人陷害而打入死牢。

在狱中，黄霸拜夏侯胜为师，学习《尚书》。夏侯胜说："我们随时会被杀头，讲《尚书》还有什么用?"黄霸郑重地说："圣贤教导我们，穷则独善其身，达则兼济天下，如果今天没有被杀头，我就要抓紧这宝贵的时间提高自己的修养，而且还要多学一点东西。"

夏侯胜被黄霸这种争取时间修身养德的精神深深感动了，于是他们在狱中开始了长达三年的学习。三年以后，关东四十九个郡同时发生地震，山崩地裂，城墙房屋倒塌，死了六千多人。宣帝在赈灾的同时宣布大赦，夏侯胜与黄霸获释，还分别被任命为谏大夫给事中（皇帝亲近谏官、内廷秘书）和扬州刺史（扬州地区的监察官）。

经过这一场牢狱之灾，黄霸不仅个人的修养得到提高，而且也成了精通《尚书》的著名学者。

十

【原文】

孟子曰："待文王而后兴者，凡民也。若夫豪杰之士，虽无文王犹兴。"

【译文】

孟子说："等到文王兴起之后才能兴起的人，都是普通人。如果是真的豪杰之士，即使没有文王也照样可以兴起。"

【评析】

等到有了周文王这样的圣王而后感动奋发的，是一般的老百姓。至于杰出人物，即使没有文王，也能感动奋发。

战国之时，有无周文王呢？在孟子看来，没有。孟子自己是否为杰出人物呢？孟子认为，是的。

孟子常讲，“穷则独善其身，达则兼济天下”；但他又常讲，无论是“穷”，还是“达”，都要“兼善天下”。人有终身之志，也有一日一时一事之志。两种说法，原不矛盾。

十一

【原文】

孟子曰：“附之以韩、魏之家①，如其自视欿然②，则过人远矣。”

【注释】

①附：增加。韩、魏之家：春秋时晋国的韩氏、魏氏两大家臣。

②欿然：不自满的样子。

【译文】

孟子说：“拿春秋时晋国韩、魏两大家臣的财富来增强他，如果他不因此而自满，那么这种人就大大超出常人。”

【评析】

富贵是人人所追求的，不为富贵所动，一定是因为他有比富贵更高的追求，那他就不同于常人了。

十二

【原文】

孟子曰："以佚[①]道使民，虽劳不怨。以生道杀民，虽死不怨杀者。"

【注释】

①佚：安逸。

【译文】

孟子说："本着让百姓安逸的原则去役使百姓，百姓虽然劳苦，但不会怨恨；本着让老百姓生存的原则去杀人，被杀的人虽死，但也不会怨恨杀他的人。"

【评析】

人之天性，一在"生"，即活下去；二在"佚"，即安逸，活得好。为政之道，即在满足老百姓这两大要求。若不得已而役使百姓，则应以让百姓生活更安逸为目的，如大禹治水，即属此类；若不得已而要打仗，则应以让百姓活下去为目的，如武王伐纣，即属此类。劳役也罢，战争也罢，对尧、舜、禹、汤、文、武来说，都是不得已的选择，都是为了百姓，所以百姓并不怨恨他们。

本章实际上从另一个角度论述了仁。

十三

【原文】

孟子曰："霸者之民驩虞[1]如也，王者之民皞皞如[2]也。杀之而不怨，利之而不庸[3]，民日迁善而不知为之者。夫君子所过者化，所存者神[4]，上下与天地同流，岂曰小补之哉？"

【注释】

①驩虞：即"欢娱"。

②皞皞如：广大自得的样子。

③庸：功，功劳，此处的意思是酬谢、报答。

④所存者神：心中所存养的都是上神的旨意。

【译文】

孟子说："霸主的百姓愉快欢乐，圣王的百姓心旷神怡。圣王的百姓被杀了而不怨恨谁，得了好处而不想着酬谢，一天天趋向于善，却不知道是谁使他们这样。圣人经过哪里，哪里就受感化；圣人心中所存养的都是上神的旨意，其功上与天齐，下与地同，难道说只是小小的补益吗？"

【评析】

本章盛赞"君子"的功业。他们经过之处，人们就受到感化；他们停留居住之处，其作用更加神奇；他们能与天地同时运转，其对天下的功业，难道只是小小的补益吗？